中国 100

影响中国的 100 次历史战争

主编 张秀平

五洲传播出版社

图书在版编目（CIP）数据

影响中国的 100 次历史战争 / 张秀平主编；张秀平等著．
-- 北京：五洲传播出版社，2024.6
（中国 100）
ISBN 978-7-5085-5061-9

Ⅰ．①影… Ⅱ．①张… Ⅲ．①战争史－中国－古代 Ⅳ．① E291

中国国家版本馆 CIP 数据核字 (2023) 第 087410 号

"中国 100"

主　　　编：张秀平
出　版　人：关　宏

影响中国的 100 次历史战争

张秀平主编； 张秀平等著

责 任 编 辑：	刘　波
装 帧 设 计：	蒲建霖
出 版 发 行：	五洲传播出版社
地　　　址：	北京市海淀区北三环中路 31 号生产力大楼 B 座 6 层
邮　　　编：	100088
发 行 电 话：	010-82005927，010-82007837
网　　　址：	http://www.cicc.org.cn，http://www.thatsbooks.com
印　　　刷：	北京圣彩虹科技有限公司
版　　　次：	2024 年 6 月第 1 版，第 1 次印刷
开　　　本：	787×1092 mm　1/16
印　　　张：	27.00
字　　　数：	320 千字
定　　　价：	68.00 元

前言

历史，是一个民族记忆的长河；而战争，则是这条长河中最为激荡的浪花。它们或波澜壮阔，或惊心动魄，或悲壮惨烈，无一不深刻地影响着中国历史的进程，塑造着华夏文明的骨血。如今，我们站在新的历史节点上，回望过去，那些曾经震撼人心的战争场景，依然历历在目。

本书以这些战争为脉络，串联起中国通史的精髓。我们精选了时间跨度从部落联盟至中国近代史第一阶段的数千年间，100次具有重大历史意义的战争，它们或为争霸，或为夺权，或为统一而战，或为正义而斗。这些战争，有的决定了某一阶段的历史走向，有的推动了社会制度的变革，有的则彰显了中华民族的不屈精神。

在叙述这些战争时，我们不仅注重战争的经过和结果，更深入地剖析了战争发生的背景和原因，以及战争的性质和胜败的根源。我们希望通过这些分析，让读者能够更全面地了解战争的真相，更深刻地理解战争的残酷性和复杂性。

同时，我们也关注战争中的作战决策和指挥艺术。每一次战争，都是一次军事智慧的较量，也是一次指挥艺术的展现。我们希望通过对作战决策和指挥得失的探讨，能够让读者领略到中国历代军事家的风采，感受到中国军事文化的博大精深。

让我们翻开这本书，一起走进那些曾经震撼人心的战争场景，感受那些英雄们的英勇与悲壮。在回顾历史的同时，也让我们更加珍惜今天的和平与安宁，更加坚定地走好未来的路。

目录

序 / 1

001 炎黄文明的奠基战—— **涿鹿之战** / 3

002 "汤武革命,顺乎天而应乎人"—— **鸣条之战** / 6

003 确立周王朝对中原的统治—— **牧野之战** / 9

004 "礼乐征伐自天子出"的消亡—— **繻葛之战** / 13

005 以静制动,以弱胜强的不朽典范—— **长勺之战** / 16

006 代表"礼义之兵"寿终正寝的一战—— **泓水之战** / 19

007 "必胜之兵必隐"—— **假道灭虢之战** / 22

008 "退避三舍,后发制人"—— **城濮之战** / 25

009 晋楚争霸中原的第二次较量—— **邲之战** / 30

010 晋楚争霸的最后一幕—— **鄢陵之战** / 35

011 吴楚争夺江淮的精彩一幕—— **鸡父之战** / 38

012 "千里破楚,五战入郢"—— **柏举之战** / 41

013 "卧薪尝胆,十年生聚,十年教训"—— **越灭吴之战** / 45

014 揭开"三家分晋"的历史帷幕—— **晋阳之战** / 49

015 "能而示之不能,用而示之不用"—— **桂陵、马陵之战** / 52

016 坚守防御,实施"火牛阵"—— **济西、即墨之战** / 58

017	中国历史上最早、规模最大的包围歼灭战——**长平之战**	/ 62
018	中国封建社会最早的统一战争——**秦统一六国之战**	/ 67
019	"破釜沉舟",给暴秦统治的致命一击——**巨鹿之战**	/ 71
020	楚汉之争的终局——**成皋之战**	/ 75
021	韩信灵活用兵的典型战例——**井陉之战**	/ 80
022	分兵钳制,集中全力战吴楚——**西汉平定七国叛乱之战**	/ 84
023	"胜兵先胜而后求战"——**汉武帝反击匈奴之战**	/ 88
024	敲响新莽王朝的丧钟——**昆阳之战**	/ 93
025	"先关东,后陇蜀",重建刘姓天下——**东汉王朝统一之战**	/ 97
026	"内外俱起,八州并发"——**黄巾农民起义战争**	/ 103
027	奠定曹操统一北方基础的战略决战——**官渡之战**	/ 108
028	"孙刘联盟,天下三分"——**赤壁之战**	/ 112
029	"兴复汉室"理想追求的幻灭——**夷陵之战**	/ 117
030	"用兵之道,攻心为上,攻城为下"——**诸葛亮南征之战**	/ 122
031	"兴师北伐,以攻为守"——**诸葛亮北伐曹魏之战**	/ 125
032	蜀灭吴亡,三分归于西晋——**魏灭蜀之战**	/ 129
033	"千寻铁锁沉江底,一片降幡出石头"——**晋灭吴之战**	/ 133
034	从"投鞭断流"到"风声鹤唳"——**淝水之战**	/ 137
035	统一北方,南北对峙——**北魏统一北方战争**	/ 142

036	结束分裂，使中国重新归于统一—— **隋灭陈之战** / 146
037	"远交而近攻，离强而合弱"—— **隋反击突厥之战** / 151
038	"埋葬隋王朝的汪洋大海"—— **隋末农民战争** / 154
039	"先西后东，统一全国"—— **李渊攻取长安之战** / 158
040	"牧马河北，正奇并用"—— **洛阳虎牢之战** / 161
041	"后发制人，一举可灭"—— **唐攻东突厥之战** / 166
042	决定唐王朝命运的内战—— **唐平定安史之乱** / 170
043	"悬军奇袭，置于死地而后生"—— **李愬夜袭蔡州** / 174
044	"宜将剩勇追穷寇，不可沽名学霸王"—— **唐末农民战争** / 179
045	结束藩镇割据的分裂局面—— **北宋统一战争** / 183
046	和战幽云，结盟澶州—— **宋辽战争** / 189
047	迟滞金军南下，为南宋建立赢得时间—— **宗泽东京保卫战** / 193
048	"金人自入中原，其败衄未尝如此"—— **和尚原之战** / 197
049	以少胜多的城邑防御战争—— **顺昌之战** / 200
050	"连结河朔，直捣中原"—— **郾城、颍昌之战** / 205
051	乞和免战，先胜后败—— **柘皋之战** / 209
052	火器第一次应用于大规模海战—— **唐岛之战** / 212
053	"文臣主战事，同仇暨敌忾"—— **采石之战** / 215
054	欧亚大陆西征的狂飙—— **蒙古西征之战** / 218

055	13世纪蒙古帝国崛起时的大战——**蒙金之战** / 222
056	中国古代防御战的浓重一笔——**钓鱼城之战** / 226
057	"无襄则无淮，无淮则江南唾手可下也"——**襄樊之战** / 231
058	元朝灭亡南宋的最后一战——**伯颜取临安之战** / 235
059	中国古代水战史上的典范——**鄱阳湖之战** / 239
060	建文失踪，千古之谜——**靖难之役** / 244
061	五次远征巩固中央政权——**明成祖远征漠北之战** / 249
062	土木蒙尘，保卫北京——**京师保卫战** / 253
063	中国历史上第一次反侵略战争——**明东南沿海抗倭之战** / 257
064	粉碎丰臣秀吉扩张意图——**明援朝抗日之战** / 262
065	"明朝衰亡，后金兴起"——**萨尔浒之战** / 265
066	中国古代农民军事武装斗争的顶峰——**明末农民战争** / 270
067	中国古代海战史上最大的登陆作战——**郑成功收复台湾之战** / 274
068	运筹帷幄，为统一而战——**平定"三藩"叛乱之战** / 279
069	"非创以兵威，则罔知惩畏"——**雅克萨之战** / 284
070	剿抚并用，为国家统一而战——**平定准噶尔叛乱之战** / 288
071	英国借此打开中国闭关的大门——**第一次鸦片战争** / 293
072	英法第一次联合侵略中国的战争——**第二次鸦片战争** / 299
073	"太平天国战争史上最悲壮的一页"——**太平军北伐之战** / 303

074	石达开勇挫湘军的一战—— **太平军湖口大捷** / 307
075	太平天国灭湘军精锐—— **三河之战** / 310
076	太平天国战争史上的得意之笔—— **太平军二破江南大营之战** / 313
077	关系太平天国命运的关键一战—— **安庆保卫战** / 316
078	太平天国运动失败的标志—— **天京保卫战** / 321
079	僧格林沁蒙古马队的覆灭—— **高楼寨之战** / 325
080	决定陕甘回民大起义成败的关键一战—— **金积堡之战** / 329
081	西捻军的最大一次伏击战—— **十里坡之战** / 333
082	苗民起义军的杰作—— **黄飘大捷** / 335
083	维护国家主权，保持领土完整的一次正义战争 —— **清军收复新疆之战** / 338
084	中国近代海军史上的惨痛一页—— **马尾海战** / 343
085	中法战争史上的最大一役—— **镇南关大战** / 347
086	甲午战争时中日两国在朝鲜的正面交锋—— **甲午平壤之战** / 350
087	近代战争史上最大的一次海战—— **黄海海战** / 353
088	《马关条约》签订前的中日大战—— **辽东半岛之战** / 357
089	"北洋舰队"的最后覆灭—— **山东半岛之战** / 361
090	"愿人人战死而失台，决不愿拱手而让台" —— **台湾军民抗日之战** / 365
091	席卷华北，震撼中外—— **抗击八国联军的大沽、天津之战** / 370

092 它让世人看到了中国人民是不可征服的
　　——**抗击八国联军的北京之战** / 374

093 中国人民反抗外来侵略的光辉一页
　　——**东北军民抗击沙俄入侵之战** / 378

094 一次震动全球的城市起义——**黄花岗起义** / 383

095 敲响清王朝丧钟的划时代战争——**武昌起义** / 387

096 保卫辛亥首义成果的作战——**汉口汉阳保卫战** / 392

097 为中华民国建都南京举行的奠基礼——**南京之战** / 396

098 保卫辛亥革命成果——**讨袁战争** / 399

099 反对帝制复辟而进行的战争——**护国战争** / 404

100 资产阶级旧民主主义革命的终结——**护法战争** / 410

序

战争,这个让人类自相残杀的怪物,自从它登上历史舞台的那一天起,便同人类数千年发展史如影随形。

战争是什么?战争是流血的政治,政治是不流血的战争。政治规定着战争的性质,影响着战争力量的来源和士气,对战争的前途和结局有着决定性的影响;同时战争又反作用于政治,战争的结局可以影响或决定政治的进程和前途,这才是正确的认识。

战争,不仅是军事力量和政治力量的角逐,还是经济力量的竞赛。战争的进程和结局首先依赖于一定的军事力量,即武器装备的水平和武装人员的数量与质量。而军事力量的这两种最基本要素的强弱,都是以一定的经济条件为物质基础的。因此,战争的进程和结局归根结底取决于一定的经济条件。然而,战争对经济也存在着巨大的反作用。它一方面能够对社会经济的发展造成重大的破坏,阻碍经济的发展,吞噬人类的生命,消耗巨大的经济力量,造成人类物质文化财富的空前浩劫;另一方面又可以通过科学技术在战争中的应用,刺激和促进经济的发展,尤其是革命战争,可以扫除阻碍生产力发展的落后生产关系,为生产力的发展开辟广阔的道路。正如列宁指出:"历史上常常有这样的战争,它们虽然像一切战争一样不可避免地带来种种惨祸、暴行、灾难和痛苦,但是它们仍然是进步的战争,也就是说,它们促进了人类的发展,加速地破坏极端有害的和反动的制度"。

战争,还是作战双方指导者智谋的较量。虽然战争的胜负主要取决于作战双方的军事、政治、经济、自然诸条件,但是作为战争指导规律的战略战术的高明与否,同样是决定战争胜负的重要因素。正如毛泽东指出的:"军事家不能超过物质条件许可的范围外企图战争的胜利,然而军事家可以而且必须在物质条件许可的范围内争取战争的胜利。军事家活动的舞台建筑在客观物质条件的上面,然而军事家凭着这个舞台,却可以导演出许多有声有色威武雄壮的活剧来。"

战争,可以分为各种不同的类型。从战争的发起者来说,有阶级与阶级之间的战争;从战争的政治目的来说,有侵略与反侵略、掠夺与反掠夺、奴役与解放的战争;从战争的影响来说,有进步战争和退步战争;从战争的时间和空间来说,有古代战争、近代战争、陆上战争、水上战争等;而这些诸多类型的战争,从根本性质上来说,又不外乎两种基本的类型,即一切反抗统治阶级压迫、抵御外来侵略、促进社会进步的战争,都是正义的战争;一切由反动势力所进行的镇压革命、对外进行扩张侵略、阻碍社会进步的战争,都是非正义的战争。

中国是一个历史悠久、幅员辽阔的多民族国家,也是一个争战频仍、兵戈不断的国家。在几千年社会发展史上,发生战争的次数数以千计。《影响中国的100次历史战争》正是从这许许多多、形形色色的战争中,选取了发生在中国的100例战争或战略性战役编辑而成的。通览全书,可以发现这些战例的选取,遵循了这样的标准:决定或影响某一阶段历史发展的进程和某些王朝或民族兴盛衰亡的重大战争;兼顾不同时期、不同类型;在军事上具有一定典型性和代表性,能反映中国军事发展水平和高超的作战指挥艺术。

作者以史实为依据,注意把学术性和知识性和趣味性结合起来,文笔流畅,具有较强的可读性。

前事不忘,后事之师。由于时代的发展和科学技术的进步,过去冷兵器和火器时代的战争已不能同今天的战争同日而语。但是,从血与火中锻造出来的一些基本的作战指导原则,至今仍散发出理性的光芒,依然有着强大的生命力和超越时空的价值。取其精华,去其糟粕,其中不乏可资借鉴之处。

——郭化若

001 炎黄文明的奠基战
——涿鹿之战

战争是一种社会政治现象，它本身也随着社会文明的演进而经历了从无到有、从幼稚到逐渐成熟的发展阶段。早在原始社会中晚期，各个氏族部落之间就发生了基于扩大自己的生存空间、实行血亲复仇目的的武装冲突。由于这类冲突尚不是以掠夺生产资料和从事阶级奴役为目的，所以它们并不是科学意义上的战争，而仅仅是战争的萌芽。但为了叙述的方便，我们还是将其通称为"战争"。传说中的神农伐斧燧、黄帝与炎帝的阪泉之战、黄帝伐蚩尤的涿鹿之战、共工与颛顼之间的战争，就是这类"战争"的历史遗痕，其中尤以涿鹿之战最具典型意义。

涿鹿之战，指的是距今4600余年前，黄帝部族联合炎帝部族与东夷集团中的蚩尤部族在今河北省涿州一带所进行的一场大战。战争的目的是双方为了争夺适于牧放和浅耕的中原地带。它也是我国历史上见于记载的最早的"战争"，对于古代华夏族由野蛮时代向文明时代转变产生过重大的影响。

原始社会中晚期，在当时广袤的地域内逐渐形成了华夏、东夷、苗蛮三大集团，其中华夏集团以黄帝、炎帝两大部族为核心。它们分别兴起于今关中平原、山西西南部和河南西部，融合后，遂沿着黄河南北岸向今华北大平原西部地带发展。与此同时，兴起于黄河下游的今冀、鲁、豫、苏、皖交界地区的九夷部落（东夷集团的一支），也在其著名领袖蚩尤的领导下，以今山东为根据地，由东向西发展，开始进入华北大平原。这样，华夏集团与东夷集团之间的一场武装冲突也就不可避免了。涿鹿之战正是在这种历史背景下爆发的。

据说蚩尤部族善于制作兵器，其铜制兵器精良坚利，且部众勇猛剽悍，生性善战，擅长角牛氏。蚩尤部族进入华北地区后，首先与炎帝部族发生了正面冲突。蚩尤部族联合巨人夸父部族和三苗一部，用武力击败了炎帝部族，并进而占据了炎帝部族居住的"九隅"，即"九州"。炎帝部族为了维持生存，遂向同集团的黄帝部族求援。

黄帝部族为了维护华夏集团的整体利益，就答应炎帝部族的请求，将势力推向东方。这样，便同正趁势向西北推进的蚩尤部族在涿鹿地区相遭遇。当时蚩尤部族集结了所属的81个支族（一说72族），在力量上占据一定优势。双方接触后，蚩尤部族便倚仗人多势众、武器优良等条件，主动向黄帝部族发起攻击。黄帝部族则率领以熊、罴、狼、豹、雕、龙、鹗等为图腾的氏族，迎战蚩尤部族，并让"应龙高水"，即利用位处上游的条件，在河流上筑土坝蓄水，以阻挡蚩尤部族的进攻。

"战争"爆发后，适逢浓雾和大风暴雨天气，这很适合来自东方多雨环境的蚩尤部族展开军事行动。所以在初战阶段，适合于晴天环境作战的黄帝部族的处境并不有利，曾经九战而九败（九是虚数，形容次数之多）。然而，不多久，雨季过去，天气放晴，这就给黄帝部族转败为胜提供了重要契机。黄帝部族把握战机，在玄女部族的支援下，乘势向蚩尤部族发动反击。他们利用狂风大作、尘沙漫天的特殊天气，吹号角、击鼙鼓，趁蚩尤部族部众迷乱之际，以指南车指示方向，驱众向蚩尤部族进攻，终于一举击败敌人，并在冀州之野（即冀州，今河北地区）擒杀其首领蚩尤。涿鹿之战就这样以黄帝部族的胜利而宣告结束。战后，黄帝部族乘胜东进，一直进抵泰山附近，在那里举行"封泰山"仪式后方才凯旋西归。同时"命少皋清正司马鸟师"，并强迫东夷集团同自己华夏集团互结为同盟。

这场"战争"的大致经过情况是由神话传说记录下来的，因此更具体的细节已无从考索了。但是神话毕竟是历史的投影，曲折地反映了一定的历史。从这个意义上说，涿鹿之战堪称我国古代战争的滥觞。涿鹿之战中，黄帝部族之所以取得最后胜利，在于其战争指导比蚩尤部族来得高明。具体而言，即其已开始注意从政治和军事两方面作好战争准备，史称

"轩辕氏乃修德振兵",就是证明。在战争过程中,黄帝部族还善于争取同盟者,并能注意选择和准备战场,巧妙利用有利于己不利于敌的气候条件,果断及时进行反击,从而一举击败强劲的对手,建立自己对中原地区的控制。相反,蚩尤部族方面尽管兵力雄厚,兵器装备优于对手,但由于一味迷信武力,连年对外扩张,"好战必亡",已预先埋下了失败的种子。在作战指导上,又缺乏对气候条件的应变能力,缺乏对黄帝部族的大规模反击的抵御准备,因而最终导致败绩,丧失了控制中原地区的历史性机遇。

涿鹿之战的结果,有力地奠定了华夏集团踞有广大中原地区的基础,并起到了进一步融合各氏族部落的催化作用。取得这场战争胜利的部族首领黄帝从此成为中华民族的共同祖先,并被逐步神化。由此可见,涿鹿之战的确为中华民族在发轫时期奠定日后基本面貌的历史性"战争"。

002
"汤武革命,顺乎天而应乎人"
——鸣条之战

《易·革·象辞》中有"汤武革命,顺乎天而应乎人"的名言。这里所说的"汤",就是中国历史上第二个统治王朝的开基者——商汤天乙。他曾经领导商部族和其他反抗夏王朝残暴统治的同盟部族,运用战争的暴力手段,一举推翻垂死腐朽的夏王朝,建立起新的统治秩序。他的所作所为,客观上推动了历史的发展,合乎人民的愿望,因此得到后人的肯定和赞扬。在这场革故鼎新的变革中,鸣条之战是其中关键的一步。

商,是一个历史悠久的氏族部落,在漫长的发展过程中,它逐渐强盛起来,由夏的属国演变为足以与之抗衡的对手。商汤即位并迁徙部族统治中心到亳地(今河南商丘)后,积极筹措攻夏立国的大计。当时,夏朝的统治者是桀。他骄奢淫逸,宠用嬖臣,对民众及所属方国部落进行残酷的压榨奴役,引起普遍的憎恨与反对。民众愤慨地诅咒他:"时日曷丧,予偕女皆亡。"这表明夏的统治风雨飘摇,已经走到了历史的尽头。

商汤的灭夏战略方针,就是在这样的历史背景下制定的。他首先在政治上争取民众,开展了揭露夏桀暴政罪行的政治攻势,为战争的胜利奠定了政治基础。在军事战略上,他在贤臣伊尹、仲虺的有力辅佐下,巧妙谋划,"先为不可胜",逐一翦除夏桀的羽翼,孤立夏后氏,最后一举攻克夏邑。具体地说,他实施了以下几个主要步骤。

第一,创造性开展"用间"活动。为了彻底察明夏桀的内部情况,商汤大胆派遣伊尹数次打入夏桀内部,充当间谍,掌握了夏王朝"上下相疾,民心积怨"的混乱状况,做到知彼知己,然后有针对性实施自己的战略方针。

第二，先弱后强，由近及远，翦除夏桀羽翼，完成对其战略包围。当时夏王朝总体力量仍然大于商部族。在这种情况下，商汤不马上正面进攻夏王朝，而采取先弱后强、绝其羽翼的战术，为最后决战创造条件。他把第一个打击目标指向夏的属国葛，以替童子复仇的名义起兵灭葛。这不仅翦除了夏桀的一个羽翼，也还大大提高了政治威望。继而他又集中兵力逐次灭亡了韦、顾，并攻灭夏桀最后一个支柱，即实力较强的昆吾。这样商汤就完成了对夏桀的战略包围，打通了最后灭桀的道路。

第三，正确选择和把握决战时机。在完成对夏桀的战略包围后，商汤对最后决战仍持十分慎重的态度。几经试探和权衡方才作出决定。俗话道："百足之虫，死而不僵。"近400年的夏王朝即使已面临灭亡，仍具有相当的实力。当商汤停止向夏桀纳贡以试探其反应时，夏桀即调动九夷之师，准备讨伐商汤。商汤视情马上"谢罪请服，复入职贡"，稳住夏桀，继续积蓄力量，等待时机。不久传来了夏桀诛杀重臣、众叛亲离的消息。商汤再行停止向夏桀的贡奉。这次，夏桀的指挥棒完全失灵了，九夷之师不起，有缗氏公开反抗。到此时，商汤方才认为伐桀的时机完全成熟，于是果断下令起兵。

大约在公元前1766年，商汤正式兴兵伐夏。战前他隆重举行了誓师活动，一一列举夏桀破坏生产、残酷盘剥压迫民众的罪行，声明自己是秉承天意征伐夏桀，目的是为了拯民于水火之中。商汤还宣布了严格的战场纪律。这番誓师，极大地振奋了士气。

战前誓师后，商汤简选良车70乘，"必死"6000人，联合各方国的军队，采取战略大迂回，绕道夏都以西，出其不意，攻其不备，突袭夏都。夏桀仓促应战，同商汤军队在鸣条（今河南洛阳附近）一带展开战略决战。在决战中，商汤军队奋勇作战，一举击败了夏桀的主力部队，夏桀败退归依于属国三朡（今山东定陶东一带）。商汤发扬速战速决、连续作战的作风，乘胜追击，攻灭了三朡。夏桀穷途末路，率少数残部仓皇逃奔南巢（今安徽寿县南），不久病死在那里，夏王朝宣告灭亡。商汤回师西亳（今河南偃师西），召开了众多诸侯参加的"景亳之命"大会，得到3000诸侯的拥护，取得了天下共主的地位。就这样，在夏王朝的废墟之上，一个新的统治王朝——商建立了起来。

　　商汤"革命"是政治上的一项进步之举,鸣条之战则是我国军事历史上一篇辉煌的杰作。它是中国古代通过"伐谋""伐交""伐兵""用间"的全面运用,最终达到战争速胜的最早被记录下来的成功战例。对于后世战争的发展、军事理论的构筑,都产生过相当深远的影响。

003 确立周王朝对中原的统治
——牧野之战

牧野之战，就是商周之际周武王在吕望等人辅佐下，率军直捣商都朝歌（今河南鹤壁淇县），在牧野（今淇县以南卫河以北地区）大破商军、灭亡商朝的一次决战。

商汤所建立的商王朝，历经初兴、中衰、复振、全盛、寝弱诸阶段后，到了商纣王（帝辛）即位时期，已步入了全面危机的深渊。在纣王的统治下，殷商王朝政治腐败、刑罚酷虐，连年对外用兵，民众负担沉重，痛苦不堪；贵族内部矛盾重重，分崩离析，从而导致了整个社会动荡不安，出现了"如蜩如螗，如沸如羹"的混乱局面。

与日薄西山、奄奄一息的商王朝形成鲜明对比的是：商的西方属国——周正如日方中、蒸蒸日上。公刘、古公亶父、王季等人的积极经营，使周迅速强盛起来，其势力伸入江、汉流域。文王姬昌即位后，任用熟悉商朝内部情况的贤士吕尚，"阴谋修德以倾商政"，积极从事伐纣灭商的宏伟大业。

文王为牧野之战的展开、"翦商"大业的完成，奠定了坚实的基础。在政治上他积极修德行善、裕民富国、广罗人才、发展生产，形成"耕者九一，仕者世禄，关市讥而不征，泽梁无禁，罪人不孥"的清明政治局面。他的"笃仁、敬老、慈少、礼下贤"政策，赢得了人们的广泛拥护，巩固了内部的团结。在修明内政的同时，他向商纣发起了积极的政治、外交攻势：请求商纣"去炮烙之刑"，争取与国，最大限度孤立商纣。文王曾公平地处理了虞、芮两国的领土纠纷，还颁布"有亡荒阅"（搜索逃亡奴隶）的法令，保护奴隶主们的既得利益。通过这些措施，文王扩大了政治影响,瓦解了商朝的附庸,取得了"伐交"斗争的重大胜利。

在处理商周关系上,文王表面上恭顺事商,以麻痹纣王。他曾率诸侯朝觐纣王,向其显示所谓的"忠诚";同时大兴土木,"列侍女,撞钟击鼓",装出一副贪图享乐的样子,欺骗纣王,使其放松警惕,确保灭商准备工作在暗中顺利地进行。

在各方面准备工作基本就绪之后,文王在吕尚的辅佐下,制定了正确的伐纣军事战略方针。其第一个步骤,就是翦商羽翼,对商都朝歌形成战略包围态势。为此,文王首先向西北和西南用兵。相继征服犬戎、密须、阮、共等方国,消除了后顾之忧。接着,组织军事力量向东发展,东渡黄河,先后翦灭黎、邘、崇等商室的重要属国,打开了进攻商都朝歌的通路。至此,周已处于"三分天下有其二"的有利形势,伐纣灭商只不过是一个时间问题了。

文王在完成翦商大业前夕逝世,其子姬发继位,是为周武王。他即位后,继承乃父遗志,遵循既定的战略方针,并加紧予以落实:在孟津(今河南孟津东北)与诸侯结盟,向朝歌派遣间谍,准备伺机兴师。

当时,商纣王已感觉到周对自己构成的严重威胁,决定对周用兵。然而这一拟定中的军事行动,却因东夷族的反叛而化为泡影。为平息东夷的反叛,纣王调动部队倾全力进攻东夷,结果造成西线兵力的极大空虚。与此同时,商朝统治集团内部的矛盾呈现白炽化,商纣饰过拒谏,肆意胡为,残杀王族重臣比干,囚禁箕子,逼走微子。武王、吕尚等人遂把握这一有利战机,决定乘虚蹈隙,大举伐纣,一战而胜。

公元前1027年(一说前1057年)正月,周武王统率兵车300乘,虎贲3000人,甲士45000人,浩浩荡荡东进伐商。同月下旬,周军进抵孟津,在那里与反商的庸、卢、彭、濮、蜀(均居今汉水流域)、羌、微(均居今渭水流域)、髳(居今山西平陆南)等方国部落的部队会合。武王利用商地人心归周的有利形势,率本部及协同自己作战的方国部落军队,于正月二十八由孟津冒雨迅速东进。从汜地(今河南荥阳汜水镇)渡过黄河后,兼程北上,至百泉(今河南辉县西北)折而东行,直指朝歌。周师沿途没有遇到商军的抵抗,故开进顺利,经过6天的行程,于二月初四拂晓抵达牧野。

周军进攻的消息传至朝歌，商朝廷上下一片惊恐。商纣王无奈之中只好仓促部署防御。但此时商军主力还远在东南地区，无法立即调回。于是只好武装大批奴隶，连同守卫国都的商军共约17万人（一说70万人，殊难相信），由自己率领，开赴牧野迎战周师。

二月初五凌晨，周军布阵完毕，庄严誓师，史称"牧誓"。武王在阵前声讨纣王听信宠姬谗言，不祭祀祖宗，招诱四方的罪人和逃亡的奴隶，暴虐地残害百姓等诸多罪行，从而激发起从征将士的敌忾心与斗志。接着，武王又郑重宣布了作战中的行动要求和军事纪律：每前进六步、七步，就要停止取齐，以保持队形；每击刺四五次或六七次，也要停止取齐，以稳住阵脚。严申不准杀害降者，以瓦解商军。

誓师后，武王下令向商军发起总攻击。他先使"师尚父与百夫致师"，即让吕尚率领一部分精锐突击部队向商军挑战，以牵制迷惑敌人，并打乱其阵脚。商军中的奴隶和战俘心向武王，这时便纷纷起义，掉转戈矛，帮助周军作战。武王乘势以"大卒（主力）冲驰帝纣师"，猛烈冲杀敌军。于是商军十几万之众顷刻土崩瓦解。纣王见大势尽去，于当天晚上仓皇逃回朝歌，登上鹿台自焚而死。周军乘胜进击，攻占朝歌，灭亡商朝。而后，武王分兵四出，征伐商朝各地诸侯，肃清殷商残余势力。

周军取得牧野之战的彻底胜利绝非偶然。第一，周文王、周武王长期正确运用"伐谋""伐交"策略的结果。它起到了争取人心，翦敌羽翼，麻痹对手，建立反商统一战线的积极效果。第二，做到了正确选择决战的时机，即趁商军主力远征东夷未还、商王朝内部分崩离析之时，果断地统率诸侯联军实施战略奔袭，从而使敌人在战略、战术上均陷于劣势和被动，未暇作有效的抵抗。第三，适时展开战前誓师，历数商纣罪状，宣布作战行动要领和战场纪律，鼓舞士气，瓦解敌人。第四，在牧野决战的作战指挥上，善于奇正并用，予敌以巧妙而猛烈的打击，使之顷刻彻底崩溃。

商纣王之所以迅速败亡，根本的原因一是因为殷商统治集团政治腐朽，横征暴敛，严刑酷法，导致丧失民心，众叛亲离。二是殷商对东方进行长期的掠夺战争，削弱了力量，且造成军事部署的失衡。三是殷商统治者对周缺乏警惕,放松戒备,自食恶果。四是作战指挥上消极被动,无所作为。加上军中那些临时仓促征发的奴隶阵上起义,反戈一击,其一败涂地也就不可避免了。

牧野之战是我国古代的著名战例,它终止了殷商王朝的600年统治,确立了周王朝对中原地区的统治秩序,为西周奴隶制礼乐文明的全面兴盛开辟了道路,对后世历史的发展产生了深远的影响。而其体现出的谋略和作战艺术,也对古代军事思想的发展具有重要的意义。

004

"礼乐征伐自天子出"的消亡
——繻葛之战

周桓王十三年（公元前707年）爆发的繻葛之战，是春秋初期郑国为称霸中原，在繻（今河南长葛北）大败周室联军的一次反击作战，也是东周后期，周室衰弱，诸侯国崛起，诸侯竞相争霸局面在军事领域的重要反映。

春秋初年，东迁洛邑的周天子虽然名义上仍保留着天下共主的地位，但实际上势力已一落千丈，其直接统治的地区日趋狭小，根本号令不了其他诸侯。在这种"礼崩乐坏"的形势下，一些诸侯就开始觊觎和争夺霸主地位，其中地处中原腹地的郑国，在这场斗争中首先崛起，成为当时诸侯中最具实力和威望的一国。

郑国虽在西周后期才分封立国，但由于其开国君主郑桓公为周厉王的幼子，与周王室关系亲近，因而一直为周王室所倚重，被委以为王室卿士，主持周室中枢大政，加上郑桓公当年将国内民众由关中地区迁到今河南省新郑市一带，占有了四通八达的天下形胜之地，故国势蒸蒸日上，成为诸侯列国中举足轻重的力量。

郑庄公继位后，凭借强盛国力，又身为周室权臣的有利条件，竭力扩充领地，侵伐诸侯，进一步增强郑国的实力。在军事外交上，他的主要策略和手段是：拉拢齐、鲁两国，打击和削弱卫、宋、陈、蔡四国，并灭了许国，造就了"小霸"的局面。

随着政治、军事实力的增长，郑庄公对周王室的态度也越来越倨傲不羁，不把王命放在眼里。这样一来，周郑之间的矛盾就变得尖锐起来，繻葛之战正是这种矛盾的产物。

早在周平王在位时，周郑之间就互不信任，发生了"周郑交质"事件，即周平王的儿子作为人质留在郑国，郑国的公子忽也作为人质住到周都洛邑。周桓王继位后，越发反感郑庄公的专横跋扈，于是将国政交给虢公，后来甚至干脆夺了郑庄公的卿士地位，并把郑国的部分土地收为己有。郑庄公恼羞成怒，从此不再去朝觐周桓王，两国矛盾到了一触即发的地步。周桓王不能容忍郑庄公的无礼犯上行为，便于公元前707年秋天，亲自率领周军和征调来的陈、蔡、卫等诸侯军大举伐郑，一场大战终于在中原大地上爆发了。

郑庄公闻报周室联军倾巢而来，便统率大军进行迎击。很快，两军相遇于繻葛。为了赢得决战的胜利，双方调兵遣将，布列阵势。周桓王将周室联军分为三军：右军、左军、中军，其中右军由卿士虢公林父指挥，蔡、卫军附属于其中；左军由卿士周公黑肩指挥，陈军附属于内；中军则由桓王亲自指挥。

郑军方面针对周室联军这一布阵形势和特点，也作了相应的部署。他们将郑军也编组为三个部分：中军、左拒（拒是方阵的意思）和右拒，郑庄公及原繁、高渠弥等人率领中军，祭仲指挥左拒，曼伯统率右拒，准备与周军一决雌雄。

交战之前，郑国大夫公子元针对周室联军的组成情况，对敌情进行了正确的分析。他指出，陈国国内正发生动乱，因此它的军队没有斗志，如果首先对陈军所在的周左军实施打击，陈军一定会迅速崩溃；而蔡、卫两军战斗力不强，届时在郑军的进攻之下，也将难以抗衡，先行溃退。鉴于这一情况，公子元建议郑军首先击破周室联军薄弱的左右两翼，然后再集中兵力攻击周桓王亲自指挥的周室联军主力——中军。他的建议具有很大的合理性，因此为郑庄公欣然接受。

另一位郑国大夫高渠弥鉴于以往诸侯联军与北狄作战时，前锋步卒被击破，后续战车失去掩护，以致无法出击而失利的教训，提出了改变以往车兵、步兵的笨拙协同作战方式，编成"鱼丽阵"以应敌的建议。所谓"鱼丽阵"，其特点便是"先偏后伍""伍承弥缝"，即将战车布列在前面，将步卒疏散配置于战车两侧及后方，从而形成步车协同配合、攻防灵活自如的整体。郑庄公是一位善于接受新鲜事物的统治者,所以高渠弥的这一战术新建议也被他采纳了。

会战开始后,郑军方面即按照既定作战部署向周室联军主动发起猛烈的进攻:"旗动而鼓",击鼓而进。郑大夫曼伯指挥郑右军方阵首先攻击周室联军左翼的陈军。陈军果然兵无斗志,一触即溃,逃离战场,周室联军左翼即告解体。与此同时,祭仲也指挥郑军左方阵进攻蔡、卫两军所在的周右翼部队,蔡、卫军的情况也不比陈军好到哪里去,稍经交锋,便纷纷败退。周中军为溃兵所扰,阵势顿时大乱。郑庄公见状,立即摇旗指挥中军向周中军发动攻击。祭仲、曼伯所分别指挥的郑军左右两方阵也乘势合击,猛攻周中军。失去左右两翼掩护协同的周中军无法抵挡郑三军的合击,大败后撤,周桓王本人也身负箭伤,被迫下令脱离战斗。

郑军的指挥者见周师溃退,十分振奋。祝聃等人遂建议立即追击,扩大战果,但为郑庄公所拒绝。他的看法是:"君子不欲多上人,况敢凌天子乎?"于是战场便这样沉寂了下来。郑庄公这么做的含意便是,周天子地位虽已今非昔比,但威望犹在,不可过分冒犯,以致引起其他诸侯国的敌视。为此,当晚他还委派祭足去周营慰问负伤的周桓王,以缓和两国间的尖锐矛盾。

郑军取得这次作战胜利的主要原因有三点:第一,正确地选择了作战主攻方向,制定了合理的进攻程序。因为周室联军的两翼都很薄弱,尤其是作为左翼的陈军力量最单薄。郑军先攻其左翼,后攻其右翼,再集中兵力攻打其中军的作战指挥,恰好击中周室联军军阵的薄弱环节,从而取得作战胜利。第二,正确地运用了先进的战法。它所创的"鱼丽阵",使战车和步卒能够较好地配合协同,使得郑军的战斗力大大提高,使囿于传统车战战术的周室联军陷入被动失利的境地。第三,适时把握进退尺度,在战斗取得胜利的情况下,及时停止追击,既争取了政治上的主动,也保有了军事上的胜利成果。

繻葛之战在政治和军事两方面都产生了重大的影响。政治上,它使得周天子威信扫地,"礼乐征伐自天子出"的传统从此消亡。军事上,"鱼丽阵"的出现,使中国古代车阵战法逐渐趋向严密、灵活,有力地推动了古代战术的革新和演进。

005 以静制动,以弱胜强的不朽典范
——长勺之战

长勺之战,发生于周庄王十三年(公元前684年)春天,它是春秋初年齐鲁两个诸侯国之间进行的一场车阵会战,也是我国历史上后发制人、以弱胜强的著名战例。

自公元前770年周平王东迁洛邑起,我国历史进入了诸侯兼并、大国争霸的春秋时代。齐国和鲁国都是西周初年分封的重要诸侯国,又互相毗邻,在当时的动荡局面下,不免发生各种矛盾,而矛盾冲突的激化,又势必造成两国间兵戎相见的结果,长勺之战正是这一历史条件下的产物。

当时的鲁国踞有今山东西南部地区,都城曲阜(今山东曲阜),它较多地保留了宗周社会的礼乐传统,疆域和国力较之齐国,均处于相对的劣势。至于齐国,则是姜太公吕望的封地,辖有今山东东北部地区的广大地域,都城临淄(今山东淄博市东北)。那里土地肥沃,又富渔盐之利,太公立国后,推行礼法并用,"因其俗,简其礼""因地制宜,发展经济""举贤而上功""修道法"等一系列政策,经济得以迅速发展,实力雄厚,自西周至春秋,一直是东方地区首屈一指的大国。长勺之战就是在齐强鲁弱这种背景下爆发的。

公元前686年冬,齐国宫廷内部发生了一场动乱。齐襄公的堂弟公孙无知杀死襄公,自立为君。几个月后,齐臣雍廪又杀了公孙无知,这样,齐国的君位便空置了起来。当时流亡在外的公子小白和其兄公子纠都想回国继承君位,于是就发生了一场君位争夺斗争。结果,公子小白捷足先登,率先入国抢占了君位,他就是历史上赫赫有名的齐桓公。而公子

纠则时运不佳，在这场权力争夺中丢掉了自己的性命，其重要谋臣管仲也成了齐桓公的手下，后来成为齐桓公霸业的重要奠基者。

鲁国在这场齐国内部斗争中，是站在公子纠一方的，并曾经公开出兵支持公子纠回国争夺君位。但结果是乾时一战，损兵折将，大败而归。鲁国的所作所为，导致齐鲁之间矛盾的进一步激化，齐桓公本人对此更是耿耿于怀，不肯善罢甘休，最终酿成了长勺之战的爆发。

公元前684年春，齐桓公在巩固了君位之后，自恃实力强大，不顾管仲的谏阻，决定兴师伐鲁，以报复鲁国一年以前支持公子纠复国的宿怨，企图一举征服鲁国，向外扩张齐国的势力。

当时鲁国执政的是鲁庄公，他闻报齐军大举来攻，决定动员全国的力量，同齐军一决胜负。

就在鲁庄公准备发兵应战之时，鲁国有一位名叫曹刿的人认为当政者庸碌无能，未能远谋。他不忍心看到自己的国家遭受齐国军队的蹂躏，因而觐见鲁庄公，要求参与战事。

曹刿询问庄公依靠什么同齐国作战。鲁庄公说，对于衣物食品之类的东西，总是要分赐给臣下，不敢独自享用。曹刿指出，这样做不过是小恩小惠，不能施及全国，民众是不会出力作战的。鲁庄公又说，自己对神明是很虔敬的，祭祀天地神明的祭品从不敢虚报，很守信用。但曹刿认为，对神守点小信，未必能感动神明，神也是不会降福的。鲁庄公想了一下又补充道，自己对待民间的大小狱讼，虽然不能做到明察秋毫，但是必定准情度理地予以处理。曹刿这时才说，这倒是尽到了君主的责任，为老百姓办了好事，具备了同齐国决一胜负的基本条件了。为此，他请求随同鲁庄公奔赴战场，鲁庄公允诺了他的这一请求，让他和自己同乘一车前往长勺。

鲁军根据齐强鲁弱的客观形势，在长勺（今山东曲阜北，一说莱芜东北）迎击来犯的齐军。两军都摆开了决战的态势，待布阵完毕后，鲁庄公准备传令擂鼓出击齐军，希望能够先发制人，曹刿见状赶忙加以劝止，建议庄公坚守阵地，以逸待劳，伺机破敌，鲁庄公接受了曹刿的这一建议，暂时按兵不动。齐军方面求胜心切，凭恃强大的兵力优势，主动向鲁军发起猛烈的进攻。但它接连3次的出击都在鲁军的严密防御之下遭到了挫败，未能达到先发制人的作战目的，反而造成自己战力衰落、斗志沮丧。曹刿见时机已到，建议庄公果断反击。庄公听从他的意见，传令鲁军全线出击。鲁军于是凭借高昂的士气，一鼓作气，迅猛英勇地冲向敌人，冲垮齐军的车阵，大败齐军。庄公见到齐军败退，急欲下令发起追击，又被曹刿所劝阻。曹刿下车仔细察看，发现齐军的车辙痕迹紊乱；又登车远望，望到齐军的旗帜东倒西歪，判明了齐军确是败溃，这才建议鲁庄公实施追击。庄公于是下令追击齐军，进一步重创齐军，将其赶出了鲁国国境，鲁军至此取得了长勺之战的最终胜利。

　　战争结束后，鲁庄公向曹刿询问这一次战役取胜的原因。曹刿回答说："用兵打仗所凭恃的是勇气。第一次击鼓冲锋时，士气最为旺盛；第二次击鼓冲锋，士气就衰退了；等到第三次击鼓冲锋，士气便完全消失了。齐军三通鼓罢，士气已完全丧尽，而相反我军士气却正十分旺盛，这时实施反击，自然就能够一举打败齐军。"接着曹刿又说明未立即发起追击的原因：齐国毕竟是实力强大的国家，不可等闲视之，而要谨防其佯败设伏，以避免己方不应有的失利。后来看到他们的车辙紊乱，望见他们的旌旗歪斜，这才大胆地建议实施战场追击。一番话说得鲁庄公心悦诚服，点头称是。

　　从曹刿战前决策、战场指挥和战后分析的诸多言行里，我们可以看到鲁军取得长勺之战的胜利有其必然性。鲁国统治者在战前进行了"取信于民"的政治准备，为展开军事行动创造了有利的条件。在作战中，鲁庄公又能虚心听取曹刿的正确作战指挥意见，遵循后发制人、敌疲我打、持重相敌、积极防御、适时反击的方针，正确地把握反攻和追击的时机，从而牢牢地掌握了战争的主动权，赢得战役的重大胜利。可见，长勺之战的规模虽然不大，但它却反映了弱军对强军作战的基本规律和原则。因此，一直为历代兵家所称道。

　　长勺之战是齐桓公争霸战争史上一次少有的挫折，也是鲁齐长期斗争中鲁国的一次罕见的胜利。它对齐桓公调整完善自己的争霸战略方针具有一定的影响。

006
代表"礼义之兵"寿终正寝的一战
——泓水之战

周襄王十四年（公元前638年）初冬发生的泓水之战，是宋、楚两国为争夺中原霸权而进行的一次作战，也是中国古代战争史上因思想保守、墨守成规而导致失败的典型战例之一。

春秋时期中原地区的第一个霸主齐桓公去世后，各国诸侯顿时失去了一匡天下的领导人，成为一盘散沙。齐国因内乱而中衰，晋、秦也有各自的苦衷，暂时无力过问中原。这样，长期以来受齐桓公遏制的南方强国——楚国，就企图乘机进入中原，攫取霸权。素为中原列国视为"蛮夷之邦"的楚国，引起中原诸小国的忐忑不安，于是一贯自我标榜仁义的宋襄公，便想凭借宋为公国、爵位最尊的地位以及领导诸侯平定齐乱的余威，出面领导诸侯抗衡楚国，继承齐桓公的霸主地位，进而伺机恢复殷商的故业。可是在当时，宋国的国力远远不及楚国，宋襄公这种不自量力的做法，造成宋楚间矛盾的激化，楚国对当年的齐桓公是无可奈何的，但这时对付宋襄公却是游刃有余，所以它处心积虑要教训宋襄公，终于导致了泓水之战的爆发。

且说宋襄公专心致志争当盟主，虽然雄心勃勃，但毕竟国力有限，因此只能单纯模仿齐桓公的做法，以"仁义"为政治号召，召集诸侯举行盟会，以此抬高自己的声望。可是他的这套把戏，不仅遭到诸多小国的冷遇，更受到楚国君臣的算计。在盂地（今河南睢县西北）盟会上，宋襄公拒绝事前公子目夷提出的多带兵车，以防不测的建议，轻车简从前往，结果被"不讲信义"的楚成王手下的军队活捉了起来。楚军押着他乘势攻打宋都商丘（今河南商丘），幸亏太宰子鱼率领宋国的军民进行顽强的抵抗，才抑制了楚军的攻势，使其围攻宋都数月而未能得逞。后来，在鲁僖公的调停之下，楚成王才将宋襄公释放回国。

宋襄公遭此奇耻大辱，真是气不打一处来。他既痛恨楚成王的不守信义，更愤慨其他诸侯国见风使舵，背宋亲楚。他自知军力非楚国之匹，暂时不敢主动去惹犯它；于是先把矛头指向臣服于楚的郑国，决定兴师讨伐它，以显示一下自己的威风，挽回自己曾为楚囚俘的面子。大司马公孙固和公子目夷（宋襄公的庶兄）都认为攻打郑国会引起楚国出兵干涉，劝阻宋襄公不要伐郑。可是宋襄公却振振有词地为这一行动进行辩护："如果上天不嫌弃我，殷商故业是可以得到复兴的。"宋襄公执意伐郑。郑文公闻讯宋师大举来攻，立即求救于楚。楚成王果然迅速起兵伐宋救郑。宋襄公得到这个消息，才知道事态十分严重，不得已被迫急忙从郑国撤军。

周襄王十四年（公元前638年）十月底，宋军返抵宋境。这时楚军犹在陈国境内向宋国挺进途中。宋襄公为阻击楚军于边境地区，屯军泓水（涡河的支流，经今河南商丘、柘城间东南流）以北，以等待楚军的到来。十一月初一，楚军进至泓水南岸，并开始渡河，这时宋军已布列好阵势。宋大司马公孙固鉴于楚宋两军众寡悬殊，但宋军已占有先机之利的情况，建议宋襄公把握战机，乘楚军渡到河中间时予以打击。但是却被宋襄公断然拒绝，从而使楚军得以全部顺利渡过泓水。楚军渡河后开始布列阵势，这时公孙固又奉劝宋襄公趁楚军列阵未毕、行列未定之际发动攻击，但宋襄公仍然不予接受。一直等到楚军布阵完毕，一切准备就绪之后，宋襄公这才击鼓向楚军进攻。可是，这时一切都已经晚了，弱小的宋军哪里是强大楚师的对手，一阵厮杀后，宋军受到重创，宋襄公本人的大腿也受了重伤，其精锐的禁卫军（门官）悉为楚军所歼灭。只是在公孙固等人的拼死掩护下，宋襄公才得以突出重围，狼狈逃回宋国。泓水之战就这样以楚胜宋败降下帷幕。

泓水之战后，宋国的众多大臣都埋怨宋襄公实在糊涂。可是宋襄公本人并不服气，振振有词地为自己的错误指挥进行辩解。宋襄公说"君子不重伤"（不再伤害受伤的敌人），"不禽二毛"（不捕捉头发花白的敌军老兵），"不以阻隘"（不阻敌人于险隘取胜），"不鼓不成列"（不主动攻击尚未列好阵势的敌人）。可见其执迷不悟到了极点，因而遭到公子目夷等人的严厉批评。第二年夏天，宋襄公因腿伤过重，带着满脑子"仁义礼信"的陈旧用兵教条去世了，他争当霸主的夙愿，也有如昙花一现，就此烟消云散了。

泓水之战规模虽不很大，但是在中国古代战争发展史上却具有一定的意义。它标志着商周以来以"成列而鼓"为主要特色的"礼义之兵"行将寿终正寝，新型的以"诡诈奇谋"为主导的作战方式正在崛起。所谓的"礼义之兵"，就是作战方式上"重偏战而贱诈战""结日定地，各居一面，鸣鼓而战，不相诈"。它是陈旧的密集大方阵作战的必然要求，但是，由于武器装备的日趋精良，车阵战法的不断发展，它已开始不适应战争实践的需要，逐渐走向没落。宋襄公无视这一情况的变化，拘泥于"不鼓不成列""不以阻隘"等旧兵法教条，遭致悲惨的失败。这正如《淮南子》所说的那样："古之伐国，不杀黄口，不获二毛，于古为义，于今为笑，古之所以为荣者，今之所以为辱也。"总而言之，在泓水之战中，尽管就兵力对比来看，宋军处于相对的劣势，但如果宋军能凭恃占有泓水之险这一先机之利，先发制人，是有可能以少击众，打败楚军的。遗憾的是，宋襄公奉行"蠢猪式的仁义"（毛泽东语），既不注重实力建设，又缺乏必要的指挥才能，最终沦为天下笑谈。

当然在宋国臣僚中，也不是人人都像宋襄公这般迂腐的。公孙固等人的头脑就比较清醒。他们关于趁楚军半渡泓水而击的方略和趁楚军"济而未成列而击"的建议，体现了"兵者，诡道""攻其无备"的作战思想，从而为后世兵家所借鉴运用。孙子就把"客绝水而来，勿迎之于水内，令半济而击之"，定为"处水上之军"的重要原则之一。

泓水之战的结果使得宋国从此一蹶不振，楚势力进一步向中原扩张，春秋争霸战争进入了新的阶段。

007 "必胜之兵必隐"
——假道灭虢之战

假道灭虢之战,是春秋初年晋国诱骗虞国借道,一石双鸟,先后攻灭虢、虞两个小国的一次作战。这次战争的规模虽然不大,但是却揭示了军事斗争的一些重要规律,给后世留下重要的启示。

春秋初期,诸侯并立,兼并无休,位处中原地带的晋国,在这场弱肉强食的大混战中不断兼并征服小国,势力迅速崛起。晋献公在位期间,又把其南面的两个小国——虢国和虞国设定为吞并的目标。

可是,晋国要顺利实现这一目的也不是那么容易的。虢、虞两国虽然地狭人稀,国力弱小,但却是同姓毗邻,结有同盟。晋国同其中任何一国开启战端,都意味着要同时和两国之师相抗衡。如何拆散虢、虞两国的同盟关系,使自己避免陷于两线作战,是晋国在吞并两国军事行动中首先必须解决的问题。

终于,晋国大夫荀息想出了一条一箭双雕的妙计:即用厚礼重宝贿赂收买虞公,拆散虢、虞之间的同盟,向虞国假道攻打虢国,待虞国中计、虢国败亡后再图后举。晋献公听了荀息这一献计后,认为计谋很好,但是还存在一定的顾虑,一是有些舍不得自己的珍宝,二是忌惮虞国那位贤臣宫之奇会揭穿晋国的用心。针对晋献公的犹豫,荀息一一予以妥善的解释,指出送珍宝给虞国,等于是将它暂时存放在那里,迟早还将收回;至于宫之奇,虽有些能耐,但他的意见虞公不一定会采纳,未足为惧。一番话打消了献公的最后顾虑,他决定依照荀息的计谋展开行动。

不久,荀息携带着良马、美玉等奇珍异宝出使虞国。到了虞国晋见虞公,献上珍宝,并向虞公正式提出借道攻虢的要求。虞公既贪利收下了良马、美玉，又不敢轻易开罪晋国，于是便应允晋国军队通过虞国土地去征伐虢国，并表示愿意出兵协助晋国作战。宫之奇认为此事大为不妥，在一旁加以谏阻，但虞公根本听不进去，只是一意孤行，硬朝着晋国的圈套里钻去。

公元前658年夏，晋大夫里克、荀息统率晋国军队通过虞国的土地去攻打虢国，虞公践约派出军队同晋军会师，然后协同晋军展开军事行动。晋军在虞军的积极配合下，进展顺利，很快攻占了虢国的下阳（今山西平陆境），一举控制了虢、虞之间的战略要地，并通过此举进一步摸清了虢、虞两国的虚实，为下一步行动创造了条件。

时隔3年，晋献公又一次向虞国提出了借道伐虢的要求。这时虞国大夫宫之奇更透彻地看清了"假道"背后所包藏的险恶用心，指出虢国如果灭亡，虞国必然跟着完蛋，警告虞公"晋不可启，寇不可玩"，力图以虢、虞两国"辅车相依，唇亡齿寒"的利害关系劝阻虞国假道于晋。可是虞公利欲熏心，根本不采纳宫之奇的建议，反而以晋为自己的同姓国，必不会害己作理由，又答应了晋国借道的要求。宫之奇见虞国灭亡近在旦夕，为避祸计，便率领族人逃离了虞国。

这次晋献公亲自统军借道虞国攻打虢国，声势远较前一次更大，可见其志在必得。晋军进展迅速，很快兵临虢都上阳（今河南陕县境）城下，对上阳加以团团围困。虢国弱小无援，数个月后即为晋军所灭，虢公丑仓皇逃奔京师（今河南洛阳）。晋军随即凯旋回师，行经虞地驻扎时，即乘其不备发动突然袭击，生俘虞公，轻而易举地灭亡了虞国，最终达到了吞并两国的目的。

晋军的胜利，在于它能够做到"必胜之兵必隐"这一点，以借道的假象巧妙掩盖自己攻灭虢、虞的真实企图。"兵不厌诈"，晋国君臣深谙此中奥秘，故能确保自己以强击弱、以大攻小战略意图的实现。在行施"借道"这一计谋过程中，晋国君臣还能针对虞公贪利爱财的弱点，诱之以利，迷惑其心智，使敌人始终由自己牵着鼻子走，无所作为。

虞国的失败，首先是国力、军力远不及人，故成为晋国敢于觊觎的对象。其次是其最高统治者虞公昏聩庸劣，贪图眼前小利，破坏与虢国的战略同盟关系；又文过饰非，拒纳谏言，终于引狼入室，自取咎殃。最后与上两点相联系的是，虞国对晋国灭虢后的战略新动向毫无察觉，放松警惕，不作戒备，以至晋军发动突然袭击之时，无暇抵抗，束手就擒。

假道灭虢之战体现了相当丰富深刻的军事斗争艺术，因此受到历代兵家的广泛重视。著名兵书《三十六计》还曾将它立为一计，以概括军事斗争中这样一条重要规律：战争指导者有意掩盖自己的真实意图，利用敌人贪利、畏怯等弱点，借攻击第三方为由，顺势渗透自己的势力，控制对方。一俟时机成熟，即以迅雷不及掩耳之势发起攻击，一举消灭或制服对手，达到一石两鸟的目的。

在历史上，假道灭虢也经常为一些人所仿效，而成为强兼弱、大吞小过程中所惯用的策略手段。比如公元963年，北宋赵匡胤"假道荆湖"，袭占荆、湖，并灭南平、武平两地割据势力，就是显著一例。当然，此战中所反映的唇亡齿寒的另一层道理，也为后世弱国联合以抗击强国的斗争实践提供了有益的启迪。

008 "退避三舍，后发制人"
——城濮之战

俗话说："先下手为强，后动手遭殃。"在军事上，"先发制人"也是一个重要的命题。早在《左传》中便有"先人有夺人之心"的提法，后人也多强调"兵贵先""宁我薄人，无人薄我"，意思都是主张争取作战中的先机之利。

可是，事情并不是绝对的。在一定条件下，"后发制人"也是军事斗争的重要手段，它与"先发制人"存在着辩证的统一。其实质便是积极防御，即以防御为手段，以反攻为目的的攻势防御，它常常成为较弱一方克敌制胜的重要法宝。春秋时期的晋楚城濮之战，就是历史上这方面的典型战例。

城濮之战发生于鲁僖公二十八年（公元前632年），它是春秋时期晋楚两国为争夺中原霸权而进行的第一次决战。在这场战争中，楚军在实力上占有优势，但是由于晋军善于"伐谋""伐交"，并在战役指导上采取了正确的扬长避短、后发制人的方针，从而最终击败了不可一世的楚军，"取威定霸"，雄踞中原。

春秋时期，大国争霸，最先崛起的是东方的齐国。齐桓公死后，齐国内乱不已，霸业遂告中衰。这时，位于长江中游地区的楚国趁机向黄河流域扩展势力，并在泓水之战中挫败宋襄公图霸的企图，将自己的势力范围发展到长江、淮河、黄河、汉水之间，控制了郑、蔡、卫、宋、鲁等众多中小国家。

正当楚国势力急剧向北发展的时候，在今山西、河南北部、河北西南一带的晋国也兴盛了起来。公元前636年，长期流亡在外的晋公子重耳历尽艰辛，终于回国即位，是为晋文公。他执政后，对内修明政治，任贤使能，发展经济，崇俭省用，整军经武；对外高举"尊王"旗帜，争取与国，从而逐步具备了争夺中原霸权的强大实力。

晋国的壮大崛起，引起了楚国的严重不安。两国之间的矛盾因此日趋尖锐。而围绕对宋国的控制权，导致了这一冲突的全面激化。

公元前634年，鲁国因和曹、卫两国结盟，几度遭到齐国的进攻，便向楚国请求援助。而泓水之战后被迫屈服于楚的宋国，这时看到晋文公即位后晋国实力日增，也就转而依附晋国。楚国为了维持自己在中原的优势地位，便出兵攻打齐、宋，并想借此来扼制晋国势力的东进和南下。而晋国也不甘心长期局促于黄河以北一带，于是便利用这一机会，以救宋为名，出兵中原。

公元前633年冬，楚成王率领楚、郑、陈、蔡多国联军进攻宋国，围困宋都商丘。宋成公于危急中派大司马公孙固到晋国求救。晋国大夫先轸认为这正是"报施救患，取威定霸"的良机，力主晋文公出兵。但是，当时晋、宋之间隔着曹、卫两国，劳师远征，有侧背遇敌的危险；况且楚军实力强大，正面交锋也无必胜把握。正当晋文公为此踌躇犹豫之际，狐偃进而向晋文公提出建议：先攻打曹、卫两国，调动楚军北上，以解救宋国，这样就坚定了晋文公出兵的决心。战略方针确定后，晋国君臣随即进行了战前准备，将原来的两个军扩编为上中下三个军，并任命了一批比较优秀的贵族官吏出任各军的将领。

准备就绪后，晋文公遂于公元前632年1月统率大军渡过黄河，进攻卫国，很快占领了整个卫地。接着，晋军又向曹国发起了攻击，3月间，攻克了曹国都城陶丘（今山东定陶），俘虏了曹国国君曹共公。

晋军攻打曹、卫两国，原来的意图是想引诱楚军北上，然而楚军却不为所动，依然全力围攻宋都商丘。于是宋国又派门尹般向晋告急求援。这就使得晋文公感到进退为难：如不出兵驰援，则宋国力不能支，一定会降楚绝晋，损害自己称霸中原的计划；但若出兵驰援，则原定诱使楚军于曹、卫之地决战的战略意图将落空，且己方兵力有限，在远离本土情况下与楚军交战恐难以取胜。为此，晋文公再度召集大臣商议。先轸仔细分析了形势，建议让宋国表面上同晋国疏远，然后由宋国出面，送一份厚礼给齐、秦两国，由他们去请求楚军撤兵。同时晋国把曹、卫的一部分土地赠送给宋国，以坚定宋国抗楚的决心。楚国同曹、卫本来是结盟的，如今看到曹、卫的土地为宋所占，必定会拒绝齐、秦的劝解。齐、秦既接受了宋国的厚礼，这时便会抱怨楚国不听劝解，从而同晋国站在一起，出兵与楚国作战。晋文公对此计颇为赞赏，马上一一施行。楚成王果然拒绝了齐、秦的调停，而齐、秦见楚国不给自己面子，也大为恼怒，便出兵助晋。齐、秦都是当时的大国，他们放弃中立立场，使得晋、楚双方的力量对比发生了重大的变化。

楚成王看到晋、齐、秦三大国结成联盟，形势明显不利于己，就主动把楚军撤退到楚国的申地（今河南南阳），并命令成守穀邑的大夫申叔迅速撤离齐国，要求令尹子玉将楚军主力撤出宋国，避免与晋军冲突。他告诫子玉，晋文公非等闲人物，不可小觑，凡事要量力而行，适可而止，知难而退。但是子玉却骄傲自负，根本听不进楚成王的劝告，仍坚决要求楚成王允许他与晋军决战，以消除有关他指挥无能的流言，并请求楚成王增调兵力。楚成王优柔寡断，同意了子玉的决战请求，希冀他侥幸取胜；但是又不肯给子玉增拨充足的决战兵力，只派了西广、东宫和若敖之六卒等少量兵力前往增援。

子玉得到了楚成王增派的这部分援兵后，更加坚定了他同晋军作战的决心。为了寻找决战的借口，他派遣使者宛春故意向晋军提出了一个"休战"的条件：晋军撤出曹、卫，让曹、卫复国，楚军则解除对宋都的围困，撤离宋国。子玉这一招不怀好意，实际上是要让晋国放弃争霸中原、号令诸侯的努力。但晋文公棋高一着，采纳了先轸更为高明的对策：一方面将计就计，以曹、卫同楚国绝交为前提条件，私下答应让曹、卫复国；另一方面扣留了楚国的使者宛春，以激怒子玉来寻战。子玉眼见使者被扣，曹、卫叛己附晋，果然恼羞成怒，倚仗楚、陈、蔡联军兵力的优势，气势汹汹地扑向晋军，寻求战略决战。

晋文公见楚军向曹都陶丘逼近，为了避开楚军的锋芒，选择有利的决战时机，诱敌深入，后发制人，遂下令部队主动"退避三舍"，撤到预定的战场——城濮（今河南濮城）一带。晋军的"退避三舍"，实际上是晋文公谋略胜敌的一着重要妙棋，它在政治上争得了主动——"君退臣犯，曲在彼矣"，赢得了舆论上的同情。在军事上造就了优势——便于同齐、秦等盟国军队会合，集中兵力；激发晋军将士力战的情绪；先据战地，以逸待劳等等，从而为晋军后发制人，夺取决战胜利奠定了坚实的基础。对晋军的主动后撤，楚军中不少人都感到事有蹊跷，主张停止追击。然而刚愎自用的子玉却认为这正是聚歼晋军，夺回曹、卫的大好时机，挥兵跟踪追至城濮。

晋军在城濮驻扎下来，齐、秦、宋诸国的军队也陆续抵达和晋军会合。晋文公检阅了部队，认为士气高昂、战备充分，可以同楚军一战。楚军方面，决战的准备也在积极进行之中，子玉将楚军和陈、蔡两国军队分成中、左、右三军。中军为主力，由他本人直接指挥；右翼军由陈、蔡军队组成，战斗力薄弱，由楚将子上统率；左翼军也是楚军，由子西指挥。

公元前632年4月4日，城濮地区上空战云弥漫，晋楚两军在这里展开了一场战车大会战。在决战中，晋军针对楚中军较强、左右两翼薄弱的部署态势，以及楚军统帅子玉骄傲轻敌、不谙虚实的弱点，采取了先击其翼侧，再攻其中军的作战方针，有的放矢发动进攻。晋下军佐将胥臣把驾车的马匹蒙上虎皮，出其不意地首先向楚军中战斗力最差的右军——陈、蔡军猛攻。陈、蔡军遭到这一突然而奇异的打击，顿时惊慌失措，一触即溃。楚右翼就这样迅速被歼了。

接着晋军又采用诱敌出击，然后分割聚歼的战法对付楚的左军。晋军上军主将狐毛，故意在车上竖起两面大旗，引车后撤，装扮出退却的样子。同时，晋下军主将栾枝也在阵后用战车拖曳树枝，飞扬起地面的尘土，假装后面的晋军也在撤退，以引诱楚军出击。子玉不知是计，下令左翼军追击。晋中军主将先轸、佐将郤溱见楚军中了圈套，盲目出击，便立即指挥最精锐的中军横击楚左军。晋上军主将狐毛、佐将狐偃也趁机回军夹攻。楚左翼遭此打击，退路被切断，完全陷入了重围，很快也被消灭了。子玉此时见其左、右两军均已失败，大势尽去，不得已下令中军迅速脱离战场，才得以保全中军。楚军战败后，向西南撤退到连谷，子玉旋即被迫自杀。城濮之战就此以晋军获得决定性胜利而告结束。

城濮之战后，晋文公在践土（今河南郑州西北）朝觐周王，会盟诸侯，向周王献楚国俘虏四马兵车100乘及步兵1000名。周襄王正式命晋文公为侯伯。晋国终于实现了"取威定霸"的政治、军事目标。

城濮之战初期，晋军兵力劣于对手，又渡过黄河在外线作战，处于不利的地位。但是晋文公能够善察战机，虚心听取先轸等人的正确建议，选择邻近晋国的曹、卫这两个楚之与国为突破口，先胜弱敌，取得以后作战的前进基地。随后又运用高明的谋略争取齐、秦两大国与自己结成统一战线，争取了战争的主动权。当城濮决战之时，敢于贯彻后发制人的作战方针，主动"退避三舍"，避开楚军的锋芒，以争取政治、外交和军事上的主动，诱敌冒险深入，伺机决战。同时与齐、秦、宋各国军队会合，集中起相对优势的兵力；并针对敌人的作战部署，灵活地选择主攻方向，先攻打敌人的薄弱环节，予敌各个击破，从而获得了这场战略决战的辉煌胜利。

反观楚军方面，则是君臣不睦，将骄兵惰，君主昏庸无能，主帅狂妄轻敌，既不知妥善争取与国，又不能随机多谋善断，加上作战部署上的失宜、军情判断上的错误、临战指挥上的笨拙，最终导致了战争的失败，将自己在争霸中原中的优势地位拱手让人，给后人留下了极其深刻的教训。

009 晋楚争霸中原的第二次较量
——邲之战

邲之战，是春秋中期的一次著名会战，是当时两个最强大的诸侯国——晋、楚争霸中原的第二次重大较量。在作战中，楚军利用晋军内部分歧、指挥无力等弱点，适时出击，战胜对手，从而一洗城濮之战的战败耻辱，在中原争霸斗争中暂时占了上风。至于楚庄王本人，也由于此役的胜利，无可争辩地站上"春秋五霸"位置。

楚国虽然在城濮之战中遭到失败，但由于它长期以来都是南方地区的大国，地广民众，物产丰富，兵力充裕，因此仍具备着东山再起的实力。城濮之战后不久，楚国即同晋国讲和，以转移晋国的视线。在达到这一目的后，楚国积极发展军力，伺机再次北上中原，同晋争霸。

晋国方面自取得城濮之战胜利后，开始放松对楚国的警惕，而与原先的盟国秦之间产生了矛盾。矛盾的激化使得两国间几度兵戎相见，其中最为著名的便是殽之战。晋军在殽之战中虽然伏击秦军成功，使对方"匹马只轮未返"，取得大胜，但是在战略上却使得秦晋同盟关系陷于瓦解，两国间战事频繁。秦国亲近楚国，从而极大地牵制了晋的力量，这就为楚国再次北进中原提供了客观上的帮助。

楚国方面利用这一机会，再次向中原地区用兵，扩张自己的势力。它接连吞并中原南部的江、蓼、六等小国，并伐郑伐陈，使之降服。接着它又先后迫使蔡、宋等国归附自己。楚庄王继位之后，英明有为，在他的统治下，楚国的实力有了进一步的增强，甚至借出兵讨伐陆浑之戎为名，公然陈兵于洛邑境内，向周天子询问九鼎之大小和轻重。九鼎是国家权力的象征，楚庄王这样做，无疑暴露了他欲取代周天子的野心。此举虽然遭到周臣王孙的批驳，但是却充分反映了楚国实力再度崛起这一客观事实。

当然，楚庄王心里清楚，要真正号令中原诸侯，光征服陈、蔡等国是不够的，而必须从军事上战胜晋国才能实现自己的夙愿。于是，他积极伺机寻求与晋开战的时机。与此同时，晋国也不能容忍楚国势力重新插手中原的局面，故召开盟会，争取各国支持，力图抑制楚国的北进。

当时，郑、宋等国家夹在晋、楚势力之间，对哪一方也不敢轻易开罪，只好两面讨好，以求自保。尤其是郑国，位于中原腹心四战之地，处境更是微妙。这时它迫于晋国的威逼，权衡利害，投靠晋国。楚国深知郑在争霸全局中的重要性，决定对郑用兵，迫使其服己，以便进而封锁黄河，阻晋南下。于是周定王十年（公元前597年）春，楚庄王以郑通晋为罪名，大举伐郑，拉开了晋楚邲之战的序幕。

是年六月，郑国都城在被围数个月后，因得不到晋军的及时援助，虽经坚决抵抗，但终于被楚军攻陷。郑襄公肉袒向楚军请和，楚庄王答应了这一媾和请求，退兵30里，派使臣与郑结盟，郑国以襄公弟子良入楚作为人质。

郑国是晋进入中原的通道，晋国自然不能允许楚国控制这里。所以当楚围郑两个月后，晋景公就委任荀林父为中军元帅，率军救郑。然而晋军发兵已延误战机，进军又不迅速，所以当郑与楚媾和的消息传来时，晋军才抵达今河南省黄河北岸的温县地区，陷入了战略上的被动。

在决定下一步战略方案的时候，晋军内部发生了尖锐的分歧和激烈的争执。荀林父认为郑既已降楚，晋军再去救郑就失去了意义，所以主张暂时不渡黄河，勒兵观衅，待楚军南撤后再进兵，逼郑附己。上军主帅士会赞成荀林父的意见，强调兵只可观衅而动，楚军当时正处于有理、有利、有节的优势地位，现在同它作战对晋不利，主张另待时机，再树立霸权地位。他们的意见无疑是正确的，但是却遭到中军副将郤縠的坚决反对，他认为晋所以称霸中原，是因为军队勇武，臣下尽力。如今失掉郑国，称不得"力"；面临敌人而不打，称不得"武"，若是在我们这些人手上失掉霸主地位，还不如去死，并强调"成师以出，闻敌强而退，非丈夫也"。

在这种好战心理的驱使下，郤縠遂不顾荀林父的军令，擅自率其部属渡河南进。他这种行为严重干扰了晋军统帅中枢的有效指挥。

郤縠擅自渡河的事件发生后，晋下军大夫即认为这么做必败无疑。这时司马韩厥就向荀林父建议道："郤縠以偏师攻敌，势必招致危险，您身为元帅，对此是负有罪责的。还不如命令全军渡河前进，这样，即使是打了败仗，责任也是由大家共同承担。"荀林父犹豫不决，最后被迫令全军南渡黄河，行至邲地（河南衡雍西南），由西而东背靠黄河列阵。

楚军闻知晋军渡河，内部也出现了战与不战的分歧，令尹孙叔敖主张见好就收，及时撤兵，不与晋军作正面冲突；而宠臣伍参则在分析了晋军内部将帅不和、士气低落等弱点后向楚庄王建议同晋开战。楚庄王采纳了伍参的意见，打消南撤念头，转而率兵向北推进，抵达管地（今河南郑州市一带）。

就在大战一触即发的前夕，郑襄公派遣使臣皇戌前往晋营，以"楚师骤胜而骄，其师老矣，而不设备"为由，劝说荀林父进攻楚军，并答应郑军协同晋军作战。对郑国的这一劝战建议，晋军将帅中又发生了一场辩论。郤縠力主答应郑使的要求，赞成立即出战，认为"败楚、服郑，在于此矣"。下军副将栾书则不同意郤縠的意见，认为楚军实际情况并非"骄"、"老"和"不备"。郑国来劝战，纯粹是出于对自身利益的考虑，希望晋、楚速战速决，以战争结局来决定郑国的去从。中军元帅荀林父一时犹豫于两派的意见之间，迟迟未能作出决断。

正在晋军进退不决之时，楚庄王遣使求见晋军主帅，表示楚这番出师北上，目的只是为了教训一下郑国，而并无开罪晋国的意思。晋上军将士会代表荀林父答复说，晋、郑同受命辅佐周王室，如今郑怀有二心，晋国特奉王命质问郑国，而与楚国无涉。回答得比较客气。郤縠对此大为不满，认为荀林父谄媚楚国，便派中军大夫赵括用挑衅性的语言答复楚使：晋国出兵是为了把楚军从郑国赶走，"必逐楚军"，为此，不惜同楚军交锋，"不避战"。这样一来，晋军内部的混乱分歧，便直接暴露在楚使面前，楚庄王从而掌握了晋军的意向和虚实。

为了进一步麻痹晋军，确保决战的胜利，楚庄王再次派人以卑屈的言辞向晋军求和。荀林父原先并无决战的决心，见楚军求和，立刻答应，并放松了戒备。这时，楚军就趁机派遣乐伯、许伯、摄叔等人乘战车向晋军挑战，既打击了晋军的士气，又摸清了晋军的虚实。

楚军挑战后，晋军中两个心怀不满、希望晋军失利的将佐魏锜和赵旃也先后要求前去向楚军挑战，但未被允许，于是改为出使请和。赵、魏两人进至楚营后，擅自向楚军挑战进攻，结果恰好被楚军利用，楚大军遂倾巢而出，猛烈攻打晋军各部，给前来挑战的晋军魏锜、赵锜、荀莹部以沉重的打击，并乘胜进逼晋军大营。

这时，荀林父还在营中等待楚军派使者前来议和。楚军突然如潮而至，使得其手足无措，计无所出，竟然在惊恐中发出全军渡河北撤的命令，并大呼先渡河者有赏。这样一来，晋军更是陷于一片混乱，大败溃逃，拥挤于黄河河岸附近，争相渡河逃命，船少人多，渡河没有指挥。先上船的怕楚军追及，急于开船，未上船的跳入河中，手攀船舷，以至船只不能开动。结果引起一阵自相砍杀，使晋军蒙受重大的损失。

所幸的是，楚军并无逼迫晋军于河岸聚歼的计划，晋军大部才得以渡河逃脱战场。另外，晋上军在士会指挥下，预作准备，设伏挫败楚公子婴齐率领的楚左军进攻，有条不紊地向黄河北岸撤退；晋下军大夫荀首为营救其子荀莹而成功奇袭楚先头部队，射死楚将连尹襄老，活捉公子谷臣。所有这些小规模胜利，也都起到了掩护晋军渡河的客观作用，减少了晋军的伤亡。

经过一天的激烈战斗，楚军取得了战争的胜利，邲之战就此画上了句号。接着，楚庄王进兵衡雍，在那里以胜利者的身份修筑楚先君宫殿，举行祭河仪式和祝捷大会，然后撤军胜利南还。从此，楚在中原的势力更显见长了。

邲之战的胜负归属与城濮之战不同，但两场战争胜负的原因却有某种类似之处，即胜败不是由于双方军力强弱的悬殊，而是在于双方战争指导者主观指挥上的正误。晋军的失败，是由于援郑之师出动时机过迟；内部意见不统一，主帅荀林父缺乏威信且遇事犹豫不决；轻信楚军的求和请求，放松戒备，给敌以可乘之机；当战事全面爆发后，又惊慌失措，轻率下令渡河退却,自陷危境;渡河时未妥善实施防御,导致一片混乱。晋军由此丧失战争的主动权,陷于失败。

楚军的胜利,则在于高明一筹的作战指导。楚庄王亲自统率楚军,指挥集中统一,不像晋军那样各自为政。在战前一再遣使侦查晋军的虚实,并伴作求和以争取政治上的主动和松懈晋军的防卫。在作战中,又通过挑战应战,由小战变为大战,迅速展开奇袭突击行动,一举击溃晋军。对于后来有人认为楚军没有实施猛烈的追击,以致未能取得更大的成果。这其实是不熟悉春秋时作战遵循"逐奔不远"军礼原则的误解。在当时军礼原则的规范下,楚军只能是"不穷不能",而不能聚歼晋军。

010
晋楚争霸的最后一幕
——鄢陵之战

鄢陵之战,发生于周简王十一年(公元前575年)六月鄢陵地区(今河南鄢陵西南)。这一战,晋军善察战机,巧妙指挥,击败同自己争霸中原的老对手——楚国,进一步巩固了晋国在中原地区的优势地位。这场战争后,晋、楚两国都逐渐失去以武力争霸中原的强大势头,中原战场开始沉寂下来。从这层意义上说,鄢陵之战堪称当时晋楚争霸的最后一幕。

公元前578年,晋国取得对秦麻隧之战胜利后,已处于争霸的最有利的战略地位和历史时期。这时,秦被打败,一时无力东顾;齐、晋同盟正处于巩固阶段;中原中小诸侯国皆臣服于晋;南方的吴国和晋携手,与楚为敌。晋国只待有利时机出现,即可与楚一战,以进一步巩固自己在中原地区的霸权。鄢陵之战就是这一历史背景下的必然产物。

周简王九年(公元前577年),郑国兴兵攻打许国,攻入许都外城,许被迫割地媾和。许为楚国的附庸,郑国的行动自然要引起楚的干涉。于是,次年楚国便起兵攻打郑国,迫使它屈服于己。郑国叛晋后,仗恃有楚国作后盾,兴师进攻宋国。郑国的所作所为,直接违反了诸侯的盟约,且为楚国势力的北上提供了便利条件。对此晋国自然不能坐视不管,于是下决心讨伐郑国:以栾书为中军帅,并联合齐、鲁、卫等国一道出兵杀向郑国。这时是在公元前575年。

楚共王听说晋国出兵,也不甘示弱,亲自统率楚军及郑军、夷兵,以司马子反为中军帅,迅速北上援救郑国,两国军队在郑地鄢陵相遭遇。

当时晋国的盟军齐、鲁、卫军尚在开赴鄢陵的途中,针对这一情况,楚军统帅部作出决策:趁齐鲁各国军队未到达战场之前,先集中优势兵力击破晋军,把握军事上的主动权。为此,楚军于古代用兵所忌的晦日六月二十九,趁晋军不备,利用晨雾作为掩护,突然逼近晋军营垒布列,以期同晋军速决速胜。

晋军此时未见盟军援兵抵达,加之营垒前方有泥沼,楚军逼近,兵车无法出营列阵,处于不利的地位。鉴于这种形势,晋军主帅栾书主张固守待援,"楚军轻窕,固垒而待之,三日必退,退而击之,必获胜焉"。然而新军统帅郤至则认为,楚军有诸多弱点,一、楚军中军帅子反和左军帅子重关系不好;二、楚王的亲兵老旧不精良;三、郑军列阵不整;四、随楚出征的蛮军不懂得阵法;五、楚军布阵于无月光之夜,实不吉利;六、楚军布阵后,阵中士卒喧哗不静,秩序混乱。他指出如此杂乱无章的军队一旦投入战斗,必然是互相观望,没有斗志,我军若趁此机会发动进攻,一定能够把他们击败。因此郤至主张利用楚军的弱点,先发制人,主动进攻楚军。

晋厉公认为郤至所言很在理,于是改变先前固守待援、后发制人的计划,决心趋利避害,立即与楚军决战。随即晋厉公便在营垒中填平井灶,扩大列阵的空间,调动上、中、下军及新军布列阵势。

双方在决战前夕都进行了战场侦察活动。楚军方面,楚共王在晋国叛臣伯州犁陪同下,登上巢车,观察晋军在阵营内的动静。伯州犁向楚共王逐一解释晋军活动的性质和目的,介绍晋军的临战准备情况。然而,楚军并未能由此而判明晋军的作战意图,并做出相应的准备。另一边晋军方面,晋厉公也在楚旧臣苗贲皇的陪伴下,登高台观察楚军的阵势。苗贲皇熟悉楚军内情,这时便向晋厉公提出建议道:楚军的精锐是在中军的王族部队,晋军应该先以精锐部队分击楚的左右军,得手后,再合军集中攻击楚中军,这样一定能大败楚军。

晋厉公和栾书欣然采纳这一建议,及时改变原有阵势,即由中军将、佐各率精锐一部加强左右两翼,确定了首先击破楚军中薄弱的左、右军,而后围歼其中军的作战方案。部署既定,晋军遂在营内开辟通道,迅速出营,绕营前泥沼两侧向楚军发起进攻。

楚共王望见晋厉公所在的晋中军兵力薄弱,即率中军攻打,企图先击败晋中军，结果遭到晋军的顽强抗击。晋将魏锜用箭射伤楚共王的眼睛，迫使楚中军后退，未及支援两翼。楚共王中箭负伤的消息很快传遍楚军，造成楚军人心浮动。晋军乘势猛攻楚左、右军，楚军抵挡不住，被逼到不便通行的地形上，陷入被动，阵势大乱，纷纷向颍水北岸方向败退。双方从清晨一直打到夜幕降临，楚军损失很大，公子茂也成了晋军的俘虏。楚共王只得收兵，而晋军见天色已黑，也暂时中止了追击。

当天夜里，楚中军帅子反检查救护伤兵，补充兵卒战车，修理甲胄兵器，整顿部队，准备明日再战。晋军方面见楚还不服输，也积极行动起来，补充军队，厉兵秣马，准备来日再一决雌雄。楚共王听到晋军备战的消息，心里不安，急忙召见子反商量对策。但这时子反却因多饮了两盅，大醉卧帐，不能应召。楚共王见元帅如此，不禁心灰意懒，自料再战也占不到什么便宜，于是率军宵遁。撤退到瑕地时，楚中军帅子反引咎自杀。

次日，晋军胜利进占楚军营地，食用楚军留下的粮食，在那里休整3日后凯旋回师。鄢陵之战，至此以晋军的胜利而结束了。

鄢陵之战，是晋楚争霸中第三次，也是最后一次的两国军队主力会战，在历史上具有重要的意义。它标志着楚国对中原的争夺从此走向颓势；晋国方面虽然借此得以重整霸业（即所谓的晋悼公复霸），但其对中原诸侯的控制力也逐渐减弱了。

楚军遭到这场会战失败的原因归结起来有以下几点：一、仓促兴师，行军太急，"其行速，过险而不整"（《左传·成公十六年》），造成军队疲劳；二、一味强调赶在齐、鲁等国军队到达前与晋军会战，过于急躁；三、未能判明晋军作战意图，并采取相应的行动；四、会战中缺乏权宜机动能力，以致被动挨打；五、主帅子反不守军纪，醉酒误事，致使楚共王丧失再战信心。

晋军在此战中表现出较高的作战指导能力：它出动军队及时，"先据战地以待敌"，赢得一定的主动。在会战中，既能根据楚军的阵势和地形特点，又能当机立断，先发制人，并及时改变部署，加强两翼，先弱后强，从而一举击败楚军。

011 吴楚争夺江淮的精彩一幕
——鸡父之战

鸡父之战，爆发于周敬王元年（公元前519年）夏，它是吴、楚两国为争霸江淮流域而在楚地鸡父（今河南固始东南）进行的一次重要会战。在这场会战中，吴军实施正确的作战指导，巧妙选择作战地点和时间，运用示形动敌、伏击突袭等战法，出奇制胜，大破楚军，从而逐渐夺取了吴楚战争的主动权。

公元前546年，宋国向戌倡导诸侯弭兵会盟后，中原诸侯列国之间出现了相对和平的局面。当时，晋、楚、齐、秦四大强国，都因国势趋于衰弱，国内矛盾激化，而被迫放慢了对外扩张、争霸活动的步伐。与此同时，偏处于东南部的吴国和越国先后兴盛起来，开始加入大国争霸的行列，由此，战争的重心也从黄河流域转移到了长江淮河流域，从中原诸侯国转移到了楚、吴、越诸国。

吴国是一个新兴的国家，辖有今江苏、上海大部和浙江、安徽的一部。自吴王寿梦（前586年—前561年）起，经济逐渐发展，国势开始强盛。当时晋国出于同楚国争霸斗争的需要，采纳楚亡臣申公巫臣联吴制楚的建议，主动与吴国缔结战略同盟，让吴国从侧面打击楚国，以牵制楚国北上。而日渐强大起来的吴国，为了进入中原，也将楚国作为第一个战略打击目标，因此欣然接受晋国的拉拢，坚决摆脱了对楚的臣属关系。吴国还积极动用武力，同楚国争夺淮河流域。自寿梦至吴王僚60余年间，两国战争频繁，互有胜负，但总的趋势是楚国日遭削弱，吴国咄咄逼人，渐占上风。鸡父之战就是吴楚长年争战中的重要一战。

公元前519年，吴王僚率公子光等，兴兵进攻楚国控制下的淮河流域战略要地州来（今安徽凤台）。楚平王闻讯后，即下令司马薳越统率楚、顿（今河南商城南）、胡（今安徽阜阳西北）、沈（今河南沈丘）、蔡（今河南新蔡）、陈（今河南淮阳）、许（今河南叶县）七国联军前往救援州来，并令令尹阳匄带病督师。吴军统帅见楚联军力量强盛，来势凶猛，遂迅速撤去对州来的包围，将部队移驻于钟离地区（今安徽凤阳东临淮关），暂避敌锋，伺机行动。

然而，就在这时，进军途中的楚军发生了一个不大不小的变故，这就是带病出征的楚令尹阳匄（即子瑕）因病体沉重，死于军中。楚军失去主帅，士气顿时沮丧低落。司马薳越见状，被迫回师鸡父，拟稍事休整后再决定下一步的行动。

吴公子光听说楚军统帅阳匄已身亡，楚联军不战而退，认定这正是吴军把握战机、击破敌人的良机，便向吴王僚建议率军尾随，捕捉机会。他的分析是这样的：“随从楚国的诸侯虽多，但均是些小国，而且都系为楚国所胁迫而来。况且这些小国也有各自的弱点。具体地说，胡、沈两国国君年幼骄狂，陈国率师的大夫夏啮强硬但却固执，顿、许、蔡等国则一直憎恨楚国的压迫，它们同楚国之间不是一条心，这一点可以趁机加以利用。至于楚军内部，情况也很糟糕。主帅病死，司马薳越资历低浅，不能集中指挥，楚军士气低落，政令不一，貌似强大，实则虚弱。”最后他得出结论是：“七国联军同役而不同心，兵力虽多，但也可击败。”公子光的分析入情合理，吴王僚欣然采纳，并针对敌情作出具体周密的作战计划：迅速向楚联军逼近，定于在到达鸡父战场后的次日即发起攻击，利用当天"晦日"的特殊气候条件，乘敌不备，以奇袭取胜。在兵力部署上，吴军先以一部分兵力攻击胡、沈、陈的军队，战而胜之，然后打乱其他诸侯国军，再集中兵力攻击楚军本身。吴王决定在作战中采取先示敌以"去备薄威"，后以"敦阵整旅猛攻之"的灵活战法。

一切就绪后，吴军遂于古代用兵所忌的晦日七月二十九突然出现在鸡父战场。此举完全出乎楚司马薳越的意料，仓促之中，他让胡、沈、陈、顿、蔡、许六国军队列为前阵，以掩护楚军。吴王以自己所率的中军，公子光所率的右军，掩余所率的左军等主力预作埋伏，而以不习战阵的

3000 名囚徒为诱兵攻打胡、沈、陈诸军。双方接战不久，未受过军事训练的吴刑徒乌合之众即散乱退却。胡、沈、陈军见状遂贸然追击，捕捉战俘，纷纷进入了吴军主力的预定伏击圈中。这时，吴三军当机立断，从三面突然出击，很快战胜了胡、沈、陈三国军队，并俘杀胡、沈国君和陈国大夫夏齧。然后又纵容所俘的三国士卒逃回本阵。这些士卒侥幸逃得性命，便纷纷狂奔，口中还叫嚷不已："我们的国君死了，我们的大夫死了。"许、蔡、顿三国军队见状，顿时军心动摇，阵势不稳。这时吴军乘胜擂鼓呐喊，冲杀向前，直扑三国之师。三国之师的阵势本已动摇，又见吴军蜂拥而来，哪里还有作战的勇气，于是纷纷不战而溃，乱作一团。楚军未及列阵，即被许、蔡等诸侯军的退却所扰乱，已无回天之力，迅速陷于溃败。至此，吴军大获全胜，乘胜攻占了州来。

鸡父之战，乃是吴军实行正确作战指导的必然结果。从兵力对比来说，当时吴军处于以寡敌众的困难地位；从作战态势来说，吴军也处于"后据战地而趋战"的不利位置，但是吴军最后却打了胜仗。其原因在于吴军统帅准确地判明和掌握了敌军的情况和动态，巧妙利用了对方的弱点，坚决打破了"晦日"不宜作战的迷信习惯，灵活地运用了示形动敌、诱敌冒进、设伏痛击、乘胜猛攻等一系列正确战法，从而达到了出奇制胜的战役目的；实施各个击破，出其不意地先击溃部分弱敌，造成敌人的全线混乱，最终使其失去抵抗力。

楚军的失败，原因是多种的。其主要方面概括起来，一是恃强好战，昧于谋略；二是主将缺乏威信，内部矛盾重重，不能实行集中统一指挥；三是对吴军的动向疏于了解和戒备，以致为对手所乘；四是临阵指挥笨拙，缺乏机动应变能力。所有这些凑在一起，导致楚军在整个战役行动中陷于被动。覆军杀将，固其所宜也！

鸡父之战是对楚国的一次沉重打击。战后不久，楚司马薳越因楚夫人出走吴国而畏罪自杀，庸碌无能的囊瓦担任了令尹要职。从此楚军很少主动出击吴军，而基本采取消极防御的措施，在吴楚战争格局中逐渐趋于被动。

012

"千里破楚，五战入郢"
——柏举之战

《史记·孙子吴起列传》中有："（吴国）西破强楚，入郢；北威齐、晋，显名诸侯，孙子与有力焉！"这里所说的"西破强楚，入郢"一事，就是春秋末期周敬王十四年（公元前506年）爆发的吴楚柏举之战。

吴国是春秋晚期勃兴于南方地区的一个国家，它在发展过程中，与南方地区的强国楚国产生了尖锐的矛盾，以致长期付诸武力，兵戎相见。从公元前584年第一次"州来之战"开始，两国在短短的60余年时间里，曾先后发生过10次大规模的战争，其中吴军全胜6次，楚军全胜1次，互有胜负3次。总的趋势是，吴国逐渐由弱变强，开始占据战略上的主动地位。最终导致了吴楚两国决定性战争的"柏举之战"。

吴王阖闾是一位英明有为的君主，他即位以后，励精图治，发展生产，改良吏治，整军经武："立城郭，设守备，实仓廪，治兵库"，并大胆起用伍子胥、孙武、伯嚭等外来杰出军政人才，积极发展争霸大业。这时，西方的强楚，就成了吴国胜利前进道路上的最大障碍。换句话说，也就是只有在过去积小胜的基础上，从根本上打垮或削弱楚国，阖闾才能实现自己成为中原霸主的梦想。吴楚战略决战箭在弦上，势在必行。

"吉人自有天助"，楚国当时的现状，为实现阖闾梦想提供了极为有利的契机。进入春秋以来，楚同晋国长期征战，争霸中原，搞得民疲财竭，国力中衰。同时楚国内部政治黑暗、军事无能、民众怨愤、君臣离心，也给敌国创造了可乘之机。所以说，当时的楚国虽然貌似庞然大物，余威尚存，但其实早已是外强中干，风雨飘摇。吴楚柏举之战前夕，楚国实际上已经处于战略上的被动地位了。

当然，从整体实力上来说，楚对吴还具有一定的优势。所以当公元前512年阖闾第一次提出大举攻楚的战略计划时，睿智的孙武即以"民劳，未可，待之"的理由加以劝阻。不过吴国君臣并未消极地守株待兔，他们并非消极等待敌方出现破绽，而是积极运用谋略，主动创造条件，完成敌我优劣对比的转换。为此，它首先伐灭楚国的羽翼——徐和钟吾这两个小国，为伐楚扫清道路。其次，也是更为重要的，是采用了伍子胥提出的"疲楚误楚"的高明战略方针。具体做法是，将吴军分为3支，轮番出击，骚扰楚军，麻痹敌手。这一措施实行了6年有余，吴军先后袭击楚国的夷（今安徽涡阳附近）、潜（今安徽霍山东北）、六（今安徽六安北）等地，害得楚军疲于奔命，斗志沮丧。同时，吴军这种稍尝辄止、不作决战的做法，也给楚军造成错觉，误以为吴军的行动仅仅是"骚扰"而已，而忽视了吴军这些"佯动"背后所包藏的"祸心"，放松了应有的警惕，到头来栽了大跟头。

公元前506年，给楚国致命一击的时机终于来到了。这年秋天，楚国大军围攻蔡国，蔡在危急中向吴国求救。另外，唐国国君也因愤恨楚国的不断侵凌勒索，而主动与吴国通好，要求助吴抗楚。唐、蔡两国虽是蕞尔小国，但位居楚国的北部侧背，战略地位相当重要。吴国通过和它们结盟，可以实施避开楚国正面，进行战略迂回、大举突袭、直捣腹心的作战计划。

同年冬天，吴王阖闾亲率其弟夫概和谋臣武将伍子胥、伯嚭、孙武等，倾全国3万水陆之师，趁楚军连年作战极度疲惫、东北部防御空虚薄弱之隙，进行战略奇袭。吴军溯淮水浩荡西进。进抵淮汭（今安徽凤台附近，一说今河南潢川西北）后舍舟登陆，以3500名精锐士卒为前锋，在蔡、唐军配合导引下，兵不血刃，迅速地通过楚国北部大隧、直辕、冥阸三关险隘（在今河南信阳南），挺进到汉水东岸，取得"出其不意，攻其无备"的战略效果。这堪称实践孙武"以迂为直"原则的杰出典范。

楚军在极其被动的情况下仓促应战。楚昭王急派令尹囊瓦、左司马沈尹戌、武城大夫黑、大夫史皇等人率军赶至汉水西岸进行防御。两军隔着汉水互相对峙。

楚军中左司马沈尹戍是一位头脑冷静的优秀军事指挥家。他针对吴军作战的特点，向统帅囊瓦提出如下建议：由囊瓦率楚军主力沿汉水西岸阻击吴军的进攻，正面牵制吴军。而由他本人北上方城（今河南方城县境），征集那里的楚军，迂回到吴军的侧后，毁坏吴军舟楫，阻塞三关，切断吴军的归路。而后与囊瓦所率的主力实施前后夹击，一举消灭吴军。囊瓦起初同意了沈尹戍的建议，可是待沈尹戍奔赴方城后，却又听从武城黑和史皇的挑拨怂恿，出于贪立战功的心理，而一改原先商定的作战计划，采取冒进速战的方针，不待沈尹戍军完成迂回包抄行动，即擅自单独渡过汉水向吴军进攻。

吴军见楚军主动出击，大喜过望，遂采取后退疲敌、寻机决战的方针，主动由汉水东岸后撤。囊瓦果然中计，尾随吴军而来，自小别（在今湖北汉川东南）至大别（今湖北境大别山脉）间，连续与吴军交战，但结果总是失利，由此而造成士气低落、军队疲惫。

吴军见楚军已陷入完全被动的困境，于是当机立断，决定同楚军进行决战。十一月十八日，吴军在柏举（今湖北汉川市北，一说湖北麻城）列阵迎战楚军。阖闾弟夫概认为囊瓦素来不得人心，楚军无死战之志，夫概主张吴军立即主动发起攻击。他认为只要吴军一进攻，楚军就必然溃逃，届时再以主力投入战斗，必能大获全胜。但阖闾出于谨慎而否决了夫概的意见。夫概不愿放弃这一胜敌的良机，便率领自己的5000部属奋勇进攻囊瓦的军队。楚军一触即溃，阵势大乱。阖闾见夫概部突击成功，乃乘机以主力投入交战，扩张战果，大胜楚军。囊瓦失魂落魄，弃军逃奔郑国，史皇战死沙场。

楚军主力在柏举决战遭重创后狼狈向西溃逃。吴军及时实施战略追击，尾随不舍。终于在柏举西南的清发水（今湖北安陆西的涢水）追及楚军。吴军"因敌制胜"，用"半济击"的战法，再度给渡河逃命中的楚军以沉重的打击。吴军继续追击，至雍澨（今湖北京山西南）追及正在埋锅造饭的楚囊瓦军残部，大破之，并与由息（今河南息县西南）回救的楚军沈尹戍部遭遇。经过反复激烈的拼杀，楚军又被战败，主将沈尹戍伤重身亡。至此，楚军全线崩溃，郢都（今湖北江陵西北）完全暴露在吴军面前。吴军长驱直入,势如破竹,五战五胜,于十一月二十九日,一举攻陷郢都。楚昭王凄凄惨惨,惶惶如丧家之犬逃往随国(今湖北随州)。柏举之战遂以吴军的胜利而告终结。

至于吴军入郢后上下忘乎所以,纵暴郢都,内讧迭起,在秦楚联军的反击下,军事、政治均陷于被动,最后被迫退回吴国,那已是后事了。用孙武自己的话来说,这便是"夫战胜攻取,而不修其功者,凶。命曰费留"。

柏举之战是春秋晚期一次规模宏大、战法灵活、影响深远的战争。吴军灵活机动,因敌用兵,以迂回奔袭、后退疲敌、寻机决战、深远追击的战法,一举战胜多年的敌手楚国,给长期称雄的楚国以十分沉重地打击,从而有力地改变了春秋晚期的整个战略格局,为吴国的进一步崛起、进而争霸中原奠定了坚实的基础。

吴军的取胜,首先是修明政治、发展生产、充实军备的结果。其次也是善于"伐交",争取晋国的支援和唐、蔡两国的协助的结果。最后也是最为重要的一点,在于其作战指导上的高明:一是采取疲楚误楚的策略,使楚军疲于奔命,并且松懈戒备;二是正确选择有利的进攻方向,"以迂为直",乘隙蹈虚,实施远距离的战略袭击,使楚军在十分被动的情况下仓促应战;三是把握有利的决战时机,先发制人,一举击败楚军的主力;四是适时进行战略追击,不给楚军重整旗鼓、进行反击的任何机会,最终顺利地夺取战争的胜利。

楚军的失败,从政治、外交上看,在于其政治腐败、内部动乱、将帅不和、四面树敌、自陷孤立。从军事上看,则在于其疏于戒备,招致奇袭;也在于其主将贪鄙无能,临战乏术;更在于其轻率决战,一败即溃。

013 "卧薪尝胆，十年生聚，十年教训"
——越灭吴之战

吴越之战，是春秋末期位居长江下游的两个诸侯国吴和越之间进行的最后一次争霸战争。自公元前510年开始，持续至公元前475年，历时共35年，中经吴伐越的樵李之战、越伐吴的夫椒之战、笠泽之战和姑苏围困战，最终以吴的灭亡和越的胜利告终。

公元前514年，阖闾登上吴国王位，即任用逃亡到吴国的原楚国贵族伍子胥和齐国的孙武，改革内政，"立城郭，设守备，实仓廪，治兵库"，扩充军队，加强战备，并制定了"西破强楚，北威齐晋，南服越人"的战略方针。当时定都会稽（今浙江绍兴），据有今浙江北部地区的越国领土狭小，人口稀少，经济文化发展相对落后。楚为了联越制吴，积极扶植越王允常，从而使越力量迅速壮大。公元前510年，吴国进攻越国，两国争战就此展开，双方你来我往，开始了长期的拉锯战。

公元前506年，阖闾率军攻楚。次年春天，允常趁吴国内空虚，出兵袭击吴都姑苏。吴王急忙抽兵回救，允常自知力不能敌，在大掠之后主动撤兵。公元前496年，允常病死，他的儿子勾践继位。吴王为"南服越人"，乘勾践新立之机，率军攻越。双方对阵于樵李（今浙江嘉兴县西南）。勾践见吴军容严整，组织敢死队连续几次发起冲击，均被吴军击退。在此情况下，勾践迫使犯了死罪的囚徒，列为三行，持剑走到吴军阵前，一起举剑自杀。吴军将士被这一疯狂举动震慑，纷纷拥上看个究竟，吴军阵势因而大乱。越军趁机发动突然袭击，大败吴军。阖闾本人也受伤不治而死，临终前再三叮咛儿子夫差："必毋忘越！"

夫差时刻牢记杀父之仇，日夜练兵，积极备战，准备出兵攻越。公元前494年春，越王勾践得知夫差准备攻越的消息后，不听大臣范蠡的劝告，在准备不充分的情况下，决定先发制人，出兵攻吴。夫差尽发吴国精兵，迎战于夫椒（今江苏苏州西南）。吴军同仇敌忾，奋勇冲击，越军不敌，损失惨重，只剩下5000人退守会稽山。吴军乘胜追击，占领越都会稽，进而包围了会稽山。

在生死存亡的危急关头，大夫范蠡提出屈辱求全，主张用卑辞厚礼向吴求降，如若不允，就由勾践亲自去吴国做人质。勾践采纳了这一建议，一面准备死战，一面派文种去向吴王求和，并用美女、财宝贿赂吴太宰伯嚭，要他从中斡旋，劝说夫差允许越国作为吴的附属国，并声明如吴国不许，则越将破釜沉舟，与吴血战到底。伍子胥认为要想争霸中原不如灭越有利，并看出越国君臣卑辞厚礼的背后所隐藏的灭吴野心，因而坚决主张彻底灭越，否则，必将纵虎归山，养痈遗患，"今不灭越，后必悔之"。但夫差急于北上同齐争霸，认为越国既已投降，便名存实亡，不足为患。因此答应越国议和，率军回国。

越经此一战，元气大伤。为安抚民心，勾践下诏罪己："寡人不知其力之不足也，而又与大国执仇，以暴露百姓之骨于中原，此则寡人之罪也，寡人请更。"并下令"葬死者，问伤者，养生者，吊有忧，贺有喜，送往者，迎来者，去民之所恶，补民之不足"。然后，勾践把国内事务分别托付诸大夫负责管理，便带着范蠡等人去吴国给夫差当奴仆。勾践在吴国忍辱负重，历尽艰辛，终于骗得夫差的信任，3年后被释放回国。

勾践归国后，决心复国灭吴。"身自耕作，夫人自织，食不加肉，衣不重彩，折节下贤人，厚遇宾客，振贫吊死，与百姓同其劳"。勾践争取民心，选贤纳谏，让文种治政，范蠡整军，建立招贤馆，礼遇收罗各方面人才。改革内政，减轻刑罚，减免赋税，开垦荒地，发展生产，奖励生育，增加人口。在军事上，筑城立墙，修缮被战争破坏的都城，训练部队，厚赏严刑，扩充兵员。在对外政策上，奉行"结齐、亲楚、附晋、厚吴"的方针。不断送给夫差优厚的礼物，表示忠心臣服，以消除他对越国的戒备；送美女西施、郑旦给他，使他沉溺女色，分散精力；贿赂吴臣，争取他们的同情和帮助；并离间吴国内部，挑起其大臣不和；破坏吴国的经济，用高价收买吴国的粮食，使其内部粮价高涨，供应困难；采集良材，选派巧匠，送给夫差，促使其大兴土木，消耗人力、物力。上述措施，收效显著，壮大了自己，削弱了敌人，争取了时间。越国力量大为增强，发兵伐吴所缺乏的只是时机问题了。

在越上下一心、励精图治、为复仇雪耻而磨刀霍霍时，吴国却日趋腐败。夫差因胜而骄，奢侈淫乐，穷兵黩武。调用大量人力物力建造姑苏台，不分昼夜同西施作乐。同时，夫差急于以武力威胁齐晋，称霸中原。公元前489年，吴国进攻陈国，次年攻鲁，慑服了附近的小国，为北进中原开辟了道路。

夫差又征调大批民工构筑邗城，作为北上基础，开凿邗沟，沟通江淮，以利军运。为误导吴北进中原，使之与晋、齐、楚为敌，勾践向夫差大献殷勤，让文种率万名民夫协助吴国开凿邗沟，以推动夫差北上。

公元前484年，夫差听说齐景公已死，决定北上伐齐，联合鲁军，击败齐军。战后，夫差更加骄横，认为只要最后压服晋国就可取得中原霸权，于是约定晋定公和各国诸侯在公元前482年7月7日到黄池（今河南封丘西南）会盟。行前，夫差对太子友提出应防备越乘虚而入的劝谏置若罔闻，认为中原霸权唾手可得，不可坐失良机。因此夫差自率精兵3万空国远征，北上黄池，只留下太子友等人率老弱病残1万人留守姑苏，勾践梦寐以求的机会终于来到了。公元前482年6月12日，勾践调集越军4.9万，兵分两路，一路由范蠡率领，由海道入淮河，切断吴军自黄池的归路；一路由大夫畴无余等为先锋，勾践自率主力继后，从陆路北上直袭姑苏。吴太子友率兵到泓上（今江苏苏州近郊）阻止越军进攻。他感到精锐部队已全部北上，实力不足，主张坚守待援。但吴将王孙弥庸轻视越军，不听调遣，擅自率5000人出战，击败越先头部队，更加骄傲轻敌。22日，勾践主力到达，发起猛攻，将吴军包围聚歼，并俘虏太子友等。接着挥师进入姑苏。此时夫差正在黄池与晋定公争当霸主，听说越军袭破姑苏，唯恐影响争霸，一连杀掉7个来报告情况的使者以封锁这一不利消息，并用武力威胁晋国让步，终于勉强做了霸主，然后急忙回国。但是由于姑苏失守的消息已泄，军心动摇，夫差感到反击越军没有把握，便派人向越求和，勾践也因实力不足以灭吴，允许和议，撤兵回国。

夫差向越求和后，由于征战连年，生产遭到极大破坏，国内空虚，一时无力反击，就息民散兵，企图恢复力量，待机再举。而越国却利用缴获的资财充实了自己，提高了战胜吴国的信心。公元前478年，吴国发生空前的饥荒，勾践认为大举伐吴的时机已经成熟，遂在经过充分的准备后，率军出征，进至笠泽（水名，今苏州南）。夫差也率领姑苏所有的部队迎击越军。吴军在北，越军在南，双方隔水对阵。黄昏时，勾践在主力的两翼派出部分兵力隐蔽江中，半夜时鸣鼓呐喊，进行佯攻以调动敌人。夫差误以为越军两路渡江进攻，连忙分兵两路迎战。勾践乘机率主力偃旗息鼓，潜行渡江，出其不意地从吴军中间薄弱部位展开进攻，实行中央突破。吴军兵败溃退，越军乘胜扩张战果，挥兵猛追。吴军一败再败，退守姑苏，越军采取了长期围困的战术，企图困毙吴军。吴军被围于姑苏达3年之久，终于势穷力竭，突围逃到姑苏台上，但旋即又被包围。夫差企图效勾践当年之故技，卑辞求和，然而此时的勾践却非20年前的夫差，为免纵敌贻患，勾践断然拒绝了夫差的请求。夫差绝望自杀，吴国灭亡。越挟灭吴的余威渡淮北上，与诸侯会盟，终于成就了春秋时期最后一个霸主梦。

吴越战争，双方经过长期较量，一波三折，富于戏剧色彩。范蠡与西施的故事，代代相传，佳话千秋；勾践卧薪尝胆，十年生聚，十年教训，催人振奋；夫差因胜而骄，纵敌贻患，处安忘危，最终身败国亡。

014 揭开"三家分晋"的历史帷幕
——晋阳之战

晋阳之战，是春秋战国交替之际，晋国内部四个大族智、赵、韩、魏之间为争夺统治权益，而进行的战争。这场战争历时两年左右，以赵、韩、魏三家联合携手，共同攻灭智伯氏，瓜分其领地而告终。它对中国历史的发展产生较大的影响，因为在这场战争后，逐渐形成了"三家分晋"的历史新局面，史家多将此视为揭开战国历史帷幕的重要标志。

春秋以来长期绵延不断的争霸战争，严重消耗了各国的实力；而社会经济、政治形势的发展，又使各国内部各种矛盾日趋尖锐，各大国都感到难以为继。而各小国久苦于大国争霸战争带来的灾难，更希望有一个和平的喘息。在这种形势下，弭兵之议随之而起。向戌弭兵就标志着大国争霸战争从此接近尾声，各国内部的倾轧斗争上升为当时社会的主要矛盾。

历史进入了春秋晚期。这一时期社会政治生活的主要形成，是诸侯国中卿大夫强宗的崛起和国君公室的衰微。当时各大国的诸侯，均被连绵不断的兼并、争霸战争拖得精疲力竭，这样就给各国内部的卿大夫提供了绝好的机会，得以榨取民众的剩余劳动积累财富和以损公室利民众的方式收买人心。这种情况的长期发展，使得一部分卿大夫逐渐强大起来。

强大起来的卿大夫之间，也不可避免地互相兼并，进行激烈的斗争。这在晋国表现得最为典型。首先是10多个卿大夫宗族的财富和势力一天天扩展，其互相兼并的结果，是只剩下韩、魏、赵、智、中行、范六大宗族，被称为"六卿"。这时，晋君的权力已基本被剥夺，国内政治全由"六卿"

主宰。尔后，"六卿"之间又因瓜分权益产生矛盾而进行争斗，争斗导致范、中行两氏的覆灭。晋国于是只剩赵、韩、魏、智四大贵族集团。可是"四卿"之间也不能相安，更大的冲突很快就来临了，这便直接导致了晋阳之战的爆发。

翦灭范、中行两氏之后，智氏的智伯瑶专断晋国国政，在四卿中具有最雄厚的实力。智伯瑶是一个没有政治眼光、贪得无厌的贵族，他凭借自己的优势地位，强行索取韩氏和魏氏各一个万家之县。韩康子、魏桓子无力同智伯瑶抗争，只好被迫割让自己大片领地献给智氏。智伯瑶得手后，得陇望蜀，又把矛头指向了赵襄子，狮子大开口向赵襄子索取土地。赵襄子不甘心受制于智伯瑶，就坚决拒绝了智伯瑶索地的无理要求。

赵襄子不屈服的态度惹怒了智伯瑶。他于周贞定王十四年（公元前455年）大举发兵攻赵，并胁迫韩、魏两氏出兵协同作战。赵襄子见三家联军前来进攻，自度寡不敌众，便采纳谋臣张孟谈的建议，选择晋阳城（今山西太原西南）进行固守。因为晋阳民心向赵，且有战争的准备。

智伯瑶统率三家联军猛攻晋阳三月不下，又围困一年多未克。联军顿兵坚城之下，渐渐趋于被动。而晋阳城中军民却是同仇敌忾，士气始终高昂。智伯瑶眼见战事拖延两年而进展甚微，不禁焦急万分。他苦苦思索，终于想出引晋水（汾水）淹灌晋阳城的计策，企图用它来攻破晋阳城。

于是，智伯瑶命令士兵在晋水上游筑坝，造起一个巨大的蓄水池，再挖一条河通向晋阳城西南。又在围城部队的营地外，筑起一道拦水坝，以防水淹晋阳的同时也淹了自己的人马。工程竣工后，正值雨季来临，连日大雨不止，河水暴涨，把蓄水池灌得满满的。智伯瑶下令，掘开堤坝，一时间大水奔腾咆哮，直扑晋阳城。很快晋阳全城都被浸没在水中了。城内军民只好支棚而居，悬锅而炊，病饿交加，情况十分危急。但尽管这样，守城军民始终没有动摇斗志，仍坚守着危城。

韩、魏参与攻打赵氏，原先就是出于被胁迫，这时对智伯瑶的残暴更有了切身的感受，开始害怕赵如果灭亡后，自己也难免落得被兼并的下场，于是便对作战行动采取消极应付的态度。赵襄子看出了韩、魏两氏与智伯瑶之间滋长的矛盾，决心加以利用。他便派遣张孟谈乘夜潜出城外，秘密会见韩康子和魏桓子，用唇亡齿寒的道理，说服韩、魏两家暗中倒戈。

赵、韩、魏三家密谋联合就绪后，便约定在某日夜间展开军事行动：赵襄子在韩、魏的配合下，派兵杀死智伯瑶守堤的官兵，掘开了卫护堤坝，放水倒灌智伯瑶军营。智伯瑶的部队从梦中惊醒，乱作一团。赵军乘势从城中正面出击，韩、魏两军则自两翼夹攻，大破智伯瑶军，并擒杀智伯瑶本人。三家乘胜进击，尽灭智氏宗族，瓜分其土地，为日后"三家分晋"奠定了坚实的基础。

在晋阳之战中，赵襄子善于利用民心，激发士气，挫败了智伯瑶围攻孤城、速战速决的企图；当智伯瑶以水灌城，守城斗争进入最艰巨的阶段时，赵襄子及守城军民又临危不惧，誓死抵抗，并利用韩、魏与智伯瑶的矛盾，争取韩、魏同盟，瓦解智伯瑶的阵线，使其陷于彻底的孤立，为后面的决战创造了有利的态势。当"伐交"斗争取得成功后，赵襄子制定了正确的破敌之策，巧妙利用水攻，以其人之道还治其人之身，用水倒灌智伯瑶军营，予敌以出其不意的打击。并及时把握战机，迅速全面出击，取得了聚歼敌人的彻底胜利。由此可见，赵襄子在晋阳之战中表现出卓越的政治、外交、军事才能，不愧为当时杰出的政治家和军事家。

智伯瑶的失败，在很大程度上是他咎由自取。他恃强凌弱，一味迷信武力，失去民心，在政治上陷入了孤立。他四面出击，到处树敌，在外交上陷入了被动。在作战中，他长年顿兵于坚城之下，白白损耗许多实力；他缺少对"同盟者"动向的了解，以致为敌所乘。当对方用水攻转头对付自己时，又惊恐失措，未能随机应变，组织有效的抵御，终于身死族灭，一败涂地。

015 "能而示之不能,用而示之不用"
——桂陵、马陵之战

桂陵之战和马陵之战,是战国中期齐、魏两大国之间的两场著名战争。当时齐国的军事家孙膑,创造性地运用和发展孙武"避实而击虚""攻其所必救""致人而不致于人""示形动敌"的作战指导思想,采取"围魏救赵""批亢捣虚""减灶诱敌"等战术,在桂陵和马陵地区,先后击败实力强大的魏国军队。这两场战争对于结束魏国在中原地区的霸权,具有决定性的意义;对战国整个战略格局的变化,产生了非常深远的影响。

公元前445年魏文侯即位后,任用李悝、吴起、西门豹、段干木等人,进行各方面的改革。在政治上,他基本废除了世袭的禄位制度,推行因功受禄的政策,建立起清明、健全的官僚体制。在经济上,他改变不适应生产力发展的井田旧制,"尽地力之教",抽"什一之税",创制"平籴法",兴修水利,鼓励开荒,促进了社会秩序的稳定和农业生产的发展。在军事上,他加强军队建设,推行"武卒"选拔制度,重视军事训练,提高部队的战斗力。通过这些改革,魏国迅速成为战国初期最为强盛的国家。魏惠王继位以后,继承文侯、武侯的霸业,继续积极向外扩张。魏国的勃兴和称霸,直接损害了楚、齐、秦等其他大国的利益,引起这些国家的恐惧和忌恨,其中尤以齐、魏之间的矛盾最为尖锐。

齐国自西周以来一直是东方地区的大国。公元前356年齐威王即位后,任用邹忌为相,改革吏治,强化中央集权,进行国防建设,国势日渐壮大。面临魏国向东扩张的严重威胁,齐国积极利用赵、韩诸国与魏国之间的矛盾冲突,展开了对魏的激烈斗争。

就是在这样的复杂背景下，公元前353年，桂陵之战爆发。

当时，为了摆脱魏国霸权的控制，进而达到兼并土地、扩张势力的目的，赵成侯于公元前356年在平陆（今山东汶上）和齐威王、宋桓侯相会结好，同时又和燕文公在阿（今河北南阳北50里）相会。赵国的行为引起魏惠王的极大不满，适逢公元前354年，赵国向依附于魏国的卫国发动战争，迫使卫国屈服称臣。魏国便借口保护卫国，出兵包围了赵国国都邯郸，强行攻打。赵与齐有同盟关系，鉴于邯郸局势危急，遂于公元前353年遣使者向齐国请求救援。

齐威王闻报赵国告急，遂召集文武大臣进行商议。丞相邹忌反对出兵救赵。齐将段干朋则认为不救赵既会失去对赵国的信用，又会给齐国自身造成麻烦，因而主张救赵。但他同时又指出，以当时的战略形势来考虑，如果立即出兵前赴邯郸，赵国既不会遭到损失，魏军也不会消耗实力，对于齐国的长远战略利益来说是弊大于利。因此，他主张实施使魏与赵相互削弱，而后"承魏之弊"的战略方针。具体地说，是先派少量兵力南攻襄陵，以牵制魏国。待魏军攻破邯郸，魏、赵双方均师劳兵疲之际，再予以正面的攻击。段干朋这一谋略显然有一石三鸟的用意。第一，南攻襄陵，牵制魏军，使其陷于两面作战的窘境；第二，向赵表示了援助的姿态，信守盟约，维持在平陆相会时所建立的两国友好关系，使赵国坚定其抗魏的决心；第三，让魏、赵继续互相攻伐，导致赵国遭受重创、魏国实力削弱的结果，从而为齐国战胜魏国和日后控制赵国创造有利的条件。

段干朋的这番谋划，完全符合齐国统治集团的根本利益，因此齐威王欣然采纳。齐威王决定以部分军队联合宋、卫南攻襄陵，主力暂时按兵不动，静观事态发展，准备伺机出动，以求一举成功。

当时魏国的扩张，也引起楚国的敌视。因此，楚宣王便趁魏国出兵攻赵、后方空虚的时候，派遣将军景舍率领部队向魏国南部的睢、濊地区进攻。而西边的秦国也不甘寂寞，发兵先后攻打魏国的少梁、安邑等要地。这样，魏国实际上已处于四面作战的困难境地。幸亏它实力十分雄厚，主将庞涓又决心破赵，不为其他战场的局势所动摇，因而一直勉力维持着邯郸方面的主攻局面。

魏国以主力攻赵，两军相持一年有余。当邯郸形势危在旦夕，赵魏两国均已非常疲惫之时，齐威王认为出兵与魏军决战的时机已经成熟，于是正式任命田忌为主将，孙膑为军师，统率齐军主力救援赵国。

田忌计划直奔邯郸，同魏军主力交战，以解救赵围。孙膑不赞成这种硬碰硬的战法，提出了"批亢捣虚""疾走大梁"的策略。他说：要解开乱成一团的丝线，不能用手硬拉硬扯；要排解别人的聚殴，自己不能直接参加进去。派兵解围的道理也复如此，不能以硬碰硬，而应该采取"批亢捣虚"的办法，就是撇开强点，攻击弱点，避实击虚，冲其要害，使敌人感到形势不利，出现后顾之忧，自然也就解围了。孙膑进而分析道：现在魏、赵相攻经年，魏军的精锐部队全在赵国，留在自己国内的是一些老弱残兵。根据这一情况，他建议田忌应该迅速向魏国的都城大梁进军，切断魏国的交通要道，攻击它防备空虚的地方。他认为这样一来，魏军必然被迫回师自救，齐军可以一举解救赵国之围，同时又能使魏军疲惫奔波，便于最终击败它。

田忌虚心采纳了孙膑这一"批亢捣虚"的作战建议，统率齐军主力迅速向魏国国都大梁挺进。大梁是魏国的政治、经济、文化中心，此时处于危急之中，魏军不得不以少数兵力控制历尽艰难刚刚攻克的邯郸，而由庞涓率主力急忙回救大梁。这时候，齐军已将桂陵（今山东菏泽东北一带）作为预定的作战区域，迎击魏军于归途。魏军由于长期攻赵，兵力消耗很大，加上长途跋涉急行军，士卒疲惫不堪，面对占有先机之利、休整良好、士气旺盛的齐军截击，顿时彻底陷入了被动挨打的困境，终于遭受到一次严重的失败。魏军已经占据的邯郸等赵地，至此也就得而复失了。

战国中期，魏国的实力要胜过齐国一筹，其军队也比齐军来得强大，所以荀子说过："齐之技击不可遇魏之武卒"，然而齐军最终在桂陵之战中重创了魏军。原因无他，就是齐国战略方针的正确和孙膑作战指挥艺术的高明。在战略上，齐国适宜地表示了救赵的意向，从而使赵国坚定了抵抗魏军的决心，拖住了魏军；及时对次要的襄陵方向实施佯攻，使魏军陷入多线作战的被动处境；齐国正确把握住魏、赵双方精疲力竭的有利时机,果断出击。在作战指挥方面,孙膑能够正确分析敌我情势,选择适宜的作战方向,进攻敌人既是要害又呈空虚状态的国都大梁,迫使魏军回师救援,然后以逸待劳,乘隙打了一个漂亮的阻击战,一举胜之,自始至终都牢牢掌握主动权。另外,主将田忌虚心听取意见,从善如流,也为孙膑实施高明作战指挥、夺取胜利提供了必要的前提。至于魏军的失败,也在于战略上未能掌握诸侯列国的动向,长期顿兵坚城,造成将士疲惫,后方空虚,加上作战指挥上消极被动,让对手牵着鼻子走,终于遭到失败的命运。

魏军虽在桂陵之战中严重失利,但是并未因此而一蹶不振,魏军仍具有蔚为可观的实力。到了公元前342年,魏国再次穷兵黩武,发兵攻打比它弱小的兄弟之邦——韩国。韩国自然不是魏的对手,危急中遣使奉书向齐国求救。齐威王一如当年那样,召集大臣商议此事。邹忌依然充当反对派,不主张出兵,而田忌则主张发兵救韩。齐威王征求孙膑的意见,孙膑便侃侃谈了自己的看法:既不同意不救,也不赞成早救,而是主张"深结韩之亲,而晚承魏之弊"。即首先向韩表示必定出兵相救,促使韩国竭力抗魏。当韩处于危亡之际,再发兵救援,从而"尊名""重利"一举两得。他的这一计策为齐威王所接受。

韩国得到齐国答应救援的允诺,人心振奋,竭尽全力抵抗魏军进攻,但结果仍然是五战皆败,只好再次向齐告急。齐威王抓住魏、韩皆疲的时机,任命田忌为主将、田婴为副将率领齐军直趋大梁。孙膑在齐军中的角色,一如桂陵之战时那样:充任军师,居中调度。

魏国眼见胜利在望,又是齐国从中作梗,其恼怒愤懑自不必多说,于是决定放过韩国,转将兵锋指向齐军。其含义不言而喻:好好教训一下齐国,省得它日后再同自己捣乱。

魏惠王待攻韩的魏军撤回后,即命太子申为上将军,庞涓为将,率雄师10万之众,气势汹汹扑向齐军,企图同齐军一决胜负。

这时齐军已进入魏国境内纵深地带,魏军尾随而来,一场鏖战不可避免。仗该怎么打,孙膑胸有成竹,指挥若定。他针对魏兵强悍善战,素来蔑视齐军的实际情况,判断魏军一定会骄傲轻敌、急于求战、轻兵冒进。根据这一分析，孙膑认为战胜貌似强大的魏军完全是有把握的。其方法不是别的，就是巧妙利用敌人的轻敌心理，示形误敌，诱其深入，然后予以出其不意的致命打击。他的想法，受到主将田忌的完全赞同，于是在认真研究了战场地形条件之后，田忌定下减灶诱敌、设伏聚歼的作战方针。

战争的进程完全按照齐军的预定计划展开。齐军与魏军刚一接触，就立即佯败后撤。为了诱使魏军进行追击，齐军按孙膑预先的部署，施展了"减灶"的高招，第一天挖了10万人煮饭用的灶，第二天减少为5万人的灶，第三天又减少为3万人的灶，造成在魏军追击下，齐军士卒大批逃亡的假象。

庞涓虽然曾与孙膑受业于同一位老师——鬼谷子先生，但二人性格不同，又各为其主，想法自然也不同。接连3天追击，他见齐军退却避战而又天天减灶，不禁得意忘形起来，庞涓武断地认定齐军斗志涣散，士卒逃亡过半，于是丢下步兵和辎重，只带着一部分轻装精锐骑兵，昼夜兼程追赶齐军。

孙膑根据魏军的行动，判断魏军将于日落后进至马陵（今山东郯城一带）。马陵一带道路狭窄，树木茂盛，地势险阻，实在是打伏击战的绝好处所。于是孙膑就利用这一有利地形，选择齐军中1万名善射的弓箭手埋伏于道路两侧，规定夜里以火光为号，一齐放箭，并让人把路旁一棵大树的皮剥掉，在上面书写"庞涓死于此树之下"字样。

庞涓的骑兵，果真于孙膑预计的时间进入齐军预先设伏区域。庞涓见剥皮的树干上写着字，但看不清楚，就叫人点起火把照明。字还没有读完，齐军便万弩齐发，给魏军以迅雷不及掩耳的打击，魏军顿时惊恐失措，阵势溃乱。庞涓眼见败局已定，遂愤愧自杀。齐军乘胜追击，连续大破魏军，前后歼敌10万余人，并俘虏了魏军主帅太子申。马陵之战以魏军惨败而告终结。

马陵之战是我国历史上一场典型的"示假隐真"、欺敌误敌、设伏聚歼的成功战例。齐军取得作战胜利，除了把握救韩时机得当，将帅之间密切合作，正确预测战场和作战时间以外，善于"示形"、巧设埋伏乃是关键性的因素。所谓的"减灶"就是这场战争中"示形"的主要方式。它实际上就是孙武"能而示之不能,用而示之不用",以及"以利动之,以卒待之"等"诡道"原则的实战体现。

齐国在桂陵之战,以及随后的马陵之战中的大获全胜,从根本上削弱了魏国的军事实力。从此,魏国一步步走下坡路,失去了中原的霸权。而齐国则挟战胜之威,力量迅速发展,成为当时数一数二的强大国家。

016 坚守防御，实施"火牛阵"
——济西、即墨之战

战国中期，齐、秦两强东西对峙，较弱的燕国与齐是近邻。燕王哙于公元前318年让位于燕相子之，以致太子平与子之因争夺王位而发生内乱。齐宣王于公元前314年乘机攻燕，在50天之内攻下燕都蓟（今北京），杀燕王哙和子之。但由于齐军在燕大肆烧杀抢掠，燕国民众纷纷起来反抗，各诸侯国也准备出兵救燕，迫使齐军撤退，太子平即位为王，即燕昭王。燕昭王即位后，广招贤士，改革内政，发展生产，积极准备报齐破国之仇。公元前301年齐宣王死后，湣王即位，南攻宋、楚，西击三晋，连年征战，国力日耗。燕昭王想乘机攻齐，但从燕国的土地、人口和经济条件看，燕国远不如齐国，单凭燕国本身的力量，不可能战胜齐国。在此形势下，燕将乐毅和燕相苏秦提出争取与国，孤立齐国；并怂恿齐国灭宋，以加剧它与各国的矛盾，而后联合各国，大举攻齐。燕昭王采纳了这一计策。

为此，燕表面上臣服于齐，并派苏秦入齐进行离间活动，取得了齐湣王的信任。齐国被燕表面的屈服迷惑，放松警惕，对燕不加戒备，甚至连防备燕国的兵力也全部从北面撤回。公元前288年10月，秦约齐王同时称帝，结成联盟。燕再次派苏秦至齐进行离间活动，劝说齐湣王撕毁齐、秦盟约，废除帝号，而后伺机灭宋。齐湣王果然被打动，于12月废除帝号，转而与各国合纵攻秦，迫使秦国"废帝请服"。齐湣王取得攻秦胜利后，又经过3次战争，灭掉了宋国。邻近齐国的宋国，土地肥沃，生产发达，其大商业城市定陶的巨大税收，尤为齐、秦、赵三国所垂涎。宋为齐所灭，不仅加剧齐同秦、赵的矛盾，也对韩、魏、楚造成严重威胁，因此导致齐与各国矛盾异常尖锐。燕利用这种形势，积极活动，终于和各国结成攻齐联盟。

公元前 284 年，燕昭王任命乐毅为上将军，统率燕、秦、楚、韩、赵、魏六国军队攻齐。齐湣王骄傲自恃、忘乎所以，开始并未料到燕国会联合诸国攻齐。及至发现燕军已攻入齐国时，才匆忙任命触子为将，率领全国军队主力渡过济水，西进拒敌。双方兵力各约 20 万在济水之西（今山东高唐、聊城一带）展开决战。齐军由于连年征战，士气低落。齐湣王为迫使将士死战，以挖祖坟、行杀戮相威胁，更使将士离心，斗志消沉。结果，当联军进攻时，齐军一触即溃，遭到惨败。触子逃亡不知下落，副将达子收拾残兵，退保都城临淄。齐军主力被消灭后，秦、韩两军撤走，乐毅派魏军南攻宋地，赵军北取河间（今河北献县东南），自率燕军向临淄追击，继续聚歼齐国败退的残军，攻占了齐国的国都。齐湣王被迫出逃至莒（今山东莒县）。此时楚顷襄王为分占齐地，便以救齐为名，派淖齿率兵入齐。齐湣王幻想借楚军力量抵抗燕军，便委任淖齿为相。淖齿在莒地杀掉了齐湣王，并夺回了以前被齐占去的淮北之地。

乐毅攻克临淄后，采取布施德政、收取民心的政策，申明军纪，严禁掳掠，废除残暴法令和苛捐杂税。然后分兵 5 路，彻底消灭齐军，占领齐国全境。左军攻取胶东、东莱（今山东半岛），右军沿济水南进阿、鄄（今山东西南部）以接应魏军，前军沿泰山东进攻取琅琊（今山东沂南至日照一带），后军沿北海（今山东临淄东北沿海一带）出击攻占千乘（今山东高青东北），中军占领临淄以镇齐都。燕军仅用 6 个月的时间，就攻取了齐国 70 余城，只剩下莒和即墨（今山东平度东南）两城未被攻克。

公元前 283 年，齐臣王孙贾等杀掉淖齿，立齐湣王之子法章为齐襄王，守莒抗燕，并号召民众起来抵抗。乐毅又重新调整部署，集中右军和前军攻莒，左军和后军攻即墨。即墨军民在守将战死之后，共推齐宗室田单为将，坚守抗燕，形成当时两个抗燕的坚强堡垒。燕军围攻莒和即墨一年未下。乐毅改用攻心战，命燕军撤至距两城 4.5 千米的地方设营筑垒，并下令凡城中居民有出来的不加拘捕，有困难的予以赈济，以争取齐民。如此相持 3 年之久，两城依然未被攻下。

即墨为齐国较大的都邑，地处富庶的胶东，靠山近海，土地肥沃，财物丰富，有坚固的城池和一定的人力用于防守。田单被推举为将后，为挽救危局，大力争取人心，还将所带的族兵及收容的残兵7000余人及时加以整顿和扩充；又亲自带头构筑城防工事，加固城墙，浚深壕池；将族人、妻妾编入军营参加守城。由于田单与将士同甘共苦，致使即墨军民群情振奋，斗志昂扬，决心为保卫自己的生命财产，奋起抵抗燕军。公元前279年，燕昭王死，惠王继位，惠王早在做太子时便对乐毅不满，且对3年攻齐不下又有怀疑，田单趁机派人入燕进行间谍活动，宣扬说：乐毅借攻齐为名，想控制军队在齐国为王，所以故意缓攻即墨。如果燕国另派主将，即墨指日可下。燕惠王果然中计，派骑劫代替乐毅。乐毅被撤换，不仅使田单少了一个难以对付的敌手，且使燕军将士愤慨不平、军心涣散。

骑劫到任后，一反乐毅的做法，改用强攻。由于齐国军民的顽强抵抗，仍未能奏效。田单为了进一步激励士气，诱使燕军行暴，便散布谣言说，齐军最怕割鼻子、挖祖坟。骑劫果然中计。即墨军民看到燕军的暴行，个个恨之入骨，愤怒异常，纷纷要求同燕军决一死战。与此同时，田单积极进行反攻的准备工作。他先命精壮甲士全部隐伏起来，以老弱、妇女登城守望，使燕军误以为齐军少壮已伤亡殆尽，失去继续作战的能力，然后派人向燕军诈降，燕军信以为真，一心坐待受降，更加麻痹松懈。

田单觉得反攻时机已经成熟，便收集了千余头牛，在牛角扎上锋利的尖刀，身披五彩龙纹的外衣，牛尾绑上渗透油脂的芦苇，并在城脚挖好几十个洞，直通城外；又挑选了5000名精壮勇士，扮成神怪模样；令全城军民备好锣鼓以便出击时呐喊助威。一切准备就绪之后，在一天夜间，点燃牛尾上的芦苇，驱赶1000多头火牛从城墙洞中向燕营猛冲狂奔，5000名勇士随之杀出，全城军民擂鼓击器以壮声势。一时间火光通明，杀声震天。燕军将士从梦中惊醒，惊慌失措，四出逃命，死伤无数，骑劫在混乱中被杀。围攻即墨的燕军主力彻底溃败。田单奇袭获胜后，立即大举反攻。齐国民众痛恨燕军的暴行，纷纷响应，帮助齐军打击燕军，很快将燕军逐出国境，收复沦陷的70余城。

此战，乐毅采用诱齐攻宋策略，形成了天下攻齐的有利形势。在作战中又抓住强弱发生变化的有利时机，乘胜追击，直捣齐都，因而取得了重大胜利。而齐湣王自恃强大，穷兵黩武，四处树敌，落入燕国圈套而不自知。当五国联军攻齐时，仓促应战，过早集中主力与强大的联军交锋，因而惨败，几致亡国。至于齐军后来在即墨保卫战中能先坚守后反攻，最终一举击败燕军，原因一是即墨有一定的防御条件；二是燕军分兵多路攻齐，发展过快，攻城克坚的准备和力量不充分；三是田单面对优势之敌，采取有效措施，取得即墨军民的支持，为挽救危局、实施反攻创造了条件。接着田单巧施反间计，借敌之手除去最难对付的乐毅，又针对骑劫警惕性不高、燕军士气不振的弱点，以诈降手段造成敌人错觉，使之麻痹松懈。然后田单实施夜间奇袭，出其不意地击破围攻即墨的燕军主力，打好了反攻初期的关键性一仗，取得战场的主动权，不给敌人喘息之机，乘胜追击，在齐国民众的支持下，终于取得了复国的胜利。

017 中国历史上最早、规模最大的包围歼灭战——长平之战

《孟子·离娄》描绘战国时期的战争场面是:"争地以战,杀人盈野;争城以战,杀人盈城。"纵观烽火连天、刀光剑影的270年战国历史,可知孟老夫子的这番话并没有夸张的成分。当然,就战争规模之大、杀伤程度之烈而言,在当时的众多战争中,没有比秦、赵长平之战更为惊心动魄的了。

长平之战发生于公元前260年,是秦、赵之间的一次战略决战。在战争中,秦军贯彻正确的战略指导,采用灵活多变的战术,一举歼灭赵军45万人,开创了我国历史上最早、规模最大的包围歼敌战先例。

秦国自孝公任用商鞅实行变法以来,制定正确的兼并战略:奖励耕战,富国强兵,国势如日中天;连横破纵,远交近攻,外交连连得手;旌旗麾指,铁骑驰骋,军事胜利捷报频传。100余年中,秦国蚕食缓进,重创急攻,破三晋,败强楚,弱东齐,构成了对山东六国的战略进攻态势。在秦国的咄咄兵锋面前,韩、魏屈意奉承,南楚自顾不暇,东齐力有不逮,北燕无足轻重。只有赵国,自公元前302年赵武灵王进行"胡服骑射"军事改革以来,国势较盛,军力较强,对外战争胜多负少,且拥有廉颇、赵奢、李牧等一批能征惯战的将领,尚可与强秦进行一番周旋。

因此,秦国要完成统一六国的殊世伟业,一定得拔去赵国这颗钉子。自然,赵国也不是好惹的,岂甘心束手就擒。两国之间的战略决战在所难免。

秦昭王根据丞相范雎"远交近攻"的战略构想，从公元前268年起，先后出兵攻占了魏国的怀（今河南武陟西）、邢丘（今河南温县附近），迫使魏国亲附于己。接着又大举攻韩，先后攻取了陉（今河南济源西北）、高平（今河南济源西南）、少曲（今河南济源西）等地，并于公元前261年攻克野王（今河南沁阳），将韩国拦腰截为二段。消息传来，韩国朝廷上下一片惊恐，决定遣使入秦，献上党郡（今山西长治一带）以向秦求和。

然而，韩国的上党太守冯亭却不愿献地入秦，而是作出了献上党之地于赵的选择。他的用意当然清楚：转移秦军锋芒，促成赵、韩携手，联合抵御秦国。

赵王目光短浅，在不计后果的情况下，接受平原君赵胜的建议，贪利受地，将上党郡并入自己的版图。赵国的这一举动，无异于虎口夺食，引起秦国的极大不满，秦、赵之间的矛盾因此而全面激化。范雎遂建议秦王乘机出兵攻赵。秦王于公元前261年命令秦军一部进攻韩国缑氏（今河南偃师西南），直趋荥阳，威慑韩国，同时命令左庶长王龁率领大军扑向赵国，攻打上党。上党赵军兵力不敌，退守长平（今山西高平西北）。

赵王闻报秦军长驱东进，得地的喜悦早去了一半，只好兴师应战，派遣大将廉颇率赵军主力开往长平，企图重新占据上党。廉颇抵达长平后，即向秦军发起攻击。遗憾的是，秦强赵弱，赵军数战不利，损失较大。廉颇不愧为一名明智的将帅，他鉴于实际情况，及时改变了战略方针，转取守势，依托有利地形，筑垒固守，以逸待劳，疲惫秦军。廉颇的这一招很是奏效，秦军的速决势头被抑制了，两军在长平一带相持不决。

但是秦国的战争指导者也积极运用谋略来打开缺口，为尔后的战略进攻创造条件。一方面，他们借赵国使者郑朱到秦国议和的机会，故意殷勤招待郑朱，向各国制造秦、赵和解的假象，使赵国在外交上丧失了与各国"合纵"的机会，陷于被动和孤立。另一方面，又采用离间计，派人携带财宝前赴赵都邯郸收买赵王的左右权臣，挑拨离间赵王与廉颇的关系。四处散布流言：廉颇不足畏惧，他固守防御，是出于投降秦军的目的，秦军最害怕马服君赵奢的儿子赵括为将。终于借赵王之手，把廉颇从赵军主帅的位置上拉了下来；并使赵王不顾蔺相如和赵括母亲的反对谏阻，任命赵括为赵军主帅。

赵括是一个缺乏实战经验、只会"纸上谈兵"的庸人。他上任后，一反廉颇所为，更换将佐，改变军中制度，搞得赵军上下离心离德，斗志消沉。他还改变了廉颇的战略防御方针，积极筹划战略进攻，企图一举而胜，夺回上党。

秦国在搞乱赵国的同时，也及时调整自己的军事部署：立即增加军队，征调骁勇善战的武安君白起为上将军，代替王龁统率秦军。为了避免引起赵军的注意，秦王下令军中严守这一机密："有敢泄武安君为将者斩。"这个白起，可不是寻常人物。他是战国时期最杰出的军事将领之一，久经沙场，曾大战伊阙，斩杀韩、魏联军24万；南破楚国，入鄢、郢，焚夷陵，打得楚人失魂落魄。只会背吟几句兵书的赵括哪里是他的对手。

白起到任后，针对赵括没有实战经验、求胜心切、鲁莽轻敌等弱点，采取了诱敌入伏、分割包围而后予以聚歼的作战方针，对兵力作了周密细致的部署，造成了"以石击卵"的强大态势。

白起的具体作战部署是，其一，以原先的第一线部队为诱敌部队，等待赵军出击后，即向预设主阵地长壁方面撤退，诱敌深入；其二，巧妙利用长壁构筑袋形阵地，以主力守卫营垒，抵挡阻遏赵军的攻势，并组织一支轻装锐勇的突击部队，待赵军被围后，主动出击，消耗赵军的有生力量；其三，动用奇兵2.5万人埋伏在两边侧翼，待赵军出击后，及时穿插到赵军的后方，切断赵军的退路，协同主阵地长壁上的秦军主力，完成对出击赵军的包围；其四，用5000精锐骑兵插入渗透到赵军营垒的中间，牵制和监视营垒中的剩余赵军。

战局的发展果然按照白起预定的方向进行。公元前260年8月，对秦军动态蒙昧无知的赵括统率赵军主力向秦军发起了大规模的出击。两军稍事交锋，秦军的诱敌部队即佯败后撤。鲁莽的赵括不问虚实，立即率军实施追击。当赵军前进到秦军的预设阵地——长壁后，即遭到了秦军主力的坚强抵抗，攻势受挫，被阻于坚壁之下。赵括欲退兵，但为时已晚，预先埋伏于两翼的秦2.5万奇兵迅速出击，及时穿插到赵军进攻部队的侧后，抢占了西壁垒（今山西高平北的韩王山高地），截断了出击赵军与其营垒之间的联系，构成了对出击赵军的包围。另外的 5000 秦军精骑也迅速地插到了赵军的营垒之间，牵制、监视留守营垒的那部分赵军，并切断赵军的所有粮道。与此同时，白起又下令突击部队不断出击被围困的赵军。赵军数战不利，情况十分危急，被迫就地构筑营垒，转攻为守，等待救援。

秦昭王听到赵军业已被包围的消息，便亲赴河内（今河南沁阳及其附近地区），把当地 15 岁以上的男丁全部编组成军，增援长平战场。这支部队开进到长平以北的今丹朱岭及其以东一带高地，进一步断绝了赵国的援军和后勤补给，从而确保了白起彻底地歼灭被围的赵军。

到了 9 月，赵军断粮已达 46 天，内部互相残杀，军心动摇，死亡的阴影笼罩着整支部队，局势非常危急。赵括组织了 4 支突围部队，轮番冲击秦军阵地，希望能打开一条血路突围，但都未能奏效。绝望之中，赵括孤注一掷，亲率赵军精锐部队强行突围，结果仍遭惨败，连他本人也丧身秦军的箭镞之下。赵军失去主将，斗志全无，遂不复再作抵抗，40 余万饥疲之师全部向秦军解甲投降。这 40 余万赵军降卒，除幼小的 240 人之外，全部被白起残忍坑杀。秦军终于取得了空前激烈残酷的长平之战的彻底胜利。

长平之战中，秦军前后共歼赵军 45 万人，从根本上削弱了当时关东六国中最为强劲的对手——赵国，也给其他关东诸侯国以极大地震慑。从此以后，秦国统一六国的道路变得畅通无阻了。

长平之战秦胜赵败的结局并不是偶然的。除了总体力量上秦对赵占有相对的优势外，双方战略上的得失和具体作战艺术运用上的高低也是重要的因素。秦军之所以取胜，其一是分化瓦解了关东六国的战略同盟；其二是巧妙使用离间计，诱使赵王犯下置将不当的严重错误；其三是择人得当，起用富于谋略、骁勇善战的白起为主将；其四是白起善察战机，用兵如神，诱敌出击，然后用正合奇胜的战法分割包围赵军，痛加聚歼；其五是在战斗的关键时刻，秦国上下一体动员，及时增援，协调配合，断敌之援，为白起实施正确的作战指挥提供了必要的保证。

赵军之所以惨败，在于：第一，不顾敌强我弱的态势，贸然开战，一味追求进攻；第二，临阵易将，让毫无实战经验的赵括替代执行正确防御战略的廉颇统帅赵军，中了秦人的离间之计；第三，在外交上不善于利用各国仇秦的心理，积极争取与国，引为己助；第四，赵括不知"奇正"变化、灵活用兵的要旨，既无正确的作战方针，又不知敌之虚实，更未能随机制宜摆脱困境，始终处于被动之中；第五，具体作战中，屡铸大错，决战伊始，即贸然出击，致使被围，被围之后，只知消极强行突围，未能进行内外配合，打通粮道，终于导致全军覆灭的悲惨下场。

018 中国封建社会最早的统一战争
——秦统一六国之战

秦统一六国的战争，既是战国末期最后的诸侯兼并战争，又是中国历史上最早的封建统一战争。从公元前230年到公元前221年，秦国用了10年的时间，相继灭掉了北方的燕、赵，中原的韩、魏，东方的齐和南方的楚六个国家，结束了春秋以来长达500余年的诸侯割据纷争的战乱局面，建立了中国历史上第一个中央集权统一国家。

战国时期，经过长期诸侯割据战争，诸侯各国盛衰格局发生了很大变化，许多弱小国家被消灭，中国境内只剩下齐、楚、燕、韩、赵、魏、秦7个大的诸侯国，史称战国七雄。七雄局面的形成，既是春秋以来兼并战争的结果，又是中国统一的前奏。为增强国力，统一全国，七雄相继展开了富国强兵的变法活动。魏国任用李悝变法，楚国起用吴起变法，赵国有武灵王改革，但最有成效的是秦国商鞅变法。公元前359年，秦孝公任用商鞅，变法改革，国力逐步强盛。从秦孝公到秦王政的100多年时间中，秦国国力更加强盛，在军事制度方面实行按郡县征兵，完善了军队组织，提高了军队战斗力，士卒勇猛，车骑雄盛，远非其他六国可比。在军事策略上改变了劳师远征而经常失利的战略，采用范雎远交近攻的策略，逐渐蚕食并巩固其占领地区，实行有效占领。秦国相继灭掉西周、东周，攻占韩国的黄河以东和以南地区，设置太原、上党、三川三郡，领土包括今陕西大部、山西中南部、河南西部、湖北西部、湖南西北部和四川东北部的广大地区。史书记载秦国"西有巴蜀、汉中之利，北有胡貉、代马之用，南有巫山、黔中之限，东有崤函之固"，在地理位置上进可攻，退可守；"战车千乘，奋击百万"，军事力量远胜于其他六国。秦国这种优越的战略优势为统一六国打下了基础。与此同时，山东六国统治集团内部相互倾轧，争权夺利，政局很不稳定。各国之间长期战争，实力消耗，国力被削弱。六国面对强秦的威胁，虽然屡次合纵抗秦，但在秦国连横策略下先后瓦解而失败。他们时而"合众弱以抗一强"，时而"恃一强以攻众弱"，无法形成稳固统一的抗秦力量，给了秦国各个击破的可乘之机。当时的有识之士已经看出这种趋势，如子顺就曾经说过："当今崤山以东的六国衰弱不振，韩赵魏三国向秦国割地求安，二周已被秦灭亡，燕齐楚等大国也向秦国屈服，照此看来，不出20年，天下必然是秦国的了。"

公元前238年，秦王政铲除了丞相吕不韦和长信侯嫪毐集团，开始亲政，周密部署统一六国的战争。李斯、尉缭等协助秦王制定了统一全国的战略策略。秦灭六国的战略有两个内容，一是趁六国混战之际，秦国"灭诸侯，成帝业，为天下一统"。秦王政采纳了尉缭破六国合纵的策略，"毋爱财物，赂其豪臣，以乱其谋"，从内部分化瓦解敌国。二是继承历代远交近攻政策，确定了先弱后强、先近后远的具体战略步骤，李斯建议秦王政先攻韩赵，"赵举则韩亡，韩亡则荆、魏不能独立，荆、魏不能独立，则是一举而坏韩、蠹魏、拔荆，东以弱齐、燕"。这一战略步骤可以概括为三步，即笼络燕齐，稳住楚魏，消灭韩赵，然后各个击破，统一全国。在这种战略方针指导下，一场统一战争开始了。

公元前236年，秦王政趁赵攻燕、国内空虚之际，分兵两路大举攻赵，拉开了统一战争的帷幕。秦国经过数年连续攻赵，极大地削弱了赵国实力，但一时无力灭亡赵国。于是秦国转攻韩国，公元前231年，攻下韩国南阳，次年，秦内史滕率军北上，攻占韩国都城阳翟（今河南禹州市），俘虏韩王安，在韩地设置颍川郡，韩国灭亡。

公元前229年，秦大举攻赵，名将王翦率军由上党（今山西长治市）出井陉（今河北井陉县），端和由河内进攻赵都邯郸。赵国派大将李牧迎战，双方屡有胜负，陷入僵局，相持一年之久。后来赵王中了秦的反间计，撤换李牧，由于临阵易将，赵军士气受挫，失去了相持能力。公元前228年，王翦向赵国发起总攻，秦军很快攻占了邯郸，俘虏赵王迁，残部败逃，赵国灭亡。

秦国在攻赵的同时，兵临燕境。燕国无力抵抗，太子丹企图以刺杀秦王的办法挽回败局。公元前227年，燕丹派荆轲以进献燕国地图为名，谋刺秦王政，结果阴谋暴露，被秦国处死。秦王政以此为借口，派王翦率兵攻打燕国，秦军在易水（今河北易县境内）大败燕军。次年十月，王翦攻陷燕国都蓟（今北京市），燕王喜与太子丹率残部逃到辽东（今辽宁辽阳市），苟延残喘，燕国名存实亡。

秦国灭掉韩赵、重创燕国以后，北方大部分地区已为秦有，只有地处中原的魏国，孤立无援。公元前225年，秦将王贲率军出关中，东进攻魏，迅速包围魏都大梁（今河南开封市）。秦军引黄河水灌城，攻陷大梁，魏王假投降，魏国灭亡。

早在秦军攻取燕都时，秦国已把进攻目标转向楚国。公元前226年，秦王政问诸将攻楚需要多少兵力，老将王翦认为楚国地广兵强，必须有60万军队才能伐楚，而李信则说只用20万军队就能攻下楚国。秦王以为王翦因年老怯战，没有听取他的意见，派李信和蒙恬率军20万攻打楚国。公元前225年秦军南下攻楚，楚将项燕率军抵抗。秦军开始进军顺利，在平舆（今河南汝南县东南）和寝（今河南沈丘县东南）击败楚军，进兵到城父（今河南宝丰县东）。项燕率军反击，在城父大败秦军，李信败逃回国。公元前224年，秦王政亲自向王翦赔礼，命他率60万大军再次伐楚，双方在陈（今河南淮阳县）相遇，王翦按兵不动，以逸待劳，楚军屡次挑战，秦军不与交战，项燕只好率兵东归。王翦趁楚军退兵之机，挥师追击，在蕲（今安徽宿州市）大败楚军，杀楚将项燕。次年，秦军乘胜进兵，俘虏楚王负刍，攻占楚都郢（今湖北荆州市），设置郢郡，楚国灭亡。

五国灭亡后，只剩下东方的齐国和燕赵残余势力。公元前222年，秦将王贲率军歼灭了辽东燕军，俘虏燕王喜，回师途中又在代北（今山西代县）俘获赵国余部代王嘉，然后由燕地乘虚直逼齐国。齐王建慌忙在西线集结军队，准备抵抗。公元前221年，秦军避开西线齐军主力，从北面直插齐国都城临淄（今山东淄博市）。在秦国大兵压境的形势下，齐王建不战而降，齐国灭亡。

秦统一六国战争的胜利，是由于秦国在战争中战略战术运用得当。

秦王政在位时期，国力富强，有足够的人力物力供应战争，在战略上处于进攻态势，势如破竹，摧枯拉朽，相继灭掉诸国。在战术上，秦国执行了由近及远、先弱后强的方针，首先灭掉了毗邻的弱国韩赵，然后从中央突破，攻燕灭魏，解除了北方的后顾之忧，最后消灭两翼的强敌齐楚，这种战术运用是符合实际情况的。在具体战役中，秦国运用策略正确，如在灭韩赵的战争中，根据具体情况，并不是完全机械地按"先取韩以恐他国"的既定方针，而是机动灵活，赵有机可乘则先攻赵，韩可攻则灭韩。灭楚战役是在检讨了攻楚失策后，根据楚国实力，集中优势兵力攻楚而取胜的。攻打齐国避实就虚，出奇制胜。相反，六国方面势力弱小，在战略上又不能联合，各自为战，根本不能阻挡秦国的进攻，战争中消极防御，被动挨打，以致一个个被秦国消灭。

019 "破釜沉舟",给暴秦统治的致命一击
——巨鹿之战

巨鹿之战,发生于秦二世三年(公元前207年)十二月,它是秦末农民大起义中起义军同秦军主力章邯部在巨鹿地区(今河北平乡县西南)的一场战略决战。在作战中,农民军以无比英勇顽强的气概、正确适宜的作战指导,一举歼灭秦军主力,扭转了整个农民战争的战局,对于灭亡秦王朝反动腐朽的统治,具有决定性的意义。

秦始皇统一六国,对于中国历史的发展,是有积极推动意义的。但是秦王朝建立后,对人民实施残酷的剥削和压迫,赋役繁重,施政暴虐,使得"劳罢者不得休息,饥寒者不得衣食,亡罪而死刑者无所告诉"(《汉书·贾山传》),全国出现"褚衣塞路,囹圄满市"的恐怖局面,导致社会矛盾的全面激化,终于在秦二世元年(公元前209年)爆发了陈胜、吴广农民大起义。九月,项梁、项羽和刘邦相继在吴中(今江苏苏州)、沛县(今属江苏)聚众起义。被秦所灭亡的六国旧贵族也趁机起兵,出现了天下反秦的形势。

秦王朝统治者不甘心退出历史舞台,调动军队,镇压农民起义,进行垂死挣扎。其中最为凶悍的一支,便是少府章邯统率的部队。它作为秦军的主力,与农民军凶狠拼杀,首先镇压了陈胜、吴广起义军,旋即击灭齐王田儋、魏王咎等武装势力,接着又调转兵锋,扑向项梁等人率领的楚地起义军主力。经过几次各有胜负的拉锯战后,章邯利用项梁小胜后轻敌麻痹的弱点,发动突然袭击,大败楚起义军于定陶(今山东定陶西北),

杀死项梁，使起义军遭受一次重大的挫折。

　　章邯在取得定陶之战胜利后，也产生了骄傲轻敌情绪，以为"楚地兵少不足忧"，遂移兵北上，攻打赵国。赵军将寡兵微，非秦军的对手，数战不利，赵王歇被迫放弃都城邯郸，退守巨鹿。章邯率军乘胜追击，他命令王离率20万人将巨鹿团团围住，自己亲自带领20万人屯驻于巨鹿南数里的棘原，并在那里构筑甬道（两侧有土墙的通道），直达巨鹿城外，以供应王离军的粮秣。章邯企图长期围困巨鹿，困死赵军，并伺机拔城，彻底平定赵地。这时赵将陈余虽从恒山郡（今河北石家庄一带）征得数万援兵，进驻巨鹿北边，但因慑于秦军人多势众，不敢直接驰援巨鹿，因此对秦军采取避而不战的做法。赵国巨鹿守军兵少粮缺，形势十分危急，于是遣使向各路反秦武装紧急求援。

　　楚怀王接到赵王歇、张耳等人的求援文书后，即召集手下将领商议。大家认为，尽管楚军自定陶战败后元气大伤，但若不及时救赵，章邯灭赵得手后就会移师南下攻楚，反秦武装面临被各个击破的危险。同时，秦军主力胶着于河北地区，造成了关中空虚，给反秦武装提供了乘隙进关灭秦的机遇。鉴于这一分析，楚军统帅果断作出战略决策：任命宋义为上将，项羽为次将，范增为末将，统率楚军主力5万人北上救赵，以伺机歼灭秦军主力。同时，派遣刘邦率军乘虚经函谷关进入关中，伺机攻打咸阳。这一战略部署的着眼点在于两支军队互相配合、双管齐下，使秦军陷于两线作战、顾此失彼的被动局面，以收一举灭秦之效。

　　秦二世三年（公元前207年）十月，宋义率军北上救赵。他对和秦军进行决战存有胆怯畏惧心理，抵达安阳（今山东曹县东）后，即停止前进，一连驻扎了46天。项羽规劝他迅速进兵，同赵军里应外合，一举击败秦军。然而宋义想保存实力，趁秦、赵相斗，坐收渔利，故拒绝了项羽的正确建议。他挖苦项羽说："披坚执锐，义不如公；坐而运策，公不如义"，并威胁项羽不要抗命不听从指挥。与此同时，宋义还日日置酒高会，寻欢作乐，并亲自赴无盐（今山东东平县东南）大摆宴席，送其子出使齐国为相，以扩展个人势力。当时适逢天气寒冷多雨，士卒冻馁，苦不堪言，宋义的做法引起了将士们的不满。性格刚烈的项羽更是觉得忍无可忍，在再次据理力争未被采纳后，他激于义愤，趁早晨入帐进见之机，当场诛杀了宋义。诸将拥护项羽为假（代理）上将军。楚怀王见事态已经如此，便正式任命项羽为上将军，由他率军北上救赵。

这时，秦军仗恃兵多粮足，围攻巨鹿甚急。城中的赵军，矢尽粮绝，危在旦夕。尽管燕、齐、魏等援军已抵达巨鹿附近，并与陈余军会师，但因畏惧秦军，互相观望，谁也不敢同秦军交锋。

唯独已取得指挥权的项羽敢下决心挥师渡河与秦军决战。他率军于十二月进抵漳水南岸后，即委派英布、蒲将军率 2 万人为前锋，渡过漳水（一说黄河），切断秦军运粮的甬道，分割王离与章邯军之间的联系，使王离军陷入缺粮的困境。接着，项羽本人亲自率领楚军主力渡河跟进，并下令全军破釜沉舟，规定每位将士只带 3 日干粮，以显示全军上下义无反顾、与秦军决一死战的决心。

破釜沉舟后，项羽立即率领楚军进至巨鹿城下，将王离军团团包围，以雷霆万钧的气势，迅雷不及掩耳的速度，向敌人猛扑过去。楚军将士们奋勇死战，"无不一以当十""呼声动天"，将王离麾下的秦军杀得溃不成军。章邯率部援救，也被楚军英勇击退。项羽指挥楚军连续作战，不给秦军任何喘息的机会，九战九捷，终于大败秦军。那些交战伊始，恐惧秦军如虎而作壁上观的诸侯援军，这时见楚军胜局已定，也乘势冲出壁垒，参与对王离军的围攻。这场惊天动地大鏖战的结果是，秦将王离被俘虏，秦军副将苏角身首异处，另一名副将涉间走投无路，被迫自焚。楚军取得辉煌的胜利，巨鹿之围遂解。

项羽在巨鹿之战中所表现出的杰出指挥才能和一往无前的英勇气概，使各路诸侯无不为之震慑和敬重。这时他们一致拥戴项羽为诸侯上将军，统一指挥所有集结在赵地的军队。项羽受命后，即率军对败退中的章邯余部实施追击。章邯困兽犹斗，据守棘原与项羽对峙，并派别将司马欣向秦廷告急求援。然而这时秦廷内部早已分崩离析，赵高专权，不但没有抽调兵力援助章邯，反而追究其战败的罪责。这使得章邯进退失据，计无所出。无奈之下，他秘密遣使向项羽求和，但未获应允，只好准备退兵。项羽则趁章邯狐疑不定之际，及时派遣蒲将军率部日夜兼程渡三户津（古漳水渡口，在今河北磁县西南），切断秦军的退路，而后项羽亲率主力与秦军激战于汙水（漳水支流），再次大破秦军。至此，章邯完全成为瓮中之鳖，不得已率20万秦军在洹水南岸的殷墟（今河南安阳西）向项羽无条件投降。巨鹿之战的尾声至此沉寂了下来。

巨鹿之战，是秦末农民大起义走向最后胜利的关键性一战。它一举全歼了秦军的主力，为刘邦乘虚入关，彻底埋葬秦王朝的统治创造了极为有利的条件，从根本上决定了整个秦末农民大起义的历史命运，影响深远。

项羽统率的楚地起义军在巨鹿之战中表现出卓越的战略战役指导优势。第一，楚军坚决排除了宋义的错误战略方针的干扰，确保北上救赵的决策得以实施，从而避免了反秦武装被秦军所各个击破的危险。第二，楚军抱有破釜沉舟的大无畏胆略和决心，敢于以弱击强，以寡敌众，在精神气势上完全压倒了敌人。第三，楚军善于分割、孤立敌人，使敌章邯部与王离部之间失去联系，无法互相救援，造成楚军在局部上的优势，为全歼王离军创造了十分有利的条件。第四，在聚歼王离军的过程中，楚军发挥连续作战的作风，不予敌任何喘息的机会，始终牢牢地掌握战场的主动权。第五，在胜利化解巨鹿之围，歼灭敌王离"兵团"后，楚军能够及时实施远距离战略追击，将残余的秦军主力章邯部逼到走投无路的困境，迫使其无条件投降，扩大了战果，使得秦王朝镇压起义的军事力量全面崩溃。所有这些，都表明巨鹿之战是一次辉煌的战略决战，其中所反映的起义军及其领袖项羽的作战指导艺术，永远值得后人的称颂和借鉴。

020
楚汉之争的终局
——成皋之战

成皋之战，始于汉高帝二年（公元前 205 年）五月，迄于汉高帝四年（公元前 203 年）八月，前后历时两年零三个月左右。它是西楚霸王项羽和汉王（即后来的汉高祖）刘邦围绕战略要地成皋（今河南荥阳汜水镇）而展开的一场决定汉楚兴亡的持久争夺战。在这场战争中，刘邦及其谋臣武将注意政治、军事、经济多方面的配合，巧妙运用正面相持、翼侧迂回和敌后骚扰等策略，削弱直至战胜强敌项羽，从而成为我国古代战争史上以弱胜强的又一成功典范。

秦末农民大起义推翻秦王朝反动统治后，政治形势发生了重大而急剧的变化，这就是起义军首领项羽和刘邦为争夺统治权而展开长期战争，历史由此进入了楚汉相争时期。

楚汉战争初期，刘邦处于劣势地位。但他富有政治远见，注意争取民心，招揽军政人才，因而在政治上据有主动地位。在军事活动方面，刘邦善于运用谋略，巧妙利用矛盾，做到示形隐真，趁项羽东进镇压田荣反楚之际，暗度陈仓，占领战略要地关中地区。而后又联络诸侯军 56 万袭占彭城，端了项羽的老窝，成为项羽强有力的对手。

然而在袭占彭城之后，刘邦满足于表面上的胜利，饮酒作乐，疏于戒备。而项羽一接到彭城失陷的消息，即亲率 3 万精兵从齐地赶回，趁刘邦毫无戒备的时机，发起进攻，夺回彭城。刘邦溃不成军，仅带骑兵数十名狼狈逃脱，自己的父亲和妻子吕雉也成了项羽的阶下之囚。

彭城之战使刘邦主力遭到歼灭性地打击，楚军乘胜追击，一些原来追随刘邦的诸侯这时见风使舵，纷纷背汉投楚，形势对刘邦来说殊为严峻。不过刘邦毕竟是一位强者,为了扭转不利的战局,改变楚强汉弱的态势,他果断采纳谋士张良等人的正确建议,在政治上争取同项羽有矛盾的英布,重用部下彭越、韩信,团结内部力量;在军事上制定据关中为根本,以正面坚持为主,敌后袭扰和南北两翼牵制为辅的对楚作战方针,并一一予以实施。

汉高帝二年(前205年)五月,刘邦退到荥阳一线。这时,刘邦的部下萧何在关中征集到大批兵员补充前线,韩信也带部队赶来与刘邦会合。刘邦的汉军得到休整补充后,实力复振,将楚军成功地遏阻于荥阳以东地区,暂时稳定了战局。

荥阳及其西面的成皋,南屏嵩山,北临河水(黄河),汜水纵流其间,为洛阳的门户,入函谷关(今河南灵宝东北)的咽喉,战略地位十分重要。自五月起,汉、楚两军为争夺该地展开了一场旷日持久的战争。

交战初,刘邦即按照张良制定的谋略,实施正面坚持、敌后袭扰和翼侧牵制的作战部署,以政治配合军事,以进攻辅助防御。游说英布倒戈,从南面牵制项羽;派遣韩信破魏,保障翼侧安全;联络彭越,袭扰项羽后方,从而有力地迟滞了项羽的进攻。同时刘邦让萧何治理关中、巴蜀,巩固后方战略基地,转运粮食兵员,支援前线作战;还采纳陈平的计谋,派遣间谍进行活动,分化瓦解楚军。

刘邦的这些措施虽然起到了牵制楚军、巩固后方的积极作用,但是正面战场的形势依然不怎么乐观。项羽看到刘邦的势力有增无减,十分不安,便于次年春调动楚军主力加紧进攻荥阳、成皋,并多次派兵切断汉军的粮道,给刘邦的部队在补给上造成很大的困难。五月间,项羽大军进逼荥阳,刘邦内乏继粮,外无援兵,情势日趋危急。刘邦采纳张良的缓兵之计,派出使臣向项羽求和,表示愿以荥阳为界,以西属汉,以东归楚,但遭到项羽的断然拒绝。刘邦无奈,只得采纳将军纪信的计策,由纪信假扮作刘邦,驱车簇拥出荥阳东门,诈言城中食尽,汉王出降,蒙骗项羽,而自己则趁机从荥阳西门逃奔成皋。项羽发现受骗上当后勃然大怒,烧死纪信,率兵追击刘邦,很快攻下了成皋,刘邦仓皇逃回关中。

刘邦从关中征集到一批兵员,打算再夺成皋。谋士辕生认为这不是善策，建议刘邦派兵出武关（今陕西商南东南），调动楚军南下，减轻汉荥阳守军的压力；同时，让韩信加紧经营北方战场，迫使楚军分散兵力。刘邦欣然采纳这一计策，率军经武关出宛（今河南南阳）、叶（今河南叶县）之间，与英布配合展开攻势；与此同时，韩信也率部由赵地南下，直抵黄河北岸，与刘邦及荥阳汉军互相策应。汉军的行动果然调动了项羽的南下。这时刘邦却又转攻为守，避免同楚军进行决战，而让彭越加强对楚后方的袭击，彭越不失所望，进展迅速，攻占了要地下邳（今江苏睢宁西北），直接给楚都彭城造成威胁。项羽首尾不能兼顾，被迫回师东击彭越，刘邦乘机收复了成皋。

六月，项羽击退彭越后，立即回师西进，对刘邦发动第二次攻势，攻占荥阳，再夺成皋，并继续西进，抵达今河南巩县一带。刘邦仓促北渡黄河，逃到小修武（今河南获嘉东），在那里刘邦征调到韩信的大部分部队，以支撑危局，增强正面的防御。刘邦深知项羽的厉害，这时便命汉军一部拒守于巩（今河南巩县西南），一部屯驻小修武，深沟高垒，不与楚军交锋，同时派韩信组建新军东向击齐，继续开辟北方战场，又命刘贾率领2万人马从白马津（今河南滑县北，旧黄河渡口）渡河，深入楚地，协助彭越，扰乱楚军后方，截断楚军粮道。彭越得到刘贾这支生力军的支援，很快攻占了睢阳（今河南商丘南）、外黄（今河南杞县东北）等17座城池。彭越、韩信的军事行动，给项羽侧背造成严重的威胁，迫使项羽在九月间停止正面战场的攻势，再次回师攻打彭越。项羽临行前，告诫成皋守将曹咎说：小心坚守成皋，即使汉军挑战，也千万不要出击，只要能阻止汉军东进，我15天内一定击败彭越，然后再与将军会师。项羽很快收复了17座城池，但没有能够消灭彭越的游军，它继续在威胁楚的后方。

汉高帝四年（公元前203年）十月，刘邦听取谋士郦食其的建议，乘项羽东去之机反攻成皋。守将曹咎开始还遵照项羽的告诫，坚守不出，但是经不起汉军连日的辱骂和挑战，一怒之下，率军出击。刘邦见激将法奏效，便运用半渡击之的战法，大破曹咎所部楚军于汜水之上，曹咎兵败自杀，汉军乘机再夺成皋，并乘胜推进到广武（今荥阳东北）一线，收敖仓积粟以充军用，并在荥阳以东包围了楚将钟离眜部。

项羽听到成皋失守，大惊失色，急忙由睢阳带领主力返回，同汉军争夺成皋，与汉军对峙于广武，欲与刘邦决一雌雄。可是汉军依据险要地形，坚守不战。双方对峙数月，项羽无计可施。这时适逢韩信攻占临淄，齐地战事吃紧，项羽不得已只好派龙且带兵20万前往救齐，这就更加减弱了正面战场的进攻力量。到了十一月，韩信在潍水全歼了龙且的部队，平定齐国，使项羽的处境更趋困难。几个月后，楚军粮食缺乏，既不能进，又不能退，白白地消耗了力量，完全陷入了被动。

这时，汉军韩信部已经破魏，破赵，降燕，平定三齐，占领了楚的东方和北方的大部地区，完成了对楚的战略包围。彭越的游军则不断扰乱楚军后方，攻占了昌邑（今山东金乡西）等20多座城池，并多次截断楚军的补给线。英布所部在淮南也有所发展。项羽腹背受敌，丧失了主动，陷于一筹莫展的境地。双方强弱形势已发生根本的变化。项羽见大势尽去，被迫与刘邦议和，以鸿沟为界，中分天下，而后引兵东归。成皋之战以汉胜楚败而告终。

成皋之战，是楚汉战争中具有决定性意义的一仗。它使楚汉之间的实力对比发生彻底的改变，项羽的失败已成为不可逆转的趋势。刘邦把握时机，采纳张良建议，于汉高帝五年（前202年）十月，乘项羽引兵东撤之际，实施战略追击。十二月，在垓下（今安徽灵璧南）合围并大败楚军，项羽突围后自刎于乌江（今安徽和县北）。次年二月，刘邦称帝，建立汉朝，重新统一了中国，中国历史揭开了新的一幕。

刘邦以弱小的力量，在成皋之战中战胜强大的楚军，这除了政治上注意争取人心和团结内部外，军事上的胜算主要在于对战略全局处置得当和作战指挥的高明正确。这具体表现为：第一，重视战略后方基地的建设，使汉军在人力物力上得到源源不断的补充，能够坚持长期的战争。第二，彭城失利后，鉴于汉弱楚强的实际情况，适时改变战略方针，转攻为守，持久防御，挫败项羽的速决企图。第三，制定出正面坚持、南北两翼牵制、敌后袭扰的作战部署，并坚决付诸实施，使楚军陷于多面作战的困境，顾此失彼。第四，实施灵活机动的作战指导，致人而不致于人，千方百计调动对手，使之疲于奔命；并积极争取外线，逐步完成对楚军的战略包围。第五，巧妙行间，分化瓦解敌军，善于争取诸侯，最大限度地在军事上孤立项羽本人。

项羽作为一员叱咤风云的历史人物，在当时的政治舞台上曾散发过夺目的光彩，然而他最终还是失败了，这与他政治上、军事上的失策密切相连。他分封诸侯，违背了历史发展的趋势；他嗜杀好战，激起了民众的反对；他不重视争取同盟，造成了自己的孤立；他不善于起用人才，团结内部，导致了众叛亲离；他不注意战略基地建设，以至于无法长期支持战争；他缺乏战略头脑，只知道一味死打硬拼，没有主要的打击方向，决定了他虽然能够赢得不少战役、战斗的胜利，但却不能扭转战略上的被动，最终导致了战争的彻底失败。项羽战场指挥的成功和战略指导的失策之间的巨大矛盾反差，以及由此而产生的结局，给后世军事家留下了极其深刻的历史教训。

021 韩信灵活用兵的典型战例——井陉之战

公元前204年爆发的井陉之战,是楚汉战争中汉大将韩信指挥的,在井陉口(今河北井陉东)一带对赵军的一次出奇制胜的进攻作战。在这次战役中,韩信以不到3万的劣势兵力,背水列阵,奇袭赵营,一举歼灭号称20万的赵军,阵斩赵军主将陈余,活捉赵王歇,灭亡了项羽分封的赵国,为刘邦最终战胜项羽、统一全国创造了有利的战略态势。

公元前205年,项羽在彭城大破刘邦,这使得许多诸侯纷纷背汉归楚,刘邦的处境十分困难。为了摆脱这一不利局面,刘邦采纳了张良等人的建议,制定了正面坚守、侧翼发展、敌后袭扰的战略方针。刘邦命令大将韩信率军开辟北方战场,逐次歼灭黄河以北的割据势力,向楚军侧背发展,就是这一战略计划的重要环节之一。

公元前205年,韩信首先率军击灭了魏王豹,平定魏地。当时,黄河北岸尚有代(今山西北部)、赵(今河北南部)、燕(今河北北部)3个割据势力。它们都投靠项羽,成为楚的羽翼。汉要灭楚,就必须先翦除这些诸侯国,使项羽陷于孤立。韩信针对这些割据势力只图据地自保、互不救援的弱点,便向刘邦提出进一步开辟北方战场,逐次消灭代、赵、燕,东击田齐,南绝楚军粮道,对楚军实施翼侧迂回,最后同刘邦会师荥阳的作战计划。得到了刘邦的赞许和批准。

公元前205年闰九月,韩信率军平定代地,活捉代国的相国夏说。战斗刚刚结束,刘邦就把韩信的精兵调往荥阳一带去正面抗击项羽的进攻。公元前204年十月,韩信统率3万名新近招募的部队,越过太行山,向东挺进,对赵国发起攻击。赵王歇、赵军主帅陈余闻讯后,以号称20

万的大军集结于井陉口防守。

井陉口是太行山有名的八大隘口之一,就是现在河北获鹿西10里的土木关。在它以西,有一条长约几十公里的狭窄驿道,易守难攻,不利于大部队的行动。当时赵军先期扼守住井陉口,居高临下,以逸待劳,且兵力雄厚,处于优势和主动地位。反观韩信,麾下只有数万之众,且系新募之卒,千里行军,士气虽高涨,但身体却疲乏,处于劣势和被动地位。

当时赵军主帅陈余手下有一位名叫李左车的谋士,很有战略头脑。他向陈余认真地分析了敌情和地形:韩信越过黄河,实施外线作战,前段时间俘虏了魏王豹、夏说,并乘胜进攻赵国,士气旺盛,"其锋不可挡",所以赵军必须暂时避开汉军的锋芒。但是汉军方面也存在着很大的弱点。这主要表现为,汉军的军粮必须从千里以外运送,补给困难。井陉口道路狭窄,车马不能并行,因此汉军粮秣输送一定滞后不济。鉴于这一分析,李左车进而向陈余建议:由他带领奇兵3万人马从小道出击,去夺取汉军的辎重,切断韩信的粮道;而由陈余本人统率赵军主力深沟高垒,坚壁不战,与韩信军周旋相持。李左车认为只要运用这一战法,就能使得韩信求战不得,后退无路,不出10天,就可以彻底消灭汉军;否则,赵军是一定会被汉军打败的。

然而,刚愎自用且又迂腐疏阔的陈余却拘泥于"义兵不用诈谋奇计"的教条,且认为韩信兵少且疲,不应避而不击,断然拒绝采纳李左车的正确作战方案。

韩信探知李左车的计策没有被采纳,赵军主帅陈余有轻敌情绪和希图速决的情况后,非常高兴,当即制定了出奇制胜、一举破赵的良策。他指挥部队开进到距井陉口30里的地方扎下营寨。到了半夜时分,迅速实施作战部署:一面挑选2000名轻骑,让他们每人手持一面汉军的红色战旗,由偏僻小路迂回到赵军大营侧翼的抱犊寨山(今河北井陉县北)潜伏下来,准备乘隙袭占赵军大营,断敌归路;一面又派出1万人为前锋,乘着夜深人静、赵军未察之际,越过井陉口,到绵蔓水(今河北井陉县境内)东岸背靠河水布列阵势,以迷惑调动赵军,增长其轻敌情绪。部署甫定,东方天际晨曦微露,决战的一天悄然来临了。

赵军对潜伏的汉军毫无觉察，望见汉军背水列阵，无路可以退兵，禁不住窃笑，认为韩信置兵于"死地"，根本不懂得用兵的常识，因而对汉军更加轻视。今天看来，当时赵军的想法不是没有理由的。因为兵法上明确规定，布阵要"右倍山陵，前左水泽"，韩信反其道而用之，岂不是可笑之至？

天亮之后，韩信亲自率领汉军，打着大将的旗帜，携带大将的仪仗鼓号，向井陉口东边的赵军进逼过去。赵军见状，果然踌躇满志，离营迎战。两军戈矛相交，厮杀了一阵子后，韩信就佯装战败，让部下胡乱扔掉旗鼓仪仗，向绵蔓水方向后撤，与事先在那里背水列阵的部队迅速会合，赵王歇和陈余误以为汉军真的打了败仗，岂肯轻易放过机会，于是就挥军追击，倾全力猛攻背水阵，企图一举全歼汉军。

汉军士兵看到前有强敌，后有水阻，无路可退，所以人人死战，个个拼命，赵军的凶猛攻势就这样被抑制住了。这时，埋伏在赵军营垒翼侧的汉军2000轻骑则乘着赵军大营空虚无备，突然出击，袭占赵营。他们迅速拔下赵军旗帜，插上汉军战旗，一时间红旗林立，迎风招展，好不威风。

赵军久攻背水阵不下，陈余不得已只好下令收兵。这时赵军才猛然发现自己大营上插满了汉军红色战旗，老巢已经易手。这样一来，赵军上下顿时惊恐大乱，纷纷逃散。占据赵军大营的汉军轻骑见赵军溃乱，当即乘机出击，从侧后切断了赵军的归路；而韩信则指挥汉军主力全线发起反击。赵军仓皇向泜水（今河北获鹿南2.5公里，现在已被湮塞）方向败退，被汉军追上，结果全部就歼，陈余被杀，赵王歇和李左车束手就擒。井陉之战以韩信大获全胜，一举灭赵而降下帷幕。

井陉之战的结局，对楚汉战争的整个进程具有重大的意义。汉军的胜利，使得其在战略全局上渐获优势，即消灭了北方战场上最强劲的敌手，为下一步"不战而屈人之兵"、兵不血刃平定燕地创造了声势和前提，并为东进击齐铺平了道路，从而造就了孤立项羽的有利态势。

在井陉之战中，双方在作战指挥上的高下是显而易见的。韩信取得作战胜利，关键在于他能够充分发挥主观能动性，有计划地制造和利用赵军的错误，巧妙地掌握士卒"兵士甚陷则不惧，无所往则固，深入则拘，不得已则斗"(《孙子兵法·九地篇》)这一心理状态,奇正并用、背水列阵、灵活用兵、出奇制胜、速战速决,从而一举全歼赵军,谱写了中国古代战争史上的精彩篇章。赵军的失败,则在于主帅陈余迂腐而又傲慢,并拒绝采纳谋士李左车正确的作战方案,不去了解汉军的作战意图,终于使赵军丧失了优势和主动地位,在处处被动中遭到全歼。

  井陉之战给后人留下了许多宝贵的启示,其中最为重要的一点是:兵法的运用,贵在灵活创新,切忌死板教条。这正如宋代岳飞所说的那样:"先阵后战,兵法之常,运用之妙,存乎一心。"在这方面,那位曾经在2100多年前"战必胜,攻必克"的风云人物韩信堪称表率。

022 分兵钳制，集中全力战吴楚
——西汉平定七国叛乱之战

刘邦建立西汉王朝之后，为巩固统治，借口清除叛乱，杀掉在楚汉战争时期分封的异姓诸王韩信、彭越、英布等人。同时，他又认为秦朝迅速灭亡的重要原因是没有分封同姓子弟为王，使皇室陷于孤立，于是大封同姓子弟为王，并立下"非刘氏三者，天下共击之"的誓言，企图用家族血缘关系来维持刘氏的一统天下。他所分封的同姓王，有齐、燕、赵、梁、代、淮阳、淮南、楚、吴等。这些王国的封地，竟达39郡，占西汉整个疆土的大半，而皇帝直辖的才不过15郡。为防止诸王形成尾大不掉之势，规定除诸封国内的经济由诸王支配外，王国的傅、相等官员均须由皇帝任命，法令由朝廷统一制定，军队由皇帝调遣，借以限制诸王的权力。但西汉所封的诸王国，国大民众，随着经济得到恢复和发展，财富日增，势力日强，逐渐形成割据状态，朝廷与诸王的矛盾便日趋尖锐起来。

汉文帝即位以后，深感诸王对朝廷的威胁日益严重，决定采纳太中大夫贾谊和太子家令晁错的建议，一方面把诸王的一部分封地收归朝廷直接管辖，一方面在诸王的封地内再分封小诸侯国，以分散削弱诸王的权力。同时，还把自己的儿子刘武封为梁王（封地在今河南东部），控制中原要地，屏障朝廷。诸侯王不甘心自己的力量受到削弱，纷纷反对。当时反对最强烈的是吴王刘濞。吴王的都城在广陵（今江苏扬州北），辖有豫章（今江西地区）、会稽（今苏南和浙江地区）等郡，封土广大，财力富足，他利用这些优越的经济条件扩张势力，蓄谋夺取朝廷大权。

景帝即位以后，诸王国的势力发展到了同朝廷分庭抗礼的地步，景帝接受御史大夫晁错的建议，继续推行削藩的政策，先削减楚、赵及胶西三王的封地。因而，引起诸侯王的强烈不满。吴王乘机纠合楚王、胶西王、齐王、菑川王、胶东王、济南王、济北王、赵王等各王国，准备进行武力反叛。景帝三年（公元前154年）正月，朝廷下令削夺吴会稽、豫章两郡，吴王便以诛晁错、清君侧为名，首先起兵，并派人通知闽越、东越出兵相助。但由于齐王悔约背盟、济北王为其部下劫持不得发兵，故实际参加叛乱的仅为七国。一场史称为七国之乱的战争就这样爆发了。

吴王反汉后，先杀尽朝廷在自己封国内所委任的官吏，然后聚集亲信，商议进兵之策。大将军田禄伯请求率兵5万，循江淮而上，占领淮南和长沙，入武关直捣长安，吴王唯恐大权旁落，拒绝了这一建议。青年将领桓将军对吴王说："吴多步兵，步兵利险；汉多车骑，车骑利平地。"因此建议挥军急速西进，沿途不要攻城略地，迅速抢占洛阳的军械库和敖仓的粮库，并凭借洛、荥山河之险，会合诸侯。这样，即使不能西取长安，也占据了夺取天下的有利地位。否则，如行动迟缓，一旦让汉军抢先进占梁、楚一带，势必招致失败。这一避短用长、速据关东战略要地的主张，也遭拒绝。吴王亲率20万军队从广陵出发，北渡淮河，会合楚兵，并力向梁进攻，又派出小部队潜赴崤（今函谷关南）、渑（渑池）之间，侦察关中汉军情况。在渡淮水时，一面派兵袭占下邳（今江苏邳州市），向北攻城略地。一面遍告诸侯，提出这样一个行动计划：由南越兵先攻占长沙以北地区，再西趋巴蜀汉中；越、楚、淮南、衡山、济北诸王会同吴军西取洛阳；齐、菑川、胶东、胶西、济南诸王与赵王先攻占河间（今河北献县东南）、河内（今河南武陟西南），再入临晋关（今陕西大荔东），或与吴军会师洛阳；燕王北取代郡（今河北蔚县东北）、云中（今内蒙古托克托东北）后，再联合匈奴南下，入萧关（今宁夏固原东南），直取长安。这一战略构想的意图是：以诸王国的军队分东、南、北三个方向合击关中，吴楚主力先占荥阳，与齐赵军会师，攻占长安。

景帝在获悉七王叛乱后，先是采取姑息政策，杀掉晁错，并恢复诸王封地，企图以此平息战乱。直到这一政策失败后，才决心迎击叛军，任命周亚夫为太尉，统率36将军东攻吴楚，另派郦寄攻赵，栾布攻齐，并以窦婴屯于荥阳，监视齐赵叛军动向。这一作战部署的着眼点是：分兵钳制齐赵，集中主力打击反汉的重要力量吴楚两军。

周亚夫受命后，即提出："楚兵剽轻，难与争锋。愿以梁委之，绝其粮道，乃可制。"也就是暂时放弃梁国的部分地区，引诱并牵制吴楚军队，达到守梁以疲敌的目的，这一建议被景帝采纳。周亚夫率军由长安出发，准备会师洛阳，后接受部下意见，改变进军路线，迅速由蓝田出武关，经南阳抵达洛阳，抢占荥阳要地，控制了洛阳的军械库和荥阳的敖仓，并派兵清除了崤渑间的吴楚伏兵，保障了潼关、洛阳间的交通补给线和后方的安全，顺利实现了第一步作战计划。然后，周亚夫率军30余万东出荥阳，进抵淮阳，针对吴楚锐气正盛，难与正面交锋，遂引兵东北，屯于昌邑（今山东金乡西北），让梁王坚守梁地，阻止吴兵西进，同时派兵奇袭淮泗口（今江苏淮阴市西泗水入淮之口），截断吴军粮道。

景帝三年（公元前154年）正月，吴楚联军向梁进攻，棘壁（今河南永城西北）一战，歼灭梁军数万人，乘胜西进，梁军退保睢阳（今河南商丘南），被吴楚联军围攻。梁王数次派人求援，周亚夫按兵不动，直到吴楚攻梁受到相当消耗后，才将主力推进至下邑（今安徽砀山）。在吴楚四面围攻形势下，梁一面竭力固守，一面组织力量不断出击，袭扰吴军。吴楚联军久攻睢阳不下，屡屡受挫，西取荥、洛的企图难以实现，退路又受威胁，乃调转兵力进攻下邑，寻求汉军主力决战。周亚夫深沟高垒，坚壁不战。吴楚求战不得，派部分兵力佯攻汉军壁垒的东南角，转移汉军注意力，以主力强攻西北角，这一声东击西的企图被周亚夫及时识破。当吴军进攻东南角时，他加强了西北角的防御，粉碎了吴楚军的进攻。

吴楚联军号称数十万，既遭顿挫于睢阳，又不得逞于下邑，进退维谷，加上饷道被断，粮食不继，在粮尽兵疲、士卒叛逃、士气低落的情况下，不得不撤兵西走。周亚夫乘机追击，大破吴楚联军。楚王兵败自杀，吴王仅率数千人乘夜向江南逃窜，企图依托东越垂死挣扎，但东越王慑于汉军压力，诱杀吴王。喧嚣一时的吴楚叛乱，历时仅3个月便完全失败。

当吴、楚联军向梁进攻时，胶西、胶东、菑川、济南四王在胶西王的指挥下，举兵西进围攻齐王临淄，经过3个月激战，被栾布击败。赵王刘遂联络匈奴，企图西入长安。当郦寄军进攻时，龟缩邯郸，凭城固守，汉围攻 7 月不克。栾布在消灭四王之后回师同郦寄合力进攻,引水灌城,城破后赵王自杀。至此,汉赢得了平定七王叛乱战争的彻底胜利。

西汉平定吴楚七国叛乱,是一场反对割据、维护国家统一和安定的战争。在这次战争中,汉军抢占关东战略要地荥阳,控制南北要道,争得了战略上的主动,造成了东阻吴楚、北拒齐赵、屏蔽关中的有利态势。西汉钳制齐赵,而把吴楚作为主要打击目标,并根据楚军剽轻、吴军精锐的客观情况,采取了消耗吴楚联军,乘敌疲敝而后击的正确作战方针,最终各个击破,迅速平定了七国之乱。反观吴楚等七国,为了维持诸侯割据而发动战争,破坏国家统一和社会安定。七国内部勾心斗角,矛盾重重,各怀鬼胎,步调不一,缺乏统一的计划和指挥。叛乱初期所提出的分进合击,从南、北、东三个方向包围关中,先取荥、洛会师长安的构想,由于各诸侯国或临时背约,或轻易改变,或屯兵观望而化作泡影。吴王既不听田禄伯、桓将军进军之计,又忽视了对粮运要道的设防,孤军一路,全力攻梁,结果顿兵坚城,贻误战机。随着主动权的丧失,最终失败的命运也就成为必然。

023 "胜兵先胜而后求战"
——汉武帝反击匈奴之战

秦汉时期，北方的匈奴一直对中原王朝构成巨大的威胁。在秦代，匈奴曾一度被蒙恬击败，逃往漠北，10多年不敢南下。秦朝覆灭后，匈奴趁楚汉相争，无暇北顾之机再度崛起。在其骁勇善战的领袖冒顿单于统率下，四面出击，重新控制了中国西北部、北部和东北部的广大地区。西汉王朝建立后，匈奴依然是汉民族和平生活的重大威胁："汉兴以来，胡虏数入边地，小入则小利，大入则大利""攻城屠邑，殴略畜产""杀吏卒，大寇盗"，给西汉北方地区民众带来沉重的灾难，严重危害着西汉北部边境的安宁。而汉朝方面，自高祖刘邦平城被围事件发生后，由于实力不逮，加上有诸多内政事务亟待处理，只能对匈奴采取和亲政策，出嫁公主，赠送丝绸、粮食等物品，与其约为兄弟，以缓解匈奴的袭扰。在军事上，则主要采取消极防御的方针，尽量避免与匈奴进行决战。然而"和亲"政策并不能遏制匈奴的袭扰活动，汉朝的边患依旧相当严重。

但是在另一方面，"和亲"政策也为汉王朝整顿内政、恢复经济、发展生产、增强实力提供了必要的条件。文景时期推行黄老"无为而治"的统治政策，使凋敝的社会经济较快地得到恢复，整个国家呈现出一片富庶丰足的景象："汉兴七十余年之间，国家无事，非遇水旱之灾，民则人给家足，都鄙廪庾皆满，而府库余货财。京师之钱累巨万，贯朽而不可校；太仓之粟陈陈相因，充溢露积于外，至腐败不可食。众庶街巷有马，阡陌之间成群。"(《史记·平准书》)如此雄厚的物质基础，为日后汉武帝的战争动员和实施创造了有利的条件。另外，文、景两帝在位时，已注意军队，尤其是骑兵的建设，西汉的军事力量也有所增强了。

就在这样的有利形势下，汉武帝刘彻登基当了皇帝。他凭借前朝所创造的物质基础，积极从事于反击匈奴的战争准备。在军事上健全军制，加强骑兵部队的建设，选拔适应指挥骑兵作战的年轻将领，修筑军事要道。在政治上加强中央集权，具体措施有：贬抑相权，"举贤良文学"以扩大地主阶级统治基础，举行封禅典礼以提高皇帝威望，实行"推恩法"以削弱地方势力，任用酷吏以保证专制措施畅行全国，等等。在经济上征收商人车船税，实行盐铁官营政策，以增加战争物资储备，等等。经过苦心经营，全面造就了战略反击匈奴的军事、经济、政治条件。于是汉武帝以其巨人的手臂，揭开了大规模战争的帷幕。

汉武帝反击匈奴之战，始于武帝元光六年（前 129 年），共历时三四十年之久，其中又可以取得漠北决战胜利为标志，划分为前后两个阶段，而以第一个阶段为主体。在这一时期内，汉军曾对匈奴展开 3 次重大反击作战（也有人称之为五大战役），并取得决定性的胜利，这就从根本上解决了匈奴的南下骚扰问题。这 3 次战略反击，分别是河南、漠南之战、河西之战和漠北之战。

武帝元朔二年（前 127 年），匈奴骑兵进犯上谷（今河北怀来东南）、渔阳（今北京密云西南）等地。汉武帝避实就虚，实施反击，派遣年轻将领卫青率大军进攻为匈奴所盘踞的河南地。卫青引兵北上，出云中，沿黄河西进，对占据河套及其以南地区的匈奴楼烦王、白羊王所部进行突袭，全部收复了河南地。汉武帝采纳主父偃的建议，在河南地设置朔方、五原两郡，并筑朔方城，移内地民众 10 多万人在朔方屯田戍边。汉军收复河南地，具有重要的战略意义：抽掉了匈奴进犯中原的跳板，解除了其对长安的威胁，并为汉军建立了一个战略进攻的基地。

匈奴贵族不甘心失去河南这一战略要地，数次出兵袭扰朔方，企图夺回河南地区。汉武帝于是决定反击，发起了漠南之战，时在元朔五年（前 124 年）春。当时卫青任车骑将军，率军出朔方，进入漠南，反击匈奴右贤王；李息等人出兵右北平（今内蒙古宁城西南），牵制单于、左贤王，策应卫青主力军的行动。卫青出塞二三百公里，长途奔袭，突袭右贤王的王廷，打得其措手不及，狼狈北逃。汉军俘敌 1 万多人，凯旋归师。这一仗的胜利，进一步巩固了朔方要地，彻底消除了匈奴对京师长安的直接威胁，并将匈奴左右两部切断，以便分而制之。

次年二月和四月，新任大将军的卫青两度率骑兵出定襄（今内蒙古和林格尔西北），前后歼灭匈奴军队1万多人，扩大了对匈奴作战的战果，迫使匈奴主力退却漠北一带，远离汉境。这就为汉武帝下一步实施河西之役并取胜提供了必要条件。

河西即现在甘肃的武威、张掖、酒泉等地，因位于黄河以西，自古称为河西，又称河西走廊。它为内地至西域的通路，具有重要的战略地位，这时它仍在匈奴的控制之下，对汉朝的侧翼构成威胁。汉廷为了打通通西域的道路和巩固西部地区，遂决定展开河西之役，为此，组织强大的骑兵部队，委派青年将领霍去病出征河西匈奴军。

元狩二年（前121年）三月，霍去病率精骑万人出陇西，越乌鞘岭，进击河西走廊的匈奴。他采取突然袭击的战法，长驱直入，在短短的6天内连破匈奴五王国。接着翻越焉支山（今甘肃山丹大黄山）千余里，与匈奴军鏖战于皋兰山下，连战皆捷，歼敌近9000人，斩杀匈奴名王数人，俘虏浑邪王子及相国、都尉多人，凯旋而还。

同年夏天，汉武帝为了彻底歼灭河西匈奴军，再次命令霍去病统军出击。为了防止东北方向的匈奴左贤王部乘机进攻，他又让张骞、李广等人率偏师出右北平，攻打左贤王，以策应霍去病主力的行动。

这一次，霍去病率精骑数万出北地郡，绕道河西走廊之北，迂回纵深达1000多公里，远出敌后，由西北向东南出击，以秋风扫落叶之势，大破匈奴各部，在祁连山与合黎山之间的黑河（今弱水上游）流域与河西匈奴主力展开决战，杀敌3万余人，取得决定性胜利。是役，霍去病共俘获匈奴名王5人及王母、王子、相国、将军等百余人，收降匈奴浑邪王部众4万人，全部占领河西走廊地区。汉廷在那里设置武威、酒泉、张掖、敦煌4郡，移民实边戍守生产。

河西之战，给河西地区的匈奴军以歼灭性打击，使汉朝统治延伸到这一地区，打通了汉通西域的道路，实现了"断匈奴右臂"的战略目标，为进一步大规模反击匈奴提供了可能。

经过漠南、河西两大战役的打击，匈奴势力遭到了重创，汉军已完全占有了这场旷日持久反击战争的主动权。然而匈奴不甘心失败，仍继续从事南下袭扰的活动，并采纳汉降将赵信的建议，准备引诱汉军主力至沙漠以北地区，寻机加以歼灭。

汉武帝为了彻底歼灭匈奴主力，从根本上解决这一边患问题，针对匈奴认为汉军不能度幕（沙漠）轻留（轻入久留）的心理，将计就计，在经过充分准备后，决定对匈奴采取更大规模的军事行动，并且因势利导，乘敌不备，确定了集中兵力、深入漠北、寻歼匈奴主力的具体作战方针。武帝集中了精锐骑兵10万人，组成两个大的战略集团，分别由大将军卫青、骠骑将军霍去病统率。另以步兵几十万，马匹10余万配合骑兵主力的行动。卫青、霍去病受命后，各率精骑5万分别出定襄和代郡，沿东西两路北进，决心在漠北与匈奴进行会战。

匈奴单于闻报汉兵将至，采纳赵信建议，将部众、牲畜、辎重转移到更远的北方，"以精兵待于幕北"。卫青出塞后，得知匈奴单于的战略意图，即率主力直扑单于所在，横渡大沙漠，北进几百公里，寻歼单于本部。同时命令李广、赵食其率所部从东面迂回策应。不久，卫青部主力与匈奴单于相遭遇。卫青下令用武刚车环绕为营，以防匈奴军的袭击，接着便指挥5000精骑向单于军发起猛攻，单于即遣1万骑应战。双方鏖战至黄昏，大风骤起，飞沙扑面，两军难辨彼此。卫青乘势分轻骑从左右迂回包抄。单于见汉军人多势众，自度无法取胜，遂带数百精骑突围，向西北逃遁。卫青发现单于潜逃，即派轻骑连夜追击，自率主力随后跟进。是役虽然未能擒服单于，但一举歼俘匈奴军1.9万人，挺进到寘颜山（今蒙古杭爱山南端）的赵信城，尽烧其城和匈奴积粟而还。

在另一个方向，霍去病率军出代郡和右北平，北进1000余公里，渡过大漠，与匈奴左贤王部接战，尽歼其精锐，俘获屯头王、韩王以下7万余人。左贤王及其将领弃军逃逸，霍去病乘胜追杀，直抵狼居胥山（今蒙古乌兰巴托东），然后凯旋班师。

漠北之役是汉匈间规模最大、战场距中原最远，也是最艰巨的一次战役。汉军虽然付出了很大代价，但共歼匈奴9万余人，严重地削弱了匈奴的势力，使得其从此无力大举南下，造成了"是后匈奴远遁，而幕南无王庭"的局面。汉武帝反击匈奴之战至此取得了决定性的胜利。

　　汉武帝反击匈奴之战，从根本上摧毁了匈奴赖以发动骚扰战争的军事实力，使匈奴再也无力对汉王朝构成巨大的军事威胁。战争中，匈奴被歼人数累计高达15万之多，无力再与汉室相抗衡。匈奴失去水草丰盛、气候温和的河南、阴山和河西两大基地，远徙漠北苦寒之地，人畜锐减，开始走向衰落。汉武帝反击匈奴之战的胜利，也为汉王朝加强和巩固边防建设，促进中国与中亚、西亚各国人民的友好往来开辟了道路。汉武帝在反击匈奴的同时，移民垦边，加强了北部的边防。在对匈奴作战过程中，汉朝为了争取与国，曾派遣张骞等人通西域，扩大了中外交流。而对匈奴战争的胜利，则帮助解除了东北、西北各少数民族所受匈奴的威胁，送去了汉族先进的农业、手工业技术和文化成就，促进各族人民的通商和友好往来，推动了边疆少数民族的发展和民族间的融合，也使中国同中亚、西亚各国的经济文化交流比较通畅地开展起来。汉武帝反击匈奴之战的胜利，在军事领域中也具有积极的意义。它推动了骑兵队伍的建设，积累了大规模骑兵作战的经验，促进了战术的革新。对于古代军事理论的建设和战争实践的发展均具有深远的影响。

　　汉武帝反击匈奴之战在军事上的成功经验，突出表现为以下几点。第一，进行充分的战争准备，做到了"胜兵先胜而后求战"。根据对匈奴作战特点，大量建设骑兵，选用青年将领；军事和外交密切配合，以孤立匈奴；实施战时经济体制，保障对匈奴作战的后勤供应。第二，运用骑兵战术，采取积极进攻的方针。汉军在几次重大战役中都充分发挥了骑兵快速机动的特点，实施远距离迂回、包抄、突袭，连续进攻，不给敌手以喘息的机会，既能出其不意，又能威慑敌人，聚歼匈奴军队，取得了巨大的战果。第三，采取各个击破的方针。汉军先弱后强，循序推进，切断匈奴各部之间的联系，分而制之，始终掌握着战争的主动权。同时，还能注意主力与偏师之间的战略配合，以偏师牵制敌人，以主力重创敌人，取得了很好的效果。

024 敲响新莽王朝的丧钟——昆阳之战

昆阳之战,爆发于更始元年(23年),它是绿林起义军推翻王莽政权的一次战略性决战,也是我国历史上以少胜多的典型战例。在这次决战中,刘秀等人领导的农民起义军,以大无畏的勇敢精神和灵活机动的战法,一举全歼王莽军的主力,撞响了新莽王朝彻底覆灭的丧钟。它在历史上具有一定的进步意义。

西汉末年,政治腐朽,经济凋敝,民不聊生,危机四起。外戚王莽利用这一形势,玩弄权术,夺取政权,建立新朝。但王莽上台后"托古改制"的做法,不仅没有使情况有所起色,反而导致阶级矛盾更趋激化。广大民众在忍无可忍的情况下,纷纷揭竿而起,以武力反抗新莽的统治。一时间起义烈火燃遍黄河南北和江汉地区,新莽王朝完全处于众叛亲离、风雨飘摇的境地。

在当时的众多农民起义军队伍中,尤以绿林、赤眉两支声势最为浩大。他们在军事上不断打击新莽势力,逐渐向王莽统治腹心地区推进。新莽王朝不甘心退出历史舞台,拼凑力量进行垂死的挣扎,农民起义于是进入了最后进攻阶段。昆阳之战正是这一历史背景下的产物。

新莽地皇四年(23年)初,绿林军各部乘王莽主力东攻赤眉,中原空虚之际,挥兵北上,在沘水(今河南泌阳境)击灭王莽荆州兵甄阜、梁丘赐部,接着又在淯阳(今河南新野东北)击败严尤、陈茂所部,势力迅速发展到10余万人。在胜利进军的形势下,农民军开始萌发了建立政权的要求,于是在二月间,推举汉室后裔刘玄为帝,恢复汉制,年号更始。更始政权的建立,标志着农民起义进入新的阶段,王莽在政治、军事各个方面日益趋于被动。

更始政权建立后，即以主力北上围攻战略要地宛城（今河南南阳），并开进到潕川一带。为了阻止王莽军的南下，保障主力展开行动，更始政权另派王凤、王常和刘秀等人统率部分兵力，乘敌严尤和陈茂军滞留于颍川郡一带之际，迅速攻下昆阳（今河南叶县）、定陵（今河南舞阳北）、郾县（今河南郾城南）等地，与围攻宛城的主力形成夹击之势。这为下一步进击洛阳，与赤眉军会师以及经武关西入长安，消灭王莽政权创造了有利的条件。

王莽政权对更始农民起义军的战略动向十分不安，于是就慌忙改变军事部署，将主力由对付赤眉转而对付更始军。三月间，王莽派遣大司空王邑和司徒王寻奔赴洛阳，在那里征发各郡精兵42万，号称百万南进攻打更始军，企图以优势的兵力与农民军进行决战，一举而胜，以确保宛城，安定荆州，保障长安、洛阳的安全。

五月间，王邑、王寻率军西出洛阳，南下颍川，在那里与严尤、陈茂两部会合，并迫使先期进抵阳关（今河南禹县西北）的更始军刘秀部撤回昆阳。而后继续推进，逼近昆阳。

当42万王莽军逼近昆阳之时，昆阳城中的更始军仅有八九千人。如何对付气势汹汹的强敌，农民军意见开始时并不统一。有的将领认为敌我兵力众寡悬殊，不易取胜，因而主张避免决战，化整为零，先回根据地，再图后举。但刘秀则反对这种消极做法，主张集中兵力，坚守昆阳，迟滞、消耗王邑军的兵力，掩护主力攻取宛城，然后伺机破敌。这时王邑的先头部队已逼近昆阳城北，在这紧急关头，诸将同意了刘秀的建议，决定由王凤、王常等率众坚守城邑，另派刘秀、李轶等率13骑乘夜出城，赶赴郾县、定陵一带调集援兵。

王邑、王寻等人统率新莽军蜂拥抵至昆阳城下，将其团团围困。这时曾与绿林军交过手，深知其厉害的严尤向王邑建议说：昆阳城易守难攻，而且更始农民军主力正在宛城一带，我军应当绕过昆阳，迅速赶往宛城，先击败更始军在那里的主力，届时昆阳城即可不战而下。然而王邑等人自恃兵力强大，根本听不进这一适宜的意见，坚持先攻下昆阳，再进击更始农民军主力。于是动用全部兵力列营百余座,猛攻昆阳不已,并傲慢地扬言:"百万之师,所过当灭,今屠此城,蹀血而进,前歌后舞,顾不快耶!"

40余万王邑军轮番向昆阳城发起进攻,并挖掘地道,制造云车,企图强攻取胜。昆阳守军别无退路,遂依靠城内人民的支持,合力抵抗,坚守危城,多次击退王邑军的进攻,予敌人以很大的消耗和挫折。

严尤眼见昆阳城屡攻不下,己军日趋被动,遂再次向王邑建议:"围城必须网开一面,使城中守军逃出一部分到宛阳城下,去散布恐怖情绪,以动摇敌军的军心,瓦解敌军的士气。"可是刚愎自用的王邑依然未能采纳。

刘秀等人抵定陵、郾县后,说服不愿出兵的诸营守将,于六月初一率领步骑万余人驰援昆阳。此时王邑军久战疲惫,锐气早已丧失殆尽,这就为更始军击破它提供了机遇。

刘秀亲率千余援军步骑为前锋,在距王邑军二三公里处列成阵势,准备接战。王邑、王寻等人自恃兵力雄厚,骄妄轻敌,只派出数千人迎战。刘秀率众奋勇进攻,反复猛冲,当场斩杀王邑军数十人,取得了初战的胜利,大大振奋了士气。

这时候,更始起义军主力已攻占宛城3日,但捷报还未传到昆阳。刘秀为了鼓舞全军士气,动摇敌人军心,便制造了攻克宛城的战报,用箭射入昆阳城中;又故意将战报遗失,让王邑军拾去传播。这一消息一经散布,昆阳城中的守军士气更为高涨,守城更为坚决;而王邑军则由于顿兵昆阳坚城,久攻不下,且闻宛城失陷,士气更为沮丧。胜利的天平开始向起义军这一边倾斜了。

刘秀在取得初战胜利后,又善于捕捉战机,乘敌人士气沮丧和主帅妄狂轻敌的弱点,精选勇士3000人,出敌不意地迂回到敌军的侧后,偷偷地涉过昆水(今河南叶县辉河),向王邑大本营发起极其猛烈的攻击。在此时王邑等人依旧轻视汉军,未把刘秀放在眼里,同时又担心州郡兵失去控制,遂下令各营勒卒自持,不准擅自出兵,而由自己和王寻率领万人迎战刘秀的冲杀。然而,王邑这一做法造成严重的恶果:在刘秀所率的精兵猛烈地进攻下,王邑手下的万余人马很快陷入被动挨打的困境,阵势大乱。可诸将却又因王邑有令在先，谁也未敢去救援，致使王邑军败溃，王寻也做了刀下之鬼。昆阳城内的守军见敌军主帅已脱离部队，敌军阵势已乱，也乘势及时出击，内外夹攻，杀声震天动地，打得王邑全军一败涂地。王邑军的将卒们见大势已去，遂纷纷逃命，互相践踏，积尸遍野。这时又恰遇大风飞瓦，暴雨如注，滍水剧涨，王邑军涉水逃跑而被淹死的不计其数，使得滍水为之不流，只有王邑、严尤等少数人狼狈逃脱，窜入洛阳。至此，昆阳之战就在更始起义军歼灭王莽军主力，并尽获其全部装备和辎重的辉煌胜利中结束了。

  昆阳之战，是绿林、赤眉起义中的决定性一战。它聚歼了王莽赖以维持统治的军队主力，为起义军胜利进军洛阳、长安、最终推翻新莽统治创造了有利的条件。

  在昆阳之战中，王莽军的兵力有42万人，而更始起义军守城和外援的总兵力加在一起也不过2万人。然而在兵力对比如此悬殊的情况下，起义军竟能取得全歼敌人的辉煌胜利，这绝不是偶然的。归结其要旨，大约有这么几条：政治上反抗王莽暴政统治，符合广大民众的愿望和要求，因而得到民众的拥护和支持，这是昆阳之战中起义军取胜的深厚根源。军事上，起义军实施了坚守昆阳、牵制敌人、调集兵力、积极反攻的正确做法，严重迟滞了王邑军的行动，消耗了它的实力，牢牢地掌握了战场攻守的主动权。在作战指导的具体运用方面，起义军敢于拼杀，士气高昂，又善于利用敌军的弱点，攻心打击和军事进攻双管齐下，摧毁敌人的战斗意志，积小胜为大胜；并且能够把握战机，选择敌军指挥部为首要进攻目标，将其一举捣掉，使得敌军陷于群龙无首的境地，最终难以逃脱失败的命运。

025 "先关东，后陇蜀"，重建刘姓天下
——东汉王朝统一之战

东汉王朝的统一之战，是指东汉光武帝刘秀利用新莽政权被推翻后群雄并起、中原无主的有利时机，以武力进攻为主，以政治诱降为辅，先后镇压赤眉农民军，兼并群雄的一场战争。战争的结果，是刘秀夺取绿林、赤眉农民大起义的胜利果实，在血泊中重新建立起封建统治秩序。由于这场战争在客观上维护了国家的统一，有利于稳定社会秩序和恢复社会经济，所以具有一定的进步意义。战争历时多年，先后经历了平定关东、攻占关中、并陇灭蜀几个主要阶段，堪称我国古代封建统一战争中的一个范例。

绿林、赤眉大起义推翻新莽王朝反动统治后，由于农民阶级自身的阶级和历史局限，不可能建立起自己的政权。这样，整个中国依旧陷于混战状态。然而人民渴望平息战乱，恢复安定的生活，所以统一全国、重建社会秩序也就成了历史的要求。在这种情况下，刘秀顺应历史的潮流，开始了统一全国、恢复刘家天下的战争活动。

刘秀出身于南阳豪族地主集团，政治资本雄厚，个人又具有敏锐的政治才能和丰富的军事韬略。绿林、赤眉大起义爆发后，刘秀和他的兄长刘縯一起，打着"复高祖之业"的政治旗号，在舂陵（今湖北枣阳东）一带起兵，汇入农民起义的洪流。在推翻新莽统治的斗争过程中，刘秀多有贡献，尤其在昆阳大决战中，刘秀的杰出指挥，为起义军赢得决战胜利起到了关键的作用。后来，起义军内部发生内讧，导致其兄刘縯被杀，在这危急关头，刘秀本人以其高度的政治成熟性，忍辱负重，巧与杀兄仇人相周旋，终于重新取得更始帝刘玄等人的信任，得到前赴河北（黄河以北）

独当一面的机遇。这一转折,对刘秀来说具有关键意义,从此他就一步步走上逐鹿中原、吞并天下的胜利之路。

刘秀抵达黄河以北地区后,以复兴汉室为号,不断壮大自身的势力,先后镇压了铜马、高潮、重连、尤来、大枪、五幡等部农民起义军,并将农民军中的精壮收编入自己的队伍之中,扩充自己的实力。待羽翼丰满后,刘秀公开与更始政权决裂,更始三年(25年)六月,刘秀在鄗城(高邑)即皇帝位(光武帝),沿用汉的国号,并以这一年为建武元年。不久,定都洛阳,史称东汉。

刘秀称帝后,虽然基本控制了中原(今河南、河北大部和山西南部)要地,但是仍处于各种武装势力的包围之中。东有青州的张步,东海的董宪,睢阳的刘永,泸江的李宪;南有南郡的秦丰,夷陵的田戎;西有成都的公孙述,天水的隗嚣,河西的窦融,九原的卢芳;北有渔阳的彭宠。此外尚有赤眉等农民军活动于河水(黄河)南北。刘秀根据形势,采取了"先关东,后陇蜀",先集中力量消灭对中原威胁最大的关东武装势力,再挥师西向的战略决策,并针对割据势力众多而分散的特点,采取由近及远、各个击破的战略方针。

汉建武二年(26年)春,刘秀命大将盖延率军5万进击直接威胁洛阳的刘永集团。盖延兵分两路,夹击进围刘永于睢阳(今河南商丘南)。数月后城破,刘永逃奔谯县(今安徽亳县)。汉军乘胜追击,夺占沛、楚、临淮等3郡国(约今河南周口、商丘,江苏徐州,安徽阜阳、宿县地区)大部,并击破刘永部将苏茂等人所率的3万救兵。次年,刘永复据睢阳,刘秀命大司马吴汉及盖延再击刘永,围城百日,刘永粮尽突围,被部将所杀。建武五年,汉军全歼刘永余部于垂惠(今安徽蒙城),从而消灭了关东地区的最大割据势力,解除了对京师洛阳的最大威胁。

刘秀在以优势兵力进击刘永集团的同时,也派军队进攻淯阳(今河南新野北)的邓奉和堵乡(今河南方城)的董䜣。建武三年三月,汉军岑彭部迫降董䜣,击杀邓奉。尔后汉军消灭南阳刘玄余部,进击秦丰。秦丰坚守黎丘(今湖北宜城西北),被困两年始降。在这期间,占据夷陵的田戎曾率兵援救秦丰,但被岑彭击败,汉军攻占夷陵,使之成为日后西进的战略要地。

在基本平定了南方地区后，刘秀采取"北守东攻"的战略方针。在派遣耿弇、朱祐等入河北，向渔阳彭宠施加军事压力的同时，集中优势兵力进攻东方割据势力。建武五年（29年）二月，彭宠在汉军进攻面前，节节败退，结果引起内部分化，部将杀死彭宠，汉军遂占领渔阳，统一了燕蓟地区。同年六月，刘秀亲征东海郡（今山东郯城）董宪，将其大破于昌虑（今山东枣庄西），董宪退保郯（今山东郯城北）。汉军吴汉部跟踪追击，于八月攻下郯城，全歼董宪主力，董宪逃往朐（今江苏连云港南）。十月，刘秀遣大将耿弇进击张步，攻占祝阿（今山东济南西）、钟城（今山东济南南），诱杀其大将费邑，夺取了济南郡（今山东济南）、临淄（今山东淄博东北）。张步为挽回败局，倾全军号称20万反攻临淄，耿弇以城为依托，诱敌开进，然后出动奇兵迂回袭击张步军，连战皆捷，张步逃至剧（今山东昌乐西），走投无路，被迫降汉。建武六年正月，吴汉破朐，击杀董宪。接着，汉军又在舒（今安徽庐江西南）消灭独据一方自立为天子的李宪。至此，汉军在短短的4年中，将关东地区各个割据势力全部铲除。

关东地区的统一，有力地巩固了东汉政权，为刘秀之后击灭隗嚣、公孙述，夺占陇、蜀，赢得统一战争的最后胜利，奠定了坚实的基础。

在从事关东统一之战的同时，刘秀也展开了镇压赤眉农民起义军的行动。

早在绿林军攻占洛阳的时候，赤眉军的势力也进入了中原地区。其首领不满于更始政权所为，另立一帜，与以绿林军为主体的更始政权相抗衡。建武元年（25年）九月，赤眉军攻入长安，推翻了更始政权。

建武二年九月，占领长安的赤眉军因粮秣不继而西出陇东寻求出路，但结果为当地割据势力隗嚣所击败，只好折回关中。他们击走乘虚盘据在那里的邓禹军，重新控制了长安。由于后勤保障仍未获得解决，赤眉军再度陷入饥馑，并为地方豪强武装所包围。不久，被迫放弃长安，引兵东归。刘秀为一举扑灭赤眉军，决定凭借崤函险道，以逸待劳，以饱待饥，对赤眉军实施截击。

为此，刘秀调兵遣将，改任冯异为主将，取代邓禹，急速西进，抵华阴（今陕西华阴西）阻击赤眉军，同时命令侯进、耿弇部集结，准备会同进剿。

冯异在华阴阻击赤眉军60余天后，于次年正月东撤至湖县（今河南灵宝西北）与邓禹部合兵。不久赤眉军进至这一带，与汉军相对峙。邓禹邀功心切，迎战赤眉军。赤眉军先佯败，后反攻，大败邓禹军，邓禹仅率24骑逃回宜阳。冯异率军相救，也被赤眉军所击败。冯异逃至崤底，后收集散兵和当地豪强武装数万人，与赤眉军继续交战。二月，双方大战于崤底。战前，冯异先派一部分士卒化装成赤眉军，潜伏于道旁。战斗开始，冯异以少数兵力诱使对方进攻，再以主力相拒，待赤眉军攻势减弱后，突发伏兵出击。赤眉军因无法辨认敌我而阵脚大乱，溃退至崤底，8万余人投降。接着，刘秀亲率大军，与先期部署的侯进、耿弇部会合，拦截折向东南的赤眉军余部于宜阳（今河南宜阳西），予以全歼，赤眉军首领樊崇等10余万人投降。至此，刘秀终于将延续10年之久的赤眉农民起义扼杀在血泊之中。

刘秀在镇压赤眉军，削平关东群雄之后，西图陇、蜀，统一全国就提到议事日程之上了。当时，窦融据有河西，隗嚣占据陇西，公孙述割据巴蜀。刘秀根据形势，制定了由近及远、稳定住窦融、先陇后蜀、各个击破的战略方针，首先将兵锋指向隗嚣。

建武六年（30年）四月，刘秀正式发动伐陇之役。遣耿弇等7人分兵进攻陇坻（今陇山，陕西陇县西北），隗嚣居高临下，以逸待劳挫败汉军攻势。于是刘秀暂时转攻为守，命大司马吴汉赴长安集结兵力，以资策应。同时争取河西窦融出兵相助，使隗嚣腹背受敌，并让马援煽动隗嚣部属及羌族酋长附汉。隗嚣见处境危急，遂向公孙述称臣，联蜀抗汉。建武七年秋，隗嚣得西蜀援兵后亲率3万大军进攻安定（今甘肃镇原东南），另派一部进攻汧县（今陕西陇县北），企图夺取关中，但分别为汉军冯异、祭遵部所击败。

隗嚣的冒险出击，造成后方的空虚，为刘秀乘虚蹈隙、直捣陇西提供了机遇。建武七年春，刘秀派遣来歙率2000人出敌不备，伐木开道，迂回奔袭，占领陇西战略要地略阳（今甘肃庄浪县西南），隗嚣大惊，即遣重兵数万进击来歙，企图夺回略阳。来歙与将士顽强坚守，使隗嚣顿兵挫锐于坚城之下，有力地牵制了隗嚣的主力。刘秀把握战机，速派吴汉、岑彭、耿弇、盖延诸将分兵进击陇山，占领高平（今宁夏固原），自己则率关东大军亲征隗嚣。所到之处，隗嚣的部队土崩瓦解，隗嚣本人败逃西城（今甘肃天水西南）。汉将吴汉、岑彭跟踪而至，兵围西城数月。隗嚣大将王元率西蜀援兵赶到，才救出隗嚣，共奔冀县（今甘肃天水西北），汉军也因粮尽撤兵。过后，隗嚣虽然重占了陇西大部，但实力已遭重创，失败乃是不可避免的事了。

建武九年（33年）正月，隗嚣在忧愤交加中病死，部下立其次子隗纯为王。刘秀采纳来歙建议，再次发兵攻打陇西。来歙、冯异诸将领兵沿渭水西进，击破西蜀援军，进围落门（今甘肃武山东北）。到了次年十月，终于攻破落门，迫降隗纯。历时4年的陇西之战宣告结束。

陇西平定后，公孙述割据的巴蜀便成为刘秀统一大业的最后一个障碍。刘秀再接再厉，决定对公孙述用兵。他针对公孙述东依三峡、北靠巴山、据险自守的军事部署，制定了水陆并进、南北夹击、钳攻成都的作战方略。派大将岑彭、大司马吴汉率荆州诸军由长江溯江西进，命大将来歙率陇西诸军出天水，指向河池（今甘肃徽县西北），相机南进。

建武十一年（35年）春，岑彭军再克夷陵，突入江关（今四川奉节）。蜀军田戎部退出三峡，入保江州（今重庆）。同年六月，北路来歙军击败王元诸部，占领河池、下辨（今甘肃成县），乘胜南进。在公孙述派人暗杀了来歙的情况下，北路汉军改由马成所指挥，继续策应南路主力的行动。

岑彭军进抵江州后，见江州城坚不宜强攻，遂留冯骏监视田戎，自率主力北上，攻占平曲（今合川西北）。汉军的进展，极大地震动了公孙述，他急调王元军南下增援，集结重兵于广汉（今四川射洪南）、资中（今四川资阳北）一带，保卫成都，又命侯丹率军2万屯守黄石（今四川江津境），阻击汉军，策应王元。

岑彭根据敌情变化，也适时调整了部署，分兵两路进击蜀军。一路由臧宫率领，进据平曲上游，攻打蜀军王元、延岑部；主力则由他本人率领，取道江州，溯江西上，攻占黄石，击败侯丹军。接着，倍道兼行，疾驰1000公里，攻克武阳（今四川彭山东），并出精骑闪击蜀之腹地广都（今四川成都南），逼近成都。与此同时，偏师臧宫溯涪江而进，袭击蜀军，歼敌万余，迫使王元部投降，延岑败逃成都。

公孙述困兽犹斗，又派人刺杀了岑彭，使汉军暂时退出武阳，但这并未能挽救其覆灭的命运。汉军人才济济，岑彭遇害，吴汉即接替他统领伐蜀诸军。建武十二年正月，吴汉进抵南安（今四川东山），在鱼腹津（今四川东山北）大败蜀军，继而绕过武阳，攻取广都。其他各路汉军进展也很顺利，冯骏军攻占江州，臧宫军连克涪县（今四川绵阳东）、绵竹（今四川德阳北）、繁（今四川新都西北）、郫（今四川郫县）等城。

吴汉取广都后急于求成，率2万将卒孤军深入，直抵成都城外几公里处立营。公孙述招募敢死之士，攻打吴汉。吴汉受挫，入壁坚守，闭营3日不战，夜间突然撤走，与部下刘尚会合于江南。次日晨合力大破蜀军。此后，吴汉与公孙述交兵于广都、成都间，汉军屡战屡胜。建武十二年十一月，吴汉又与臧宫会师于成都近郊。公孙述大势尽去，遂孤注一掷，于该月十七日贸然反击汉军，派延岑击臧宫，自率数万人攻吴汉。吴汉以一部迎战蜀军，待其疲惫困顿后，指挥精兵数万突然出击，大破蜀军，公孙述负重伤身亡。次晨，势穷力竭的延岑举城投降。至此，刘秀彻底平定巴蜀，取得了统一战争的最后胜利。

作为东汉王朝统一之战的最高决策者，刘秀在战争中表现出卓越的战略应变能力和杰出的作战指导艺术。他善于观察形势，把握战机；注意占取地利，稳固后方；重视集中兵力，由近及远，分清主次缓急，各个击破；运用军事打击和政治攻心的手段，争取盟友，分化敌对势力；重视利用人和，发现和拔擢将才，放手使用，不多掣肘，使他们充分发挥军事才能；能够适时总结经验教训，不断改进战法；善于避实击虚，奇正并用，围城打援，运动歼敌；强调连续进击，穷追猛打，不给敌人以喘息和反扑的可能。所有这一切都说明刘秀不愧为一位优秀的军事家。

026 "内外俱起，八州并发"
——黄巾农民起义战争

黄巾农民起义战争，爆发于东汉中平元年（184年）。它是东汉末年农民与地主阶级矛盾不断激化的结果，是一次经长期酝酿、有组织、有准备的大规模农民战争。这场轰轰烈烈的农民起义战争，虽然在东汉王朝及各地豪强地主武装的联合镇压下失败，但却给了腐朽的东汉王朝以沉重的打击，加速了它的崩溃；同时，它也不同程度地打击了豪强地主势力，为改变东汉后期土地兼并等状况，提供了可能的条件。

东汉晚期，宦官与外戚两大集团交替专政，政治腐败，土地兼并加剧，赋税日趋沉重，社会动荡不安，民众流离失所，阶级矛盾高度激化，小规模的农民战争此落彼起，连绵不断。"山雨欲来风满楼"，一场波澜壮阔的农民大起义就在这种背景下逐渐酝酿成熟了。

时势造英雄，冀州巨鹿（今河北平乡西南）人张角，目睹广大民众在东汉王朝暴政统治下的悲惨境况，义愤填膺，决心通过武装起义的途径，来改变这一局面。于是，他积极展开革命宣传和组织活动，从而成为这场伟大农民起义当之无愧的领袖人物。

张角自称"大贤良师"，创立了太平道，以画符诵咒行医治病，在贫苦农民中宣传原始道教的平等思想，鼓动民众起来反抗暴政统治。在宣传发动群众的同时，张角还利用宗教从事起义的组织准备工作，派遣骨干信徒到各地聚集力量。经过10余年的秘密宣传和组织，张角已拥有徒众数十万，遍布于青、徐、幽、冀、荆、扬、兖、豫8州。在此基础上，张角又将信徒按地域组织分为36方，大方万余人，小方六七千人，各设"渠帅"，统一节制，为起义做好了必要的组织准备。

在起义即将爆发的前夕，张角根据斗争的需要，及时用谶语的形式提出了"苍天（指东汉王朝）已死，黄天（黄太一神，即指太平道）当立，岁在甲子，天下大吉"的战斗口号和起义计划。一场在宗教形式掩护下的农民大起义至此已是呼之欲出了。

为了实现起义计划，张角派遣大方首领马元义往来于洛阳和各州之间，准备调集荆、扬两州的道徒数万人潜赴邺城，并积极联络洛阳皇宫中的宦官信徒充当内应，确定三月五日在洛阳和各州同时起义。

可是正当起义即将发动的关键时刻，太平道内部却出了可耻的叛徒，济南人唐周向朝廷上书告密，使得起义计划全部泄露。东汉王朝闻报后，即行严厉镇压，收捕起义领袖人物。这一突然变故打乱了起义部署，张角为了扭转被动不利的局面，当机立断，决定提前举行起义，星夜派人通告各方同时行动，并规定起义军以黄巾缠头为标志。历史上著名的"黄巾起义"正式爆发了。

黄巾起义爆发后，声势十分浩大，史称"旬日之间，天下响应，京师震动"。黄巾军主力分布在3个地区：义军首领张角自称天公将军，他的弟弟张宝号称地公将军，张梁自称人公将军，他们率领义军主力，活跃于冀州地区，在北方形成革命中心。张曼成自称"神上使"，带领黄巾军战斗在南阳地区，形成南方地区的起义中心。波才、彭脱等人率部转战于颍川（郡治在今河南禹县）、汝南（郡治在今河南汝南东北）、陈国（郡治所在今河南淮阳）一带，成为东方地区的革命主力。各路黄巾军所到之处，烧官府、打豪强、攻坞壁、占城邑，给东汉王朝的统治秩序以沉重的打击。

这次黄巾起义在战略部署方面，张角吸取了以往起义被统治者各个击破的教训，采取了"内外俱起，八州并发"同时出击的计划，即在京师洛阳内外同时起事，在地方各州一起暴动。在作战行动方面，各路义军虽缺乏周密的协同配合，但是从其活动形势看，起义军显然是以洛阳为主要进攻目标的，自东、南、北3个方向包围威胁洛阳。所有这些均反映了黄巾起义战争表现出一定的战略决策经验和较好的作战指挥艺术，一时间造成"遐迩摇荡""烟炎绛天"的巨大声势绝不是偶然的。

八州并起的黄巾大起义极大地震慑了东汉朝廷,统治者在惶恐不安之余,急忙调兵遣将镇压起义:任命何进为大将军,率左右羽林五营屯兵都亭,以保卫京师;在函谷、太谷等8个险隘要冲设置八关都尉,以加强洛阳外围的防御;下诏解除"党禁",以缓和统治集团内部的矛盾;出宫中藏钱收买官兵,用西园马匹装备军队,扩充骑兵,增设西园八校,以加强军队实力。而后,东汉王朝调集军队,开始向起义军进行反扑。

　　当时,活动于颍川一带的波才起义军对洛阳构成了直接的威胁,所以汉廷委派中郎将皇甫嵩、右中郎将朱儁统率主力投入这一战场。对于起义中心地区的河北一带,则任北中郎将卢植率北军五校尉和当地郡国兵前往镇压。对于南阳地区的张曼成部义军,则加强防御,暂取守势。东汉统治者实施这种先防后剿、攻守皆备、重点进攻、逐个击破的战略方针,表明他们具有老练的统治经验和军事素质,是黄巾起义军所面临的一伙凶狠狡猾的敌人。

　　这年四月,黄巾起义军和东汉王朝反动军队的战略决战首先在颍川一带展开。颍川黄巾军波才部击败朱儁的进攻,并乘胜围攻皇甫嵩于长社(今河南长葛东北),形势对义军有利。但遗憾的是,波才军缺乏军事经验,依草结营,戒备不严,结果反被皇甫嵩深夜纵火烧营,实施突袭,造成义军的惨重损失。皇甫嵩会合朱儁、曹操两部汉军,乘机进击,大败波才军,残杀起义将士数万人。破颍川义军后,官军乘胜进攻汝南、陈国义军。不久,波才义军余部在阳翟(今河南禹州市),彭脱义军在西华(今河南西华南),又遭镇压归于失败。颍川、汝南黄巾军的失败,使东汉朝廷摆脱了京师之危,得以腾出力量来对付其他地区的起义军。至此,双方的战略地位发生了变化,东汉朝廷已占据了主动和优势。

　　东汉王朝旋即将皇甫嵩调赴东线,镇压东郡卜已黄巾军;调朱儁开赴南阳,镇压张曼成义军。皇甫嵩进攻很顺手,仓亭一役,就将卜已起义军残暴地镇压下去。于是,南阳一带成为双方第二个战略会战的场所了。

　　在南阳,黄巾军张曼成部自三月开始,即以重兵围攻宛城(今河南南阳),遇到南阳太守秦颉的顽固抵抗,双方相持百余日,义军师疲。六月,张曼成战死,义军推举赵弘为统帅,继续斗争,终于攻克宛城,并把部队发展到 10 余万人。可是就在这时，朱儁率领汉军主力进抵宛城一线，会同荆州、南阳地区的地方武装围攻宛城。从六月到八月，黄巾军经过顽强奋战，多次挫败官军的进攻，守住了宛城。可是黄巾军未能乘胜出击，扩大战果，使得朱儁能够重新集结力量，继续进攻。不久，赵弘战死，韩忠继为黄巾军统帅，又与汉军相持了一段时间。朱儁镇压农民起义很有一套手段，他见强攻不易奏效，这时便伪装撤围欺骗义军，暗布伏兵，伺机进击。义军缺乏经验，中计出城追击，结果在中途遭到伏击，损失惨重，统帅韩忠投降被杀。黄巾军余部在孙夏带领下退保宛城，但因众寡悬殊，无法固守，于十一月撤出宛城，退向西鄂精山（今河南南召南）。朱儁跟踪追击，孙夏战死，义军牺牲者达万余人，南阳黄巾军斗争到此归于失败。

此后，战争的中心转移到河北地区。河北是黄巾农民大起义的中心地区，张角在巨鹿发动全国起义后，即率军攻克广宗（今河北威县东南），并命张宝北上占领下曲阳（今河北晋县西），控制河北腹地，与张角、张梁军形成夹击之势。东汉王朝先后派遣卢植、董卓进剿河北义军，但战争旷日持久，无所进展。八月间，皇甫嵩接任官军统帅，率主力扑向河北战场。这时，其他地区的义军已遭失败，战局对黄巾军日益不利。屋漏更遭连夜雨，就在这紧要关头，黄巾军首领张角又突然病逝。但即便是在这种困难的形势下，义军在张梁、张宝率领下，仍坚持着同官军浴血奋战。在广宗一带，义军与汉军皇甫嵩部激烈交战，数次挫败敌人的进攻，迫使皇甫嵩"闭营休士，以观其变"。可是这时义军又犯了轻敌的错误，误以为敌人已停止进攻，以至于松懈了戒备。皇甫嵩瞅准机会，乘黑夜发起突然袭击，起义军仓促应战，惨遭败绩，张梁英勇捐躯，广宗失陷。是役，义军阵亡和投水自尽者达 8 万余人。而皇甫嵩在进剿广宗张梁部义军得手后，则迅速调转兵锋，于十一月攻打下曲阳。经过激烈交战，起义军战败，张宝牺牲，10 余万起义军壮士惨遭屠杀，河北黄巾军也被扼杀于血泊之中。

官军攻陷下曲阳，标志着张角等人所领导的黄巾起义军主力，在东汉王朝的军队和各地豪强武装的武力镇压下，悲壮地失败了。然而农民起义的火焰并没有就此而熄灭，分散在各地的黄巾余部，仍在坚持斗争，他们前仆后继，百折不挠，给东汉王朝的统治以新的打击。这一斗争前后延续了20余年之久，给黄巾大起义添上了一个可歌可泣的尾声。

黄巾农民大起义，是我国历史上著名的农民革命战争，它虽然最终失败了，但却为后人留下了丰富的农民革命遗产。其中既有成功的经验，更有失败的教训，对它认真进行总结，无疑是很有意义的工作。

黄巾农民起义战争的成功经验，主要表现在：第一、它提出了明确的斗争目标，即消灭东汉政权，建立自己的统治，这对号召和团结人民参加起义起到了重要的作用。第二、利用宗教形式进行起义的宣传和组织工作，麻痹了官府，积蓄了力量，为举行起义做好了比较充分的准备。第三、起义计划制定得比较周密、具体。所谓"内外俱起""八州并发"就反映了这一特点。尽管后来由于叛徒的告密，使这一起义计划的实施遇到很大的困难，但经张角果断处置，它基本上还是得到了落实，从而给东汉王朝以沉重的打击。第四、斗志坚决，宁死不屈，敢于攻坚，勇于牺牲，以此向天下昭示了起义将士的斗争精神和高尚气节。

但是黄巾农民战争失败的教训同样是非常深刻的。它没有远大的战略眼光，因此提不出更具体的策略方针；它没有建立起后方基地和有组织的战斗部队，因此部队保障受到限制，战斗行动受到掣肘；它缺乏统一的指挥和互相的配合，各自为战，因此造成战区上的孤立、分割态势，以致为敌占优势的主力军所各个击破；它不懂得在敌强我弱形势下采取运动战、游击战等机动作战形式的重要性，因此热衷于城池的攻守，将起义军主力胶着于一地，同敌人打硬仗、拼消耗，直至耗尽自己战斗力而被击败。所有这些，都是起义军在战略上和作战指导方面的严重失策，也是直接导致这场轰轰烈烈的农民革命战争不幸失败的原因，令人千载之后，犹为之感慨不已！

027 奠定曹操统一北方基础的战略决战——官渡之战

东汉末年轰轰烈烈的黄巾农民大起义虽然被镇压下去了，但它却沉重地打击了地主阶级的统治，使腐朽的东汉政权分崩离析，名存实亡。在镇压黄巾农民起义的过程中，各地州郡大吏独揽军政大权，地主豪强也纷纷组织"部曲"（私人武装），占据地盘，形成大大小小的割据势力，转入争权夺利、互相兼并的长期战争，造成中原地区"白骨露于野，千里无鸡鸣"的凄惨景象。当时的割据势力，主要有河北的袁绍、河内的张扬、兖豫的曹操、徐州的吕布、扬州的袁术、江东的孙策、荆州的刘表、幽州的公孙瓒、南阳的张绣等。在这些割据势力的连年征战中，袁绍、曹操两大集团逐步发展壮大起来。东汉建安三年（198年），袁绍击败公孙瓒，占有青、幽、冀、并四州之地。建安元年（196年），曹操把汉献帝挟持到许昌，形成"挟天子以令诸侯"的局面，取得政治上的优势。建安二年（197年）春，袁术在寿春（今安徽寿县）称帝。曹操即以"奉天子以令不臣"为名，声讨袁术并将其消灭，接着又消灭了吕布，利用张扬部内讧取得河内郡。从此曹操势力西达关中，东到兖、豫、徐州，控制了黄河以南，淮、汉以北大部地区，从而与袁绍形成沿黄河下游南北对峙的局面。袁绍的兵力在当时远远胜过曹操，自然不甘屈居于曹操之下，他决心同曹操一决雌雄。建安四年（199年）六月，袁绍挑选精兵10万，战马万匹，企图南下进攻许昌，官渡之战的序幕由此拉开。

袁绍举兵南下的消息传到许昌，曹操部将多认为袁军强大不可敌。但曹操却根据他对袁绍的了解，认为袁绍志大才疏，胆略不足，刻薄寡恩，刚愎自用，兵多而指挥不明，将骄而政令不一，于是决定以所能集中的数万兵力抗击袁绍的进攻。为争取战略上的主动,他作出如下部署:派臧霸率精兵自琅琊(今山东临沂北)入青州,占领齐(今山东临淄)、北海(今山东昌乐)、东安(今山东沂水县)等地,牵制袁绍,巩固右翼,防止袁军从东面袭击许昌;曹操率兵进据冀州黎阳(今河南浚县东,黄河北岸),令于禁率步骑2000屯守黄河南岸的重要渡口延津(今河南延津北),协助扼守白马(今河南滑县东,黄河南岸)的东郡太守刘延,阻滞袁军渡河和长驱南下,同时以主力在官渡(今河南中牟东北)一带筑垒固守,以阻挡袁绍从正面进攻;派人镇抚关中,拉拢凉州,以稳定翼侧。从以上部署看,曹操所采取的战略方针,不是分兵把守黄河南岸,而是集中兵力,扼守要隘,重点设防,以逸待劳,后发制人。从当时情势而言,这种部署是得当的。首先,袁绍兵多而曹操兵少,千里黄河多处可渡,如分兵把守则防不胜防,不仅难以阻止袁军南下,且使自己本已处于劣势的兵力更加分散。其次,官渡地处鸿沟上游,濒临汴水。鸿沟运河西连虎牢、巩、洛要隘,东下淮泗,为许昌北、东之屏障,是袁绍夺取许昌的要津和必争之地。加上官渡靠近许昌,后勤补给也较袁军方便。

建安四年(199年)十二月,当曹操正部署对袁绍作战时,刘备起兵反操,占领下邳,屯据沛县(今江苏沛县)。刘军增至数万人,并与袁绍联系,打算合力攻曹。曹操为保持许昌与青、兖两州的联系,避免两面作战,于次年二月亲自率精兵东击刘备,迅速占领沛县,转而进攻下邳,迫降关羽。刘备全军溃败,只身逃往河北投奔袁绍。当曹、刘作战正酣之时,有人建议袁绍"举军而袭其后",但袁绍以儿子有病为辞拒绝采纳,致使曹操从容击败刘备回军官渡。

建安五年(200年)正月,袁绍发布讨曹檄文,二月进军黎阳,企图渡河寻求与曹军主力决战。他首先派颜良进攻白马的东郡太守刘延,企图夺取黄河南岸要点,以保障主力渡河。四月,曹操为争取主动,求得初战的胜利,亲自率兵北上解救白马之围。此时谋士荀攸认为袁绍兵多,建议声东击西,分散其兵力,先引兵至延津,伪装渡河攻袁后方,使袁绍分兵向西,然后遣轻骑迅速袭击进攻白马的袁军,攻其不备,定可击败颜良。曹操采纳了这一建议,袁绍果然分兵延津。曹操乃乘机率轻骑,派张辽、关羽为前锋,急趋白马。关羽迅速迫近颜良军,颜良仓促应战被斩杀,袁军溃败。曹操解了白马之围后,迁徙白马的百姓沿黄河向西撤退,袁绍率军渡河追击,军至延津南,派大将文丑与刘备继续率兵追击曹军。曹操当时只有骑兵 600,驻于南阪（在白马南）下,而袁军达五六千骑,尚有步兵在后跟进。曹操令士卒解鞍放马,并故意将辎重丢弃道旁。袁军一见果然中计,纷纷争抢财物。曹操突然发起攻击,终于击败袁军,杀了文丑,顺利退回官渡。

袁军初战失利,但兵力仍占优势。七月,进军阳武（今河南中牟北）,准备南下进攻许昌。八月,袁军主力接近官渡,依沙堆立营,东西宽约数十里。曹操也立营与袁军对峙。九月,曹军一度出击,没有获胜,退回营垒坚守。袁绍构筑楼橹,堆土如山,用箭俯射曹营。曹军制作了一种抛石用的霹雳车,发石击毁了袁军所筑的楼橹。袁军又掘地道进攻,曹军也在营内掘长堑相抵抗。双方相持 3 个月,曹操处境困难,前方兵少粮缺,士卒疲乏,后方也不稳固,曹操几乎失去坚守的信心。荀彧力主坚持,曹操于是一方面决心坚持危局,加强防守,命负责后勤补给的任峻采取 10 路纵队为一部,缩短运输队的前后距离,并用复阵（两列阵）加强护卫,防止袁军袭击;另一方面积极寻求和捕捉战机击败袁军。不久曹操派徐晃、史涣截击、烧毁袁军数千辆粮车,增加了袁军的困难。

同年十月,袁绍又派车运粮,并令淳于琼率兵万人护送,囤积在袁军大营以北约 20 公里的故市（今河南延津县内）、乌巢（今河南延津东南）。恰在这时,袁绍谋士许攸投降曹操,建议曹操轻兵奇袭乌巢,烧其辎重。曹操立即付诸实行,留曹洪、荀攸守营垒,亲自率领步骑 5000,冒用袁军旗号,衔枚缚马口,每人带一束柴草,利用夜暗走小路偷袭乌巢。到达后立即围攻放火。袁绍听说曹操袭击乌巢,又作出错误处置,只派一部兵力救援乌巢,用主力猛攻官渡曹军营垒。哪知曹营坚固,攻打不下。当曹军急攻乌巢淳于琼营时,袁绍增援的部队已经逼近。曹操励士死战,大破袁军,杀淳于琼,并烧毁其全部粮草。乌巢粮草被烧的消息传到袁军前线,袁军军心动摇,内部分裂。曹军乘势出击,大败袁军。袁绍仓皇带 800 骑退回河北,曹军先后歼灭和坑杀袁军 7 万余人,官渡之战就这样以曹胜袁败而告结束。

官渡之战是袁曹双方力量转变、当时中国北部由分裂走向统一的一次关键性战役，对于三国历史的发展有着极其重要的影响。此战曹军的胜利不是偶然的，袁曹间的兼并战争，虽属于封建割据势力之间的争斗，但实现地区性的统一，客观上符合人民的愿望。曹操在政治上抑制豪强，得到中小地主阶级的拥护；"挟天子以令诸侯"，使自己处于有利的政治地位；注意网罗人才，得到地主阶级知识分子的拥护；经济上实行屯田，不仅较有效地解决了后勤供应，且在一定程度上安定了社会生活，赢得了民心。除此之外，曹操作战指导上的高明也是他取得胜利的重要因素。曹操根据敌强己弱的具体情况，采取后退一步、以逸待劳、后发制人的作战方针。在防御作战中，他能从被动中力争主动，指挥灵活；面临危局，坚定沉着；善于捕捉战机，果断施行；善于听取部属意见，紧紧抓住奇袭乌巢这一关键环节，终于取得胜利。反观袁绍，政治上纵容豪强，兼并土地，任意搜刮，因而遭到人民反对。袁绍内部不和，又骄傲轻敌，刚愎自用，不能采纳部属的正确建议，迟疑不决，一再丧失良机。最终粮草被烧，后路被抄，军心动摇，内部分裂，全军溃败。

028 "孙刘联盟，天下三分"
——赤壁之战

公元208年"赤壁之战"，是曹操和孙权、刘备在今湖北江陵与汉口间的长江沿岸的一场会战，对于三国鼎立局面的确立具有决定性的意义。在这场战争中，处于劣势地位的孙、刘联军，面对总兵力达二十三四万之多的曹军，正确分析形势，找出其弱点和不利因素，采取密切协同、以长击短、以火佐攻、乘胜追击的作战方针，打得曹军丢盔弃甲，狼狈窜北，使曹操并吞寰宇的计划失败。赤壁之战是历史上运用火攻、以弱胜强的著名战例。

公元200年，曹操在官渡之战中击败袁绍，进而统一了北方，占据了幽、冀、青、并、兖、豫、徐和司隶（今河南洛阳一带）八州的地盘，形成了独占中原的格局。接着他又挥师平定辽东地区的乌桓势力，基本稳定了后方地区，一时间成为当时历史舞台上不可一世的风云人物。

然而，对于素怀"山不厌高，水不厌深，周公吐哺，天下归心"雄心大志的曹操来说，统一北方地区，只能算作是万里长征走完第一步而已。他的宏伟目标，是扫平所有的割据势力，实现"天下混一"的理想。于是他便积极从事南下江南的战争准备：在邺城修建玄武池训练水军，并派人到凉州（今甘肃）授马腾为卫尉予以拉拢，以避免南下作战时侧后受到威胁。一切就绪后，曹操紧擂战鼓，兴起大军，浩浩荡荡向南方地区杀奔而来。

当时，南方的主要割据势力有两个，一是立国三世的东吴孙权政权，他据有扬州六郡。这些地方土地肥沃，物产丰富，在当时战乱较少，而北方人的南迁又给当地带来了先进的生产技术，因此东吴的经济有了长足的进步。在军事上，孙权拥有精兵数万，有周瑜、程普、黄盖等著名将领，内部团结，加上据有长江天险，因而使它成为曹操吞并天下的主要障碍。南方另一个主要割据势力是荆州的刘表。他基本上采取了维持现状的政策，但他年老多病，处事懦弱，其子刘琦和刘琮又因争夺继承权而闹得不可开交，所以政权并不稳固。

至于刘备，在当时还没有自己固定的地盘。他原来依附袁绍，官渡之战后投奔刘表。刘表让他屯兵新野、樊城一带，为自己据守阻止曹军南下的门户。但刘备素号"枭雄"，志在"匡复汉室"，所以就趁着这一机会扩充军队、网罗人才。他这时拥有诸葛亮、关羽、张飞、赵云等谋士、猛将，是曹操吞并天下的又一重要障碍。

公元208年7月，曹操率军南下，他的第一个战略目标是荆州。荆州历来为兵家必争之地，如占据了它，既能够控制今湖北、湖南地区，又可以顺江东下，从侧面打击东吴；向西进军则可以夺取富饶的益州（今四川）。就在战争一触即发的紧要关头，窝窝囊囊的刘表于8月因病一命呜呼了。接替他的次子刘琮更不争气，他让曹操的兵威吓破了胆，未作任何抵抗，就将荆州双手拱出。曹操兵不血刃，完成了南下战略的第一步。

刘备在樊城获悉刘琮投降的消息后，急忙率所部向江陵（今湖北江陵）退却，并命令关羽率水军经汉水到江陵会合。江陵为军事重镇，是兵力和物资的重要补给基地。曹操自然不甘心让它落入刘备之手，于是便亲率轻骑5000，日夜兼行150公里，追赶行动迟缓的刘备军队，在当阳（今湖北当阳）的长坂坡击败刘备，占领了战略要地江陵。刘备仅仅同诸葛亮、张飞、赵云等数十骑突围，在与关羽、刘琦等部会合后，退守龟缩于长江南岸的樊口（今湖北鄂城西北）一线。

军事上接二连三的胜利，使得曹操踌躇满志，轻敌自大，企图乘胜顺流东下，占领整个长江以东的地区，一举消灭孙权势力。尽管谋士贾诩建议他利用荆州的丰富资源，休养军民，巩固新占地，然后再以强大优势迫降孙权，可是曹操哪里听得进去。

在强敌压境、存亡未卜的危急关头，孙权和刘备两股势力为了避免彻底覆灭的共同命运，终于结成了联合抗曹的军事同盟。

早在曹操进兵荆州以前，东吴即曾打算夺占荆州与曹操对峙。刘表死后，孙权又派鲁肃以吊丧为名去侦察情况。鲁肃抵江陵时，刘琮已投降了曹操，刘备正向南撤退。鲁肃当机立断，即在当阳长坂坡会见刘备，说明联合抗曹的意向。处于困境的刘备欣然接受了这个建议，并派诸葛亮随同鲁肃前去会见孙权。诸葛亮向孙权分析了敌我形势，指出：刘备最近虽兵败长坂坡，但是尚拥有水陆2万余众的实力。曹操虽然兵多势众，但经长途跋涉，连续作战，非常疲惫，就像一支飞到尽头的箭镞，它的力量连一层薄薄的绸子也穿不透了。何况曹军多是北方人，不习水战；荆州又是新占之地，人心不服。在这种形势下，只要孙、刘双方同心协力，携手合作，就一定能击破曹军，造就三分天下的局面。孙权对他的这番精辟分析深表赞同。

可是当时东吴内部也存在着反对抵抗、主张投降的势力。长史张昭等人为曹军的声势所慑服，认为曹操"挟天子以令诸侯"，兵多势众，又挟新定荆州之胜，势不可当。双方实力相差悬殊，东吴难以抗衡，不如趁早投降。张昭是东吴的重臣，颇具影响，他这样的态度，使得孙权左右为难。这时鲁肃就竭力劝孙权召回东吴军事主帅周瑜商讨对策。

周谕奉召从鄱阳赶回柴桑（今江西九江西南），他同样主张坚决抗御曹操。他以为：曹操虽已统一北方，但其后方并不稳定。马超、韩遂在凉州的割据，对曹操侧后是潜在的重大威胁。曹操舍弃北方军队善于骑战的长处，而同吴军进行水上较量，这是舍长就短。加上时值初冬，马乏饲料，北方部队远来江南，水土不服，必生疾病。这些都是用兵之大忌，曹操贸然东下，失败不可避免。紧接着，周瑜又向孙权分析了曹操的兵力，指出曹操的中原部队不过十五六万，并且疲惫不堪；荆州的降兵最多不过七八万人，而且心存恐惧，斗志低落。这样的军队，人数虽多，但并不可惧，只要动用精兵5万，就足以打败它。周瑜深入全面的分析，使孙权更加坚定了联刘抗曹的决心，于是便拨精兵3万，任命周瑜、程普为左右都督，鲁肃为赞军校尉，率军与刘备会师，共同抗击曹操。

公元208年10月，周瑜率兵沿长江西上到樊口与刘备会师。而后继续挺进，在赤壁（今湖北嘉鱼东北）与曹军打了一个遭遇战。曹军受挫，退回江北，屯军乌林（今湖北嘉鱼西），与孙、刘联军隔江对峙。

孙、刘联军虽占有天时、地利、人和方面的优势，但毕竟是力量弱小，要打败强大的曹军谈何容易！可是，机遇总是喜欢那些敢于同命运抗争的人，胜利的天平倾向了弱者孙、刘一边。这中间的关键，就是孙、刘联军的统帅们能够比较敌我优劣长短，善于捕捉战机，找到了克敌制胜的法宝——乘隙蹈虚、欺敌误敌，因风放火，以火助攻。

当时曹军中疾病流行，又因多是北方人，不习水性，长江的风浪把他们颠簸得口吐黄水，苦不堪言。于是只好把战船用铁环"首尾相接"起来。周瑜的部将黄盖针对敌强我弱、不宜持久及曹军士气低落、战船连接的实际情况，建议采取火攻，奇袭曹军战船。周瑜采纳了这一建议，制定了"以火佐攻"、因乱而击之的作战方略。

周瑜利用曹操骄傲轻敌的弱点，先让黄盖写信向曹操诈降，并与曹操事先约定了投降的时间。曹操不知是计，欣然容允。届时，黄盖率蒙冲（一种用于快速突击的小船）、斗舰数十艘，满载干草，灌以油脂，并巧加伪装，插上旌旗，同时预备快船系挂在大船之后，以便放火后换乘，然后扬帆出发。当时，江上正猛刮着东南风，战船航速很快，迅速向曹军阵地接近。曹军望见江上船来，均以为这是黄盖如约前来投降，皆"延颈观望"，丝毫不加戒备。

黄盖在距曹军1公里地处，遂下令各船同时点火。一时间"火烈风猛，船往如箭"，直冲曹军战船。而曹军船只首尾相连，分散不开，移动不得，顿时便成了一片火海。这时，风还是一个劲地猛刮，熊熊烈火遂向岸上蔓延，一直烧到了岸上的曹军营寨。曹军将士被这突如其来的大火烧得惊慌失措、鬼哭狼嚎、溃不成军，烧死、溺死者不计其数。在长江南岸的孙、刘主力舰队乘机擂鼓前进，横渡长江，大败曹军。曹操势穷力蹙，被迫率军由陆路经华容道向江陵方向仓皇撤退，行至云梦时曾一度迷失道路，又遇上大风暴雨，道路泥泞不堪，以草垫路，才使得骑兵得以通过。一路上，人马自相践踏，死伤累累。孙、刘联军乘胜水陆并进，穷追猛打，扩大战果，一直追击到南郡（今湖北江陵境内）。曹操留曹仁、徐晃驻守江陵，乐进驻守襄阳，自己率领残兵败将逃回到北方。这场赤壁大鏖兵至此遂以孙权、刘备方面大获全胜而宣告结束。

赤壁之战对当时历史的发展具有深远的影响。它使得曹操势力不复再有南下的力量；孙权在江南的地位得到了进一步的巩固；刘备乘机获取立足之地，势力日益壮大，三国鼎立的形势就此造成。

在赤壁之战中，孙权与刘备两大集团表现出卓越的战略筹划与灵活的作战指导：第一，在敌强我弱，分则俱亡、合则势强形势下，精诚合作，结成政治、军事同盟，形成一股可以与曹军抗衡的力量。第二，在知彼知己的基础上，针对曹操骄傲轻敌、舍长用短的特点，利用地理、天时方面的有利条件，欺敌诈降，并果断采取"以火佐攻"的作战方针，乘敌之隙，予其以出其不意的打击。第三，在实施火攻袭击成功的情况下，不失时机地率领主力舰队横渡长江，乘敌混乱不堪之际，奋勇打击曹军，奠定胜局，并坚决实施战略追击，扩大战果，夺取荆州。

反观曹操，虽然他久历戎行，战绩辉煌，但在赤壁之战中却屡犯战略、战术上的错误：一是轻敌冒进，率意开战；二是弃骑用舟，舍长就短；三是在作战部署上又犯连接战船的错误；四是对敌手可能实施火攻的情况预估不足，轻信诈降，疏于戒备，终于导致了可悲的失败。

029

"兴复汉室"理想追求的幻灭
——夷陵之战

夷陵之战，又称彝陵之战、猇亭之战。爆发于公元222年，是三国时期吴国（孙权）和蜀汉（刘备）为争夺战略要地荆州八郡而进行的一场战争，也是中国古代战争史上著名的积极防御的成功战例。

公元208年赤壁之战以后，辖有长江南北八郡的战略要地荆州为曹操、刘备、孙权三方所瓜分。曹操占据南阳和江夏北部，孙权据有南郡和江夏南部，刘备则夺取了长沙、武陵、零陵、桂阳四郡。公元210年，在刘备的请求和鲁肃的规劝之下，孙权又把位于长江北岸的战略要地借给了刘备。这样一来，刘备实际上就基本控制了荆州。不久，刘备又先后夺取了益州和汉中，历史上魏、吴、蜀三国鼎立的局面就这样形成了。汉中和荆州是蜀汉的两个战略基地，从汉中可以北出潼关，攻打洛阳；从荆州北上可以经襄阳攻打许昌，东下则可以直捣吴国的腹地，使蜀汉处于进可以攻、退可以守的有利地位。

处于长江中、下游的东吴政权，面对刘备势力的迅速发展，深感不安。只是由于当时双方合力抗曹尚是共同的战略目标，这一矛盾才暂时未曾激化。到了公元211年，孙权占据交州（今广东、广西）后，力量进一步扩大；而当时曹操正忙于兼并关中马超、韩遂势力，稳定后方，无暇南顾。孙权便趁这个机会向刘备索还荆州，而刘备则以"须得凉州，当以荆州相与"为借口拒绝归还。两国矛盾日趋尖锐，曾一度以兵戎相见。最后虽然达成了平分荆州的协议：以湘水为界，孙权占有江夏、长沙、桂阳，刘备据有南郡、武陵、零陵，但是两国间的矛盾并未真正消除。

公元219年，孙权乘蜀汉荆州守将关羽率军北攻襄阳、樊城，与曹魏大军激战不已，造成后方空虚之际，派遣大将吕蒙"白衣渡江"，袭占关羽的后方基地江陵。关羽闻讯后仓促率军回救，结果兵败被杀，孙权遂占有了整个荆州。这样一来，孙、刘矛盾便全面激化，最终导致了夷陵之战。

公元221年，刘备在成都称帝，国号汉，史称蜀汉，年号章武。一个月后，刘备决定大举攻吴，企图为关羽报仇，夺回荆州。魏文帝曹丕见到孙刘联盟内部分化瓦解，不胜高兴，并乘机煽风点火，多方寻找机会以加剧吴蜀之间的矛盾冲突，好坐收渔人之利。蜀汉方面诸葛亮、赵云等绝大多数大臣、将领都看到了大举攻吴对蜀不利，因此再三规谏刘备不要出兵攻吴。但是，正在气头上的刘备丝毫也听不进这些意见。

至于孙权方面，在夺得了荆州之后，为了巩固既得利益，也不愿再加剧吴蜀之间的冲突，曾两次遣使主动向刘备求和，但均为刘备所断然拒绝。东吴南郡太守诸葛瑾（诸葛亮之兄）也曾给刘备写信，向他陈说利害，希望刘备停止攻吴行动。刘备同样置之不理。

公元221年7月，刘备亲率蜀汉军队10多万人，对吴国发动了大规模的战争。当时，两国的国界已西移到巫山附近，长江三峡成为两国之间的主要通道。刘备派遣将军吴班、冯习率领4万多人为先头部队，夺取峡口，攻入吴境，在巫地（今湖北巴东）击破吴军李异、刘阿部，占领秭归。为了防范曹魏乘机袭击，刘备派镇北将军黄权驻扎在长江北岸，又派侍中马良到武陵活动，争取当地部族首领沙摩柯起兵协同蜀汉大军作战。

孙权在面临蜀军战略进攻的情况下，奋起应战。他任命右护军、镇西将军陆逊为大都督，统率朱然、潘璋、韩当、徐盛、孙桓等部共5万人开赴前线，抵御蜀军；同时又遣使向曹丕称臣修好，以避免两线作战。

陆逊上任后，通过对双方兵力、士气以及地形诸条件的仔细分析，指出刘备兵势强大，居高守险，锐气正盛，求胜心切，吴军应暂时避开蜀军的锋芒，再伺机破敌，耐心说服了吴军诸将放弃立即决战的要求，果断地实施战略退却，一直后撤到夷道（今湖北宜都）、

猇亭（今湖北宜都北古老背）一线。然后在那里停止退却，转入防御，遏制蜀军的继续进兵，并集中兵力，准备相机决战。这样，吴军完全退出了高山峻岭地带，把兵力难以展开的数百里长的山地留给了蜀军。

公元 222 年正月，蜀汉吴班、陈式的水军进入夷陵地区，屯兵长江两岸。二月，刘备亲率主力从秭归进抵猇亭，建立了大本营。这时，蜀军已深入吴境二三百公里，由于开始遭到吴军的抵御，其东进的势头停顿了下来。在吴军扼守要地、坚不出战的情况下，蜀军不得已乃在巫峡、建平（今四川巫山北）至夷陵一线数百里地上设立了几十个营寨。为了调动陆逊出战，刘备遣前部督张南率部分兵力围攻驻守夷道的孙桓。孙桓是孙权的侄儿，所以吴军诸将纷纷要求出兵救援，但陆逊深知孙桓素得士众之心，夷道城坚粮足，坚决拒绝了分兵援助夷道的建议，避免了分散和过早地消耗兵力的行为。

从正月到六月，两军仍然相持不决。刘备为了迅速同吴军进行决战，曾频繁派人到阵前辱骂挑战，但是陆逊沉住气不予理睬。后来刘备又派遣吴班率数千人在平地立营，另外又在山谷中埋伏了 8000 人马，企图引诱吴军出战，伺机加以歼灭。但是此计依然未能得逞。陆逊坚守不战，破坏了刘备倚恃优势兵力企求速战速决的战略意图。蜀军将士逐渐斗志涣散松懈，失去了主动优势地位。

六月的江南，正值酷暑时节，暑气逼人，蜀军将士不胜其苦。刘备无可奈何，只好将水军舍舟转移到陆地上，把军营设于深山密林里，依傍溪涧，屯兵休整，准备等待到秋后再发动进攻。由于蜀军是处于吴境二三百公里的崎岖山道上，远离后方，故后勤保障多有困难，且加上刘备百里连营，兵力分散，从而为陆逊实施战略反击提供了可乘之机。

陆逊看到蜀军士气沮丧，放弃了水陆并进、夹击吴军的作战方针，认为战略反攻的时机业已成熟。为此他上书吴王孙权说：交战之初，所顾虑的是蜀军水陆并进、夹江直下。现在蜀军舍舟就陆，处处结营，从其部署来看，不会有什么变化。这样就有了可乘之机，击破蜀军，当无困难。孙权当即批准了陆逊这一由防御转入反攻的作战计划。

陆逊在进行大规模反攻的前夕，先派遣小部队进行了一次试探性的进攻。这次进攻虽未能奏效，但却使陆逊从中寻找到了破敌之法——火攻蜀军连营的作战方法。因为当时江南正是炎夏季节，气候闷热，而蜀军的营寨都是由木栅所筑成，其周围又全是树林、茅草，一旦起火，就会烧成一片。

决战开始后,陆逊即命令吴军士卒各持茅草一把,乘夜突袭蜀军营寨,顺风放火。顿时间火势猛烈,蜀军大乱。陆逊乘势发起反攻,迫使蜀军西退。吴将朱然率军5000首先突破蜀军前锋,猛插到蜀军的后部,与韩当所部进围蜀军于涿乡(今湖北宜昌西),切断了蜀军的退路。潘璋所部猛攻蜀军冯习部,大破之。诸葛瑾、骆统、周胤诸部配合陆逊的主力在猇亭向蜀军发起攻击。守御夷道的孙桓部也主动出击、投入战斗。吴军进展顺利,很快就攻破蜀军营寨40余座,并且用水军截断了蜀军长江两岸的联系。蜀军将领张南、冯习及土著部族首领沙摩柯等阵亡,杜路、刘宁等卸甲投降。刘备见全线崩溃,逃往夷陵西北马鞍山,命蜀军环山据险自卫。陆逊集中兵力,四面围攻,又歼灭蜀军数万之众。至此,蜀军溃不成军,大部死伤和逃散,车、船和其他军用物资丧失殆尽。刘备乘夜突围逃遁,行至石门山(今湖北巴东东北),被吴将孙桓部追逼,几乎被擒,后卫将军傅肜等被杀。后依赖驿站人员焚烧溃兵所弃的装备堵塞山道,才得以摆脱追兵,逃入永安城中(又叫白帝城,今四川奉节东)。

这时,蜀军镇北将军黄权所部正在江北防御魏军。刘备败退后,黄权的归路为吴军所截断,不得已于八月率众向曹魏投降。

刘备逃到白帝城后,吴将潘璋、徐盛等人都主张乘胜追击,扩大战果。陆逊顾忌曹魏方面乘机浑水摸鱼、袭击后方,遂停止追击,主动撤兵。九月,曹魏果然攻吴,但因陆逊早有准备,魏军终于无功而返。次年四月,刘备恼羞于夷陵惨败,一病不起,亡故于白帝城。夷陵之战就这样结束了。

夷陵之战中,陆逊善于正确分析敌情,大胆后退诱敌,集中兵力,后发制人,击其疲惫,巧用火攻,终于以5万劣势的吴军一举击败兵力占有优势的蜀军,创造了由防御转入反攻的成功战例,体现了高超的指挥艺术和军事才能,表明他不愧为一位杰出的军事统帅。至于刘备的失败,也不是偶然的。他"以怒兴师",恃强冒进,犯了兵家之大忌。在具体作战指导上,他又不察地利,将军队带入难以展开的二三百公里的崎岖山道之中;同时在吴军的顽强抵御面前,又不知道及时改变作战部署,而采取了错误的无重点处处结营的办法,终于陷入被动,导致悲惨的失败,自食"覆军杀将"的恶果，令人不胜感慨。

夷陵之战对于三国鼎立的局面也有很大的影响。对蜀汉来说，它大损国力，基本上毁灭了当年诸葛亮隆中对策时制定的宏伟战略蓝图。对东吴来说，虽然打赢了战争，但是却进一步损害了吴、蜀关系，从战略上看，亦不无失策之处。

030 "用兵之道，攻心为上，攻城为下" ——诸葛亮南征之战

南征之战，是诸葛亮的重要政绩之一。在这次征战中，诸葛亮把军事行动与政治斗争等诸多因素结合起来，并成功地运用"攻心为上"的政策，胜利平定了南中叛乱，给后人留下了宝贵的经验。

蜀国的南中地区包括四郡，即越巂、益州、永昌、牂牁，指今四川南部、云南东北部和贵州西北部一带。这里除了住有汉族外，还聚居着许多少数民族，统称"西南彝"。秦汉以来，由于汉族封建地主阶级的压迫和剥削，南中地区的民族矛盾十分尖锐，经常发生反抗活动。刘备占据益州后，为了稳定蜀国的政权，根据诸葛亮在隆中提出的搞好与西南少数民族关系的方针，采取了一些安抚措施。但是南中的豪强地主和一些少数民族的上层分子，却利用民族矛盾，为了割据一方，举行武装叛乱。

后主建兴元年（223年），益州郡（今云南晋宁）大姓雍闿，杀太守正昂，又缚送继任太守张裔到东吴，以换取孙权的支持。孙权即任命雍闿为永昌太守，互为声援。雍闿又诱永昌郡人孟获，使之煽动各族群众叛蜀。紧接着，越巂郡（今四川西昌）的叟族首领高定元，牂牁郡（今贵州西部）太守（一说郡丞）朱褒，并皆响应，相继叛乱。

南中叛乱是蜀国于夷陵被孙吴打败之后面临的又一严峻局面，其时刘备刚死，后主刘禅即位，政权不稳，加上孙吴、曹魏威胁在外，形势十分危急。但辅佐后主的诸葛亮，临事不慌，没有仓促起兵，而是暂时"抚而不讨"，命令各地闭关严守，息民殖谷。他还采取一系列措施，整顿政治，改革官职，修订法制。诸葛亮还致书雍闿，争取和平解决，但遭拒绝，同时急遣能言善辩的邓芝，两次赴吴，以刘孙联盟共同抗曹的利害关系，

说服孙权，重建了联盟，这就减轻了外部压力。这样，蜀汉政权获得了喘息机会，通过整顿内政，形势趋于稳定。于此之后，诸葛亮开始了平定南中的征战。

后主建兴三年（225年）春，诸葛亮亲率大军离都城成都南下。临行，参军马谡献策："夫用兵之道，攻心为上，攻城为下，心战为上，兵战为下，愿公服其心而已。"诸葛亮接受了这一正确意见，坚持军事镇压和政治攻心相结合的方针，同时兵分3路：以门下督马忠为牂牁太守，率东路军由僰道（今四川宜宾）攻打据守在牂牁的朱褒；庲降都督领交州刺史李恢由中路从平夷进逼益州；诸葛亮率主力以西路经水道入越巂攻打高定元。

由于战前作了充分的准备和训练，蜀军士气高昂，战事顺利展开。诸葛亮的西路大军顺岷江至安上（今四川屏山），旋即西向进入越巂地区。这时高定元已分别在旄牛（今四川汉源）、定筰（今四川盐源）、卑水（今四川昭觉附近）一带部署军队，修筑营垒，对抗蜀军。为了寻歼叛军，诸葛亮在卑水停军等待时机。高定元见蜀军已到，忙把自己的军队从各处调集汇合起来，准备决战。诸葛亮乘叛军尚未完全调集部署之际，迅速进军，突然袭击，一举歼灭了叛军，并杀死高定元，进占越巂郡。

与此同时，东路的马忠也打败了朱褒，攻占了牂牁郡。李恢的中路军于进军路上，曾被围困于昆明，时叛军数倍于蜀军，又未得诸葛亮的声息，处境一度险恶。李恢故意扬言固粮尽要退军，叛军闻讯，信以为真，因而麻痹大意，围守怠缓。李恢乘机突然出击，大破叛军，并与东、西路大军相互呼应。诸葛亮随即指挥大军继续南下，直指叛军的最后据点益州郡。

这年五月，蜀军冒着酷暑炎热，穿过人烟稀少的荒山野岭，渡过泸水（金沙江），进入南中腹地，逼近益州郡。这时，叛军的内部已经起了变化，叛乱头目雍闿在内讧中被高定元的部下杀掉了，当地彝族首领孟获继统雍闿余部，率叛军对抗蜀军。

孟获是一位作战勇敢的人，特别是他在当地少数民族中很有声望和号召力。对于这样的人物，诸葛亮采取了"攻心为上"的政策。当蜀军包围了益州郡时，孟获也在积极准备，守城应战。战前，诸葛亮下令只许生擒孟获，不许伤害。双方开仗时，蜀军设置埋伏，生擒了孟获。孟获以中计被俘，心里不服。诸葛亮让他观看了蜀军阵容，然后予以释放，让他整军再战。结果，孟获再次被擒，诸葛亮又放了他。这样再战再擒，前后7次，孟获终于心服，表示不再叛乱。南中叛乱本是当地豪强大族和少数民族上层分子挑起的不义之战，没有群众基础，得不到人民的真正支持，而诸葛亮的平叛措施得当，注意政治影响，因此平乱工作进展顺利，春天出兵，秋天即告胜利，消灭了叛乱力量。

　　平叛之后，诸葛亮即施"和彝"政策，这是他攻心政策的继续。首先是撤军。叛乱一平定，诸葛亮就从南中撤出军队，不留兵，从而缓和和消除了与当地少数民族的矛盾，使"纲纪粗安""彝汉粗安"。同时，尽量任用当地有影响的人物做官。如任命李恢、王伉、吕凯为南中诸郡守，孟获为御史中丞，等等，通过他们加强了蜀汉在南中的统治。诸葛亮还注意南中的经济开发，从内地引来比较先进的生产技术，如引进牛耕，以改变当地落后的刀耕火种的方法，提高了这一地区的农业生产力，从而吸引了许多原以狩猎为生的少数民族"渐去山林，徙居平地，建城邑，务农桑"，走向定居的农业社会。开发南中，也给蜀汉政府增加了大量收入，"军资所出，国以富饶"。诸葛亮镇抚南中的成功，解除了蜀汉的后顾之忧，并从中得到物力和人力的支持，使他可以专心对付曹魏，开始了北伐曹魏的战争。

031 "兴师北伐，以攻为守"
——诸葛亮北伐曹魏之战

诸葛亮北伐曹魏之战，是由弱者主动向强者发动的一场战争。虽然在魏、吴、蜀三国并立中，魏国最强，蜀国最弱，但在这场战争中，诸葛亮指挥的蜀军曾给魏国造成相当大的威胁和震惊，却又因失误和客观条件限制而撤军，这里有双方力量对比的问题，又有谋略的运用问题，其间的诸多经验和教训，仍有借鉴的价值。

北伐曹魏，统一中原，统一全国，是诸葛亮在隆中向刘备提出的最终目标。当时诸葛亮设想兵分两路，一路"命一上将将荆州之军向宛（宛城）、洛（洛阳）"，一路由"将军（指刘备）身率益州之众出于秦川"，直趋长安。但在诸葛亮北伐之时，荆州已为东吴所有，所以剩下的进军路线就只有出秦川一条了。

诸葛亮北伐曹魏，先后5次，另有一次是曹军南下，属防御战。

蜀后主（刘禅）建兴四年（226年），曹魏的文帝曹丕病死，于曹睿继位，称魏明帝。诸葛亮认为，曹魏政权的更迭，新君刚立，是北伐的一个有利机会。于是在建兴五年（227年），率蜀军北驻汉中。临出发时，上疏后主，以时局艰难，劝诫和提醒刘禅，并对治国理政作了安排，史称这个上疏为《前出师表》。

建兴六年（228年）春，诸葛亮率军北伐。为了迷惑魏大将军曹真的主力部队，诸葛亮扬言由斜谷道（今陕西眉县南）取郿城（今陕西眉县北），并遣赵云、邓芝率一支人马为疑兵，据箕谷（今陕西褒城北），佯作进攻郿城，自己则率主力突然向西北攻祁山（今甘肃礼县祁山堡）。由于多年努力训练，蜀军士气旺盛，阵容整齐，北伐进展顺利，曹魏所属南安

（今甘肃陇西东南）、天水（今甘肃甘谷东南）、安定（今甘肃镇原东南）三郡都叛魏响应诸葛亮，魏天水将领姜维也投向诸葛亮。

诸葛亮的进攻和得手，一时震动关中，使曹魏政权十分惊恐，魏明帝急忙亲自率军西镇长安，派大将张郃率军阻止诸葛亮。

诸葛亮出祁山，屯兵西县（今甘肃天水西南），命马谡为前锋，王平为副将，督诸军与张郃战于街亭（今甘肃秦安县附近）。马谡平素好发高论，也提过一些好建议，如"攻心为上"即是，但他不精兵法。刘备曾对诸葛亮说过："马谡言过其实，不可大用。"然而诸葛亮并没有注意刘备的提醒，在关键时刻，错用了他。结果马谡违反诸葛亮的节度，拒听王平的劝止，弃城不守，上山扎营。张郃乘机把蜀军围困于山上，断其水源。蜀军缺水，军心动摇，在曹军的进攻下溃败，马谡逃走，街亭失守。诸葛亮被迫退兵，南安、天水、安定三郡又被魏军夺回，第一次北伐失败。

为了严肃纲纪，以利再战，诸葛亮忍痛依法处死了马谡，自己又以统帅身份，主动承担责任，上疏后主，自降三级。随即在这年冬天，诸葛亮又率军，发动了第二次北伐曹魏之战。蜀军出散关（今陕西宝鸡西南），围陈仓（今陕西宝鸡东）。时曹魏已有准备，魏将郝昭凭险据守，历时20多天。由于蜀国多山，蜀道艰险，这时军粮供应不上，诸葛亮再次被迫退军，并于归途中设伏杀跟后追击的魏将王双，第二次北伐仅以此结束。

建兴七年（229年）春，诸葛亮第三次北伐，遣陈式攻武都（今甘肃成县）、阴平（今甘肃文县西北）二郡。魏雍州刺史郭淮领兵欲击陈式，诸葛亮即亲自出兵建威（今甘肃西和北）。郭淮退兵，蜀军遂取武都、阴平二郡。第三次北伐以取得局部胜利结束。

建兴八年（230年），曹魏采取主动行动，发兵进攻汉中。诸葛亮急调两万援军阻击。后因雨路阻，魏军退回。

建兴九年（231年），诸葛亮第四次出师，再围祁山。鉴于蜀道山多路险，以前的北伐多因军粮运送困难而受严重影响，诸葛亮为解决这个难题，发明了一种适合山道的叫"木牛"的运粮车，向前方运粮。魏明帝闻祁山被围，忙派足智善算的司马懿迎击。诸葛亮留下部分军队继续包围祁山，自率主力东上寻找司马懿决战。两军相遇于上邽(今甘肃天水市）

一带。司马懿深知蜀军的粮食供应仍很困难，有意避免决战，扎营坚守，拖延时日。诸葛亮随即改变策略，佯装退兵，诱敌出战。司马懿谨慎尾随，但不主动出击。魏军中一些将领多次请战，均遭司马懿拒绝。于是魏军中有人讥笑司马懿"畏蜀如虎"。司马懿无奈，只好派大将张郃出战，结果被早有准备的蜀军击败，损失3000多人。魏军上当吃亏后再也不敢恋战，而诸葛亮也因此无法消灭司马懿的魏军主力。

双方相持月余，蜀军粮食供应日益困难，负责运粮的蜀国大臣李严，既疏于职守，又怕承当罪责，就假传后主旨意，要诸葛亮退兵。诸葛亮只好再次退兵。司马懿料定蜀军因粮尽撤退，不是计策，就派大将张郃追赶。诸葛亮抓住时机，于回军途中，在木门谷（今甘肃天水西南）设伏射杀了张郃，迫使魏军退去。第四次北伐结束。

此后，诸葛亮暂时停止北伐行动，"休士劝农"，让士兵歇息练武；同时加强农业生产，积蓄粮食。建兴十二年（234年），开始了第五次也是最后的一次北伐。

这年春天，诸葛亮率军10万，出斜谷口。此前，派使赴东吴，约孙权在东面呼应，出兵攻魏。不久，蜀军攻占了渭水南岸的五丈原（今陕西眉县西南），与魏大将司马懿对峙于渭水。为了避免再次出现因军粮不继而造成中途退兵的情况，诸葛亮又发明了"流马"车运送粮食，同时抽出一部分士卒分杂在渭水沿岸百姓中，进行屯田。魏军方面，则仍坚守不战，以待蜀军粮尽疲惫。

这年五月，孙权应蜀国之约，发兵分三路攻魏，但主力在合肥（今安徽合肥西北）失利，导致全线撤退。蜀、吴夹击的计划落空。

蜀魏在渭水对峙了100多天。八月，诸葛亮因积劳成疾，病死于五丈原军中。临终前，诸葛亮决定撤军，并对撤军作了部署。诸葛亮死后，蜀军依嘱，整军从容而退。司马懿不知诸葛亮已死，只紧追而不敢战，蜀军故作回军反击，司马懿怕中计，不敢再追。及蜀军安全撤退毕，蜀国才宣告诸葛亮病死。时民间百姓流传笑话说："死诸葛吓走生仲达（司马懿字仲达）。"

诸葛亮的5次北伐虽然没有成功，但以蜀国地小人寡的有限力量，能够对当时实力最雄厚的曹魏主动发起攻击,这已经是很了不起的,虽然这也不单靠诸葛亮一个人的力量,但他的足智多谋和治蜀方略,无疑是很重要的因素。

032
蜀灭吴亡，三分归于西晋
——魏灭蜀之战

魏灭蜀之战，是强者消灭弱者的一场战争。魏能灭蜀，在于前者在政治、经济和军事等方面优于后者，但战场上的胜负，又与双方的指挥、谋划直接有关。

三国后期，魏、吴、蜀并立抗争的局面因三方力量的消长变化而渐趋崩溃。其中，魏国自明帝曹睿死后，齐王曹芳为帝，大权旁落在司马懿手中。司马懿死后，子司马师、司马昭相继执政。司马氏父子一方面大力清除曹氏势力，笼络士族，并经过几次废立皇帝事件，准备代魏自立；同时，他们还注意招揽人才，移民实边，继续曹操的办法，推广屯田，并兴修水利，使魏国在司马氏的掌管下，政治稳定，经济发展，军事力量十分强大。相比之下，蜀国自诸葛亮死后，蒋琬和费祎辅政，他们遵行诸葛亮的既定方针，团结内部，又不轻易用兵，曾一度使蜀国维持着比较稳定的局面。及蒋琬、费祎之后，姜维执政，多次对魏用兵无功，消耗了国力。特别是后主刘禅，自诸葛亮死后，更加昏庸无道，贪图享乐，不理朝政，宦官黄皓乘机取宠弄权，结党营私，朝政日非，连姜维也因怕被害，自请到沓中（今甘肃甘南州舟曲西北）种麦以避祸。至此，蜀国的基础已大大动摇。这时的吴国，因孙权死后，内争迭起，社会矛盾更加尖锐，多次攻魏也多以失败告终。吴国的实力也大大削弱了。

这样，在三国中，司马氏掌政下的魏国势力最强，具备了灭吴、蜀，统一天下的条件。

魏元帝曹奂景元三年（262年），执政的魏大将军司马昭，分析了当时的局势，认为蜀国已经"师老民疲，我今伐之，如指掌耳"，决定采取"今宜先取蜀，三年之后，因巴蜀顺流之势，水陆并进"灭东吴的方针。为此，魏任钟会为镇西将军，都督关中，做伐蜀准备。同时扬言要先攻吴，以迷惑蜀国。姜维闻讯，忙把情况上报刘禅，建议派兵把守阳安关口（即阳平关，在今陕西宁强西北）和阴平（今甘肃文县西北）的桥头，做好防备。但昏庸的后主只宠信宦官黄皓，黄皓则相信鬼巫之说，以为魏军不会进攻，刘禅信以为真，把姜维的建议，置之脑后，连群臣都不让知道。

景元四年（263年）夏，魏"征四方之兵十八万"，分三路进攻蜀国：征西将军邓艾率兵3万多，自狄道（今甘肃临洮）向甘松（今甘肃迭部县东南）、沓中，进攻驻守在此的姜维；雍州刺史诸葛绪率3万多人马，自祁山（今甘肃礼县祁山堡）向武街（今甘肃成县西北）、阴平之桥头，切断姜维后路；镇西将军钟会率主力10余万人，分别从斜谷（今陕西眉县南）、骆谷、子午谷（在今陕西西安南），进军汉中。

蜀国后主见魏军真的来攻了，才仓促应战，忙遣右车骑将军廖化率一支人马往沓中，增援姜维；派左车骑将军张翼和辅国大将军董厥率另一支人马到阳安关防守汉中的外围据点。

这年九月，魏军三路大军发起进攻。在东南，钟会的主力部队三路齐进，而这时刘禅却不等援军到达就敕汉中各外围据点的蜀军撤退，魏军在没遇抵抗的情况下，迅速进入汉中，并随即进逼阳安关。蜀阳安守将傅金，坚守苦战，旋因部将蒋舒开城出降，傅金格斗而死。魏军进占阳安关后，又长驱直入，进逼剑阁（今四川剑阁县西），威胁蜀都城成都（今四川成都）。

与此同时，邓艾率领的西路魏军也展开攻势，使天水太守王颀、陇西太守牵弘、金城太守杨趋分别从东、西、北三面进攻沓中的姜维。姜维获悉魏军进入汉中的消息，因虑及阳安关有可能丢失，剑阁孤危，遂引兵且战且退，企图移向剑阁。但是诸葛绪率领的中路魏军已从祁山进达阴平之桥头，切断了姜维的退路。姜维为调开桥头魏军，乃引军从孔函谷（今甘肃陇南市西南）绕到诸葛绪后侧，攻击魏军。诸葛绪生怕自己的后路反被切断，忙命魏军后退15公里。姜维趁机立即回头越过桥头。当诸葛绪觉察自己上当时，蜀军已远远离去，追赶不及了。姜维从桥头至阴平，继续向南撤退，途中与正在北上的廖化、张翼、董厥等蜀国援军会合，时已获悉阳安关口丢失，遂退守剑阁。

不久，邓艾率军抵达阴平，他挑选精兵，欲与诸葛绪联合由江油（今四川江油北），避开剑阁，直取成都。诸葛绪以邀击姜维为己任，拒绝邓艾联军之议，率军东去，与钟会军会合。钟会为扩大军权，密告诸葛绪畏懦不前，结果诸葛绪被征还治罪，其部归属钟会。

随后，钟会率军进向剑阁。剑阁在今四川剑阁县西，有相连的小剑山和大剑山，地形险峻，道小谷深，易守难攻，但又是通往成都的通道。姜维利用这种有利于防守的地形，在此"列营守险"。钟会屡攻不下，不久魏军因粮食不继，军心动摇，遂有退军之议。

魏军伐蜀之战，曾一度顺利进展，并切断了蜀军主帅姜维的退路，灭蜀之举，指日可成。但由于诸葛绪的失策中计，姜维顺利通过桥头，凭险守剑阁，阻挡了魏军的攻势，使之面临粮尽退军、前功尽废的情形。

在这个关键时刻，邓艾提出了一条奇策，建议"从阴平由邪径（小道）经汉德阳亭（今四川剑阁西北）趣涪（涪，在今四川绵阳东），出剑阁西百里，去成都三百余里，奇兵冲其腹心，剑阁之守（指蜀军）必还，则（钟）会方轨（两车并行）而进；剑阁之军不还，则应涪之兵寡矣。……今掩其空虚，破之必矣"。邓艾献策的要点是，魏军从阴平绕小道攻涪，这样姜维若从剑阁来援，则剑阁势孤易破，若蜀军不援涪，魏军破涪，切断姜维后路，并可直指成都。这条计策被接纳了，并由邓艾执行。

从阴平到涪，高山险阻，人迹罕至，十分艰难，不过也因此之故，蜀国没在此设防。这年十月，邓艾率军自阴平道，行无人之地300多里，一路凿山通道，造作桥阁。时"山高谷深，至为艰险。又粮运将匮，濒于危殆"。面对困难，邓艾身先士卒，遇到绝险处，"以毡自裹，推转而下，将士皆攀木缘崖，鱼贯而进"。在克服了这些难以想象的困难之后，魏军终于通过了阴平险道，到达江油。蜀江油守将马邈见魏军奇迹般出现，大惊失色，不战而降。邓艾率魏军乘胜进攻涪城。

江油失守后，刘禅派诸葛亮之子诸葛瞻阻击邓艾。诸葛瞻督诸军至涪城停住。及战，魏军破蜀军前锋，诸葛瞻被迫退守绵竹（今四川绵竹），列阵待艾。邓艾遣使致书诸葛瞻劝降说:"若降者必表为琅邪王。"诸葛瞻怒斩使者。邓艾即遣其子邓忠及司马师纂等,从左右两面进攻蜀军。魏军失利,邓艾大怒曰:"存亡之分,在此一举,何不可之有?"扬言欲斩邓忠、师纂,命之再战。二将急忙重新上阵,结果大破蜀军,临阵斩诸葛瞻及蜀尚书张遵等人。就这样,魏军进占绵竹,并立即进军成都。

　　蜀国的兵力多在剑阁,成都兵少,实际上无防守可言,蜀君臣闻魏军到来,慌作一团,不知所措。有人建议后主逃向南中地区(今四川南部及云、贵部分地区),但那里情况复杂,能否站稳没有把握。有人建议东投孙吴,但孙吴也日益衰弱,自身难保。光禄大夫谯周力主降魏,群臣多附和之。这年十一月,刘禅接受谯周意见,开城降魏,同时遣使令姜维等投降。之后,魏军占领成都。

　　坚守剑阁的姜维,先闻诸葛瞻兵败,但未知后主确切消息,恐腹背受敌,乃引军东入巴中(今四川巴中)。钟会率魏军进至涪城,遣将追赶姜维。姜维退到郪(今四川广福)。旋接后主敕令,姜维乃率廖化、张翼、董厥等人,投戈放甲于钟会军前。

　　魏灭蜀之战结束。

033 "千寻铁锁沉江底,一片降幡出石头"
——晋灭吴之战

晋灭吴之战,是统一全国的战争,也是强者消灭弱者的一场战争。晋具有各方面的优势,但仍经过长期准备,精心策划,严密部署,终于迅速取胜。弱小的吴国面对强敌,反而轻敌大意,毫无有效全面的防备措施,结果一败涂地。

魏元帝景元四年(263年)司马昭的灭蜀,使司马氏势力进一步加强。咸熙二年(265年)八月,司马昭病死,子司马炎嗣相国、晋王位,继掌魏国朝政。同年十二月,司马炎废魏元帝曹奂,自登皇位(即晋武帝),改国号为晋(史称西晋),改元泰始,都洛阳。这样,魏灭蜀、晋代魏,变三国鼎立为晋与吴的南北对峙。

司马昭曾有灭蜀之后3年就灭吴平天下的设想,但灭蜀后,因师老民疲,又缺乏灭吴所必不可少的一支强大水军,灭吴之举暂停。司马氏转而采取措施整顿内部,如任用贤能、废除苛法、减免赋役、劝课农桑、兴修水利,以此缓和社会矛盾,恢复经济,加强实力基础。司马氏还特意厚待归降的蜀国君臣。如封刘禅为安乐公,后来还征用诸葛亮孙诸葛京"随才署吏",其他蜀国降臣封侯者有50余人,以此稳定巴蜀之众,又示意东吴,收买吴国人心。晋代魏后,晋帝司马炎又遣使与吴讲和,作缓兵之计。但与此同时,司马炎抓紧时间,开始作进攻吴国的军事准备。

晋泰始五年(269年),晋武帝以羊祜都督荆州诸军事,镇守襄阳(今湖北襄樊);卫瓘都督青州诸军事,镇临淄(今山东临淄北);司马伷都督徐州诸军事,镇下邳(今江苏徐州市西南),以这些地区作为进军的基地。羊祜是极力主张并参与密谋灭吴的主要大臣之一,他曾在襄阳与东吴名将陆抗对峙，善施恩惠，如主动送还吴军俘虏、吴国禾麦、吴人射伤的禽兽等，使"吴人翕然悦服"。吴人北来归降者不绝，迫使陆抗只得采取"各保分界，无求细利"的方针，不敢贸然行事。另外，羊祜率部众又练兵，又生产，提高晋军的战斗力，使晋军由"军无百日之粮"变为"有十年之积"。羊祜死后，继任者杜预继续练兵习武，囤积军粮，加紧备战。

泰始八年（272年），司马炎以王濬为益州刺史，密命他制造大船，训练水军，"为顺流之计"。王濬遂着手作"大船连舫，方百二十步，受二千人，以木为城，起楼橹，开四出门，其上皆得驰马往来……舟楫之盛，自古未有"。一支强大的水军在长江上游逐渐建立起来了。

正当晋朝国力日盛，积极准备平吴的时候，江东的孙吴却是每况愈下。早在孙权晚年，由于赋役苛重，吴国人民的不满和反抗已有所发展，社会矛盾加剧。晚年的孙权，"性多嫌忌，果于杀戮"，搞得朝臣人不自安。孙权死后，围绕继位和权力问题，引发了一连串的宫廷内争和帝位更迭，进一步加剧了吴国的混乱。及至吴元兴元年（264年），孙权之孙乌程侯孙皓被迎立为帝，情况更加不可收拾。孙皓昏庸无道，即位后尽情享乐，好酒色，兴土木，搞得吴国"国无一年之储，家无经月之畜"，人民揭竿而起，朝臣离心离德。孙皓对西晋的威胁，毫无戒心，有时也派兵攻晋，但多因草率而无功。他迷信长江天险可保平安，从未认真在战备上下功夫。名将陆抗觉察到晋有灭吴的意图，曾不止一次上疏要求加强备战，他还预见到晋兵会从长江上游顺流而下，特别要求加强建平（今湖北秭归）、西陵（今湖北宜昌东南、西陵峡口）的兵力。王濬在蜀造船所剩碎木顺江而下，吴建平太守吾彦取之以呈孙皓说："晋必有攻吴之计，宜增建平兵。建平不下，终不敢渡。"孙皓对陆抗、吾彦的建议和警告，一概不予重视。陆抗也在忧虑中死去。吴国的衰落，孙皓的昏庸，为晋的顺利灭吴，提供了难得的机会。

咸宁五年（279年），王濬、杜预（时羊祜已死）以吴主孙皓"荒淫凶虐"，上书建议司马炎"宜速征伐"，举兵平吴。司马炎即于这年十一月开始了平吴的大进军。

晋军基本上按羊祜生前制定的作战计划，分六路出击：镇军将军、琅邪王司马伷自驻地下邳向涂中（今安徽滁河流域），安东将军王浑出江西（由和州出击），建威将军王戎向武昌方向进攻，平南将军胡奋出击夏口（属今湖北武汉市），镇南大将军杜预自驻地襄阳进军江陵（今湖北江陵），龙骧将军王濬、广武将军唐彬率巴蜀之卒浮顺江流而下。晋军东西凡20余万，以太尉贾充为大都督、行冠军将军杨济为副，总统众军。为了协调行动，司马炎命王濬的军队下建平时受杜预节度，至秣陵（即吴都建业，今江苏南京市）时受王浑指挥。晋军分路出击，意在迅速切断吴军联系，各个击破，其中西面晋军主攻，东面晋军牵制吴军主力，最后夺取吴都建业。

这一年十二月，王濬、唐彬率军7万沿江而下。第二年（即太康元年，280年）二月克丹杨（今湖北秭归东），寻进逼西陵峡。吴军于此设置铁锁横江，又作铁锥暗置江中，以为以此即可阻止晋军前进，竟不派兵防守。王濬早已预做大筏数十个，缚草为人，立于筏上，使水性好的士卒以筏先行，筏遇铁锥，锥即着筏而去，又用大火烧熔铁锁。晋军顺利排除了障碍，一路势如破竹，进克西陵，继克夷道（今湖北宜都）、乐乡（今湖北松滋东北，长江南岸）。

与此同时，杜预率领的晋军，几乎兵不血刃，夺取了江陵；胡奋克江安（今湖北公安西北），所到之处，大多不战而胜。

随即司马炎又命王濬为都督益梁二州诸军事，要他和唐彬率军继续东下，扫除巴丘（今湖南岳阳），"与胡奋、王戎共平夏口、武昌，顺流长鹜，直造秣陵"。同时命杜预南下镇抚零陵（今湖南零陵）、桂阳（今湖南郴县）、衡阳（今湖南湘潭西）。于时王濬遵命即克夏口，与王戎联军夺取武昌，随后又"泛舟东下，所在皆平"。至此，晋军主力已完全控制了长江上游地区。

至于东面，太康元年正月，王浑率晋军已抵横江（今安徽和县东南）一带，准备渡江进逼建业。吴主孙皓慌忙异常，急令丞相张悌率丹阳太守沈莹、护军孙震等率兵3万，渡江迎击。结果晋军大胜，临阵斩杀张悌、沈莹、孙震等吴将士5800人。吴国上下大震。王浑率军逼近江岸，部将建议他乘胜直捣建业。但王浑以司马炎只命他守江北，拒纳建议，停军江北，等待王濬，这时琅王邪王司马伷的晋军也进抵长江，威胁礁业。

三月，王濬军东下抵达三山（在今江苏南京市西南）。吴主孙皓遣游击将军张象率舟军万人抵御，但吴军毫无斗志，"望旗而降"。孙皓企图再凑2万兵众抵抗，这些士众却于出发前夜，尽数逃亡。至此，吴国已无兵可守。各路晋军兵临建业。孙皓用大臣薛莹、胡冲计，分别遣使奉书于王濬、司马伷、王浑处求降，企图挑拨离间。按司马炎原先的规定，这时的王濬晋军应由王浑节度，而王浑屯兵不进，又以共同议事的名义，也要王濬停止进军。但王濬不顾王浑阻拦，于三月十五日以戎卒8万，方舟百里，鼓噪而进建业。吴主孙皓面缚出降于王濬军前，吴亡。晋统一全国。

034 从"投鞭断流"到"风声鹤唳"
——淝水之战

公元383年发生的淝水之战,是偏安江左的东晋王朝同北方氐族贵族建立的前秦政权之间进行的大决战。战争的结果,是弱小的东晋军队临危不乱,利用前秦统治者苻坚战略决策上的失误和前秦军队战术部署上的不当而大获全胜,成为中国历史上以弱胜强的著名战例。

公元316年,在内乱外患的多重打击下,腐朽的西晋王朝灭亡了。随之而来的,是南北大分裂的格局。在南方,公元317年晋琅邪王司马睿在建康(今江苏南京)称帝,建立起东晋王朝。东晋占有现汉水、淮河以南大部地区。在北方,匈奴、鲜卑、羯、氐、羌等少数民族首领也纷纷先后称王称帝,整个北方地区陷入了割据混战的状态。在这个动乱过程中,占据陕西关中一带的氐族统治者以长安为都城,建立了前秦政权。公元357年,苻坚自立为前秦天王。他即位后,重用汉族知识分子王猛治理朝政,推行一系列改革政治、发展经济和文化、加强军力的积极措施,在吏治整顿、人才擢用、学校建设、农桑种植、水利兴修、军队强化、族际关系调和方面均收到显著的成效,在一定程度上使前秦国实现了"兵强国富"的局面。

在这基础上,苻坚积极向外扩张势力。他先后灭掉前燕、代、前凉等割据政权,初步统一了北方地区。黄河流域的统一,使苻坚本人的雄心越发增大。他开始向南进行扩张,在公元373年攻占了东晋的梁(今陕西南部、四川北部的部分地区)、益(今四川的大部分地区)两州,这样长江、汉水上游就纳入了前秦的版图。接着,前秦雄师又先后占领了襄阳、彭城两座重镇,并且一度包围三阿(今江苏高邮附近)、进袭堂邑(今江苏六合）。于是，秦晋矛盾日趋尖锐，终于导致了淝水大战。

军事上的胜利冲昏了苻坚的头脑：他一心想攻打江南，统一南北。东晋太元七年（382年）四月，苻坚任命其弟为征南大将军，八月又委任谏议大夫裴元略为巴西、梓潼二郡太守，积极经营舟师，企图从水路顺流东下会攻建康。到了十月，苻坚认为攻晋的战略准备业已基本就绪，打算亲自挥师南下，一举攻灭东晋。

在兴师之前，苻坚将群臣召集到太极殿，计议发兵灭晋这一事宜。在这次殿前决策会议上，苻坚本人趾高气扬，声称四方基本平定，只剩下东南一隅的东晋犹在抗拒王命，现在他要亲自统率97万大军出征，一举荡平江南地区。群臣中少部分人附和苻坚的意见，秘书监朱彤奉迎说：陛下亲征，东晋如不投降只有彻底灭亡，现在正是灭晋千载难逢的良机。冠军将军慕容垂（鲜卑族）等人心怀复国的异志，也在会后鼓励苻坚出兵，推波助澜。

但是前秦的多数大臣对此却持有反对的意见。尚书左仆射权翼认为，东晋虽然弱小，但是君臣和睦、上下团结，这时尚不是进攻它的时机。太子左卫率石越也认为，晋拥有长江天险，又得到民众的拥护支持，进攻不易取胜。他们都希望苻坚能够暂时按兵不动，发展生产，整训部队，等待东晋方面出现间隙后，再乘机攻伐。但苻坚却骄狂地声称："以我百万大军，把马鞭扔在长江中，也完全可以阻断长江水流，东晋方面还有什么天险可以凭恃的呢？"

苻坚见群臣反对他的攻晋决策，便结束朝议，退而与其弟阳平公苻融决断大计。苻融此人智勇双全，深得苻坚的信任。但这时他也不同意出兵，认为攻晋有三大困难：人心不顺；东晋内部团结，无隙可乘；前秦连年征战，军队疲惫，百姓厌战。建议苻坚放弃马上攻晋的计划。同时苻融也清醒地看到前秦表面强盛的背后，是民族矛盾、阶级矛盾的激烈尖锐。他向苻坚指出：如今鲜卑、羌、羯等族的人，对氐有灭国之深仇，他们正遍布于京郊地区，大军南下之后，一旦变乱发生于心腹地区，那时就追悔莫及了。为了说服苻坚，苻融还把苻坚所最为信任的已故丞相王猛反对攻晋的临终嘱咐抬了出来，可是苻坚都听不进去，固执地认为，以强击弱，犹"疾风之扫秋叶"，垂危的东晋政权可以迅速消灭。

为了劝阻苻坚南下攻晋，前秦的众多大臣进行了最后的努力。他们针对苻坚信佛的特点，通过释道安进行劝说。道安规劝苻坚不要攻晋；如一定坚持攻晋，您苻坚也不必亲自出征，而宜坐镇洛阳，居中调度，进攻和诱降双管齐下，以争取胜利。苻坚的爱妃张夫人和太子宏、幼子诜也都一再相劝，但是苻坚对这些依然置若罔闻，决意南下。

太元八年（383年）七月，苻坚下令平民每10人出兵1人，富豪人家20岁以下的从军子弟，凡强健勇敢的，都任命为禁卫军军官，并扬言说："我们胜利了，可以用俘虏来的司马昌明（即晋孝武帝）做尚书左仆射，谢安做吏部尚书，桓冲做侍中。看情况，得胜还师指日可待，可提前替他们建好官邸。"志骄意满之态，溢于言表。

八月，苻坚亲率步兵60万、骑兵27万、羽林郎（禁卫军）3万，计90万大军。在东西长达几千公里的战线上，水陆并进，南下攻晋。东晋王朝在强敌压境、面临生死存亡的紧急关头，决意奋起抵抗。他们一方面缓解内部矛盾，另一方面积极部署兵力，制定正确的战略战术，以抗击前秦军队的进犯。

晋孝武帝司马曜在谢安等人的强有力辅弼下任命桓冲为江州（今湖北东部和江西西部）刺史，控制长江中游，阻扼秦军由襄阳南下。任命谢石为征讨大都督，谢玄为前锋都督，统率经过7年训练，有较强战斗力的"北府兵"8万沿淮河西上，遏制秦军主力的进攻。又派遣胡彬率领水军5000增援战略要地寿阳（今安徽寿县），摆开了与前秦大军决战的态势。

同年十月十八日，苻融率领前秦军前锋攻占寿阳，生擒晋平虏将军徐元喜等人。与此同时，慕容垂部攻占了郧城（今湖北孝感市）。晋军胡彬所部在增援的半道上得悉寿阳失陷的消息，便退守硖石（今安徽凤台县西南）。苻融又率军尾随而来，攻打硖石。苻融部将梁成率兵5万进抵洛涧（今安徽怀远县境内），并在洛口设置本栅，阻断淮河交通，遏制从东西增援的晋军。

胡彬困守硖石，粮草乏绝，难以支撑，便写信请求谢石驰援，可是此信却被前秦军所截获。苻融及时向苻坚报告了晋军兵力单薄、粮草缺乏的情况，建议前秦军迅速开进，以防晋军逃遁。苻坚得报，便把大部队留在坎城，亲率骑兵8000驰抵寿阳，并派遣原东晋襄阳守将朱序到晋军中劝降。朱序到了晋军阵营后，不但没有劝降，反而向谢石等人密告了前秦军的情况，并建议谢石等人不要延误战机，坐待前秦百万大军全部抵达后束手就擒，而要乘着前秦军各路人马尚未集中的机会，主动出击。他指出只要打败前秦军的前锋，挫伤它的士气，前秦军的进攻就不难瓦解了。谢石起初对前秦军的嚣张气焰心存一定的惧意，打算以固守不战来消磨前秦军的锐气，听了朱序的情况介绍和作战建议后，便及时改变作战方针，决定转守为攻，争取主动。

十一月，晋军前锋都督谢玄派猛将刘牢之率领精兵5000迅速奔赴洛涧。前秦将梁成在洛涧边上列阵迎击。刘牢之分兵一部迂回到前秦军阵后，断其归路；自己率兵强渡洛水，猛攻梁成的军队。前秦军腹背受敌，抵挡不住，主将梁成阵亡，步骑5万人土崩瓦解，争渡淮水逃命，1.5万多人丧生。晋军活捉了前秦扬州刺史王显等人，缴获了前秦军的大批辎重、粮草。洛涧遭遇战的胜利，挫抑了前秦军的兵锋，极大地鼓舞了晋军的士气。谢石乘机命诸军水陆并进，直逼前秦军。苻坚站在寿阳城上，看到晋军布阵严整，又望见淝水东面八公山上的草和树木，以为也是晋兵，心中顿生惧意，对苻融说："这明明是强敌，你怎么说他们弱不堪击呢？"

前秦军洛涧之战失利后，沿着淝水西岸布阵，企图从容与晋军交战。谢玄知己方兵力较弱，利于速决而不利于持久，于是便派遣使者激将苻融说："将军率领军队深入晋地，却沿着淝水布阵，这是想打持久战，不是速战速决的方法。如果您能让前秦兵稍稍后撤，空出一块地方，使晋军能够渡过淝水，两军一决胜负，这不是很好吗？"前秦军诸将都认为这是晋军的诡计，劝苻融不可上当。但是苻融却说："只引兵略微后退，待他们一半渡河、一半未渡之际，再用精锐骑兵冲杀，便可以取得胜利。"于是苻融便答应了谢玄的要求，指挥秦军后撤。前秦军本来就士气低落，内部不稳，阵势混乱，指挥不灵，这一撤更造成阵脚大乱。朱序乘机在前秦军阵后大喊："秦军败了！秦军败了！"前秦军听了信以为真，遂纷纷狂跑，争相逃命。东晋军队在谢玄等人指挥下，乘势抢渡淝水，展开猛烈的攻击。苻融发现大势不妙，骑马飞驰巡视阵地，想整顿稳定退却的士兵，结果马倒在地，被追上的晋军手起刀落，一命呜呼。前秦军全线崩溃，完全丧失了战斗力，晋军乘胜追击，一直到达青冈（在今寿阳附近）。前秦军人马相踏而死者，满山遍野，堵塞大河。活着的人听到风声鹤唳，以为是晋兵追来，更没命地拔脚向北逃窜。是役，秦军被歼灭的十有八九，苻坚本人也中箭负伤，仓皇逃至淮北。

淝水之战的结果，是使得东晋王朝的统治得到了稳定，有效地遏制了北方少数民族贵族南下侵扰，为江南地区社会经济的恢复和发展提供了必要的契机，这场战争对于前秦政权和苻坚本人来说，则是促使北方地区暂时统一局面的解体。慕容垂、姚苌等贵族重新崛起，乘机瓦解了前秦的统治，苻坚本人也很快遭到了身死国灭的悲惨下场。

苻坚惨败淝水，原因众多。其中主要有：骄傲自大，主观武断，不听劝阻，一意孤行地轻率开战；内部不稳，意见不一，降将思乱，人心浮动；战线太长，分散兵力，舍长就短，缺乏协同；初战受挫，即失去信心；加上不知军情，随意后撤，自乱阵脚，给敌人提供可乘之机；对朱序等人的间谍活动没有察觉，让对手掌握己方情况，使自己陷入被动局面。

东晋军队的胜利，主要的因素归结起来，就是临危不乱，从容应战；君臣和睦，将士用命；主将有能，指挥若定；得敌情之实，知彼知己；士卒精练，北府兵以一当十；了解天时地利，发挥己军之长；初战破敌，挫其兵锋，励己士气；以智激敌，诱其自乱，然后乘隙掩杀；坚决实施战略追击，扩大战果。

035 统一北方,南北对峙
——北魏统一北方战争

北魏统一北方的战争,是在十六国诸侯纷争的历史条件下进行的。北魏政权虽然面临诸多对手,情况复杂多变,但能审时度势,确定先后打击的目标,采取灵活机动的战略战术,达到各个击破的目的。

北魏是鲜卑族拓跋部所建。鲜卑拓跋部原居于今东北兴安岭一带,后渐南迁至蒙古草原,以"射猎为业",靠游牧为生。东晋咸康四年(338年),其首领什翼犍称代王,建代国,都盛乐(今内蒙古和林格尔一带)。后为前秦世祖宣昭皇帝符坚所灭。北魏登国元年(386年),什翼犍之孙拓跋珪继称代王,不久改国号为魏,制定典章,重建国家,史称北魏,拓跋珪即太祖道武帝。皇始元年(396年)八月,拓跋珪大败北燕,占有今山西、河北地区,同时迁都平城(今山西大同市)。在汉族先进文化的影响下,进入中原的拓跋部,实行"分土定居",开始由游牧经济转向农业经济,并引用汉人士族,建立封建制度,开始了由原始末期的家长奴隶制飞跃向封建制的发展过程。

拓跋珪死后,长子明元帝拓跋嗣继位,嗣死,其子拓跋焘即位,是为世祖太武帝,于时开始了统一北方的战争。

拓跋焘,字佛狸,"聪明大度",是北魏一位杰出的君主。他继位后,采取了多项措施,如整顿税制,分配土地给贫人,安置流民,引用大批汉人参政,旨在加强北魏的封建化进程,加强与中原地主的结合,稳定社会,发展经济。这些又使北魏国势日盛,为其统一北方奠定了坚实基础。

当北魏建国和发展时,正处于十六国的后半期。及拓跋焘即位并日益强盛,南方的东晋已为刘裕的刘宋王朝所取代,北方则还有西秦、夏、北燕、北凉等割据政权的并立与纷争，北魏的北边还有蠕蠕（又称柔然、芮芮）经常南下侵扰。拓跋焘君临中原，即把平定北方提上议程，但关于先取何方，统治集团内部一直争论不休。及始光三年（426年），西秦主乞伏炽磐遣使朝魏，请讨夏国。北魏大臣们仍意见不同，有的主张先伐蠕蠕，有的主张先伐北燕，北方士族出身的崔浩则认为"赫连氏（夏主）土地不过千里，政刑残虐，人神所弃，宜先伐之"。时拓跋焘举棋不定。同年九月，拓跋焘闻夏主赫连勃勃已死，子赫连昌嗣位，内部不稳，遂决定先攻夏国。

夏国立于关中，建立者赫连勃勃，属匈奴族铁弗部，其父刘卫辰就是拓跋部的死敌。赫连勃勃先依后秦姚兴，后自立，取长安，占有关中，称帝，都统万（今内蒙古乌审旗南白城子），因任性屠杀臣民，搞得"夷夏嚣然，人无生赖"，国力衰弱。北魏先伐夏国，应该说是正确的选择。

拓跋焘进攻夏国的部署，是分兵二路，一路攻长安，一路趋统万。这年（即始光三年）九月，遣司空奚斤等人率4.5万人袭蒲坂（今山西运城市西蒲州镇），指向长安。十月，拓跋焘自率主力攻统万。十一月，奚斤一路尚未至蒲坂，夏守将赫连乙升即弃城西逃长安。奚斤轻取蒲坂后，进抵长安，夏长安守将赫连昌弟赫连助兴即与乙升等弃长安西奔安定（今甘肃泾川县北）。十二月，奚斤占领长安。但拓跋焘进攻统万，以其城坚固，未克，遂掠牛马10余万，徙其民万余家而还。

始光四年（427年）正月，赫连昌进行反击，遣其弟赫连定进攻长安，与魏守将奚斤对峙。拓跋焘闻之，"乃遣就阴山伐木，大造攻具"，再次讨夏。他一方面增兵长安，加强防守，另一方面，部署兵力大规模进攻统万。四月，命司徒长孙翰等率3万骑为前驱，常山王素等率步兵3万为后继，南阳王伏真等率步兵3万负责攻城器械，将军贺多罗领精兵3000为前锋，担任搜索之务。五月，拓跋焘亲自离都西进。六月初，拓跋焘率轻骑2万兼程抵统万城下，马上分军埋伏。时夏主赫连昌坚守不战，企盼长安赫连定来援，以便实施内外夹攻的计划。拓跋焘为诱之出战，伪作退却以示弱，又遣军士诈降谎报说，魏军粮尽，兵力单薄。赫连昌信以为真，开城以步骑3万列阵，与魏军对抗。及战，拓跋焘亲临战场，不顾马倒身伤，镇定指挥。时值风起东南，飞沙扑迎魏军，有人建议收兵避风，大臣崔浩斥而阻止，指出决胜在于一日之中，建议分兵夹击。拓跋焘接受崔浩计策，分兵两侧，夹击夏军。结果，夏兵大溃，赫连昌带数百骑逃走上邽（今甘肃天水市），拓跋焘率军入统万，掠获牲畜珍宝无数。进攻长安的赫连定闻统万为魏军所破，也忙退军到上邽。

神麚元年（428年）二月，魏军追击到上邽，夏主赫连昌中伏被擒。赫连定收夏军余众奔平凉（今甘肃平凉市西），于此称帝，旋竟击退魏军，反攻奇取长安。此时北魏北边的蠕蠕不断南下，侵扰严重，拓跋焘只好暂停攻灭夏国的战争，转而北击蠕蠕。

蠕蠕是一支游牧部族，游猎于大漠南北，经常南下犯边掠杀，威胁北魏边境的安全，干扰北魏统一北方的计划。神麚二年（429年），拓跋焘决定大规模反击蠕蠕。这年四月，亲自率军北伐。魏军深入大漠，大败蠕蠕，又破归服于蠕蠕的另一游牧部族高车（又称敕勒），获牲畜人口数以百万计。此后蠕蠕残余势力虽仍不时犯边，但为害程度减轻。

在基本上解决了北方边患之后，拓跋焘又回头收拾夏国残余力量。这时夏主赫连定联络南方的刘宋，计划共同对魏进攻，并进而瓜分魏土。神麚三年（430年），拓跋焘一方面分军抗击打破南方刘宋的北上进军，另一方面恢复对赫连定的进攻，不久即收复长安，略取平凉，占有关中。神麚四年（431年），夏主赫连定灭西秦，掠其民10余万，随即欲北击北凉，于半渡黄河时，被吐谷浑王遣军捉拿，下一年（魏延和元年）被送至魏京师平城，拓跋焘杀之，夏亡。

接着拓跋焘掉转兵锋，东指北燕。

北燕系汉人冯跋所建，在今东北辽宁一带。冯跋原籍长乐信都（今河北衡水市）人，祖父时迁居上党（今山西长子县西），父仕西燕为将军。西燕亡，冯跋东徙和龙（又称龙城，今辽宁朝阳市），仕后燕。后燕主慕容熙暴虐无道，苛取于民，冯跋与高云杀之，并推高云为主。寻高云被臣下刺杀，冯跋遂自立，称燕天王，建都和龙，史称其国为北燕。冯跋废除苛政，"下书省徭薄赋"，社会经济渐有发展。冯跋死后，弟冯弘夺位，杀冯跋诸子百余人，国势日衰。

延和元年（432年）六月，魏帝拓跋焘亲征北燕，同时遣使与刘宋通和，以防其北上。七月，魏帝率军经濡水（今滦河），至辽西，进围和龙。冯弘严兵固守，但燕属州郡纷纷降魏。魏军又分兵攻占四周燕土，孤立和龙。九月，因久攻和龙未下，拓跋焘引军西还。

延和二年（433年）六月，拓跋焘遣永昌王健、尚书左仆射安原督诸军续攻和龙。延和三年，魏以冯弘拒绝以子入质，再攻和龙，芟其禾稼，徙其民，以此进一步困之。太延元年（435年）正月，北燕遣使求救于南方的刘宋王朝，刘宋赐冯弘燕王封号，但无力援救。六月，拓跋焘遣乐平王丕等5将率骑4万，又攻和龙。燕主冯弘深感孤立无援，遣使于高丽，欲往避之。太延二年（436年）二月，拓跋焘拒绝燕的求和，又遣将与辽西诸路魏军会攻和龙，同时遣使通谕高丽等各方，进一步孤立北燕。但高丽仍派兵迎冯弘。五月，冯弘弃和龙奔高丽（居二年后被杀），北燕亡。这时北方的割据政权就剩下北凉了。

北凉据于河西（今甘肃一带），系匈奴族卢水胡沮渠蒙逊所建。蒙逊祖上是卢水（今甘肃黑河）部落酋帅，父仕前秦苻坚，死后，蒙逊继统其部曲，雄踞一方。旋蒙逊起兵反后凉吕光，拥立京兆人段业，后又杀段业，自称大都督、大将军、凉州牧、张掖公，改元永安，先都于张掖（今甘肃张掖西北），后迁都于姑臧（今甘肃武威）。蒙逊之时，灭西凉，尽有酒泉（今甘肃酒泉）、敦煌（今甘肃敦煌西）等地，西域30余国向他称臣，强盛一时。蒙逊死后，子牧犍继位，不几年，北魏即兵临其境了。

魏太延五年（439年）五月，拓跋焘治兵于平城西郊。六月，率兵西讨北凉，以永昌王健等督诸军与常山王素二道并进，为前锋，乐平王丕等另督军为后继。魏军进展顺利，北凉军望尘退却。八月，拓跋焘率魏军进抵姑臧城下，牧犍兄子祖百百城降魏，魏军即展开围城之战。九月，沮渠牧犍率左右文武5000人面缚降于北魏军前，魏军占领姑臧，又分兵追击北凉残余势力于张掖、酒泉等地，北凉亡。

至此，北魏王朝统一了北方，结束了历时100多年的十六国分裂局面，从而与南方的刘宋政权并立，形成南北朝对峙的格局。

036 结束分裂，使中国重新归于统一
——隋灭陈之战

南北朝末期，北周、突厥和陈三个政权并存。北周武帝死后，大权落入大臣杨坚之手。公元581年2月，杨坚逼迫年仅9岁的静帝让位，建立隋朝，都城长安。当时隋朝领域大体包括长江以北，汉代长城以南，东至沿海、西达四川的广大地区。杨坚在北周和北齐的基础上，进一步采取一系列加强君主集权、发展社会经济的措施，使隋的政治、军事和经济力量日益壮大。

突厥是我国北方地区的一个游牧民族，乘北齐与北周争战不休，争相与其和亲之机，不断向南扩展。隋朝建立后，不再向突厥输送金帛，因此突厥统治者常常南下袭扰，威胁隋王朝统治。陈朝传至后主陈叔宝时，仅保有长江以南、西陵峡以东至沿海地区，政治腐朽，赋税繁重，刑法苛暴，人民怨声载道，阶级矛盾非常尖锐。陈王朝企图凭借长江天堑阻止隋军南下，但除保有个别江北要点之外，巴蜀及长江以北地区均为隋占有，长江天险已不足恃。从当时总的情况来看，隋处于中原腹心地区，人口最多，经济文化较发达，军事实力也较强，具有统一全国的条件。但杨坚夺取政权不久，内部不稳，外受突厥和陈的威胁。隋兵力虽众，却难以对付突厥轻骑的袭扰，水军一时也无力突破长江天险。因此，统一全国的进程，经过10余年的争战才最终实现。

杨坚夺取政权后，就有了吞并江南之志。但因隋王朝新建，实力不强，又屡遭突厥南下袭击，便决定先巩固内部。充实国力，南下灭陈，然后北击突厥，统一天下。后因突厥举兵南下的规模越来越大，隋文帝被迫改变取南后北战略，并制定先北后南的方针。为此，先后采取了以下重大

措施：经济上颁布均田和租调新令，把荒芜的土地拨给农民耕种，减轻赋税徭役，兴修水利，促进经济的恢复和发展，储粮备战。政治上强化中央统治机构和完善官制，废除一些酷刑。同时采取对策孤立分化突厥，不断派遣使者去陈朝，表面表示友好，实则探听虚实，使之松懈麻痹。军事上，改进北周以来的府兵制，集中兵权，加强军队训练，加固长城，训练水军。

杨坚利用突厥内部为争夺汗位互相残杀之机，政治上孤立分化与军事反击双管齐下，迫使突厥先后称臣降附，然后全力谋划灭陈。在经过一番紧锣密鼓的准备之后，杨坚遂于开皇八年（588年）十月部署进军。设置淮南行省于寿春，以晋王杨广为尚书令。任命晋王杨广、秦王杨俊、清河公杨素为行军元帅，指挥水陆军51.8万人，同时从长江上、中、下游分八路攻陈。其具体部署是：杨俊率水陆军由襄阳进屯汉口，杨素率舟师出永安（今四川奉节）东下，荆州刺史刘仁恩出江陵与杨素合兵，杨广出六合，庐州总管韩擒虎出庐江（今安徽合肥），吴州总管贺若弼出广陵（今江苏扬州），蕲州刺史王世积率舟师出蕲春攻九江，青州总管燕荣率舟师出东海（今江苏连云港）沿海南下入太湖，进攻吴县（今江苏苏州）。

前三路由杨俊指挥，为次要作战方向，目标指向武昌，阻止上游陈军向下游动，以保障下游隋军夺取建康。后五路由杨广指挥，为主要作战方向，目标指向建康，其中杨广、贺若弼、韩擒虎三路为主力，燕荣、王世积两军分别从东、西两翼配合，切断建康与外地联系，保障主力行动。隋军此次渡江正面东起沿海，西至巴蜀，横亘数千里，是我国历史上一次规模浩大的渡江作战。为了达成渡江作战的突然性，隋在进军之前，扣留陈使，断绝往来，以保守军事机密，同时派出大批间谍潜入陈境，进行破坏、扰乱活动。

整个作战行动主要在长江上游和下游同时展开。开皇八年（588年）十二月，杨俊率水陆军10余万进屯汉口，负责指挥上游隋军，并以一部兵力攻占南岸樊口（今湖北鄂城西北），以控制长江上游。陈指挥长江上游诸军的周罗睺，起初未统一组织上游军队进行抵抗，听任各军自由行动。当看到形势不利时，又收缩兵力、防守江夏（今武昌），阻止杨俊军接应上游隋军。两军在此形成相持。杨素率水军沿三峡东下，至流头滩（今湖北宜昌西），陈将戚欣利用狼尾滩（今宜昌西北）险峻地势，率水军据险固守。杨素于是利用夜晚不易被陈军察觉的机会，率舰船数千艘顺流东下，遣步骑兵沿长江南北两岸夹江而进，刘仁恩部亦自北岸西进，袭占狼尾滩，俘房陈全部守军。陈南康内史吕忠肃据守歧亭（今湖北宜昌西北西陵峡口），以三条铁锁横江截遏上游隋军战船。杨素、刘仁恩率领一部登陆，配合水军进攻北岸陈军，经 40 余战，终于在次年正月击破陈军，毁掉铁锁，使战船得以顺利通过。此时，防守公安的陈荆州刺史陈慧纪见势不妙，烧毁物资，率兵 3 万和楼船千艘东撤，援救建康，但被杨俊阻于汉口以西。周罗侯、陈慧纪也被牵制于江夏及汉口，无法东援建康。

在长江下游方面，当隋军进攻的消息传来，陈各地守军多次上报，均被朝廷掌管机密的施文庆、沈客卿扣压。隋军进至江边时，施文庆又以元会（春节）将至，拒绝出兵加强京口（今江苏镇江）、采石（今安徽当涂北）等地守备。开皇九年（589 年）正月初一，杨广进至六合南之桃叶山，乘建康周围的陈军正在欢度春节之机，指挥诸军分路渡江：派行军总管宇文述率兵 3 万由桃叶山渡江夺占石头山（今江苏江宁县西北），贺若弼由广陵南渡占领京口，韩擒虎由横江（今安徽和县东南）夜渡。陈军因春节酒会，仍处醉乡之中，完全不能抵抗，韩部轻而易举袭占采石。正月初三，陈后主陈叔宝召集公卿讨论战守，次日下诏"亲御六师"，委派萧摩诃等督军迎战，施文庆为大监军。陈叔宝、施文庆不谙军事，将大军集结于都城，只派一部舟师于白下（今江苏南京城北），防御六合方面的隋军，另以一部兵力镇守南豫州（今安徽当涂），阻击采石韩擒虎部的进攻。隋军突破长江之后，迅速推进。贺若弼部于初六日占领京口后以一部进至曲阿（今江苏丹阳），牵制和阻击吴州的陈军，另以主力向建康前进。韩擒虎部于初七日占领姑孰（今安徽当涂）后，沿江直下，陈沿江守军望风而降。正月初七，贺若弼率精锐 8000 人进屯钟山（今南京紫金山）以南的白土岗，韩擒虎部和由南陵（今安徽铜陵附近）渡江的总管杜彦部 2 万人在新林（今南京西南）会合，宇文述部 3 万人进至白下，隋大军继续渡江跟进。至此，隋军先头部队完成了对建康的包围态势。

建康地势虎踞龙盘，向称险要。此时，陈在建康附近的部队仍不下10万人，陈叔宝弃险不守，把全部军队收缩在都城内外，又拒不采纳乘隋先头部队孤军深入立足未稳之机进行袭击的建议。正月二十，陈叔宝在"兵久不决，令人腹烦"的情况下，决定孤注一掷，命令各军出战，在钟山南20里的正面上布成一字长蛇阵，鲁广达率部在最南方的白土岗列阵，向北依次为任忠军、樊毅军、孔范军、萧摩诃军。但陈军毫无准备，既未指定诸军统帅，又无背城一战的决心，各军行动互不协调，首尾进退不能相顾。贺若弼未待后续部队到达，即率先头部队出战陈鲁广达部，初战不利，贺若弼燃物纵烟，掩护撤退，而后集中全力攻击萧摩诃部，陈军一部溃败，全军随之瓦解。在这同一天，韩擒虎进军石子岗（今江苏南京雨花台），陈将任忠迎降，引韩部直入朱雀门（都城正南门宣阳门南2.5里），攻占了建康城。藏匿于枯井之中的陈叔宝被隋军俘虏。正月二十二日，杨广进入建康，命令陈叔宝以手书招降上游陈军周罗睺、陈慧纪等部。同时遣兵东下三吴，南进岭南等地，先后击败残存陈军的抵抗。至此，隋文帝杨坚统一中国，结束了西晋末年以来近300年长期分裂的局面。

隋王朝统一中国，是历史发展的必然。自西晋末年以后，我国南北长期陷于分裂。但随着经济的发展，南北之间的联系日趋密切，统一成为时代的需要。杨坚建立隋朝之后，注意争取人心，奖励生产，政治稳固，经济富裕，军事强大，因而具备了统一南北的条件。此外，杨坚在战争指导上的正确也是获得胜利的重要因素。一是根据情况变化，灵活确定战略打击目标。隋本来准备先灭陈，但因突厥大举南下，随即改为北攻南和、先北后南的方针，力避两面作战，以集中兵力打击主要敌人。二是集中优势兵力，分割歼灭敌军主力。隋军面对陈数千里长江防线，兵分两个方向，八路同时出击。上下游一起行动，互相呼应，迅速夺占陈江防要点，达到分割歼敌的目的。三是军政并举，对陈先以外交等手段，使之麻痹松懈，继之以军事手段使其疲惫，在条件成熟时突然集中兵力给以打击，使陈迅速土崩瓦解。四是战争准备充分。为了灭陈，从开皇元年起即遣将派兵经营江北要地，数次讨论平陈之策，拟制战略计划；根据渡江作战需要，大造舰船，训练水军，保证了渡江作战的顺利进行。至于陈朝的失败，其原因是多方面的，政治上腐败不堪，军事上麻痹松懈，战前无准备，战中无策略，在强大而又准备充分的隋军的突然打击下土崩瓦解、兵败国亡，也就成为必然的结果。

037 "远交而近攻，离强而合弱"
——隋反击突厥之战

隋反击突厥之战，是我国中原王朝政权与北方少数民族突厥贵族之间进行的战争。这场战争从隋文帝开皇元年（581年）突厥侵隋，到隋炀帝大业三年（607年）突厥臣服，中间经过了26年的时间，双方复归盟好，进一步加强了我国历史上的民族团结与融合。

北魏时期，突厥族兴起于中国北方，突厥贵族不断南下掠夺中原王朝的人口和财富，与当时北齐、北周政权时战时和，中原王朝也用和亲政策笼络突厥，突厥则与中原王朝保持朝贡关系。隋朝初年，突厥分为五部，摄图称沙钵略可汗，毗罗称第二可汗，大逻便称阿波可汗，玷厥称达头可汗，此外还有步离可汗。各汗无所统辖，分居四面，而以沙钵略可汗最为强大。隋文帝杨坚取代北周以后，待遇突厥礼数渐薄，于是突厥各部怨恨隋朝。北周嫁给摄图叔父伦钵可汗的千金公主，屡次劝沙钵略可汗出兵，为周室复仇，双方战争开始。

开皇元年（581年），突厥沙钵略可汗联合中原营州（今辽宁朝阳市）刺史高宝宁合兵入侵隋朝，隋文帝命令边境修筑堡障，加高长城，并派上柱国阴寿率兵屯驻幽州（今北京市），京兆尹虞庆则率兵屯驻并州（今山西太原市），太子杨勇兵驻咸阳，防备突厥。

开皇二年（582年），突厥入侵，隋大将军韩僧寿和上柱国李充大败突厥军队。五月，高宝宁带领突厥兵袭击平州（今河北卢龙县），突厥五可汗40万大军汇合，攻入长城以南。六月，隋上柱国李光在马邑（今山西朔州市）大败突厥兵。随后，突厥又进犯兰州，被隋将贺娄子干打败。隋将达奚长儒与沙钵略可汗交战，突厥兵10余万，隋军才3000人，被突厥冲散，后来隋军又集结在一起，四面抗拒，连续激战3天，作战14次，隋军兵器用光，就用拳头相拼，手上的骨头全部露出来。这场恶战杀死突厥兵1万余人，隋军也损兵折将十之七八，突厥兵撤军而回。在西北地区，突厥兵在临洮（今甘肃临洮县）、幽州（今陕西彬县南）等地打败隋柱国冯昱、上柱国李崇、兰州总管叱列长叉后，纵兵深入，大掠武威、天水、安定（今甘肃泾川县北）、金城（今甘肃兰州市）、弘化（今甘肃庆阳市）、延安、上都（今陕西富县）七郡，牲畜被劫一空。沙钵略可汗还想继续南侵，但因与其侄染干、叔父达头可汗存在矛盾，相互不和，遂撤军北返。

开皇三年（583年），突厥屡次进犯隋朝，隋文帝派卫王杨爽为行军元帅，八道出兵攻打突厥。杨爽率领李充等四将出朔州道，与沙钵略可汗在白道（今内蒙古呼和浩特市北）交战。李充建议乘敌人没有准备，用精兵突袭，杨爽率领5000精兵突然猛攻敌军，大破突厥军队，沙钵略可汗丢盔弃甲，潜伏在草丛中，后来才得以逃脱，士兵死亡大半。五月，隋将窦荣定率兵出凉州道，与阿波可汗交战，屡败阿波可汗。阿波请求结盟，率军北撤。八月，隋朝派遣尚书左仆射高颎出宁州道，内史监虞庆则出原州道，反击突厥。开皇四年（584年）春，沙钵略可汗与隋朝作战屡次失败，向隋朝请求和亲，双方战争停止。

开皇十三年（593年）隋灭陈后，将陈后主陈叔宝的屏风赐给突厥大义公主（即北周千金公主，隋改封大义公主），大义公主睹物伤感，写诗记叙陈朝灭亡以怀念周室。隋文帝非常不高兴，待遇礼数渐薄。当时突厥都蓝可汗在位，拒绝向隋朝贡，出兵进犯隋朝边境。开皇十九年（599年）春，边境官吏报告说都蓝可汗要攻打大同城，隋文帝派汉王杨谅为元帅，统兵出征。左仆射高颎出朔州道，右仆射杨素出灵州道，上柱国燕荣出幽州道，阻击都蓝。都蓝与达头联兵，攻下尉州（今河北张家口市）。隋上柱国赵仲卿率3000士兵与突厥交战，前后7天，大败突厥，俘获1000余人、牲畜1万头。突厥重新组织队伍，进行反扑，赵仲卿列方阵相拒5天，等高颎大军到来后，夹击突厥，都蓝败逃。杨素与达头相遇，命令骑兵列阵，达头率10万突厥骑兵冲击隋军，隋将周罗侯率精兵迎敌，杨素亲自带领大部队与突厥决战，突厥大败，士兵死伤不可胜数，达头本人也受伤逃回。

开皇二十年（600年）四月，突厥达头可汗犯边，隋朝派晋王杨广、右仆射杨素出灵武道，汉王杨谅和史万岁出马邑道迎敌。隋军在水草中放毒，突厥人马饮食后纷纷死亡，突厥人大多迷信，以为天降恶水，要灭亡突厥，便乘黑夜撤兵。隋将长孙晟追击，斩首1000余级。史万岁与突厥兵相遇，突厥听说是史万岁的军队，不战而退，史万岁追杀百余里，斩首数千级，突厥失败。

当时居住北方的处罗侯之子染干称突利可汗，与都蓝不和，发生内讧，被都蓝打败，率部投降隋朝，隋封之为启民可汗。文帝仁寿元年（601年）正月，突厥步迦可汗犯边，打败隋将恒安。次年三月，突厥思力俟斤渡过黄河，俘获启民可汗6000余人、牲畜20余万头。杨素率隋军追击，乘突厥军队休兵息马之际，从后掩杀，全部夺回被掠走的人口和牲畜。从此，突厥远逃漠北，漠南再没有战争。仁寿三年（603年）秋，步迦可汗的部族分裂，铁勒、仆骨等十余部叛降启民可汗，步迦可汗西奔吐谷浑，启民全部管辖了突厥之地。隋炀帝大业三年（607年），启民可汗入朝，炀帝又亲自巡视北方。此后，隋与突厥不再发生战争，取得了反击突厥的彻底胜利。

隋反击突厥战争的胜利，挫败了突厥贵族掠夺中原的行径，有利于保护中原先进经济、文化免遭侵扰。在双方20余年战争中，突厥南下主要是为掠夺中原的财物，而不是为争城夺地，缺乏长期的战略，胜则大掠而归，败则逃遁请盟。突厥各部分散，不能紧密团结，力量不够强大。隋朝统治集团根据突厥特点，除派兵防守边境，又主动出兵反击，逐渐取得了战争的主动权。隋文帝采纳长孙晟的"远交而近攻，离强而合弱"策略，分化离间突厥各部，或者用和亲办法拉拢一部，或者出兵攻其一部，使他们相互猜忌，相互攻杀，削弱了突厥势力。例如隋朝诱使达头、处罗侯与沙钵略不合，阿波可汗与沙钵略可汗相互战争，都蓝可汗与突利可汗相互攻击等，自己从中坐收渔人之利，起到了战争所不能起的作用。

038 "埋葬隋王朝的汪洋大海"
——隋末农民战争

隋末农民战争是农民起义军推翻隋王朝的战争。这次战争从隋炀帝大业七年（611年）王薄首义开始，到唐高祖武德七年（624年）辅公祐反唐失败，前后整整14年，历经荥阳之战、洛阳之战、乐寿之战、江都之战等重大战役，沉重打击了隋王朝。隋朝灭亡后，以李渊为首的地主贵族集团抢夺了农民战争的胜利果实，镇压起义军，隋末农民战争失败。

隋炀帝在位时期，"负其富强之资，思逞无厌之欲"，不知爱惜民力，为所欲为。他在位的13年中，大兴土木，穷兵黩武。继位的第一年就征发10万人掘长堑。大业元年（605年）营建东都，开通济渠和邗沟，动用300余万人。大业三年（607年）征用100万人修长城。大业四年（608年）又调100万人修永济渠。5年时间共征调徭役不下600万人。接着，又在大业七年（611年）至大业十年（614年）连续发动了3次对高丽的战争。大规模的徭役和兵役，使隋朝社会经济受到严重摧残，大大激化了农民与地主阶级之间的矛盾。隋朝后期社会凋敝，民不聊生，危机四伏，各地人民纷纷起来反抗，一浪高过一浪，形成了声势浩大的全国规模的战争。在此基础上，逐渐汇集成瓦岗军、河北起义军和江淮起义军3支反隋主力。

大业七年（611年），山东邹平人王薄领导贫苦农民举起了反隋第一面大旗，起义军占领长白山，王自称知世郎。王薄发难，犹如干柴烈火，全国各地立即蜂起响应。同年，平原（今山东德州市）刘霸道、漳南（今河北邢台市东北）孙安祖、蓨（今河北景县）人高士达相继举行起义。大业九年（613年），济阴（今山东曹县西北）孟海公、齐郡（今山东历城县）孟让、北海（今山东青州市）郭方预、河间格谦、渤海（今山东阳信县）孙宣雅相继而起。同年，余杭（今浙江杭州市）刘元进、梁郡（今河南商丘市）韩相国、吴郡（今江苏苏州市）朱燮、扶风（今陕西凤翔县）向海明、淮南杜伏威等纷纷聚众起义。短短两年时间，全国各地起义军发展到百余支，人数几百万，隋朝统治政权陷入了农民战争的汪洋大海之中。

由于隋朝的残酷镇压，散居各地的起义队伍认识到联合的必要性，逐渐汇集成3支较大的革命力量：翟让领导瓦岗军在河南作战、窦建德率军在河北作战、杜伏威率军在江淮作战，3支大军相互配合，共同肩负起反隋大业。

大业七年（611年），翟让聚众在瓦岗寨（今河南滑县南）起义，举兵反隋，山东、河南两地农民纷纷参加，单雄信、徐世勣、李密、王伯当都率众投奔瓦岗寨，队伍迅速壮大。大业十二年（616年），李密向翟让建议："先取荥阳，休兵馆谷，待士马肥充，然后与人争利。"荥阳是隋朝重要军事据点，翟让亲自率兵攻下荥阳门户金堤关及周围属县，又在荥阳附近的大海寺设下埋伏，歼灭了前来镇压瓦岗军的隋将张须陀及2万名隋军主力，威震河南。大业十三年（617年），隋洛阳留守杨侗派刘长恭、裴仁基等围剿起义军，隋军布下5公里长阵，翟让将瓦岗军分为10队，与防军对峙，亲自率军猛攻隋营，隋军大乱，全线毙溃。刘长恭逃回东都，裴仁基投降瓦岗军，打开了洛阳外围防御体系。随着起义军发展壮大，迫切需要建立一个革命政权，领导反隋战争。这年二月，瓦岗军推李密为主，任统军元帅，翟让为上柱国、司徒、东郡公，设三司六卫，建立了瓦岗军农民政权。李密发布讨隋檄文，声讨隋炀帝罪行："罄南山之竹，书罪无穷；决东海之波，流恶难尽。"在隋朝即将被农民军推翻的关键时刻，瓦岗军内部发生分裂，以翟让为首的农民军将领与以李密为首的投机革命的地主势力矛盾公开激化。十一月，李密设计杀害了翟让等重要农民将领，瓦解了瓦岗军人心，导致将卒离心，极大地削弱了起义军的力量。大业十四年（618年）六月，李密率军投降了隋朝杨侗，后来又投降李渊，因起兵反唐被杀，断送了这支农民起义军。

窦建德领导的河北起义军是在河北各地起义军反隋基础上发展壮大起来的。大业七年（611年），窦建德领导农民在高鸡泊（今河北邢台市西南）起义，树起反隋大旗，队伍迅速发展到1万余人。大业十二年（616年）十二月，涿郡（今河北涿州市）守将郭洵率军进犯高鸡泊，窦建德率7000义军乘隋军不备，突然袭击，杀敌军数千，获马千匹，斩隋将郭洵，声威大震。大业十三年（617年）正月，窦建德在乐寿（今河北献县）称王，建立了革命政权。隋炀帝派涿郡薛世雄围剿起义军，双方在乐寿七里井交战，窦建德佯装南败诱敌，设下埋伏，乘隋军追杀之际，突然折回，伏兵齐起，夹击隋军，薛世雄大败，丢下无数尸体逃回涿郡。大业十四年（618年）五月，窦建德称夏王，势力进一步壮大。但在隋朝灭亡以后，窦建德逐渐蜕化变质，抛弃了农民战争的初衷，革命性大大减弱。唐高祖武德四年（621年），窦建德与李世民在虎牢关（今河南荥阳西北）交战，因轻敌冒进，起义军被李世民打败，窦建德被俘，后在长安被杀。武德五年（622年），李世民在洺州（今河北永平县）战役中镇压了起兵反唐的窦建德部将刘黑闼，河北起义军失败。

杜伏威、辅公祏领导的江淮起义军是南方一支重要反隋力量。大业九年（613年），杜伏威、辅公祏在山东齐郡组织起义，随后率军南下，到淮河以南广大地区发展革命力量。杜伏威汇集了其他义军，力量不断壮大。大业十二年（616年）七月，起义军进逼江都（今江苏扬州市），隋将陈棱率兵救援，与江淮起义军遭遇。陈棱因惧怕起义军不敢交战，杜伏威送去一套妇人衣服，称他为"姥姥"，想以此激怒陈棱。陈棱果然中计，恼羞成怒带兵出战。杜伏威率兵强攻隋军，战斗中被敌箭射中前额，带箭冲入敌阵，杀得隋军人仰马翻，大获全胜。此后，起义军攻下高邮、历阳，建立革命政权，杜伏威任总管，辅公祏任长史。隋炀帝在江都被杀后，起义军面临着继续革命还是向地主集团投降的严峻考验。唐高祖武德五年（622年）七月，杜伏威去长安投降了李渊。次年，辅公祏重新起兵反唐，建立了革命政权，控制了江苏、安徽部分地区，以丹阳为中心展开斗争。唐朝派大兵镇压，形势对起义军不利，辅公祏在当涂与唐军对峙，坚持斗争10个月，终因力量弱小，丹阳失守。辅公祏被俘，于武德七年（624年）

六月在丹阳就义。

隋末农民起义军经过 8 年浴血奋战,三大起义军消灭了张须陀、薛世雄、宇文化及 3 支隋军主力,促成了隋炀帝江都被杀、李渊攻取长安的局面。但是,轰轰烈烈的农民战争被唐朝地主阶级统治集团镇压下去,没有取得胜利。隋末 3 支大军在河北、中原、江淮 3 个战场分兵作战,没有联合为一支强大队伍,虽然在客观上起到了相互支援的作用,却难以形成强大力量,很容易被地主阶级武装各个击破。农民起义领袖由于历史局限性,不能分析复杂的社会局面,隋朝灭亡后失去了斗争目标,先后投降了新王朝,充当了地主阶级改朝换代的工具。农民军没有防止混入起义队伍中的地主阶级分子和隋朝的残余势力,这些地主阶级势力逐渐影响起义军向封建军队转化。瓦岗军领导人翟让没有认识到领导权的重要性,拱手让出了政权,导致了义军瓦解,产生了农民革命被断送的历史悲剧。

039 "先西后东，统一全国"
——李渊攻取长安之战

李渊攻取长安之战，是隋朝末年地主阶级内部进行的一场争权夺利的战争，太原世家大族以李渊为首起兵反隋，在长安（今陕西西安市）称帝。这表明统治阶级内部一部分势力对隋朝统治者的绝望，取而代之；同时，也是地主阶级代表人物抢夺隋末农民战争胜利果实、实现改朝换代的信号。

隋朝末年，由于繁重的徭役和无休止的兵役，民不聊生，纷纷起而反抗，农民起义烽火遍布全国。在反隋斗争中，各地起义军逐渐汇集成翟让、李密领导的瓦岗军，窦建德领导的河北起义军和杜伏威领导的江淮起义军。三大反隋主力转战中原、河北和江淮地区，极大地动摇了隋朝统治基础，造成了隋王朝总体崩溃形势。在这种形势下，统治阶级内部逐渐形成策划起兵的新动向，分崩离析，各自寻谋出路。隋炀帝大业九年（613年），右仆射杨素之子礼部侍郎杨玄感公开起兵反隋，揭开了统治集团公开分裂的序幕。

大业十一年（615年），隋炀帝任命唐国公李渊为河东宣慰大使，留守太原，赴山西镇压农民起义。李渊升任太原留守以后，一些关东世族子弟为逃避征辽东兵役，纷纷投靠李渊，河东地方官吏中一些人看到隋朝大势已去，也和隋朝统治者同床异梦，这些人不断劝李渊起兵，建立新王朝。李渊次子李世民是太原起兵的主要策划者，晋阳县令刘文静向李世民分析当时的形势说："现在炀帝远在江淮，李密围攻洛阳，各地起义军不下数万，在这种形势下如果有人起来倡呼，取天下易如反掌。太原有许多豪杰，可以集兵10万，加你所带的数万军队，乘虚进入关中，号令天下，就可以成就帝业。"于是李世民秘密做起兵准备。李渊与突厥作战失败，隋炀帝准备把他召到江都（今江苏扬州市）治罪。李世民乘机劝说李渊起兵："现在隋炀帝荒淫无道，百姓困穷，太原城外已是四战之地，如果你只知道效忠隋朝，那么既有不能平定农民起义之忧，又有被隋炀帝治罪之惧，恐怕要祸及自身了。不如顺民心，兴义兵，就能够转祸为福。"裴寂、许世绪、武士彟等纷纷劝李渊起兵，李渊终于下定了反隋的决心。

大业十三年（617年）六月，李渊命刘文静假造隋炀帝诏书，伪称要征发太原、西河（今山西吕梁市）、雁门（今山西代县北）等地20至50岁男子，集合到涿郡（今河北涿州市），东征高丽。这一份征兵诏书搞得人心惶恐，加剧了人们反抗隋朝的情绪。接着，李渊派李世民、刘文静、长孙顺德、刘弘基等人到各地募兵，召集到1万余人。太原副留守王威和高君雅看到李渊招兵买马，准备告发，杀害李渊。李渊、李世民先发制人，伪称王威、高君雅引突厥兵入寇，在晋阳宫将王、高二人杀死，史称"晋阳事变"。晋阳事变，是李渊集团公开起兵的开始，之后李渊北联突厥贵族势力，依靠关陇、河东地主集团的力量，宣称尊炀帝为太上皇，拥立镇守长安的代王杨侑为帝，传檄郡县，起兵晋阳。

西河郡隋将得知李渊起兵的消息，婴城拒守。李渊派李建成、李世民率兵攻打西河，并派太原令温大有参谋军事。西河郡兵微将寡，郡丞高德儒闭门守城。李世民身先士卒，与士兵同甘共苦，军队秋毫无犯，百姓非常高兴。李建成仅仅用了9天时间便攻下西河，杀死高德儒。李渊命令开仓赈饥，招募士兵，并把军队分为三军：李渊为大将军；李建成封陇西公、左领军大都督，统领左三军；李世民封敦煌公、右领军大都督，统领右三军。将军府、都督府各置官属，统成了强有力的军事机构，力量更加壮大。

七月，李渊命李元吉留守太原，亲自率军3万，在西突厥兵协助下，向长安进发。长安代王杨侑派虎牙郎将宋老生、骁卫大将军屈突通抵御李渊。李渊南下逼近霍邑（今山西霍县），正赶上连雨，军队缺乏粮食，李渊、裴寂准备返回太原。李世民哭谏道："现在正是收获季节，田野到处都是菽谷，何必担心粮食不够？如果遇到抵抗就班师撤兵，恐怕将士解体，大势已去。"李建成支持李世民的主张，也反对退回太原，李渊才同意与隋军在霍邑交战。战斗开始之前，李渊、李建成在城东列阵，李世民在城南列阵。太原兵初战不利,李世民从城南率骑兵直冲隋将宋老生阵,从背后夹击隋军。李渊与李世民合击,隋军腹背受敌,遭到惨败,宋老生被杀,霍邑被攻克。随后李渊相继攻克临汾郡和绛郡(今山西新绛县),进逼龙门(今山西运城市西北)。关中势力最大的一支武装孙华和冯翊(今陕西大荔县)太守萧造投降李渊。

九月,李渊率兵围攻河东(今山西运城市),隋将屈突通固守,久攻不克。裴寂认为应不惜任何代价攻下河东,然后再进入关中,李世民则认为兵贵神速,应该直捣关中。这两种意见都有道理,如果不消灭屈突通而直接入关,那么前面有长安隋军,后面有屈突通援兵,李渊会腹背受敌;如果老师疲兵围攻河东,关中隋军就有充分时间组织有效抵抗,会失去战机。李渊权衡两种意见,各取其长,分兵两路,留诸将围攻河东,牵制屈突通,自己率领李建成、李世民大军攻取长安。李渊率军迅速渡过黄河,派李建成扼守潼关,阻挡关东隋军,李世民自渭北进入三辅,关中各支武装纷纷投降李渊,稳定了关中局势。

十一月,李渊汇合李建成、李世民、刘弘基之兵20余万攻打长安,下令军中,不许侵犯隋朝七庙和代王宗室,违令者夷其三族。遂命诸军攻城,军头雷永吉率先登上城头,京城长安被攻克。李渊在长安迎立代王杨侑为傀儡皇帝,自任使持节、大都督内外诸军事、尚书令、大丞相,加封唐王,与民约法12条,废除隋朝苛政,得到了关中地主阶级的支持和拥护。次年五月,李渊废掉杨侑,自立为帝,建立唐朝。

李渊从太原起兵到攻克长安,只有短短的5个月时间。原因何在呢?隋末农民战争打垮了腐朽的隋朝统治,牵制了隋军大量兵力,使隋朝统治集团无力西顾,关中空虚,不能和新兴的李渊集团抗衡,这是由总的战略形势决定的。在攻取长安的过程中,李渊父子运用战术巧妙,如与关东李密联合,拖住隋军无暇西顾,入关后立即屯兵潼关,阻住了隋朝援军。具体战术运用方面当机立断,不失时机,如在攻打河东与进军长安时双管齐下,收效显著。事实证明,这种部署是成功的,长安失陷以后,屈突通看到隋朝大势已去,开城投降了李渊。李渊进军途中秋毫无犯,得到了关中地主阶级和广大民众的支持,减少了阻力,因而能够迅速攻占长安,奠定了兴唐基础。

040 "牧马河北，正奇并用"
——洛阳虎牢之战

虎牢之战，发生于唐武德四年（621年）虎牢（今河南荥阳西北汜水镇）一带。在虎牢之战中，李唐军队一举击败驰援洛阳王世充的窦建德10万大军，紧接着又迫降了固守洛阳的王世充，从而翦灭了当时中原地区的两股主要武装势力，为统一全国奠定了基础。

隋代末年，隋王朝的统治日趋腐朽残暴，朝廷横征暴敛、荒淫无道、刑罚酷烈、兵役苛繁，结果民不聊生，矛盾激化，最终导致爆发了轰轰烈烈的农民大起义。到公元617年初，农民起义形成了三大起义军中心，翟让、李密瓦岗军转战于河南地区，窦建德起义军活跃于河北一带，杜伏威起义军崛起于江淮地区。他们前仆后继、英勇斗争，歼灭了大批隋军，使隋王朝统治濒临于彻底崩溃的边缘。在农民起义风起云涌的形势下，一些贵族和地方官吏也抱着各种政治目的，纷纷起兵反隋，李渊父子的太原起兵就是其中之一。

公元617年春夏之交，隋太原留守李渊、李世民父子在太原（今山西太原东南）起兵。李渊父子是富有政治远见和军事才能的封建贵族官僚，他们起兵之后，实施了争取人心的政治、经济措施，掌握了政治上的主动；并采取高明的战略方针和卓越的作战指导，在军事方面不断取得重大进展。在短短的半年时间里，他们即攻下隋都长安，占据了关中和河东广大地区，并迅速拓地到秦、晋、蜀等广大地区，成为当时社会上一支举足轻重的力量。公元618年，李渊在长安正式称帝，建国号唐。而后又经过一段时间的东攻西讨、南征北伐，先后消灭了薛举、梁师都、刘武周等地方武装割据势力，之后引兵东向，伺机统一全国。

当时，翟让、李密所领导的瓦岗起义军已经解体，李唐政权的主要对手是河北地区的窦建德起义军和洛阳王世充集团。另外还有杜伏威起义军活动于江淮地区，隋朝残余势力萧铣集团控制长江中游及粤、桂等地。李渊集团对此采取了远交近攻、先王后窦、各个击破的战略方针：在派遣使者暂时稳住窦建德的同时，由李世民统率唐军精锐主力进攻东都洛阳，首先消灭王世充集团。李世民大军在洛阳城下与王世充军进行了历时半年的激烈交战，给王世充军以重创，拔除了洛阳城外王世充军的据点，形成了对洛阳城的包围。王世充困守孤城，粮尽矢绝，处境危急，遂连连遣使向窦建德告急求援。

窦建德充分意识到王世充若被消灭，那么唐军的下一个进攻目标就会轮到自己身上。"唇亡齿寒"，岂能隔岸观火，坐视不救。窦建德决定先联合王世充击唐，然后伺机消灭王世充，再进而夺取天下。于是他在兼并了山东地区的孟海公起义军之后，于公元621年春，亲率10余万兵马西援洛阳。窦军连下管州（今河南郑州）、荥阳、阳翟（今河南禹州市）等地，很快进抵虎牢以东的东原一带（即东广武，今河南荥阳东北广武山）。

虎牢为洛阳东面的战略要地。早在武德四年二月三十日夜，唐军王君廓部就在内应的协助下，先行袭占该地。李世民在洛阳坚城未下、窦军骤至的形势面前，于青城宫召集前线指挥会议，商讨破敌之策。会上大多数唐军将领主张暂先退兵以避敌锋，但唐宋州（治所在今河南商丘南）刺史郭孝恪、记室薛收等人却反对这么做。他们认为，王世充据有洛阳坚城，兵卒善战，其困难在于粮草匮乏；窦建德远来增援，兵多势众。如果让王、窦联手合兵，窦以河北粮草供王，就会给唐军造成严重不利，使李唐的统一事业受挫。因此，主张在分兵围困洛阳孤城的同时，由唐军主力扼守虎牢，阻止窦军的西进，先消灭窦建德军，届时洛阳城就能不攻自下。李世民采纳了这一建议，立即将唐军一分为二，令李元吉、屈突通等将继续围攻洛阳；自己则率精兵3500人，于三月二十四日先期出发，进据虎牢。

李世民抵达虎牢的次日，即率精骑500东出10公里侦察窦建德军的情况。他派遣李世勋、秦叔宝、程知节等率兵埋伏道旁，自己与尉迟敬德等仅数骑向窦建德军营前进。在距窦军军营 1.5 公里地处，李世民有意暴露自己，引诱窦建德出动骑兵追击。待窦骑兵进入预先设伏地点之后，李世勣等及时发起袭击，击败窦军追兵，歼敌 300 余人。这次小战挫抑了窦军的锋芒，对窦军的虚实有了了解。

窦军被阻于虎牢东月余，不得西进，几次小战又都失利，士气开始低落。四月间，窦军的粮道被唐军抄袭，大将张青特被俘，这使得窦军的处境更为不利。此时，国子祭酒凌敬劝谏窦建德改变作战计划：率主力渡黄河，攻取怀州、河阳，再翻越太行山，入上党，攻占汾阳、太原，下蒲津（今山西永济西）。指出这样做有三利：入无人之境，取胜可以万全；拓地收众，增强实力；震骇关中，迫使唐军回师援救，以解洛阳之围。窦建德认为其言有道理，准备采纳，但苦于王世充频频遣使告急，部将又多受王世充使者的贿赂，主张直接救洛，窦建德终于搁置了凌敬的合理建议，而与唐军胶着于虎牢一线，越来越陷入被动。

不久，李世民得到情报，说窦军企图乘唐军饲料用尽，到河北岸牧马的机会，袭击虎牢。李世民将计就计，遂率兵一部过河，南临广武，在观察了窦军情况后，故意留马千余匹在河渚，以诱窦建德军出战。次日，窦军果然中计，出动全军，在汜水东岸布阵。北依大河，南连鹊山，正面宽达 10 多公里，摆出一副进攻的架势。李世民正确地分析了形势，指出窦军没有经历过大战，今渡险而进，逼城而阵，有轻视唐军之意。唐军可按兵不动，等待窦军疲惫之后，再行出击，以一举克敌制胜。于是李世民一面严阵以待，使窦军无隙可乘；一面派人召回留在河（黄河）北的诱兵，准备出击。

窦建德轻视唐军，仅遣 300 骑过汜水向唐军挑战，李世民派部将王君廓率长矛兵 200 出战。两军往来冲击交锋数次，未分胜负，各自退回本阵。战斗呈现胶着状态。

窦建德沿汜水列阵，自辰时直至午时，士卒饥饿疲乏，支撑不住，都一屁股坐倒在地上，士卒间又争着喝水，秩序一片混乱，表现出要返回军营的意向。李世民细心观察到这些迹象后，即派遣宇文士及率领 300 精骑经窦军阵西而来，先行试阵，并且指示说：如窦军严整不动，即回军返阵；如其阵势有动，则可引兵继续东进。宇文士及至窦军阵前，窦军的阵势即开始动摇。李世民见状，当机立断，下令出战，并亲率骑兵先出，主力继进。过汜水后，直扑窦建德的统帅部。当时窦建德正欲召集群臣议事，唐军骤然而至，群臣均惊恐失措，纷纷向窦建德处走避，致使奉调抵抗唐兵的战骑通道被阻塞。窦建德急忙下令群臣闪开为骑兵让路，但是为时已晚，唐军已经冲入。窦建德被迫向东撤退，为唐军窦抗部所紧追不舍。接着李世民所率精骑也突入窦军大营，双方展开激战。李世民又命秦叔宝、程知节、宇文歆等部迂回窦军的后路，分割窦军。窦军见大势已去，遂惊慌溃逃。唐军乘胜追击15公里，俘获窦军5万余人。窦建德本人也负伤坠马被俘，其余军卒大部溃散，仅窦建德之妻率数百骑仓皇逃回河北。至此，窦军被全部歼灭。

唐军取得虎牢之战的胜利后，主力回师洛阳城下。王世充见窦军被歼，内外交困，走投无路，遂于绝望之中献城投降。

虎牢之战，唐军消灭窦建德主力部队10万人，接着又迫降了洛阳王世充的残余守军，夺取了中原的主要地区，取得"一举两克"的重大胜利，创造了我国古代"围城打援"的著名成功战例。这也是李唐统一全国的最关键一战。至此，唐王朝的统一事业基本完成。

虎牢之战中，李世民围城打援，避锐击惰，奇兵突袭，一举两克，淋漓尽致地发挥了他的卓越指挥才能。更具体地说，除了充分凭借唐军自身所具备强大的实力外，他得宜的作战指导优点突出表现为：一、先期占据战略要地虎牢，造就了有利于己、不利于敌的态势；二、注重观察和分析敌情，在此基础上制定正确的作战方针，灵活机动地打击敌人；三、临机应变自如，将计就计，捕捉战机，利用敌人骄傲轻敌的心理，在兵疲将惰之时发起突袭战斗，给敌人以措手不及的打击；四、在采取突袭行动时，正确选择主攻方向，集中兵力攻打窦军统帅部，造成其指挥中枢的瘫痪，唐军注意战术配合，运用穿插、迂回、分割等手段，将窦军各部逐一予以击破。五、突袭得手后，适时展开战场追击，穷追猛打，扩大战果。

相形之下，窦建德在作战指导上，远远逊色于李世民。他劳师远征，又未能尽全力先攻占虎牢，这已先输了一着；他未能正确判明唐军的作战意图，这就使自己无法制定正确的作战部署，而处处陷于被动；他未能虚心采纳部下绕过虎牢、乘虚迂回北上威胁关中的合理建议，一味坚攻硬拼，不知灵活应变，这就使自己错过了避免失败的唯一良机。他未能沉着应付唐军的突袭，一遇变故即惊慌失措，事起仓促即意志崩溃，这就难免落得兵败如山倒、束手就擒的可悲下场。当然，窦军上下未经历过真正的硬仗，将骄兵惰、士卒思乡等等，这也是导致窦建德彻底失败的重要因素。

041 "后发制人,一举可灭"
——唐攻东突厥之战

唐攻东突厥之战,是唐朝前期中原李唐王朝与北方突厥族奴隶主贵族之间进行的一场战争。这场战争从高祖武德七年(624年)唐朝集议攻打突厥开始,到高宗永徽元年(650年)设置管辖突厥的单于、瀚海二都护府结束,前后经过了26年战争,唐朝取得了反击突厥入侵的胜利。

隋朝初年,突厥分裂为东西两部,阿波可汗居住在都斤山(今新疆境内阿尔泰山)以西,称西突厥;沙钵略可汗居住在都斤山以东,称东突厥。隋朝末年,中原混战不休,人民纷纷到突厥避乱。东突厥始毕可汗在位时,部族逐渐强盛,不断分兵南下。中原封建地主阶级各集团为消灭异己势力,纷纷向突厥请兵,引兵入寇,如李渊借突厥兵兴唐,刘武周、梁师都借突厥兵进攻李唐。唐朝建立以后,突厥居功自傲,经常南下劫掠。高祖武德二年(619年)闰二月,突厥始毕可汗率兵渡过黄河进攻夏州(今宁夏银川市)。八月,突厥入侵延州(今陕西延安市)。次年九月,突厥莫贺咄设入侵凉州(今甘肃武威市),劫掠男女数千人。始毕死后,其子什钵苾号突利可汗,而突厥人立隋时归顺中原的启民可汗之子莫贺咄设为颉利可汗。颉利天资雄武,兵马强壮,常有南下中原之意。武德四年(612年),颉利出兵入侵汾阴(今山西万荣县)、石州(今山西吕梁市)、雁门(今山西代县北)、并州(今山西太原市)、代州(今山西代县)、原州(今宁夏固原市)、恒(今河北正定县)、定(今河北定州市)、幽(今北京市)、易(今河北易县),他州也屡遭侵扰。武德五年(622年),突厥攻打代州,杀唐朝总管定襄王李大恩,八月,颉利率兵侵廉州(今内蒙古境内),精兵数十万,漫山遍野,绵延数百里。唐朝由于中原没有平定,一方面厚礼贿赂颉利，答应和亲请求；一方面派太子李建成出豳州道，秦王李世民出秦州道抵御突厥。

武德七年（624年），唐朝平定各地割据势力统一全国以后，立即部署反击突厥的战争。这年七月，朝廷中有人向李渊建议迁都，躲避突厥侵略，李建成、李元吉和裴寂都赞成。李世民表示反对，他说："北方部族侵扰中原由来已久，大唐精兵百万，怎么能因为突厥扰边就迁都避敌，这样做岂不让后人耻笑？如果给我几年时间，一定能俘虏颉利可汗，献捷长安，假如做不到，再迁都也不晚。"李渊同意李世民的意见，命令李世民、李元吉率兵出豳州道抵御突厥。突厥颉利、突利二可汗率全部兵力南下攻唐，在豳州（今陕西彬县）与李世民交战。突厥兵1万余骑突然冲到城西，唐军吓得面无人色，李元吉惊惧不敢出城作战。李世民率兵到两军阵前，先与突利可汗交谈，然后指责颉利可汗负盟背约，颉利可汗以为突利可汗与李世民合谋，才稍稍引兵后退。当时连日阴雨，突厥兵弓箭因受潮不能使用，唐军夜间偷袭，冒雨进兵，突厥兵非常惊慌。颉利可汗准备与唐军交战，突利可汗反对。李世民又对突利晓以利害，突利可汗与李世民结为兄弟，拜盟而回。颉利孤军无助，只好撤兵。

武德八年（625年），唐朝设置十二军，准备大举反攻突厥，派遣燕郡王李艺屯兵华亭，安州大都督李靖出潞州道，行军总管任环屯兵太行山，秦王李世民屯兵蒲州（今山西运城市），防备突厥。八月，颉利可汗率兵10万大掠朔州，唐将张瑾全军覆没。突厥兵在灵州（今宁夏灵武县）被任城王李宗道击败，颉利请和回兵。武德九年（626年），突厥又进犯原州、灵州、泾州（今甘肃泾川县北）、秦州（今甘肃天水市）、陇州（今陕西陇县）、渭州（今甘肃陇西县西南）。四月，唐将李靖与颉利可汗在灵州激战，突厥兵退走。七月，霍公柴绍又在秦州大破突厥兵，斩特勒1人，杀士卒1000余人，突厥遣使请和。八月，颉利、突利合兵10万犯泾州，进兵到武功，唐京城戒严。唐将尉迟敬德在泾阳打败突厥，斩首1000余级，捉获突厥俟斤阿史那乌没啜。颉利可汗在渭水北面列阵，李世民率高士廉、房玄龄隔渭水责备颉利负盟。突厥兵见状非常惊讶，纷纷下马跪拜。颉利见唐军旌旗蔽日，颇有惧色，愿意讲和。李世民与颉利在渭水便桥结盟，突厥兵撤归。

公元627年，唐太宗即位，于是在殿廷教阅军马，奖赏士卒，为反击突厥做战争准备。颉利可汗信任汉人赵德言，变更突厥国俗，政令烦苛，突厥各部不满。颉利挥霍用度无限，对各部加重赋敛，部族大多叛去。由于连年征战，财困民贫，又遇大雪，牲畜很多被冻死，连年饥馑，部众冻馁，突厥势力渐弱。贞观二年（628年），突利可汗部下奚、霫、契丹等部族投降唐朝，受到颉利可汗的责备。突利可汗征讨薛延陀、回纥时兵败，被颉利可汗囚禁。因此，两人结怨相攻，势力进一步衰弱。

贞观三年（629年）秋，唐代州都督张公瑾上疏，列举6条攻打突厥的理由。太宗命李世勣为通漠道行军总管，李靖为定襄道行军总管，柴绍为金河道行军总管，薛万彻为畅武道行军总管，统兵10万，由李靖指挥，分道出击突厥。贞观四年（630年）正月，李靖率骑兵趁黑夜攻下定襄，李世勣在白道（今内蒙古呼和浩特市北）大破突厥。颉利既败，上书请降作缓兵之计，在铁山休兵息马，准备进入漠北。李靖与李世勣会师白道，合谋进兵。唐军乘夜出兵，李靖在前，李世勣在后，在阴山大破突厥。当时唐朝派遣的议和使臣唐俭正在突厥营中，颉利可汗毫无战争准备。唐将苏定方为前锋，李靖率大军随后进发，唐军奋击，突厥兵溃散，被杀死1万余人，俘虏10余万人，缴获牲畜数十万头，颉利可汗乘千里马逃跑。李世勣堵截突厥归路，颉利无法北归，各部酋长纷纷率众投降，李世勣俘虏5万余人。阴山之战，唐朝大败东突厥。颉利兵败后逃到小可汗苏尼失的居地灵州，苏尼失把颉利执送唐军，率众投降，突利可汗等纷纷降唐，突厥部落或北附薛延陀，或者投奔西突厥，漠南之地遂空，东突厥灭亡。唐朝把东突厥降民安置在幽州至灵州一线，分突利可汗之地置顺、祐、化、长千州都督府，以突利为顺州都督统其部众；又分颉利可汗之地为6州，置定襄、云中二都督府，任命阿史那思摩为北开州都督，统辖颉利旧部，阿史那苏尼失为北宁州都督。

颉利可汗被俘后，突厥余部共推小可汗斛勃为主，打败薛延陀，在金山（今阿尔泰山）之北建立牙帐，自称乙注车鼻可汗，收笼突厥散族，拥兵3万人，势力复强。贞观二十三年（649年），太宗派高侃率回纥、仆骨兵攻打车鼻可汗，突厥各部纷纷投降。唐朝在其地设置新黎等 12 州，分隶云中、定襄二都督府。高宗永徽元年（650 年），高侃率兵出击，突厥诸部不服车鼻可汗调遣，车鼻遁逃，在金山被唐军捕获，其部众被安置在郁督军山（今蒙古人民共和国杭爱山北），设置狼山都督府统辖。唐朝在此基础上设置单于、瀚海二都护府，统领各都督府，有效地管辖这一地区。

唐攻东突厥之战，采取了正确的战略策略。唐初突厥强盛，唐朝处于战略防御地位，采用和亲、贿赂等手段避免直接战争，又离间突厥各部，同时派兵积极防御，一步步求得战略形势的改观。太宗谈到唐朝策略时说："啖以金帛，彼既得所欲，固当自退，志意骄堕，不复设备，然后养威俟衅，一举可灭也。"正是在充分战争准备和战略部署的基础上，才取得了反击突厥的决定性胜利。突厥颉利可汗因胜而骄，内外叛离，兵势渐微，导致了战争失败。

042 决定唐王朝命运的内战——唐平定安史之乱

唐朝平定安史之乱，是唐中叶朝廷中央集权与地方割据势力分权的一场战争。这场战争从唐玄宗天宝十四年（755年）安禄山起兵反唐，到代宗宝应二年（763年）史朝义兵败，前后长达8年之久，中经洛阳之战、常山之战、太原之战、睢阳之战、河阳之战等重大战役，最后以唐朝平定叛乱结束。

唐朝中期以后，府兵制度破坏，募兵制逐渐产生，驻守边防城镇的节度使大量招募军队，在其防地内逐渐取得了政权、财权和兵权，势力渐渐壮大。朝廷权力被藩镇割据势力分割，节度使不服从朝廷调遣，联合起来反对中央，甚至向皇帝兴师问罪，形成与中央抗衡的割据势力。相比之下，京师禁卫寡弱，不足以控制外地节镇之兵，形成外重内轻局面。天宝元年（742年）唐全国有55万军队，其中49万驻守边境，归各地节度使掌握。河北边防重镇平卢（今河北卢龙县）、范阳（今北京市）节度使更是兵精将广，势力强大。各地节度使都以养兵起家，极度姑息将领，士卒骄横跋扈，废易主帅为常事。如河北幽州（今北京市）、成德（今河北定州市）、魏博（今河北大名县）3镇在位的57个节度使中，由朝廷任命的只有4人，其余53人或擅立，或为士兵拥立，其中又有22人为部下逐杀。因此，在藩镇统治地区连年征战，攘夺不休，这种局面使方镇节度使争夺最高统治权力的野心不断膨胀，终于酿成安史之乱。

天宝十四年（755年）十一月，安禄山以讨伐权相杨国忠为名，在范阳起兵反唐。安禄山叛兵由范阳南下，一路攻陷藁城、陈留（今河南开封市）、荥阳，直逼洛阳。唐朝命荣王李琬为元帅，右金吾大将军高仙芝为副元帅,讨伐叛军。叛军田承嗣、安守忠进攻洛阳,守将封常清军队被叛军骑兵冲杀,大败溃逃,叛军攻占洛阳,封常清逃走。叛军追击高仙芝军队,唐军大乱,人马践踏,死者不可胜数。后唐军退守潼关,才阻住叛兵西进。在河北,平原(今山东德州市)太守颜真卿、常山(今河北正定县)太守颜杲卿兄弟相约阻击叛军。史思明率兵攻打常山,颜杲卿昼夜拒战,终因粮尽无援,常山失守,颜杲卿及一家30余人被害。常山之战虽然失败,但却牵制了叛军攻打潼关的兵力,减轻了关中的压力。

天宝十五年(756年)正月,安禄山在洛阳称大燕皇帝,准备西进夺取长安(今陕西西安市)。唐玄宗任命河西陇右节度使哥舒翰为兵马副元帅,扼守潼关。哥舒翰采用以逸待劳战术阻击叛军,等待决战时机成熟。但玄宗屡次催促他出战,哥舒翰不得已出关与叛军决战,结果唐军大败,哥舒翰力战被俘,投降了安禄山。潼关既破,长安已无险可守,玄宗仓皇逃往四川。安禄山兵进长安,纵兵劫掠,搜捕百官、宫女、宦官押赴洛阳。

当叛兵攻下长安时,玄宗之子李亨逃到灵武,即位称帝,是为肃宗。肃宗整军经武,准备收复两京,中兴唐朝。唐将郭子仪率兵5万赴灵武,李光弼赴太原抗敌,肃宗政权始能立足。然而李亨任用志大才疏的房琯谋划军国大事,命他率兵收复两京。房琯于是分兵三路,向长安进发。他迂腐地效用古代车战之法,用2000辆牛车,两翼由步兵和骑兵掩护,与叛军安守忠在咸阳附近作战,敌军乘风纵火,拉车的老牛吓得四处乱窜,唐军死伤4万余人,部将杨希文、刘贵哲投降叛军,房琯只带数千人逃归灵武。

在抗击安史叛军的战斗中,影响最大的是太原之战和睢阳之战。至德二年(757年)正月,安禄山为其子安庆绪所杀。这年,史思明、蔡希德率兵10万两路围攻太原,准备攻下太原,长驱朔方(今宁夏灵武县西南),消灭肃宗政权。唐将李光弼率领军民于城外掘壕沟,在城内修堡垒,凭险固守太原。史思明率骁骑兵攻城,命令军队攻东城西城接应,攻南城北城接应,百般设计,又造云梯、土山攻城,双方相持月余。李光弼募人挖地道通到城外,把叛军攻城的人马云梯陷入地道中,又制造大炮,毙伤叛兵2万余人,史思明才率军稍稍后退。李光弼派偏将诈降,亲自率军挖好地洞，严阵以待，史思明正在准备受降，突然一声天崩地裂，叛兵千余人陷入地洞，顿时大乱，唐军乘势出去，杀伤1万余人。史思明留下蔡希德攻城，自己逃回范阳。李光弼选敢死士出攻，杀敌7万，蔡希德败逃，唐军取得了太原保卫战的胜利。

与此同时，安庆绪命尹子奇率兵13万攻打睢阳（今河南商丘市南），唐守将许远向守卫雍丘（今河南杞县）、宁陵的张巡求援，张巡自宁陵率兵进入睢阳城，与许远共同坚守。二人齐心协力，张巡指挥战斗，许远调集军粮，修造战具，唐军只有6000余人，但士气百倍，昼夜苦战，有时一天作战20次，杀敌2万余人，尹子奇率军回撤。三四月间，尹子奇再度围攻睢阳。张巡杀牛犒军，士兵备受鼓舞全部出战。叛军见唐军人少，麻痹轻敌，张巡率军直冲敌阵，杀叛将30余人，士兵3000人，追杀数十里，大获全胜。此后双方相持于睢阳，张巡命令士兵夜间在城上列队击鼓，作出要交战的样子，叛军一夜不敢休息，唐军则在白天息鼓休整。如此数日，尹子奇不复防备，张巡率领勇将南齐云、雷万春10余将突袭敌营，直冲到尹子奇大帐，杀敌将50余人，叛兵5000人，南齐云一箭射中尹子奇左眼，险些把他活捉，尹子奇率兵撤围。七月，尹子奇第三次围攻睢阳，唐军因伤亡无法补充，又无援兵，城中粮食也已用完，张巡只好固守拒敌。叛军用云梯、木驴、土囊攻城，张巡随机应变，千方百计破敌，迫使尹子奇做长期围困的计划。由于数月苦战，唐军只剩600人，孤立无援。张巡命南齐云赴临淮（今安徽泗县东南）向贺兰进明求援，但贺兰进明忌妒张巡成功，拒不发兵。叛兵见援兵不到，城中鼠雀都被网罗以尽，攻城更急，唐军将士力竭不能出战，城遂失陷，张巡、南齐云、雷万春等36将被害，许远押赴洛阳。

太原和睢阳保卫战，牵制了叛军大量兵力，对扭转战局起了重要作用。与此同时，唐将郭子仪率兵攻取凤翔，平定河东，肃宗由灵武进至凤翔，会集陇右、安西和西域之兵，又借回纥兵，收复两京。至德二年（757年）九月，唐军进攻长安，李嗣业率前军，郭子仪率中军，王恩礼率后军，与叛军李归仁交战。唐军初战不利，为叛军所败。李嗣业袒胸持刀，身先士卒，唐军手执长刀，排阵推进，所向披靡。唐将王难得被敌箭射中，肉皮下翻遮住了眼，他连箭带肉拔去，血流满面，战斗不止。叛军伏兵又被仆固怀恩和回纥兵击败，士气沮丧。叛军大败，被斩首6万，践踏而死者不计其数，唐军乘胜收复长安。广平王李俶与回纥王叶护、唐将郭子仪等率军兵进洛阳，安庆绪杀所获唐将哥舒翰、许远等逃回河北，唐军收复洛阳。

乾元二年（759年），史思明杀安庆绪，自称大圣燕王，史思明由范阳率河北诸郡兵南下攻汴州（今河南开封市），唐将许叔冀出降。史思明进攻郑州。唐将李光弼在河阳（今河南焦作市）拒战。史思明攻打河阳，命勇将刘龙仙出战，唐将白素德追杀龙仙，叛军惊恐。李光弼又命唐军烧毁叛军布置在黄河中的船只，造浮桥炮击叛军，叛将高庭晖、李日越、董秦都投降唐军。史思明亲自率兵攻河阳，叛将周挚攻北城。唐将李抱玉、荔非元礼、仆固怀恩等奋击破敌，杀死千余人，俘虏500人，周挚遁逃。李光弼把俘虏晓示南城史思明，史思明见大势已去而退走。

上元二年（761年）三月，史朝义杀史思明，自立为帝。史朝义率兵攻宋州（今河南商丘市），为唐将田神功所败。宝应元年（762年），唐代宗即位，命雍王李适为天下兵马元帅，仆固怀恩为副元帅，协同李光弼讨伐史朝义。唐军在洛阳北郊大败叛兵，杀获甚众，史朝义败归河北，唐将仆固玚又在贝州（今河北清河县）取胜。宝应二年（763年），史朝义败走范阳，穷困自杀，延续8年的安史之乱被平定。

安史之乱是中唐社会矛盾的产物。由于唐朝社会太平昌盛，军队疏于训练，初战之时叛兵很快攻下洛阳和长安。然而叛军每破一城，都大肆劫掠妇女、财货，男子壮者荷担，老弱则被杀死，为百姓所痛恨。安禄山攻陷长安后，日夜纵酒为乐，没有进兵四川，使玄宗在蜀、太子李亨在灵武立足，组织力量反击。唐将颜杲卿、张巡、郭子仪、李光弼等力阻叛军，不但消灭了敌军有生力量，而且稳住了战局，为唐军战略反攻准备了条件。颜杲卿、张巡抗击叛军的事迹，惊天地泣鬼神，为后世千古传颂。

043 "悬军奇袭，置于死地而后生"——李愬夜袭蔡州

李愬雪夜袭蔡州，擒获吴元济之役，是奇袭战的典型成功战例。

唐宪宗元和九年（814年）闰八月，彰义军（淮西）节度使吴少阳卒。其子吴元济隐匿少阳死亡的消息，径自接掌军务，拥兵自立。淮西一镇仅有蔡（今河南汝南）、申（今河南信阳）、光（今河南潢川）区区三州之地，周围都是唐朝州县，势孤力单。十月，一向有志于削平藩镇的唐宪宗以严绶为蔡、申、光招抚使，决定对淮西用兵，讨伐吴元济。

元和十年（815年），吴元济在唐军的四面围攻下负隅顽抗，并派人向成德王承宗、淄青李师道求援。王、李一面上表请求赦免吴元济，一面出兵策应淮西，派人烧毁朝廷储藏的钱帛粮草，刺杀力主讨伐的宰相武元衡。宪宗不为其所动，擢升主张用兵的裴度为宰相，令其主持征讨，并以韩弘取代作战一年无功可言的严绶。同时，又将刺杀武元衡之罪归于王承宗，下令对成德用兵。

元和十一年（816年），唐军进攻成德。各路唐军因缺乏最高统帅，难以协调行动，被王承宗逐一击破。淮西战区的唐军因主帅韩弘养寇自重，只能各自为战。东路唐军击败淮西军，攻占鏊山（今河南丘东）。北路唐军连败淮西军。南路唐军亦攻破申州外城。西路唐军先败淮西军于朗山（今河南确山），但随即大败于铁城（今河南遂平西南）。中外为之震惊。但宪宗决意继续用兵，并以名将李晟之子太子詹事李愬为西路唐军统帅。

元和十二年（817年），讨伐淮西的战事进入了关键的一年。五月，

宪宗下令停止对成德用兵，决心集中力量，先平定淮西。这时，北路李光颜率河阳、宣武、魏博、河东、忠武诸镇唐军渡过溵水，进至郾城，击败淮西兵3万，歼灭十之二三。郾城令董昌龄、守将邓怀金举城降唐。吴元济得知郾城不守，十分恐慌，将亲兵及蔡州守军全部调往北线，以增援董重质防守的洄曲。淮西军的主力和精锐都被吸引到了北线。这就为西路唐军奇袭蔡州创造了条件。

这一年六月，吴元济见部下多降唐，兵势不振，上表请罪，声称愿束身归朝。宪宗派中使赐诏，允许免其死罪。但吴被其左右及大将董重质所挟制，无法归朝。淮西已到了穷途末路、指日可下的地步。

七月，唐宪宗因对淮西用兵4年，馈运疲敝，民力困乏，深以为患，遂任命主战最坚定的裴度兼领彰义军节度使、淮西宣慰招讨使，赴前线督战。

八月，裴度到达郾城后，上表说诸道皆有宦官监阵，将士进退均取决于中使。胜则被其冒功，败则被其凌辱，将士谁也不愿出力奋战。宪宗准其所奏，悉去诸道监阵中使。诸将始得独断专行，战多有功。李愬因此也就得以不受阻拦地发挥其才能。

李愬抵达唐州（今河南泌阳）后，采取了种种措施和行动，为奇袭的成功奠定了基础。

首先，他下车伊始，即亲自行视慰问将士，存恤安抚伤病员，以稳定军心。同时，又有意示弱，故作柔懦懈惰，御军宽怠，以麻痹敌军。淮西军因屡败西路后军，见李愬名位卑微，行事又如此不堪，遂掉以轻心，对西路唐军不再严加防范。

其次，为增强西线的军事力量，实施、完成奇袭计划，李愬又上表奏请朝廷，调来昭义、河中、鄜坊士卒步骑2000人。

再次，为争取淮西民心，孤立、瓦解吴元济，李愬还利用淮西连年用兵，农业生产荒废，仓廪空虚，民多无食，纷纷逃往唐军控制区的机会，设县安置淮西百姓5000余户，为其择县令，责成其妥善抚养，并派兵予以保护。

复次，为动摇、瓦解淮西军的士气，争取淮西将士为己所用，李愬还采取了优待俘虏，大胆重用降将的政策。他在俘获淮西骁将丁士良后，不仅未加杀戮，反而署以官职。丁士良感激之余，献计擒获文城栅（今河南遂平西南）吴秀琳部谋主陈光洽，招降吴秀琳部3000人。西路唐军因之士气高涨，连下多城，淮西将士降者络绎于道。李愬谋取蔡州，问计于吴秀琳。吴秀琳以为欲攻取蔡州，非李祐不可。李愬设计生擒李祐，免其一死，并委任为六院兵马使。李祐因李愬的重用大为感动，尽心设法为袭取蔡州出谋划策。李愬在优待投诚和被俘的淮西将士及其家属的同时，十分注意询问有关淮西的内情，他还废除了藏匿淮西间谍满门抄斩的旧令，优待被捕的间谍，其结果是使敌方间谍尽吐实情，反为李愬所用。这样，李愬很快摸透了敌方的险易、远近和虚实，为避实击虚、奇袭蔡州奠定了基础。

最后，为扫除外围，孤立蔡州，建立接近蔡州的奇袭基地，李愬先后出兵攻取蔡州以西和西北的文城栅、马鞍山等据点，与北线郾城一带的唐军兵势相接，连成一气。他还遣将攻克蔡州以南和西南的白狗、汶港和楚城诸城栅，切断了蔡州与申、光两州的联系。李愬军的主力进驻距蔡州仅65公里的文城栅。

九月，李祐见奇袭的条件已经成熟，向李愬进言说，淮西精兵都在洄曲和边境，守卫蔡州的全是老弱，可以乘虚直捣其城，出其不意，一举擒拿吴元济。李愬深以为然，派人将奇袭计划密呈裴度。裴度十分赞赏，同意出兵。

十月初十，风雪交加，李愬利用敌军放松警戒之时；命史旻留镇文城，李祐等率训练有素的敢死队3000人为前锋，自己与监军将3000人为中军，李进城率3000人殿后。军队的行动十分秘密，除个别将领外，全军上下均不知行军的目的地和部队的任务。李愬只下令说向东。东行30公里后，唐军在夜间抵达张柴村，乘守军不备，全歼包括负责烽隧报警士卒在内的守军。待全军稍事休整和进食后，李愬留500人守城栅，防备朗山方向之敌，另以500人切断通往洄曲和其他方向的桥梁，并下令全军立即开拔。诸将问军队开往何处，李愬才宣布说，入蔡州直取吴元济。诸将闻说皆大惊失色，但军令如山，众将只得率部向东南方向急进。

此时夜深天寒，风雪大作，旌旗为之破裂，人马冻死者相望于道。张柴村以东的道路，唐军无人认识，人人自以为必死无疑，但众人都畏惧李愬，无人敢于违令。

夜半，雪愈下愈大，唐军强行军35公里，终于抵达蔡州。近城处有鸡鸭池，李愬令士卒击鸡鸭以掩盖行军声。自从吴少诚抗拒朝命，唐军已有30余年未到蔡州城下，所以蔡州人毫无戒备，未发现唐军的行动。四更时，李愬军到达蔡州城下，守城者仍未发觉。李祐、李忠义在城墙上掘土为坎，身先士卒，登上外城城头，杀死熟睡中的守门士卒，只留下巡夜者，让他们照常击柝报更，以免惊动敌人。李祐等既已得手，便打开城门，迎纳大唐军。接着，又按计划袭取内城。鸡鸣时分，雪渐止，李愬进至吴元济外宅。这时，有人察觉情形有异，急告吴元济说，官军来了。吴元济高卧未起，笑着回答说，俘囚作乱，天亮后当杀尽这些家伙。接着，又有人报告说，城已陷。元济仍漫不经心地说，这一定是洄曲守军的子弟向我索求寒衣。起床后，吴元济听到唐军传令，响应者近万人，才有惧意，率左右登牙城抗拒。

李愬入城后，一面派人进攻牙城，一面厚抚董重质的家属，遣其子前往招降。董重质单骑至李愬军前投降，吴元济丧失了洄曲守军回援的希望。

十二日，唐军再次攻打牙城，蔡州百姓争先恐后地负柴草助唐军焚烧牙城南门。黄昏时分，城门坏，吴元济投降。申、光二州及诸镇兵2万余人亦相继降唐，淮西遂平。

李愬奇袭的成功并非出于偶然。就主观而言，李愬治军有方，奉己俭约，待将士丰厚，能得士心；他知人善用，敢于重用降将，能得敌情；他见机能断，敢于抓住蔡州空虚的时机，实施奇袭；他又长于谋略，善于麻痹敌方，瓦解敌方民心和士气。这些都使他能利用风雪阴晦、烽火不接的天气，孤军深入，置全军于死地而后取得奇袭的胜利。从客观来说，唐宪宗和裴度始终未改其平定淮西的决心，又能集中力量对吴元济用兵，甚至撤去监阵中使，而北线唐军则牵制、吸引了淮西的主力，这都为奇袭的胜利创造了有利的条件。

淮西平定后，各藩镇恐惧不安。横海节度使程权奏请入朝为官，朝廷收复沧、景（治今河北景县东北）二州。幽州（今北京）镇上表请归顺。成德镇亦上表求自新，献德、棣（治今山东惠民东南）二州，并请朝廷任命其余诸州录事以下官吏。王承宗病死后，其弟王承元上表归降。朝廷又挟平定淮西之声威，讨平淄青李师道，收复淄（治今山东淄博南）、青（今山东青州）等十二州。落镇割据的局面因之暂告结束，唐朝又恢复了统一。

044

"宜将剩勇追穷寇，不可沽名学霸王"
——唐末农民战争

唐末农民战争是农民起义军埋葬唐王朝的一场革命狂飙，从大中十三年（859年）裘甫浙东起义开始，到中和四年（884年）黄巢起义失败结束，历经25年，席卷山东、河南、安徽、江西、江苏、福建、两广、两湖、陕西等12省，经过汝州之战、广州之战、潭州之战、洛阳之战、长安之战、莱芜之战，沉重地打击了魏晋南北朝以来的世族门阀势力和唐末藩镇势力，使得唐朝政权处于风雨飘摇之中。

唐朝后期，中央集权势力衰微，各地藩镇势力兴起，唐廷与地方藩镇之间进行了长期集权与分权斗争。朝廷内部宦官专权，政治腐败，地方藩镇争战不停。然而，不论是中央政权统治，还是藩镇割据势力统治，同样都很黑暗。地方藩镇与朝廷宦官、大臣相勾结，形成不同政治派别，相互倾轧，政局动荡混乱，更加深了人民的痛苦。唐朝末年社会已是百孔千疮，凋敝不堪，人民大众煎熬在死亡线上，只有起来反抗，才有生存的希望，一场全国规模的革命风暴就要来临了。

大中十三年（859年），裘甫领导的农民起义在浙东爆发，咸通九年（868年），又爆发了桂州（今广西桂林市）庞勋起义。这两次起义虽然被唐朝镇压下去，但却开启了更大规模农民战争的先声，为黄巢领导的唐末农民起义的到来举行了奠基礼。

乾符元年（874年），王仙芝在山东长垣聚众起义。次年，黄巢在冤句（今山东菏泽市西南）率众响应。王仙芝自称天补平均大将军兼海内诸豪都统，黄巢自称冲天太保均平大将军，这表明王仙芝、黄巢领导的唐末农民战争比以前历次农民战争又前进了一步，一开始就提出了改变现状，推翻唐王朝的口号。

起义爆发后，义军势力蓬勃发展，迅速遍布十余州，进而发展到淮南地区。唐朝统治集团惊恐万状，急忙调兵镇压农民起义军，除唐王朝直接控制的禁军外，各地节度使在镇压农民起义方面与唐中央利益一致，因此唐朝统治集团上下一致共同镇压起义，在军事力量方面远远占据优势。当时王仙芝、黄巢领导的起义军只有数万人，又被唐军压缩在曹（今山东曹县）、濮（今山东濮县）内线，形势对义军不利。于是王仙芝、黄巢决定跳出包围圈，向沂蒙山区分兵转移。随后义军进入河南地区，连克阳翟（今河南禹州市）、郏城（今河南郏县），进逼汝州。乾符三年（876年）九月，起义军一举攻克汝州，杀唐将董汉勋，俘虏刺史王镣，兵锋直指唐东都洛阳，给唐军以沉重打击。起义军攻克汝州后，挥师南下，进入湖北、安徽境内，攻克郢（今湖北荆门市）、复（今湖北天门市西北）、庐（今江西九江市）、蕲（今湖北黄冈市）诸州，转战千里，彻底打垮了敌人的包围封锁。短短的3年时间，起义军取得了跳出曹濮、进入河南和佯攻洛阳、挥师南下皖鄂的胜利，甩掉了敌人重兵的包围，保存和壮大了革命力量。

唐朝武力镇压起义军未能奏效，便把以军事镇压为主的策略改为以招降为主。宰相王铎力主招降王仙芝，并通过他的弟弟，汝州之战中被起义军所俘虏的王镣劝降。唐僖宗封王仙芝为左神策军押牙，兼任监察御史，王仙芝表示接受。但王仙芝背叛农民起义军的行径遭到义军将士的抵制，黄巢愤怒地指责王仙芝说："当初我们共同立下推翻唐朝的誓言，义军所向披靡。现在你一个人去朝廷做官，让5000多弟兄怎么办？"他一怒之下打伤了王仙芝。王仙芝见众怒难犯，才放弃了唐朝的封官。从此以后，王仙艺与黄巢分兵作战。王仙芝继续在湖北作战，于乾符四年（877年）二月攻克鄂州（今湖北武汉市），九月攻克随州，西逼湖北重镇襄阳（今湖北襄樊市）。这年冬天，王仙芝又派尚君长等赴唐廷请求封官，于中途被唐将宋威捉杀。起义军的分裂给唐军可乘之机，集中力量进攻王仙芝。王仙芝兵微将寡，于乾符五年（878年）二月在湖北黄梅被唐军包围，王仙芝被杀，起义军遭到重大挫伤。

湖北分兵以后，黄巢率兵进入山东，于乾符四年（877年）春攻克郓（今山东东平县西北）、沂（今山东临沂市）二州，队伍壮大到数万人，革命势力扩及山东、河南。王仙芝死后，部将尚让等人与黄巢会师，义军发展到10万人，两支起义军共同拥戴黄巢为首领，在黄巢统一领导下，继续战斗。唐朝为尽快消灭起义军，把重兵集结在洛阳一线，江南空虚。黄巢采用避实就虚战术，暂时放弃攻取洛阳计划，向江南进军。乾符五年（878年）三月，起义军数十万人横渡长江，乘胜进军，连克江西虔（今江西赣州市）、吉（今江西吉安市）、饶（今江西上饶市）、信（今江西上饶市）诸州。六月，攻陷安徽歙（今安徽歙县）、池（今安徽贵池市）二州。八月，攻占浙江越州（今浙江绍兴市）。十月，黄巢率军填山实谷，在闽浙丛山中开路进入福建。十二月，攻克福州。此后转入广东，于乾符六年（879年）九月攻下广州，活捉节度使李迢。唐朝统治者无力派兵南下消灭起义军，由进攻转入防御，而农民起义军则掌握了战场的主动权。

起义军在广州休整两个月后，挥师北上，开始了推翻唐王朝的北伐战争。乾符六年（879年）十一月，黄巢率军迅速逼近潭州（今湖南长沙市），义军奋勇攻城，守将李系逃走，10万守军溃散，取得了潭州首战大捷。黄巢准备由湖北进入关中，直捣唐都长安（今陕西西安市），但在荆门受到唐将曹全晸和刘巨容伏击，损失惨重，只好引兵东下，于十二月再克鄂州。广明元年（880年），黄巢在江西信州集中优势兵力，击溃唐将高骈主力，杀唐将张璘，唐朝长江防线崩溃，加速了北伐攻取长安的进程。此后，起义军从信州出发，经安徽、湖北，插入河南。十一月，攻打东都洛阳，唐东都留守刘允章被迫投降。起义军由洛阳西进，兵指长安东大门潼关。唐僖宗一面调集京城禁军和关内节度使之兵拒守潼关，一面准备逃往四川，伺机再起。十二月，黄巢亲率大军攻关，鼓声震天，杀声四起，唐军闻风丧胆，唐将齐克让、张承范只身逃亡。唐僖宗仓皇逃往四川。起义军经过6年浴血奋战，终于攻克了唐朝政治军事中心长安。黄巢在长安建立了大齐农民政权，镇压官僚贵族，巩固政权。

逃到四川的唐僖宗纠集各地残余势力，筹划向起义军反扑，任命郑畋进攻起义军，一度攻入长安，但随即被大齐军打退，义军取得了反围剿的胜利。中和二年（882年），僖宗又任命王铎率军包围长安，并勾结沙陀贵族李克用，向起义军反扑。黄巢率军抵抗，但在关键时刻大齐大将朱温叛变投唐，严重削弱了义军力量。在唐军和沙陀军队联合进攻下，起义军损失惨重，不得不撤出长安，经河南进入山东。中和四年（884年）六月，黄巢在莱芜与唐将时溥决战，不幸壮烈牺牲，轰轰烈烈的唐末农民战争结束了。

唐末农民战争中，起义军采用流动作战方针，显示了极大优越性，先由曹濮插入河南，继而攻入湖北，然后避敌主力，大踏步进入长江以南，这是唐末农民战争中独特的战略战术，是我国古代农民战争史上的创举。流动作战不仅保存了实力，而且在各地人民拥护下日益壮大。黄巢起义军在大规模的运动战中，牵着唐军疲于奔命，顾此失彼，使唐朝对洛阳、淮南、江南不能兼顾，为起义军进攻长安创造了条件。正是由于起义军前期战略战术运用正确，才取得了攻占长安的胜利。但是，流动作战无法建立稳固的根据地，即使攻下长安后，仍然未能巩固。这就使唐军得以重新占领被起义军波及的地区，并逐渐收缩包围圈。黄巢攻克长安后，没有"宜将剩勇追穷寇"的策略，给了唐僖宗为首的地主阶级残余势力喘息之机，使敌人能够重新集结力量，向起义军反扑，导致了政权丧失。分裂起义军内部，是敌人进攻的另一种方式，王仙芝、朱温的投降活动，给革命事业带来了极大损失，起到了外部敌人所不能起的作用。这些血的教训，就是唐末农民战争留给后人的借鉴。

045 结束藩镇割据的分裂局面
——北宋统一战争

北宋统一战争是北宋为消灭藩镇割据、实现天下统一而进行的战争，起于乾德元年（963年），迄于太平兴国四年（979年），前后历时共16年。

公元960年，北宋立国之后，藩镇割据的局面依然未变。当时，除北方有契丹族建立的强大的辽政权外，尚有占据江汉一隅的南平，占据湖南14州的武平，据有两川、汉中45州的后蜀，据有岭南60州的南汉，据有江淮地区的南唐，据有两浙地区的吴越，据有河东（约今山西省）江州的北汉等割据政权。赵宋政权虽有后周奠定的基础，但中原地区自五代以来，战乱连绵，社会生产遭到严重破坏，经济实力远非雄厚。面对"卧榻之侧，皆他人家"的严峻局势，赵宋统一战略是否得当便成为统一事业成败的关键所在。宋太祖赵匡胤等在充分估计自己军事、经济实力的基础上，经过再三权衡，深思熟虑，最后才确定了先易后难、先南后北、南攻北守的战略。这一战略的着眼点是先弱后强，取得南方雄厚的人力物力后，再集中力量对付北面的强敌。为此，赵匡胤选派宿将，率领重兵，守卫北部要点，分别防备党项、北汉和契丹。在北面的防御加强后，才挥军南下，击灭南方各割据势力。

建隆三年（962年）九月，武平统治者周行逢病死，11岁的幼子周保权继位，衡州（治今湖南衡阳市）刺史张文表乘机发动兵变，进逼朗州（今湖南常德）。武平统治者一面派兵进击，一面遣使向南平和北宋求援。十一月，南平统治者高保勖也病死，侄高继冲继位。久已图谋南下的赵匡胤，看到武平和南平接连发生丧乱，认为有机可乘，遂采取一箭双雕的方针：以借道为名灭南平，以救援为名灭武平。乾德元年（963年）

正月初七，赵匡胤命慕容延钊、李处耘等率十州军队，借道南平向武平进军。南平对宋的借道要求，意见不一。高继冲未作任何应变准备。二月初，宋军进屯襄州（今湖北襄阳），派人告知南平为宋军准备给养。这时，高继冲遣使以犒师为名探听宋军的真实意图。二月初九，使者与宋军在荆门（今湖北荆门）相遇，慕容延钊假意殷勤款待，暗中由李处耘率轻骑数千，乘夜倍道向江陵急进。高继冲至城外等待延钊大军，而李处耘则率兵先入城，迅速占领江陵城内要地。高继冲见大势已去，举城投降。

宋军灭南平后，征调南平万余人，合兵向武平急进。这时，武平已击杀张文表，平息了内乱。周保权获悉宋军压境的消息，急召群臣谋议，最后决定抵抗。于是慕容延钊分兵两路，水陆并进：水师东趋岳州（今湖南岳阳）；陆路则出澧州（今湖南澧县）直指朗州。水路从江陵沿长江顺流而下，二月末大破武平军于三江口（今湖南岳阳北），进占岳州。陆路三月初进至澧州南，同武平军遭遇，将其击溃，接着占领朗州，生俘周保权，湖南平定。

宋军乘隙而动，"假途灭虢"，并灭荆、湖的胜利，不仅振奋了宋军的斗志，而且使北宋势力伸入长江以南，占领长江中游战略要地，切断了后蜀和南唐两大割据势力之间的联系，从而为以后入川灭蜀，进军岭南和东灭南唐创造了有利条件。

北宋占领荆、湖后，后蜀东北两面处在北宋的瞰制之下。于是赵匡胤开始谋划攻蜀事宜。派人勘察川陕地形，以备由陆路攻蜀；同时修造战船，训练水军，以备由水路溯江入蜀。这时，后蜀也感到了宋军的威胁。蜀主孟昶采纳掌握军政大权的知枢密院事王昭远的建议，决定严兵拒守，以抗宋军。当时北宋东临三峡，北控陇右和秦岭各隘，于是后蜀一面派兵东屯三峡，另一面派人约北汉同时举兵夹攻宋朝。哪知派出的使者中途投宋，向赵匡胤密报了后蜀实情，并绘呈后蜀山川形势和兵力分布图。正欲伺机攻蜀的赵匡胤，以此为借口，于乾德二年十一月初二，发兵两路攻蜀：北路以王全斌、崔彦进、王仁赡等率步骑3万出凤州，沿嘉陵江南下；东路以刘光义、曹彬等率步骑2万出归州（今湖北秭归），溯长江西上，两路分进合击，会师成都。孟昶得知宋师来攻，命王昭远、赵崇韬率兵3万自成都北上,扼守广元、剑门等关隘;韩保贞、李进率部数万驻守兴元(今陕西汉中),以为配合。乾德二年十二月中旬,北路宋军攻入蜀境,所向皆捷,连克兴州(今陕西略阳)、兴元,在西县(今陕西勉县西)将韩保贞击败,然后乘胜追击,俘韩保贞、李进,越过三泉(今陕西勉县西南),直抵嘉川(今四川广元东北)。蜀军烧绝栈道,退保葭萌(今四川广元西北)。这时王昭远、赵崇韬率军屯驻利州(治所今广元),派兵于大、小漫天寨(今利州城北)立寨而守。利州在嘉陵江东岸,群山环绕,形势险峻,是入蜀的咽喉要路。因栈道断绝,宋军被阻难以直进。王全斌遂率主力向嘉川东南的罗川小路迂回南进,由崔彦进率军一部赶修栈道,进克小漫天寨,然后会攻利州。宋军如计而行,破小漫天寨,蜀军退保大漫天寨。不数日,王、崔两部会师,分兵三部夹攻大漫天寨。蜀军连战皆败,王昭远奔城渡江退保剑门(今四川剑阁东北),宋军于十二月三十日占领利州。乾德三年正月,孟昶见形势危急,命太子元喆为元帅率兵万余增援剑门。剑门凭高据险,是屏障成都的重险,此时宋北路军自利州直趋剑门,进占益光(今四川昭化)。王全斌分兵一部由剑门东南的来苏小路,绕至剑门之南,断其后路,自率精锐从正面进攻。王昭远处置失当,仅以偏师守剑门,自率大军退守汉源坡(今剑阁东北)。宋军前后夹击,迅速攻占剑门,并向汉源坡挺进。蜀军未战即溃,宋军乘胜进击,擒俘王昭远,占领剑州(今四川剑阁)。正月初,进至绵州(今四川绵州东)的元喆听到剑门已失,仓皇逃回成都。

东路宋军的进展也很顺利。十二月下旬,刘光义等攻入巫峡,夺取夔州浮梁,进兵至白帝城西,击破蜀夔州守军,占领夔州,打开了由长江入蜀的大门。宋军自夔州沿江西上,势如破竹,蜀沿途守军皆不战而降,刘光义、曹彬率军顺利西进。正月初,北路宋军直逼成都城下,东路宋军也接踵而至。正月初七,孟昶见大势已去,被迫向王全斌投降,后蜀至此灭亡。

宋消灭后蜀之后,南汉屏障已失,岌岌可危。但犹临危不察,连年骚扰宋境。开宝三年(970年)九月,赵匡胤命潘美等率10州兵避开五岭(越城岭、都庞岭、萌渚岭、骑田岭、大庾岭)主要险道向贺州进军,其基本意图是：由南汉中部突入，诱歼敌军，稳定翼侧，然后东击南汉都城兴王府（今广州市）。

九月中旬，宋军越过萌渚岭直指贺州，于九月十五日将贺州包围。南汉主刘鋹派大将伍彦柔率舟师溯郁江、贺水西上北援。宋军设伏以待，大破南汉援军，并乘胜攻克贺州。此时，宋军西面的富（今广西昭平）、昭（今广西平乐西北）、桂（今广西桂林）和东面的连（今广东清远市）、韶（今广东韶关西南）、英（今广东英德）、雄（今广东南雄）等州皆有南汉守军。潘美为稳定翼侧，并调动南汉主力西上，以便乘虚而击，遂扬言要沿贺水顺流东下直取兴王府。刘鋹急忙起用老将潘崇彻率兵5万进屯贺江口（今广东封开西北）。但潘崇彻进驻贺江口后，拥兵自保，观望不前。潘美见南汉军逗留不进，遂挥师西上，连克昭、桂、富等州，解除了后顾之忧。十一月迅速转向东向，攻克连州。接着乘虚东进，直逼韶州，击败南汉李承渥所率10余万兵，攻占韶州。

消息传来，南汉举国震恐。刘鋹下令增修兴王府城池，并令郭崇岳领兵6万屯马迳（今广州北），列栅守卫兴王府。此时屯驻贺江口的潘崇彻，见大势已去，率部投降。这样，宋军遂全力推进，逼近兴王府。刘鋹见形势危急，遣使向宋军求和。潘美率军疾进，于正月二十八日到达马迳，与汉军对峙。刘鋹求和之后不久即反悔，于二月初一遣其弟刘保兴率兵至马迳增援督战。二月初四夜，潘美利用火攻，大败汉军，郭崇岳死于乱兵之中，刘保兴逃归兴王府，宋军跟踪追击至城下。二月初五，刘鋹出降，宋军进占兴王府，南汉灭亡。宋灭南汉后，据有长江上中游及下游江北地区和珠江下游地区，从战略上形成了对南唐的三面包围。南唐后主李煜为苟安求存，一面主动削去南唐国号，表示臣服；一面暗中募兵备战，以防宋军进攻。赵匡胤志在统一江南，消灭南汉以后，立即从各方面准备进攻南唐。在准备就绪之后，即遣使命李煜入朝，李煜称病固辞。开宝七年（974年）十月，宋以此为借口，下令发动进攻。以曹彬为统帅，其具体部署是：曹彬率荆湖水军顺流而下，攻取池州（今安徽贵池）以东长江南岸各要点；潘美率步骑自和州与采石（今安徽马鞍山市西南）间渡江，会合曹彬东下直攻金陵；京师水军自汴水而下取道扬州入长江攻取润州（今江苏镇江）；以吴越王钱俶率兵从东面攻取常州，配合宋水军夺取润州，会攻金陵；以王明率军向武昌方向进击，牵制江西唐军东下赴援。

十月十八日，曹彬率师沿长江顺流东下，南岸唐军以为宋军是例行巡江，未加阻击，使宋军顺利通过南唐屯兵10万的要地湖口（今江西湖口）。十月二十四日，宋军突然渡过长江，水陆并进，直趋池州。在石牌口（今安徽安庆西）把巨舰、大船连接起来，按照采石矶一带江面宽度试搭浮桥获得成功。然后继续东下，夺占采石。十一月中旬，宋军将预制浮桥移至采石，潘美率宋军主力迅速跨过长江，连克金陵外围据点，并在秦淮河击败南唐水陆军10余万，形成对金陵的包围态势。金陵被围数月，李煜全然不知。开宝八年五月，李煜登城巡视，见宋军已进逼城下，方急忙下令朱令赟率10万守军东下赴援。十月，朱令赟率水步军号称15万顺江东下，进至皖口（今安徽安庆西南），遇王明部阻止。朱令赟以火攻宋军，因风向改变，反烧自己。宋乘势猛攻，全歼南唐援军。此时金陵被围九个多月，曹彬再三致书劝降李煜，均被拒绝。十一月二十七日，宋军发起总攻。金陵城破，李煜被迫投降，南唐灭亡。

赵匡胤于灭亡南唐后不久死去，赵光义继位，迫使吴越王钱俶献出两浙13州，陈洪进献出漳（今福建漳州）、泉（今福建泉州）二州。至此，北宋完成了对南方的统一，便开始集中力量准备消灭北汉。北汉依仗辽的支持，经常南下骚扰宋境。赵匡胤在位时曾于开宝元年、开宝二年和开宝九年3次出兵攻辽，但都无功而还。赵光义即位之后，吸取以往进攻北汉均因辽兵南援而失败的教训，在做了较充分的准备之后，于太平兴国四年（979年）正月，决定进兵北汉。其部署是：命令潘美为北路都招付制置使，统率崔彦进、李汉琼、曹翰、刘遇等军进攻太原；命郭进为太原北石岭关都部署，阻击辽军；赵光义亲率一部兵力出镇州，牵制幽州的辽军大规模西援或南下。二月十五日，赵光义率军由东京出发。三月中旬，郭进率军至石岭关。北汉主刘继元向辽求援，辽派兵分东、北两路驰援。郭进击败辽东路援军，辽北路援军闻讯撤退。四月中旬，宋军数十万包围太原，赵光义亲临太原城下四面巡视督战。刘继元在困守孤城、外无援兵、内部厌战的情况下，于五月初五出降，北宋统一战争至此结束。

北宋王朝自公元963年至979年，经过16年的战争，结束了自唐朝中叶安史之乱以来的藩镇割据和五代十国的分裂局面，实现了南北方主要地区的统一，对社会经济文化的发展起了促进作用。北宋王朝统一战争之所以能取得胜利，其军事上的原因，一是先南后北战略符合当时南弱北强的情势；二是运用各个击破的策略，保证了统一战争的顺利进行。

046

和战幽云，结盟澶州
——宋辽战争

北宋自立国之始，便与辽处于战争状态之中。公元975年宋辽通和。979年，北宋在按照先南后北、统一中国的战略削平南方诸国后，移兵进攻依附于辽的北汉。辽出兵援助北汉。该年三月，宋军在白马岭（今山西盂县北）大败辽援军耶律沙、塔尔部，辽军败退，不能再出兵援救北汉。五月，北汉降宋。至此，各割据政权都被削平，收复幽云便被提到了议事日程之上。

公元979年六月，北汉平定后，宋太宗赵光义在事先毫无思想准备和军事准备的情况下，不顾宋军数月的艰苦攻战、士卒疲乏、兵力消耗颇多、战胜后又未获得例行赏赐的情况，以及士气松懈、天气炎热的不利因素，企图乘战胜之威，立即攻取幽蓟。诸将因师疲饷匮，皆不愿行。只有崔翰认为时不可失，机不再来，如能乘此破竹之势，下幽州如探囊取物。赵光义遂决计在镇州（今河北正定）集结兵力，出发进攻幽州（今北京）。

六月十三日，宋太宗没有等北伐大军全部抵达集结地点，便迫不及待地率军北上。十九日，宋军进入辽境。次日，宋军在沙河（今河北易县易水北）击败辽军。辽东易州刺史岐沟关（今河北保定市西南）守将刘禹以州降宋。二十一日，宋太宗进至涿州（今河北保定市），辽涿州刺史刘原德降宋。二十三日，宋军抵达幽州城南，击败驻守城北的辽军1万余人。二十六日，赵光义命宋偓、崔彦进、刘遇、孟玄喆等率军四面攻城。辽南京韩德让和耶律学古一面安抚军民，一面据城固守，以待援军。耶律斜轸等部则屯驻清沙河（今北京昌平区境内）北，以声援幽州。六月末，辽发五院军，以耶律沙和耶律休哥为将进援幽州。宋军攻城十余日，虽一度乘夜登上幽州城垣，但旋即败退，未能攻入城内。

七月初六，耶律沙率辽援军进抵幽州城下，与宋军大战于高梁河（今北京西直门外）边。辽军初战不利，少却。耶律休哥和耶律斜轸军及时赶到，分左右翼横击宋军。幽州城内的辽军也开门出击。宋军大败，赵光义中箭负伤，仅以身免。辽军乘胜逐北，追至涿州，缴获大量的军械资粮，挫败了宋军的第一次北伐。

赵光义第一次北伐失败的原因在于宋军进抵幽州前已历经苦战，消耗颇多，又未得到充分的补充，部队的战斗力已有所削弱。辽军则兵强马壮，战斗力和士气并未因白马岭一战而大伤元气。宋太宗昧于知己，又不能知彼。在平定北汉后即忘乎所以，犯下了轻敌的错误，竟希冀能轻而易举地一举扫平幽云诸州。在遇到辽军的坚决抵抗后，宋军既缺乏足够的攻城器械和攻城决心，又不部署充足的阻击敌援军的兵力，占据阻扼敌援的战略要地。当辽援军毫无阻挡地进至幽州城下后，宋军就只能抽调业已疲劳不堪、正在攻城的部队匆匆应战。其结果也就只能是在辽军的内外合击下，大败而归。

高梁河之战后，辽军曾数度越界南下。982年，辽景宗去世，辽军即停止南侵。双方处于休战状态。不过在此期间，宋太宗一直在准备二度北伐，以收复幽州，报仇雪耻。

986年，宋知雄州（今河北雄县）贺令图等上言，说辽主少国疑，母后专权，宠臣用事，国人怨疾，建议乘此机会，直取幽云。其实这时辽统治集团君臣协和，政治贤明，并不存在什么可乘之机。但赵光义却信以为真，不顾参知政事李至的反对，不顾粮草、军械缺乏，北伐准备不足、开战胜算不多的实际情况，不和宰相商量，即决定对辽用兵，兵分三路，大举北伐。

宋东路军以曹彬为主将，崔彦进为副将；另一支以米信为主将，杜彦圭为副将，共拥有10余万兵力，是北伐的主力。全军由雄州直指幽州。

中路军以田重进为主将，由定州（今河北定县）进攻飞狐（今河北涞源）、蔚州（今河北蔚县）。西路军以潘美为主将，杨业为副将，出雁门（今山西代县），进攻云（今山西大同）、朔（今山西朔县）、寰（今山西朔县东马邑镇)、应(今山西应县)诸州。

宋太宗的战略是,东路军一面扬言进攻幽州,一面持重缓行,吸引辽军主力,使其无暇西顾。待中、西二路攻占山后诸州,东进与东路军会师,再合力攻取幽州。

辽军的战略部署是以南京留守耶律休哥部抵御宋东路军,以耶律斜轸部抗击宋中路和西路军,以勤德部守卫平州(今河北卢龙),保卫侧后方的安全。辽圣宗和萧太后则率战略预备队驻幽州。其战略是以偏师牵制宋中路、西路军,先以主力击破宋东路军,再逐一击退另二路来军。

战事初起,宋中、西二路军进展顺利,势如破竹,连下飞狐、蔚、寰、朔、应、云诸州。东路军于三月初攻克固安、新城(今河北新城东南),并于十三日占领涿州。耶律休哥避免与宋军决战,仅以小部队骚扰宋军,阻断其粮道。曹彬至涿州,持重不前。十余日后,因粮草不继,退往雄州。

赵光义得报后认为大敌当前,回军就粮乃兵家所忌,立即下令东路军不得后退,亦不准再进,并命曹彬率部沿白沟与米信部会合,待中路、西路攻占山地之后,再会师北上。但曹彬所部诸将听到中、西二路连战皆捷的消息后,唯恐落他路之后,无不积极求战,力主北上。曹彬无法控制,只得再次率部北进。宋军沿途迭遭辽军阻击,且战且行。时值天气炎热,将士体力消耗颇大,抵达涿州时全军上下均已疲乏不堪。

这时,与曹彬正面抗衡的是耶律休哥部,萧太后、辽圣宗所率辽军已从幽州北郊进至涿州以东25公里的驼罗口,攻占固安。曹彬所率宋军粮草将尽,难以固守拒战,又面临辽军主力合击的威胁,向西南方向撤退。五月初三,辽军在岐沟关追上宋军,大败曹彬、米信军,并乘胜追至拒马河,宋军溺死无数。余众奔高阳,又受到辽军骑兵的冲击,死者达数万之众,遗弃的兵甲堆积如山。

辽在岐沟关一役后,即移兵西向,攻克飞狐和蔚、寰、应诸州。宋将杨业重伤被俘,不屈而死。山后诸州又落到辽的控制之下。

宋太宗第二次北伐失败的原因,仍然是昧于知彼和准备不足。辽在萧太后摄政时期,正处于国势强盛的阶段。宋太宗看不到这一切,不愿认真做好充分的战争准备,未能建立一支拥有众多骑兵的强大军队,并依靠这支军队去摧毁辽军的主力，而只想凭侥幸取胜，以步兵对抗骑兵，其结果就只能以失败而告终。他的分进合击的战略虽然可行，但选择曹彬这样缺乏足够军事才能的庸将来实施这一战略，又没有强大的战略预备队的支持，他的失败乃是必然的。

辽军取胜的主要原因是内部协和，兵强马壮，指挥正确，能在宋军合击的态势形成前集中兵力，把握战机，在平原开阔地带利用己方的骑兵优势，攻击战斗力已大大削弱的宋军，并敢于勇猛追击，以扩大成果。

辽军在再次挫败宋军的进攻后，又一次转而采取攻势。999年，辽军大举南下，前锋抵达邢（今河北邢台）、洺（今河北永年东南）、淄（今山东淄博南）、齐（今山东济南）一线。

1004年闰九月，辽军在萧太后和辽圣宗的统率下再度大举南下。辽军在侵入宋境后，即派出使者请和。十月，辽军在击败部署在边境一线的宋军主力后，移兵东攻瀛州（今河北河间）。宋知州李延渥率众坚守。辽军围攻多日，昼夜猛攻，死者达3万余人，城仍固守不下，只得移军南下，同时又遣使请和。十一月，辽军进抵澶州（今河南濮阳），大将萧挞凛中伏弩死。辽军一面屯兵澶州城下，与宋真宗所统宋军主力对峙，一面与宋方谈和。此时，辽军虽已击败宋军第一线的主力，长驱直入，攻克祁（今河北安国）、德清军（今河南清丰）和通利军（今河南浚县）3城，但河北地区仍在宋人之手。辽军前有坚城大河及宋军主力，后有伺机而动的宋河北军民，全军已陷入腹背受敌的困境，加以瀛州一战后，辽军损失颇重，大将身死，锐气受挫，掳掠又无所得，战败则全局不堪收拾，也就不敢在胜算不大的情况下孤注一掷，与士气高涨的宋军新锐决一胜负，而只想通过和谈解决争端。宋人也因争战多年，无法击败辽军，取得最后的胜利，而决意议和。

十二月，宋辽讲和，双方约为兄弟之国，承认边界现实，宋每年予辽银10万两、绢20万匹。这就是历史上所说的"澶渊之盟"。从此，宋辽二国维持了100余年的和平通好关系。

047

迟滞金军南下，为南宋建立赢得时间
——宗泽东京保卫战

宗泽东京保卫战是两宋之际以宗泽等抗战派将领为首的宋朝军民抗击金军侵略、保卫首都东京开封的重要战争，虽然宋军多次打退金军的进攻，但由于朝廷内部以高宗为首的妥协投降派不积极抗战、打击抗战派将领，使宋军未能保住东京开封，未能将敌军赶往黄河以北，以致后来金军多次南侵，并占领中原地区。宋、金在黄河、长江内外展开了旷日持久的战争。

宣和七年（1125年），金朝统治者借口宋朝破坏双方订立的海上盟约，南下侵掠宋朝。这年十月，全军分兵两路，西路军以粘罕为主将，由大同进攻太原；东路军以斡离不为主帅，由平州攻燕山。两路金军计划在东京开封会合。宋徽宗慌忙把帝位传给儿子赵桓（钦宗），自己向南逃去。金西路军在太原遇到军民的坚强抵抗，无法前进。东路军南下包围了开封。

宋朝廷在和战问题上意见不一。宋钦宗和宰相李邦彦、张邦昌等主张屈辱求和，答应赔款割地。李纲等认为应采取进取之策，皇帝应"亲政"。钦宗先后任命李纲为兵部侍郎、尚书右丞、东京留守、亲征行营使等，全面负责首都开封的防务。李纲积极组织军民备战，修楼橹，挂毡幕，安炮座，设弩床，运砖石，施燎炬，垂檑木，备火油，准备了足够的防守器械。同时在城的四方的每方配备正规军1.2万余人，还有辅助部队、保甲民兵协助。组织马步军4万人，分为前、后、左、右、中五军，每天进行操练。靖康元年（1126年）正月初八，金军到达开封城下，由于当时各地勤王之师纷纷赶来救援，李纲亲自督战，几次打败攻城的金军。河北、山东义军也奋起抗金,形势对孤军深入的金军十分不利,死伤又多,金军被迫撤退。军民共同胜利地保卫了开封城。

金兵北退之后,投降派又得势,李纲被迫离开东京,各路勤王之师和民兵组织被遣散,防务空虚。半年之后,即1126年秋天,金军又分东西两路南侵。西路军攻破太原,乘胜渡河;东路军攻陷真定。两路军围攻开封,闰十一月二十五日,东京开封城破。

开封虽被金军攻破,但开封军民抗敌情绪高昂,他们立即将前一天来议和的金使杀掉。第二天,有30万人领取器甲抵抗金兵,当金兵欲纵火屠城时,居民百姓欲行巷战者"其来如云"。金军在城墙上慌忙修筑防御工事,以防开封居民将其赶下城去。金军占领开封达4个月,大肆掳掠后于1127年四月撤兵北去,带走包括徽、钦二帝在内的全部俘虏和财物,北宋至此灭亡,这就是宋代历史上所谓的"靖康之难"。

1127年五月,赵构于南京应天府(今河南商丘)即皇帝位,改靖康二年为建炎元年,他就是宋高宗,史称此后的宋朝为南宋。高宗称帝之初,迫于金军威胁的严重形势,不得不起用有重望的李纲为宰相。李纲认为应迅速联合各地抗金力量,收复失地,并推荐老将宗泽留守开封。但当了75天宰相的李纲很快被投降派黄潜善、汪伯彦挤走,抗金措施皆被废除。

1127年六月,宗泽前往抗金前哨京师充任东京留守。他于六月十日接到朝廷任命,立即出发,十七日即到了汴京。宗泽,婺州义乌人(今浙江义乌)。靖康元年初,金兵第一次围攻开封撤退后,宗泽入京任台谏之职。八月,金兵第二次南侵,他出知磁州(今河北磁县),并任河北义兵都总管。他不仅在磁州击退金兵,还主动出击,获取一些战果,使磁州军势声震河朔。这时,钦宗派赵构(康王)前往金营求和,到达磁州时,宗泽劝阻赵构使金,使其免当金军俘虏。金兵第二次围攻开封时,钦宗任命宗泽为河北兵马副元帅,协同兵马大元帅赵构等人救援京师。他力主向开封进军,并不顾赵构、汪伯彦等人的阻挠,率兵奋战,多次挫败金兵,虽由于势力单薄,未能解京师之围,但有力打击了金军的气焰。

这次宗泽留守京师,独当大敌,他更加积极地投入到防卫京城的艰苦斗争中。他上任后，立即着手整顿社会秩序，稳定市场物价，疏浚河道，恢复交通。经过努力，在一个多月的时间里，宗泽就把开封这个经过金兵洗劫、残破不堪的城市，整顿成为抗金前线的坚强堡垒。在社会秩序初步安定之后，宗泽又着力修建京城防御设施。在京城四壁，各置统领守御使臣，随处设置教场，日夜加紧训练义兵。根据城外地理形势，建立坚固壁垒24所，随其大小，驻兵数万。宗泽尤为重视黄河防线，沿河防务分给各县守卫，并在河的南岸设置障碍物，以阻止敌骑突入。沿河走向，依次建立连珠寨，相互支援策应。宗泽总结与金兵作战失利的原因，即我军步卒经不住敌骑冲突，往往是一冲即溃。他在总结前人经验的基础上，制造了"决胜车"1200辆。其体制是：正人驶车，8人推车，2人扶轮；3人执牌辅车，20人持长枪辅车，18人以伸臂弓随枪远射，每辆战车共用55人。每10车差大使臣1员总领，编为一队。行则为阵，止则为营，专门对付敌人骑兵的进攻。

建炎元年冬至二年（1128年）春，金军多次渡过黄河，骚扰濒河州县，以及滑州以南的沿河诸寨，作试探性的进攻。宗泽坐镇开封，从容调兵遣将，多次打退金军的进攻。宗泽保卫开封的一个突出特点就是没有坐守孤城，而是打出去。当金军渡河时，东京留守司有的官吏主张拆去黄河上的浮桥，阻止敌人来犯。宗泽则派统制刘衍开赴滑州、刘达开赴郑州，各领兵2万，战车200乘，打出去牵制敌人。并告诫诸将不得轻动，要保护桥梁，以待敌军过河来犯，相机消灭之。金兵见宗泽戒备森严，乘夜切断河梁，以阻止追兵，仓皇逃跑。金军不甘心失败，不久，又从郑州进犯，前军抵达白少镇，离京城只有20公里左右。宗泽镇定自若，一方面安定京城士庶人心，另一方面派遣精锐力量支援刘衍。正月十五灯节之夜，宋军大败金兵于板桥，乘胜收复了延津、河阴、胙城等县，一直追到滑州。刘衍又分兵夜袭滑州西15公里处的金兵营寨，尽得其辎重粮草。这场保卫东京城的战斗以宋军大获全胜而告结束。

渡过黄河，相机收复河东、河北地区，是宗泽保卫东京的有机组成部分。1128年春天，宗泽在巩固开封防务的同时，积极联络北方抗金义军、各地农民起义军以及若干支溃兵游勇，积极做渡河的准备。当时正值六月天气炎热，金军兵马疲乏，正是大举北伐的良机。这时，王彦的八字军奉宗泽之命，移屯滑州。五马山的首领马扩，也携带信王赵榛的信，前来留守司。他们3人共同制定了渡河作战的军事计划：王彦自滑州渡河直取怀、卫、潞相等州；马扩等军由大名府攻打洺州、庆源府、真定府；杨进、李贵、王善、丁进等部都分头并进，与两河义军约定时日，里应外合。另外，宗泽自到开封后，先后向高宗上了24道奏疏，恳请他"回銮"东京，鼓舞士气，号召军民报国仇、复故疆。

此时年已古稀的宗泽，满怀对宋朝的忠心，日夜盼望朝廷批准他的渡河作战计划和高宗回銮的请求。但左等右盼，杳无音讯，只好深深地叹息道：我的心愿恐怕难以实现了。他心力交瘁，忧愤成疾，终于一病不起。将领们前来探望，宗泽勉励他们奋勇抗金，完成自己未酬的壮志。死前一日，念及未竟事业，长吟"出师未捷身先死，长使英雄泪满襟"的诗句。临终时，没有一句话提及家事，只是大声疾呼："过河！过河！过河！"

开封城内军民听到宗泽去世的消息，奔走相悼，太学生撰文祭奠，工商为之罢市。宗泽任东京留守一年来，气势正盛的金军的几次进攻，均被打退，取得了东京首次陷落以来少有的胜利，充分说明了宗泽的抗金主张和抗金措施收到了成效。

建炎二年（1128年）七月宗泽死后，宋高宗派杜充继任东京留守，他的所作所为与宗泽完全相反，宗泽招抚的抗金义军纷纷离之而去。东京战守形势也急转直下。

048

"金人自入中原,其败衄未尝如此"
——和尚原之战

和尚原之战是南宋初年宋军抗金战争中的重要战役之一。这次战争由著名抗金将领吴玠、吴璘兄弟指挥,分别于1131年五月和十月挫败金军,阻止了金军的西线攻势,保住了川陕的门户。

金军于1127年灭亡北宋后并没有鸣金收兵,而是乘势数次南下并进攻陕西,抢占了黄河两岸许多地区,并曾一度深入江西、浙江等地。广大爱国军民在抗战将领的率领下,英勇顽强地抗击金军,迫使金军退回江北。但以赵构为首的南宋统治者对金采取妥协求和政策,执行"先平内寇,然后可以御外侮"的错误方针,竟把主要兵力用来镇压农民起义军,对待金军则实行消极防御。即使如此,金军面对日益成长起来的抗金力量也未敢轻视。金军虽然在军事上取得了一系列胜利,但从战略上看,并无多大的优势。金军长途奔袭,战线过长,所到之处都遭到南宋爱国军民的英勇抵抗,伤亡惨重。夺占地区又不能巩固,无法立足。种种迹象表明,单纯用军事力量,短期内不能灭亡南宋,金统治者遂采取"以和议佐攻战,以僭逆诱叛党"的策略。建炎四年(1130年),在中原地区建立了刘豫的伪齐傀儡政权,统治今山东、河南和陕西地区,使之成为金宋间的缓冲地带,作为其南方的屏藩,借以巩固自己在北方的统治,消灭两河一带的抗金力量。为了从内部破坏南宋的抗金力量,放回降金的汉奸秦桧以作内应。与这种政治策略相适应,在军事战略上,由全面进攻改为重点进攻,把主要的军事力量集中在陕西一线,准备从秦陇攻入四川,控制长江上流,然后顺江东下,形成一个大迂回的战略包围圈,置南宋政府于死地。这一战略就是要在东南取守势,在西北取攻势。金军在这一战略决策的指导下，在陕西方面先后进行了数次大规模的进攻。和尚原之战就是其中较重要的一次。

川陕是南宋的战略要地，南宋于建炎三年授命张浚担任川陕宣抚处置使，以抵御金军在川陕的战略进攻。建炎四年九月，宋、金在富平交战，宋军数倍于敌的兵力由于指挥不力、将领临阵脱逃等原因而全线溃退。宋军撤退到兴州（今陕西略阳）、和尚原（今陕西宝鸡西南）、大散关（今陕西大散关）及阶州（今甘肃武都）、成州（今甘肃成县）等地，重行设防，以阻金军。

富平之战失利后，和尚原成为金军入川的主要障碍。和尚原是从清水流域越秦岭进入汉中地区的重要关口之一，属川陕之首要门户，位于宝鸡西南20公里，其地势之险要与大散关不相上下。和尚原对仙人关来说，有如通往四川的第一道关隘，它与仙人关共分蜀之险要，势必固守。"和尚原最为要冲，自原以南，则入川路散；失此原，是无蜀也。"这时，吴玠、吴璘奉张浚之命，收集几千散兵，担任保卫和尚原的任务。金军为了打通进入汉中的门户，决定进攻和尚原。和尚原之战就这样拉开了帷幕。

绍兴元年（1131年）五月，金军将帅没立率部出凤翔（辖境相当今陕西宝鸡、岐山、凤翔、麟游、扶风等地），乌鲁、折合从阶州、成州出大散关，屯兵北上，进攻吴玠军，两路金军企图在和尚原会师。吴玠命令诸将列成阵势，利用有利地形，轮番向先到达的乌鲁、折合率领的金军攻击。金军欲战不能，欲退无路。和尚原一带尽是山谷，路多窄隘，怪石林立，金军的骑兵失去了威力，只好弃骑步战。宋军在吴玠的统领下与金军展开了生死搏斗，大败金军。退到黄牛一带的金军，立足未稳，又恰遇上大风雨，金军士气不振，无力发起进攻，只得狼狈逃窜。同时，没立所率金军在箭筈关方向发动的进攻，也被吴玠部将杨政所击退，从而打破了没立与乌鲁、折合两军会师和尚原的计划。此战的胜利，大大鼓舞了宋军的士气。金军初战和尚原失败，使金朝统治者大为恼怒，"谋必取玠"。于是金军元帅兀术亲自出马，纠集各地兵力10余万，架设浮桥，跨过渭水，从宝鸡结连珠营，垒石为城，与吴玠所部宋军夹涧对峙，准备与宋军决战。其时，吴玠积极调整宋军部署，并注意侦察兀术金军的一举一动。十月，大战爆发。吴玠命令诸将挑选劲弓强弩，分番迭射，弓矢连发不绝，繁如雨注。金军不利，丢掉武器退却。吴玠抓住有利战机，派遣奇军从两旁袭击，阻断金军运粮通道，金军陷入困境，兀术见势不妙，夺路逃遁。吴玠乘胜追击，于神坌一地设兵伏击，金军大乱，宋军星夜出击，大败金军。兀术中箭负伤，狼狈逃走。和尚原一战，俘获金军头目300余人，甲士800余人，缴获器甲数以万计，取得了辉煌的胜利。

和尚原之战在宋金战争史上具有重要意义。宋军以少胜多，重创金军主力，鼓舞了宋军的士气，扭转了富平战败的局势。其后，金军在进攻饶凤关、仙人关等地时，由于吴玠、吴璘兄弟所率部队顽强抵抗以及当地人民的支持，又遭到惨败，被迫退回凤翔，暂时放弃了攻入四川的企图，使其重点进攻遭到失败。此战对金军的打击是非常重大的，是其灭辽破宋以来遭到的第一次大惨败，有历史记载："金人自入中原，其败衄未尝如此也。""兀术之众，自是不振。"

和尚原之战的胜利是来之不易的，它凝聚了当地人民冒死支持宋军的心血。《宋史·吴玠传》上说："玠在原上，凤翔民感其遗惠，相与夜输刍粟助之。玠偿以银帛，民益喜，输者益多。金人怒，伏兵渭河邀杀之，且令保伍连坐，民冒禁如故。"吴氏兄弟也立下了汗马功劳，他俩身先士卒，团结将士，共同抗金。和尚原大战时，吴玠、吴璘仅靠富平之战后所收集的数千散卒扼守关口，敌军则有10余万，数倍于己。且和尚原远离内地，供给没有保障，有人想劫持吴氏投降金兀术。在此危急关头，吴玠深明大义，召集诸将勉以忠义，以诚感泣诸将，使上下一心，积粟善兵，列栅死守，终于击败了强于自己的金军。

049 以少胜多的城邑防御战争——顺昌之战

顺昌之战是南宋初抗金重要战役之一，由著名抗金将领刘锜指挥，是历史上一次著名的以少胜多的城邑防御战争。整个战争分为两个阶段，第一阶段从1140年五月二十五日至六月一日，历时6天，经过3次战斗，击溃金军的前锋部队；第二阶段从六月七日至六月十二日，历时6天，刘锜率全城军民与金兀术亲自率领的金军主力决战，取得了顺昌保卫战的最后胜利。

1127年，金朝统治者灭亡北宋后，不断发兵向江南侵扰，宋统治者一味逃跑，不敢抵抗，但黄河两岸的广大爱国军民在抗战派将领的率领下以各种形式给金军以沉重的打击。南宋抗金战争到建炎四年（1130年）时，双方力量对比发生了有利于南宋的变化，金军的精锐部队接连受挫，战斗力大大削弱。绍兴五年（1135年），金军与伪齐联合攻宋遭到失败，更加暴露了金军的虚弱情况。尽管如此，宋高宗仍一心一意与奸臣秦桧合谋，不断派使臣向金求和。金国统治者为达到不战而使南宋屈服的目的，同时也给金军一个休整的机会，于绍兴九年（1139年）正月，与南宋签订了一个和约。根据这一和约，宋方须割地、赔款，对金称臣。当南宋统治者庆贺和约成立、大肆封官晋爵之时，金军在不到一年的时间内做好了战争准备，遂撕毁和约，于绍兴十年（1140年）五月兵分四路，再次发动南侵战争，战线从东部的淮水下游一直延伸到西部的陕西。

南宋统治者对金军进攻毫无戒备，河南、陕西的地方官大都是原先的伪齐官吏，这时纷纷降金，因此金军进攻初期气势汹汹。但不久岳飞、刘锜、韩世忠、吴璘等南宋军民奋起抵抗，从而遏止了金军的进攻气势。其中以刘锜指挥的顺昌保卫战最为突出。

1140年五月中旬，新任东京副留守兼节制军马的刘锜，率领军队前往东京驻防。刚由水路抵顺昌（今安徽阜阳）时，就传来了金军攻陷东京开封的消息。3天之后，攻陷东京的金军继续向南侵扰，距东京不远的陈州（今河南淮阳）也被攻占。离陈州仅150公里的顺昌成了宋金对峙的前沿阵地。

顺昌北濒颍水，南有淮河，东接濠州（今安徽凤阳）、寿州（今安徽寿县），西接蔡州、陈州，是屏障淮河的要口，通汴梁的交通要道。在大敌压境之际，刘锜沉着果断，亲自视察城内外的防御工事和地形，凿沉船只，加高加厚城墙，构筑防御工事。号召大家同心协力，保卫顺昌城。他将自己全家老少搬到一座庙里，在门口堆满干柴，嘱咐守卫的士兵，万一城被金军攻破，即放火焚烧他的全家，以此激励士兵和百姓，誓死保卫顺昌城。根据地形和兵力，以后军统制许清守御东门，中军统制守御西门，右军统制焦文通，游奕军统制钟彦守御南门，左军统制杜杞守卫北门。派出侦探，并依靠当地人作向导，不断侦察金军行动方向。经过一个星期的努力，初步完成了顺昌城的防御准备。

五月二十五日，金军游骑数千渡过颍河，进逼顺昌城郊。宋军伏兵活捉金军银牌千户阿赫杀阿鲁等2人。刘锜从俘虏口供中了解到金军韩、翟二头领带领部分兵力在距城15公里的白沙涡一带安营扎寨，便乘其初至，毫无作战准备，派兵千余乘夜前往劫营，一直激战到次日凌晨，宋军首战告捷。

金军残兵于二十七日逃到陈州，向其龙虎大王及三路都统葛王完颜褒报告了惨败的经过，金军主力迅速向顺昌集结。二十九日，3万余金军四面包围了顺昌城，进行强攻，企图一举而下。刘锜领兵从西门迎战。金军逼向城墙，一边抢夺吊桥，一边以强弓硬弩向城上的宋军射击。宋军以劲弓强弩还击，矢如雨下，金军死伤甚众，被迫后撤。刘锜抓紧战机，乘势以步兵出击，金军溃乱，仓皇渡水逃命，溺死甚众。时近黄昏，仍有数千金军的铁骑在河外逗留，刘锜派兵连续向其发起进攻，大获全胜，缴获甚多。

顺昌被围第四天，金军从陈州等地向顺昌增调兵力，一部分金军扎营于距顺昌10公里的东村。顺昌处于金军的铁壁合围之中。金军把主要注意力放在攻占顺昌城上，却忽略了对营寨的防守。宋军利用雷雨天气，派骁将阎充选拔500壮士，乘黑夜突入敌营，等电光一闪，宋军便一跃而起，奋勇进杀；电光过后，宋军全都潜伏不动。金军不知宋军底细，满营大乱，宋军则按战前约定的暗号，时分时聚。金军惶恐之中，自相残杀，等到天明，金军已无力还击，只得退去。

这3次战斗，宋军智勇结合，使围攻顺昌的金军元气大伤，取得了顺昌保卫战的初步胜利。

兀术在开封得知金军进攻顺昌失败的消息后，率兵10余万昼夜兼程，用不到7天的时间从开封直趋顺昌。兀术所部是金军中的精锐部队，攻城略地，凶悍无比。其专攻城池的士兵号称"铁浮屠"（铁塔兵），士兵都穿甲戴盔，配备最精良的武器。其作战方法是每3人分为一个战斗单位，后面紧跟着拒马子，士兵每前进一步，就将拒马子往前移一步，以示一往无前，决不后退。又在左右两翼以铁骑相配合，号称"拐子马"。宋金交战以来，凡难攻之城，都使用这一队伍去攻打，屡次取得胜利。

当初战取胜之后，宋军中有人提出乘兀术未到撤离顺昌，保存实力。刘锜认为兀术援兵将至，如果南撤，不仅前功尽弃，而且一旦被敌追及，必遭覆灭。更为严重的是，金军将长驱直入，侵扰两淮，震动江南，造成严重后果。为今之计，只有"背城一战，于死中求生"。众将同意这一方案，虽然处于劣势，但愿奋力一战，保住顺昌。六月六日，刘锜派人将顺昌城东门、北门外停泊的船只全部凿沉，下定决心背水一战。

六月七日，金兀术领兵扎寨于顺昌城外的颍水北岸，连营10余公里。兀术看到顺昌城垣简陋，竟狂妄地说：顺昌城可以用靴尖踢倒。并当即下令，九日在顺昌城内府街中吃早饭，城破之后，女子玉帛悉听诸将掳掠，男子一律杀死。金兀术的气焰十分嚣张，根本不把刘锜等放在眼里。刘锜一方面加紧备战，另一方面为了进一步麻痹兀术，派曹成等为间谍，随探骑行动，故意让金军俘虏。曹成等人向金军散布刘锜喜好声色、贪图安乐、无所作为等假情报。兀术听后信以为真,下令留下攻城车、炮具,轻装急进。

六月九日,金兀术指挥金军向顺昌城发起总攻。这天天明,金兀术率金兵渡过颍河,沿城列成阵势,从东门到南门,从南门到西门,把四门连成一片,并呐喊不停,企图在精神上吓倒顺昌城内的军民。城内宋军丝毫不为所动,一心一意迎战金军。当时,诸将都认为金军中韩常部较弱,宜先打击该部。刘锜认为击败韩部,仍不能阻挡兀术精兵的进攻,不如先打败兀术军,则整个金军将无能为力。这时正值天气炎热,金军远道而来,没有休息即投入战斗,人困马乏,只好休兵立营,准备再攻。宋军则轮番休息于羊马垣下以逸待劳,主动出击,突入兀术营垒,打败其装备最好的3000牙兵。金军以铁骑拐子马从左右两翼企图包围宋军,由于宋军奋勇作战,金军企图未能得逞。盛夏酷暑,金军给养不足,人马饥渴,大量饮食被宋军施放了毒药的水草,中毒病倒者甚众。刘锜又乘烈日当空的中午,时而派遣数百人于西门扰敌,时而又从南门袭击,大败金军。

十日,风云突变,大雨倾盆,天气于金军不利,金军又屡攻不下,士卒死亡病疾又多,不得不改变方案,企图长期围困顺昌,于是移营城西,掘壕列阵,与宋军相峙。为了拖垮金军,刘锜派100多名骑兵,或乘雨大作,或乘大雨停歇,不间断地袭扰金军,重创金军于城外。

十一日,金军中又打响战鼓,刘锜不动声色,密切注视金军动向,并抚恤阵亡之宋军将士家属,再励士气。金军久攻不下,士气低落,兀术开始引兵退走。刘锜乘此时机,全军出动,尾随追击,大败金军。

十二日,金兀术被迫率全部金军撤走顺昌回开封,顺昌保卫战取得了彻底胜利。

刘锜所部不满2万人,其主力是原来王彦率领的著名的"八字军"。但能出战者只有5000人。刘锜率领将士同心协力,坚决抵抗,采取了正确的战略策略,这就是先发制敌,挫敌锐气;麻痹敌军,制造战机;以逸待劳,乘其不备。加之城内居民的广泛支持,终于以少胜多,以劣胜强,大灭了金军的嚣张气焰,挡住了金军自两淮南侵的锋芒。这一战是金军南侵以来遭到的最重大的惨败之一,震撼了金国统治者。出使金国的洪皓，曾就此战奏报宋高宗说："顺昌之役，敌震惧丧魄，燕之珍宝悉取而北，意欲捐燕以南弃之。"顺昌大捷沉重打击了金军主力部队，因而对宋军抗金的战局产生了重大影响，它策应了宋军在东、西两翼及西京地区的作战，从而全线抑制了金军的攻势，为南宋军民大举反攻金军创造了良好的条件。当顺昌之战激烈进行时，进攻陕西、京西、淮东的金军也分别为宋将吴璘、岳飞、韩世忠所败，金军再次发起的全面进攻又以失败而告终。刘锜因此战功，被宋高宗授予武泰军节度使、侍卫马军都虞侯、知顺昌府、沿淮制置使等职。

050 "连结河朔，直捣中原"
——郾城、颖昌之战

郾城、颖昌之战是南宋初年宋军抗金战争中重要战役之一。由著名抗金将领岳飞指挥岳家军于1140年七月先后在郾城、颖昌大破金军，取得了直捣中原、收复河朔的关键性胜利。此战是岳飞生前最后一次与金军主力决战，不久，岳飞奉命班师，使抗金的有利形势废于一旦。

绍兴十年（1140年）五月，金统治者撕毁上一年与南宋签订的和约，调集大军分四路进攻陕西、山东、洛阳和开封，得手后又乘胜向淮西进攻，结果在顺昌为刘锜大败，金军的全线进攻受到了抑制。在南宋各路军节节胜利的形势下，岳飞打算联合义军，配合友军，乘胜反攻中原。按照其以襄阳为基地，连结河朔，进捣中原，恢复故疆的既定方针，派遣王贵、牛皋、杨再兴、李宝、张宪、傅选等，分向京西洛阳、汝州、郑州（今河南郑州）、颖昌（今河南许昌）、陈州、蔡州等地，分布经略，展开猛烈的攻势；并分别派兵接应东、西两面的宋军；同时派遣梁兴等人北渡黄河，联络太行山义军，相机收复河东、河北失地，以便南北呼应。此时，韩世忠所部自淮阳、张俊所部自庐州、寿州间北进。张俊在福州造海船千艘，准备由海道北攻山东。吴璘等在陕西的作战也有所进展。

宋高宗一向畏敌如虎，在宋军即将反攻的有利形势面前，竟然作出"兵不可轻动，宜班师"的荒谬决定，要求各路军队停止北进。为此，特派司农少卿李若虚于六月二十二日赶抵德安府（今湖北安陆）岳飞军营中计议军事，阻止岳飞军北伐中原。岳飞部将都已北进，他未接受李氏带来的诏命，仍按原来计划行事。李若虚鉴于当时的形势，同意岳飞的主张，并主动承担"矫诏之罪"。六月二十五日，岳军统领官孙显，于陈、蔡之间破金军排蛮千户部；闰六月二十日，张宪部克复颖昌；二十四日，收复东州；次日王贵所属杨成部克复郑州。七月初二，张应、韩清克复洛阳。岳飞所部在一个多月里，连战皆捷，收复了洛阳至陈、蔡间的许多战略要地，形成东西并进，夹击汴京金军主力的态势。岳飞为了诱惑金军南下决战，遂集结主力于颖昌地区，自率轻骑驻守郾城（今河南郾城）。

金军兀术败于顺昌后，自己与龙虎大王突合速退回开封，命韩常守颖昌府、翟将军守淮宁府、三路都统阿鲁补守应天府，企图负隅顽抗。当兀术看到岳家军孤军深入、有机可乘之时，不待岳家军集结部署完毕，抢先发动了进攻。七月初八，兀术指挥经过一个半月休整的主力部队以及增派的盖天大王赛里（宗贤）等率领的军队，倾巢出动，直扑郾城。实际上，这是兀术蓄谋已久的意图。还在岳飞挺进中原之时，兀术召集诸将，商议对策，他判断：南宋诸路军易于对付，唯独岳家军将勇兵精，且有河北忠义军之援，其锋不可当，须寻找时机，诱其孤军突入，然后集中主力，并力一战。岳飞轻骑驻守郾城，正合兀术"并力一战"的心理。

金军欲抄袭岳家军设于郾城的大本营，挑选1.5万多名骑兵，披着鲜明的衣甲，抄取径路，自北压向郾城。当时岳飞手下只有亲卫军（背嵬军）和一部分游奕军。岳飞指挥将士迎敌于郾城北10多公里处。他首先命令儿子岳云出战，并严厉地说："必胜而后返，如不用命，吾先斩汝矣！"岳军每人持麻扎刀、提刀和大斧三样东西，入阵之后即与敌人"手拽厮劈"，上砍敌人，下砍马足。岳云、杨再兴等相继率兵冲入敌阵，杀伤甚多。杨再兴奋勇当先，单骑闯入敌阵，打算活捉兀术，结果没有找到，只身杀敌数百人，自己多处受伤，仍顽强地杀出敌阵。战斗从午后进行到黄昏，金军终于支持不住，向临颖方向撤去。此战金军兀术的精锐亲兵和拐子马遭到沉重打击，兀术本人也惊恐万分，他说："自海上起兵，皆以此胜，今已矣！"

但兀术仍不死心，希图再战获胜。十日，增兵郾城北五里店，准备再战。岳飞当即率领军马出城，并派背嵬军将官王刚军带领50骑，前往侦察敌情。王刚突入敌阵，斩敌裨将。诸将见王刚军接战，主张稍退避锋。岳飞认为此时正是进军良机，遂亲率骑兵出击，诸将继后，左右驰射，挡住了金军骑兵，打乱了敌人步兵，又败兀术军。经过3天激烈战斗，岳飞军取得了郾城之战的胜利。

兀术不甘心于郾城之败，又集中了12万人的兵力，进到郾城和颖昌之间的临颖（今河南临颖），妄图切断岳飞和王贵两军的联系。七月十三日，张宪奉命率领由亲卫军、游奕军、前军和其他军组成的雄厚兵力，进到临颖，寻求和兀术大军决战。杨再兴等率领300骑兵为前哨，当抵达临颖南的小商桥时，猝然与兀术大军相遇。兀术指挥兵力包抄围掩。尽管众寡悬殊，杨再兴毫无惧色，率骑兵与之英勇作战。杨再兴和300骑兵全部战死。金军也遭到沉重打击，光被杀死的就有2000多人，其中包括万夫长、千夫长、百夫长、五十夫长等100余人。十四日，张宪率援军赶到临颖，打退了金军。兀术不敢再战，留下部分兵力，自己率主力转攻颖昌。

岳飞估计兀术将攻打颖昌，便令岳云急速增援驻守颖昌的王贵。七月十四日，兀术率领3万骑兵、10万步兵进攻颖昌，于城西列阵。宋军虽有5个军戍守颖昌，但都不是全军。王贵命少量兵力守城，自己和姚政、岳云等率中军、游奕军、亲卫军出城决战。22岁的岳云率领800名亲卫军骑士首先驰击金军。步兵也展开严整的队列继进，掩护骑军，与敌军拐子马搏战。双方激战几十个回合，依然不分胜负。这时老将王贵有些气馁，岳云制止了他的动摇。岳云前后10多次突入敌阵，身受百余处创伤；很多步兵、马军也杀得"人为血人，马为血马"，仍无一人肯回顾。到了正午，守城的董先和胡清率军出城增援，战局很快扭转过来，大败金军。颖昌大捷，杀敌5000多人，俘虏2000多人，缴获马匹3000余，几十名敌将也死于宋军之手。不久，张宪部将在临颖东北打败金军。岳飞率军乘胜追击金军，于距开封仅20多公里的朱仙镇击溃金军，至此，岳飞反攻中原的战争取得重大胜利。

郾城、颖昌之战，是岳家军挺进中原抗击金军的关键性大捷。在孤军奋战的情况下，岳家军依靠将士们的强劲勇敢，以及岳飞、岳云父子的正确指挥、冲锋陷阵，经过酷烈的战斗，以少胜众，打败了敌军主力，取得了辉煌的胜利。这是南宋初年抗金战争中重要胜仗之一。金军统帅兀术哀叹说："自我起北方以来，未有如今日之挫衄。"金军在此战以前，尚未同岳家军进行过很严重的较量,这次才算真正领教了岳家军的威力,发出了"撼山易,撼岳家军难"的哀叹。

郾城、颍昌大捷后,岳飞本可以继续北进,实现长驱中原、收复河朔的愿望,但南宋朝廷以高宗和秦桧为首的议和妥协派容不得这些,急催岳飞班师。岳家军的班师,使整个抗金战争局势又逆转了,收复的许多失地又重被金军占领,"十年之功,废于一旦"。第二年,岳飞被以"莫须有"的罪名害死于临安。一代名将、民族英雄就这样陨落。不过,岳飞治军严明,英勇善战以及"岳家军""冻死不拆屋、饿死不掳掠""秋毫无犯"的精神将永远垂范后世。

051 乞和免战，先胜后败
——柘皋之战

柘皋之战是南宋初年宋军抗金战争中的重要战役之一。由张俊指挥的宋军在这次战争中先胜后败。战争结束后，金军退淮北归，宋军也退到江南，宋朝廷与金统治者签订了屈辱的"绍兴和议"。

绍兴十年（1140年）七月底，随着岳家军班师，中原地区乃至淮东地区的抗金战争都已结束。金军统帅兀术在这年秋冬之交到燕京朝见了金熙宗，随即返回开封，开始点检粮草，调集兵马，准备以重兵南侵淮西。宋朝在淮西有3支大军：淮西宣抚使张俊8万人，淮北宣抚副使杨沂中3万人，淮北宣抚判官刘锜2万人。兵力虽众，但战斗力不强。金军从1140年底开始逐步由开封附近诸地向南移动。绍兴十一年（1141年）正月中旬，兀术、韩常等人的部队越过泗水，攻占寿春。二月三日进入庐州。当南宋朝廷得知金军抵达庐州界的消息之后，急忙发给岳飞一道手诏，命岳家军前往江州，乘机照应，以使金军腹背受敌。同时，岳飞也向朝廷建议，乘金军主力南侵淮西之机，岳家军可再度长驱中原袭取汴京和洛阳，金军势必回军救援，淮西的战局必将得到缓解。岳飞估计宋高宗不会接受此策，又于同日提出中策，说前往救援淮西，沿江东下，再由江州北上，不如改由蕲州、黄州一带渡江，出敌不意，可收腹背夹击之效。高宗批准了这一中策。

当金军南侵之时，淮西宣抚使张俊正率部停留在杭州，在淮西地区仅布置了一个飞骑侦察队，由部将姚端率领。南宋朝廷一方面督遣张俊赶紧由建康率领全军渡江迎击，另一方面急令驻扎在太平州（今安徽当涂）的刘锜率军渡江前往防守庐州。留守庐州的部队仅有统制关师古的

2000余人。刘锜抵达之后，绕城巡视一周，也认为无法守城，便与关师古率众南返。行至巢县东南一个名叫东关的地方，欲在此依山据水截击金军。但刘锜、关师古还没撤到东关时，金军已经攻占庐州，并出兵到无为军、和州境内大肆劫掠。在这种形势下，张俊和王德于二月初四离开建康，在采石渡江争先进入和州，并相继收复了含山县、巢县、全椒县和昭关等地。金军不敢贸然渡江南进，便从和州等地向后撤退，寻机与宋军作战。

二月二十七日，金军退到巢县西北的柘皋镇，认为此地一马平川，方便发挥自己骑兵的优势，便把数万骑兵布置在这里，分为左、右两翼，夹道而阵，以待宋军前来进攻。宋军最先到达的是刘锜部，接着是王德率领的张俊部，殿帅杨沂中此时率领3万人马由杭州赶赴柘皋。十八日，双方展开大战。杨沂中轻敌冒进，首先遇挫。王德继之指挥将士集中力量去攻击敌军的右翼。王德射掉敌军骑兵的指挥者，并乘势大呼，步兵挥舞长柄大斧突入敌阵，经过激烈鏖战，打败金军。金军被迫撤退到镇北的紫金山（今寿县东南）。

此战的特点是两军主帅兀术和张俊都未亲临战场。指挥金军的是阿鲁补和韩常等人。张俊虽是主将，其实与杨沂中、刘锜各自成军，不相节制，只是各军的进退由他一人决定。王德隶属张俊后，升任都统制，并负责战场指挥。柘皋战后，金军退出庐州。张俊根据不准确的情报，以为敌人全部退淮北上，淮西战事宣告结束，便命令刘锜先退军回太平州。张俊自己则要与旧部属杨沂中耀兵淮上，企图排挤刘锜，独享打退金军的战功。岳家军此时也抵临庐州，听张俊说"前途乏粮，不可行师"后，就退兵舒州，上奏朝廷，以决进止。

事实上，兀术在愚弄宋军，北退的只是金军的少部分军队，大多数人马埋伏在濠州（今安徽凤阳）四郊。三月初四，即张俊命令刘锜班师的前一天，金军以孔彦舟作先锋，急攻濠州。张俊惊慌失色，急派驰骑追截刘锜，命刘锜一起救援濠州。三月初九，张俊、杨沂中和刘锜的13万人马抵达距濠州尚有30公里的黄连埠，接到探报说，濠州城已于初八被金军攻陷。宋兵听说金军已去，杨沂中命令士卒入城，不料遭金军伏击，张俊部出兵救援。杨沂中、王德只身逃回，部众大部被歼。韩世忠奉命从楚州率部赶到濠州时，败局已无可挽回。金军还企图阻断其归路，韩军且战且退，又回师楚州。待命舒州的岳飞得知战局变化即挥师北上。十二日，岳家军抵达濠州以南的定远县，金军闻风渡淮而去。杨沂中部败于金军后，也于十二日从宣化渡江返回杭州。张俊于十四日渡江返回建康。刘锜部在和州稍作停留，于十八日从采石返回太平州。

柘皋之战，宋军先胜后败，正是南宋朝廷乞和免战心理的反映，也是前线宋军指挥不力、各自为战的必然结果。同时，作为元帅的张俊负有不可推卸的责任。但张俊回朝后，却反诬刘锜作战不力、岳飞逗留不进。高宗和秦桧偏袒张俊。借口赏柘皋之捷，把没有直接参加此役的韩世忠、岳飞分别升为枢密使、副使，削夺手中的兵权。枢密院的实权掌握在同时升为枢密使的主和派张俊手中。七月，宋高宗不顾岳飞的反对，解除了著名抗金将领刘锜的兵权。八月，岳飞被罢官。九月，秦桧伙同张俊收买岳飞部将王俊、王贵，诬告岳飞谋反。抗金斗争在谋害岳飞，向金求和的阴谋中被迫停止。

052 火器第一次应用于大规模海战——唐岛之战

唐岛之战，又称黄海奔袭战，它是南宋绍兴三十一年（1161年）宋金双方在黄海海面进行的一次大规模海上决战。战争的结果，以宋胜金败宣告结束。

宋金之战，自北宋末年开始。由于南宋统治者腐败无能，妥协投降，于绍兴十一年（1141年）十一月同金签订了丧权辱国的"绍兴和议"，紧接着又以"莫须有"的罪名杀害抗金名将岳飞。然而，金并不以宋割地称臣、贡纳银绢为满足，仍积极备战，企图消灭偏安东南一隅的南宋王朝。当时的金朝皇帝完颜亮，是金太祖完颜阿骨打之孙，绍兴十九年（1149年）杀死金熙宗自立为帝，不满足其强烈的占有欲，同时转移内部的不满情绪，自即位后，便处心积虑地准备发动消灭南宋的战争。绍兴二十三年（1153年），完颜亮迁都燕京（今北京），不久，又下令营建南京（今开封），同时修造战船，大规模强征男丁。待一切准备就绪之后，完颜亮派人向南宋索取淮汉地区广大土地，寻机挑衅，进一步制造事端，在广大军民一致要求抗金的浪潮中，宋高宗被迫下令抵抗。八月，完颜亮见恫吓威胁不成，正式出兵南侵。金朝60万水陆大军，在东起海上，西到陕西的千里正面战场上全面推进，具体部署是：陆上分西、中、东三路。西路由徒单合喜、张中彦率领自凤翔攻大散关，取四川作战略配合，以牵制宋军；中路由刘萼、仆散乌者率领，自蔡州（今河南汝南）进攻荆襄，控制长江中游的战略要地，从侧翼掩护主力作战；完颜亮则亲率东路主力出寿春（今安徽寿县），企图抢渡淮河，横渡长江，进窥临安。海路则由苏保衡、完颜郑家奴率领一支拥有战船600艘、水兵7万人的舰队沿海南下，直捣临安，配合主力对南宋形成四路并举、海陆夹击的钳形攻势，企图一举灭亡南宋。完颜亮狂妄地宣称：多则百日，少则一个月，定能灭掉南宋。

面对严峻的形势，南宋政府任命吴璘为四川宣抚使，负责川陕防务；命令成闵率军3万往武昌，防守长江中游；任命老将刘锜担负起江淮地区抗击金主力的重任。在大敌当前的紧急关头，时任两浙西路马步军副总管、兼率舰队守卫海防的李宝，主动请缨率领一支只有战船120艘、水兵3000人的舰队沿海北上迎击金军。李宝早年曾在岳飞部下统率义军，同金军作战屡立战功。他率领舰队从平江（今江苏苏州）出发，沿东海北上长途奔袭金舰队。

金朝女真贵族对中国北部地区的残酷统治，不断激起各族人民的反抗。绍兴三十一年（1161年）八月，宿迁人魏胜趁金军即将南侵之机，起兵收复了海州（今江苏连云港西南）。完颜亮为解除后顾之忧，分兵数万围攻海州。这时，李宝舰队正锚泊东海（今江苏连云港市东南），得知这一消息，即指挥军队登陆支援，大败金军，解了海州之围。然后，李宝率领舰队继续北上。十月下旬，李宝的舰队驶抵石臼山（今山东日照附近），巧遇几百名前来投诚的金朝汉族水兵，从他们那里获得可靠情报，得知金舰队已驶出海口，正停泊于唐岛（又名陈家岛，在今山东灵山卫附近）。距离石臼山只有15公里多，李宝根据这一情报，决定采取先发制人，出其不意，火攻破敌的战法，以弱小的舰队袭击强大的敌人。于是，李宝率领舰队迅速向唐岛进发，水军将士个个摩拳擦掌，士气高昂。

十月二十七日清晨，北风转南风，南宋军队乘风向前疾驶。金军不习惯海上风浪，都睡在船舱里，充当水手的多是被迫征来的汉族人民。当他们远远望见李宝舰队时，便把金兵骗至舱中，因此，当李宝舰队逼近敌舰时，金人尚未发觉。李宝紧紧抓住战机，命令舰队全面出击。刹那间"鼓声震荡，海波腾跃"。金军遭到突袭，惊慌失措，赶紧起锚张帆，仓促应战，舰只挤成一堆，乱成一团。李宝旋即下令向金舰发射火药箭，由于金船帆是用油布做成，见火即燃，霎时间金舰队烟焰冲天，几百艘战舰一下子陷入火海之中。一些幸免火箭攻击的敌舰，仍想负隅顽抗。李宝指挥舰队插入敌阵命令士兵跳上敌舰,与金兵展开激烈的白刃战。这时,受尽压迫的金舰队汉族水兵,纷纷倒戈起义。结果,金舰队除苏保衡只身逃脱外,全军覆没。在海上失败的同时,金在陆上各路也相继失败。军事上的节节失利,进一步加剧了金统治阶级内部的矛盾,完颜亮终于死在内部争权夺利的斗争中,其四路并举一举吞灭南宋的计划,遂告彻底失败。

  李宝以3000名水军,全歼了超过自己20倍兵力的金人庞大的舰队,粉碎了金从海上侵袭来都城临安的战略计划,创造了中国古代海战史上以少胜多、以弱胜强的光辉战例。李宝之所以能长途远航奔袭,并以少胜多,关键在于这是一场正义的战争。李宝所部士气高昂,斗志顽强;女真族占领区的人民为摆脱金的残酷统治,对宋军给予了积极配合和支持,初则提供情报,继则诱骗金兵,后则临阵倒戈,严重地削弱了金军实力,壮大了宋军力量。其次,李宝不断了解敌情,正确地采取了出其不意、隐蔽接敌、先发制人、火攻破敌的战法,也是赢得这次海上奔袭战胜利的重要原因。这次海上胜利,同陆上采石之战的胜利一起,使宋转危为安,此后出现了宋金南北长期对峙的局面,影响了整个历史发展的进程。而唐岛之战本身,则作为火药火器应用于战争之后而进行的第一次大规模海战而永载史册。

053 "文臣主战事,同仇暨敌忾"
——采石之战

采石之战是南宋宋军抗金斗争的重要战役。此战发生于绍兴末年,由文臣虞允文指挥宋军打败金军,使金军未能如愿从采石渡江南侵。

绍兴和议后,金统治者灭亡宋朝的梦幻并未破灭。1148年,金兀术死去,海陵王完颜亮当右丞相。次年,完颜亮发动宫廷政变,杀死金熙宗,自立为帝。他梦想一举灭宋,尽享江南繁华。1152年,命张浩等大修燕京宫室,次年从上京迁都燕京,命名中都大兴府。接着又营汴京,准备逐步南迁,直逼南宋。完颜亮迁都,一方面是为了加强对河东、河北及中原地区的统治,另一方面是为了便利对南宋的军事进攻。

1159年正月,宋、金贸易的榷场,除泗州一处外,全部被金停止。二月,完颜亮命户部尚书苏保衡等于通州造战船,并调集诸路猛安谋克军以及契丹、奚人年25以上50以下者从军,共50余万人。又命诸路大造兵器,征调军马,共征到马56万余匹。1160年,签发各路汉军和水手,得3万人。同时,加紧修建开封的宫殿,作为南侵的前进基地。1161年七月,完颜亮迁都汴京。九月,完颜亮自将32名总管,60万兵力,分四路大举南侵。东路,完颜亮亲自率领,由寿春攻淮南;中路,刘萼、仆散乌者率领,自蔡州南攻荆襄;西路,徒单合喜、张中彦率领,自凤翔攻大散关;海路,苏保衡、完颜郑家率水军由海道直取临安,势在一举灭亡南宋。

1158年,宋朝贺金正旦使孙道夫回国后报告了金国有南侵之意,高宗以为金没有什么借口。宰相汤思退疑心孙道夫借此引荐主战派张浚,便把孙道夫贬知绵州。1159年末,金出榜禁止百姓传说即将起兵南侵的消息传到南宋,金朝贺宋正旦使施宜生也向宋透露了金兵不时南侵的信息。宋高宗一方面立赵瑗为皇子,以便在抗金形势不利时退位逃避抗金的重任;另一方面,于绍兴三十年(1160年)春,派同知枢密院事叶义问出使金朝,探侦虚实。叶义问证实金军即将南侵的消息后,右相陈康伯、兵部尚书杨春立即布置两淮守备。在金军南侵的威胁下,秦桧的帮凶、左相汤思退,首先遭到抗战派反对和攻击,高宗无奈,只得将其免官。绍兴三十一年(1161年)四月,金派使至宋,正式挑衅。五月,金使到临安,使者当面辱骂高宗,要求派大臣去开封商议割淮汉流域土地给金,并以大江为界。战争一触即发,南宋群臣议论纷纷。主和派又主张逃跑。陈康伯坚决反对,说:"敌国败盟,天人共愤。今日之事,有进无退。"坚决主张抗金。一些太学生也积极请战。高宗遂命令备战,分四路迎敌。以吴璘为四川宣抚使,负责川、陕防务;以老将刘锜为淮南、江南、浙西制置使,节制诸路军马。担负江淮地区抗击金军主力的重任;以成闵为京湖制置使,率兵3万戍鄂州,与守襄阳的吴拱犄角相应,防守长江中游;以李宝为沿海制置使,率海舟120艘由海道北进,袭击金水军。

金军南下后,宋军不战而溃。一个月左右,金兵推进到长江北岸的和州(今安徽和县)。金军南侵的消息传来,刘锜抱病从镇江渡江进驻扬州,随即派兵北上,进驻宝应、盱眙、淮阴,淮东的防务有所准备。但负责淮西防务的王权却逗留建康,不肯进军,在刘锜督催之下,才与妻泣别,进驻长江北岸的和州,不想前进。又在刘锜再三命令之下,才进驻庐州。十月初,当刘锜赶到淮阴时,金军到达淮河北岸。由于王权不进,淮西事实上没有设防,金军由此从容南下。而当王权得知金军过淮河,又弃庐州南逃。金军迅速推进到滁县,即将临江。在淮阴抗击金军的刘锜得知此信息,也只得退兵扬州。

金军临江消息传到临安,京城乱作一团。文武官员纷纷把家属送走,宋高宗也要"浮海避敌"。只有陈康伯和黄中的家属留在临安,并坚决反对逃海,高宗才表示"亲征",继续抵抗。十月中旬,派知枢密院事叶义问督视江淮军马,中书舍人虞允文参谋军事。这时金军已占领真州(今江苏六合),王权又从和州逃到采石。接着扬州失守,刘锜退守瓜州,后又退回镇江。

完颜亮发动侵宋战争,遭到金统治区各族人民的强烈反对。金宗室完颜雍乘机夺取政权,黄河以北地区很快归附新皇帝金世宗。完颜亮得知这一消息后,更加疯狂南侵。当时,他领兵驻扎在和州鸡笼山,决定于十一月初八从采石(今安徽当涂北)渡江。

叶义问到了建康,派李显忠接替王权。此时,王权残军在采石,王权已罢,李显忠还没到任。十一月初八虞允文到采石犒师,距采石数公里外,即闻鼓声阵阵,问道旁行人,说是金军今日渡江,随行人都想回去,允文不听,进至采石,见王权残军1.8万人士气低落,零散坐于路旁,皆作逃遁之计。虞氏召集诸将会议,说以忠义,鼓舞士气,决心一战,遂立即沿江布阵。宋军皆掩匿山后,敌军以为采石无兵,及近南岸,见宋军列阵相待,沿途人民观战助威者十数里不绝,方才大惊,欲退不能,只得前进。宋水军多踏车海鳅船,大而灵活,而金军船只底平面积小,极不稳便,宋船乘势冲击,金兵大败。次日,虞允文又派新盛率水军主动进攻长江北岸的杨林渡口。金船出港,宋军用强弩劲射,又使用霹雳炮轰击,又大败金军。完颜亮见渡江失败,只得退回和州,接着逃往扬州。

进攻其他地区的金军也被宋军打退,完颜亮不禁大怒,在进退无路的条件下,孤注一掷,命令金军3天内全部渡江南侵,否则处死。这就促使其内部矛盾激化。十一月下旬,完颜元宜率军杀死完颜亮。十二月初,东路金军退走,宋军乘机收复两淮地区。

采石之战是宋、金战争史上具有重要意义的战役,南宋军民在虞允文的指挥下,力挫南侵金军主力,打破了完颜亮渡江南侵、灭亡宋廷的计划,加速了完颜亮统治集团的分裂和崩溃,使宋军在宋、金战争中处于极为有利的地位。

054 欧亚大陆西征的狂飙——蒙古西征之战

蒙古西征之战是公元13世纪上半期蒙古帝国征服中亚和东欧的战争。成吉思汗和他的继承者以彪悍的武力征服了欧亚地区，以蒙古为中心，建立起由钦察汗国、察合台汗国、窝阔台汗国、伊利汗国组成的横跨欧亚大陆的庞大帝国。

蒙古族是我国北方的一个古老民族，长期过着原始的游牧生活。到12世纪时，在长城以北、贝加尔湖以南、东到大兴安岭、西至阿尔泰山的广大地区，形成了许多蒙古部落。随着蒙古社会生产力的发展，原始公社制度逐渐解体，私有制产生，12世纪末和13世纪初，蒙古各部落面临着迫切的统一问题。孛儿只斤部落的首领铁木真在统一蒙古过程中发挥了重要作用，先后打败了塔塔儿、克烈、乃蛮、蔑儿乞诸部，统一了蒙古各部。公元1206年，蒙古各部落首领在斡难河（今鄂嫩河）畔召开大会，推举铁木真为大汗，尊称成吉思汗，建立了蒙古国家。蒙古国建立后，以成吉思汗为首的蒙古贵族不断发动掠夺战争，用兵的主要方向是南下与西征，南下攻击的主要目标是南宋和金朝，西征则是征服中亚东欧各国。蒙古西征共有3次，第一次是1217年至1223年成吉思汗西征，第二次是1234年至1241年拔都西征，第三次是1253年至1258年旭烈兀西征。

公元1217年，成吉思汗把南下灭金的任务交给木华黎，亲自率兵直指西方。当时蒙古蔑儿乞部落首领脱脱的儿子火都和乃蛮部落太阳汗的儿子屈出律败逃楚河流域，仍在西方活动。火都结集蔑儿乞残部，图谋东山再起。公元1217年秋，成吉思汗命令速不台率军征伐火都，速不台翻越崇山峻岭，到达楚河，与蔑儿乞残部作战，杀死火都，消灭了蔑儿乞的残余势力。屈出律与花剌子模国王勾结,篡夺了西辽政权,推翻了契丹人统治,在新疆喀什噶尔、和田至锡尔河右岸地区建立了势力范围。公元1218年,成吉思汗派遣大将者别率兵2万攻打屈出律。当时屈出律正与阿力麻里的不扎儿汗相攻,听到蒙军进攻向西逃跑,者别击溃西辽军队的阻击,攻占了西辽都城八剌沙衮。屈出律逃往喀什噶尔,喀什噶尔地区的居民纷纷起来杀死监视他们的西辽士兵,屈出律继续西逃,被蒙古军队追及。者别把屈出律枭首示众,喀什噶尔、沙车、和田等城相继降蒙,西辽灭亡。

公元1219年,成吉思汗亲自率领其子术赤、察合台、窝阔台、拖雷和大将速不台、者别,会集畏兀儿、哈剌鲁、阿力麻里等部兵马攻打花剌子模。蒙古军队在额尔齐思河流域分进合击,察合台与窝阔台率兵围攻花剌子模商城讹答剌城,术赤进攻毡的城,成吉思汗和拖雷统帅大军直逼其都城布哈拉。公元1220年春,蒙古军队攻占布哈拉,又攻陷了花剌子模新都撒马尔罕,讹答剌与毡的城也相继被攻陷。此后,成吉思汗命术赤、察合台与窝阔台共同围攻乌尔根奇,命大将者别和速不台越过阿姆河追击西逃的花剌子模国王摩诃末,打败俄罗斯和钦察突厥,绕道里海北岸回军。摩诃末后来在里海一个小岛上病死,其子札阑丁在呼罗珊组织抵抗。公元1221年,成吉思汗渡过阿姆河,占领塔里寒城,派拖雷进攻呼罗珊,相继攻陷你沙不儿、也里城,回师塔里寒城与成吉思汗会师。察合台与窝阔台攻陷乌尔根奇后,也到塔里寒城会师。成吉思汗亲统诸路大军追击札阑丁,在印度河击败其余众,札阑丁只身逃跑,花剌子模灭亡。蒙古军队越过高加索进入顿河流域,出兵欧洲。公元1223年在迦勒迦河决战,大败突厥与俄罗斯联军。此后蒙古军队班师而回。

公元1234年,窝阔台召开诸王大臣会议,决定继承成吉思汗的事业,继续西征。窝阔台派兵分别攻打波斯(今伊朗)和钦察、不里阿耳等部,基本上征服了波斯全境。公元1235年,由于进攻钦察的军队受阻,窝阔台决定派强大西征军增援,术赤之子拔都、察合台之子拜答儿、窝阔台之子贵由、拖雷之子蒙哥以及诸王、那颜、公主驸马的长子参加这次远征,由拔都总领诸军。次年,诸军会师西征,进攻位于伏尔加河中游的不里阿耳，大将速不台征服不里阿尔。公元1237年，蒙古诸军进攻钦察，蒙哥斩杀其大将八赤蛮，里海以北地区被蒙古军队占领。

拔都率军大举入侵俄罗斯，公元1237年底攻占梁赞、莫斯科等14城。公元1238年2月攻陷弗拉基米尔，次年又攻陷基辅。公元1240年，蒙古军队进攻孛烈儿（今波兰）、马扎尔（今匈牙利）。公元1241年4月，蒙军攻占克拉科夫、里格尼察等城，大掠摩拉维亚等地。拔都亲统三路大军大败马扎儿军，其国王逃走，蒙古军队攻掠亚得里亚海东岸及南欧各地。这年年底，窝阔台死讯传到军中，拔都率军从巴尔干撤回伏尔加河流域。拔都率本部以撒莱为都城，在伏尔加河畔建立了钦察汗国。

公元1253年，拖雷之子旭烈兀率军第三次远征，蒙古军队进军西亚。10月，旭烈兀率兵侵入伊朗西部，进抵两河流域，目标首先指向了木剌夷国（今伊朗境内）。旭烈兀率军携带大批石弩和火器，途经阿力麻里、撒马尔罕，到波斯褐石城，告谕西亚诸王协同消灭木剌夷。

公元1256年，旭烈兀统帅蒙古大军渡过阿姆河，6月到达木剌夷境内。蒙古先锋将领怯的不花攻占木剌夷多处堡寨，给予了沉重打击。木剌夷首领鲁克那丁在蒙古大军压境的形势下，派遣他的弟弟沙歆沙向旭烈兀求和，旭烈兀要求鲁克那丁亲自来投降，但鲁克那丁迟疑不决。11月，旭烈兀命令蒙古军队发起猛攻，鲁克那丁被迫投降。蒙古军队占领其都城阿剌模忒堡（今里海南）。1257年初，鲁克那丁被蒙古军队杀死，他的族人也都被处死，木剌夷被完全平定。

公元1257年3月，驻守阿塞拜疆的拜住来到军中，旭烈兀偕同拜住等继续西征，直指黑衣大食首都巴格达。当时阿巴斯王朝哈里发谟思塔辛执政，既直接统治黑衣大食，又管辖整个伊斯兰教世界，是两河流域的强国。公元1257年冬，旭烈兀、拜住等率军3路围攻巴格达。第二年初，三军合围，向巴格达发动总攻，蒙古军队用炮石攻打巴格达城，城门被炮火击毁。2月，谟思塔辛哈里发率众投降，旭烈兀攻陷巴格达，蒙古军队在城中大掠7天，谟思塔辛被处死，阿巴斯王朝灭亡。旭烈兀率军继续西进，兵进叙利亚，直抵大马士革，势力深入到西南亚。由于蒙古军队被埃及军队打败，旭烈兀才被迫停止了西进，留居帖必力思，建立了伊利汗国。

从公元1217年至1258年的近半个世纪中,蒙古帝国以蒙古大汗为中心,通过3次西征,先后征服了今咸海以西里海以北的钦察、花剌子模和东起阿尔泰山西至阿姆河的西辽、畏兀儿,建立察合台汗国;鄂毕河上游以西至巴尔喀什湖的乃蛮旧地,建立窝阔台汗国;伏尔加河流域的梁赞、弗拉基米尔、莫斯科、基辅等公国,建立钦察汗国;两河流域的伊朗、阿富汗、叙利亚,建立伊利汗国,形成世界历史上前所未有的大帝国。蒙古西征的胜利,主要原因是在战略上采取由近及远、相继占领的策略,以蒙古大漠为中心,向外一步步扩张。在战术上注重学习汉人的军事技术,用汉人工匠制造大炮,提高了战术优势;西征时集中优势兵力,如拔都西征就全是长子,窝阔台认为"长子出征呵,则人马众多,威势盛大"。彪悍的蒙古骑兵适合远距离作战,战斗力相当强大。而封建社会的欧亚各国则是分裂独立,如俄国当时分裂为许多小公国,相互争斗,不能一致对外;花剌子模虽是大国,但分兵守城,消极防御,不能集中兵力迎敌。因此,在蒙古军队进攻下相继灭亡。

055 13世纪蒙古帝国崛起时的大战
——蒙金之战

蒙金之战是13世纪我国北方金朝女真族与蒙古贵族之间进行的一场战争,这场战争从公元1211年蒙古成吉思汗侵金开始,到公元1234年窝阔台灭金结束,前后用了23年时间。蒙金战争可以分为3个阶段,公元1211年至1217年为成吉思汗侵金阶段,公元1217年至1223年为木华黎侵金阶段,公元1229年至1234年为窝阔台侵金阶段,以金朝灭亡宣告结束。

蒙古族是我国北方的一个古老民族,长期过着游牧生活,受中原王朝唐以及北方强盛的辽金政权管辖。到13世纪初期,蒙古民族共同体形成,已处于国家产生的前夜。蒙古部孛儿只斤家族的铁木真用了10余年的时间,先后征服了蔑儿乞、鞑靼、克烈、乃蛮等部,统一了整个漠北地区。公元1206年,铁木真称成吉思汗,在斡难河建立了蒙古汗国,成为北方草原地区新兴的强大势力。蒙古汗国也和北方其他民族一样,受女真贵族建立的金朝统治,金朝统治者对蒙古部族经常勒索各种贡物,激起了蒙古民众的不满和反抗。随着蒙古汗国奴隶制的确立,奴隶主贵族掠夺财富的欲望不断膨胀,成吉思汗建国以后,开始发动了南侵金朝的战争,腐朽的金朝对蒙古贵族的进攻难以抵挡,金朝的统治迅速衰落。

公元1211年2月,成吉思汗聚众誓师,自克鲁伦河南下,发动了大规模南侵金朝的战争。蒙古军以哲别为先锋,领兵突袭金军要隘,金军守将独吉思忠仓皇撤兵,成吉思汗大军顺利占领抚州(今内蒙古乌兰察布市东)。金朝任命完颜承裕主持军事,进行抵抗,但金军士气低落,行动迟缓。成吉思汗把蒙古军队分作两翼,以少击众,大败金兵,追至宣平县

（今河北怀来县）。承裕怯敌不敢出战，乘夜南逃。蒙古军队追袭，双方展开决战，经过3天鏖战，金军损失惨重。成吉思汗派3000名骁勇的蒙古骑兵直插金军阵中，成吉思汗亲自率大军发起总攻，消灭了这支金军主力，承裕败逃宣德州。10月，蒙古军兵过紫荆关、居庸关，前锋者别军直逼中都（今北京市）。12月，蒙古军攻打中京，金朝守将完颜天骥在城内设下埋伏，诱蒙古骑兵进城，杀死无数蒙古兵，蒙军被迫撤退。金军又夜袭蒙古营寨，蒙古军队只好在1212年春撤兵。

公元1212年秋，成吉思汗再次大举南侵，攻击目标是金朝西京府（今山西大同市），蒙古军队与金朝援兵元帅左都监奥屯襄部激战，金军全军覆没，奥屯襄仅以身免。蒙军围攻西京，金左副元帅兼西京留守抹捻尽忠率军坚守，成吉思汗一时无法攻下。后来，成吉思汗在作战中身中流矢，蒙古军撤回阴山。1213年秋，成吉思汗又从阴山南下侵掠，蒙古军队一直打到怀来，与金尚书左丞完颜纲10万军队展开激战，金军大败。怀来之战，金兵精锐全部溃散，损失极其严重。成吉思汗乘胜亲率大军进攻金中都以南地区，相继攻下河北、河东广大地区，直抵黄河北岸，经东攻占山东诸地，直到海滨，对中都形成包围之势。蒙古成吉思汗侵金并不是以消灭金朝为目的，主要是掠夺财物和奴隶，因此接受金朝议和要求。接纳金人献童男童女各500人、绣衣3000件、御马3000匹以及大批金银珠宝，然后携带从各地掠夺来的人口和财富得胜而归。

公元1214年5月，金宣宗迫于蒙古军队的侵扰，迁都南京（今河南开封市）。成吉思汗得知消息后，立即派兵南下。次年，金中都守将抹捻尽忠逃之夭夭，蒙古军队进占中都。与此同时，蒙古木华黎部攻打辽西和辽东地区，攻占金东京（今辽宁辽阳市）和北京（今内蒙古宁城县西），金朝实力进一步削弱。

公元1217年8月，成吉思汗封木华黎为太师、国王，把侵掠金朝的战争完全交给木华黎指挥，自己率蒙古军主力西征。木华黎率兵攻打金中都以南的汉人地区，主要目标指向陕西、河东。1218年9月，木华黎率兵数万人围攻河东重镇太原，杀金军元帅左监军乌古论德升，攻克太原。木华黎率兵继续南下，连克汾州（今山西吕梁市）、绛州（今山西新绛县)、潞州(今山西长治市),向平阳(今山西临汾市)进军。蒙古大军兵临城下,包围平阳。金兵只有6000人守城,援兵不到,被蒙军战败,平阳失陷。太原、平阳等河东重镇相继失陷,使金朝统治集团所在地河南失去了藩篱,加速了金朝的灭亡。

公元1221年,木华黎侵金兵锋指向陕西。这年11月,蒙古军队进攻延安,金延安知府完颜合达出兵拒战,误中蒙古军队埋伏,损失惨重,完颜合达退入城中,固守城池。1222年8月,木华黎转攻被金朝收复的太原府,太原再次失守。10月,蒙古军围攻河中府(今山西运城市),金朝河中府判官侯小叔率众坚守,蒙将石天应久攻不下,撤围离去。但石天应乘侯小叔出城和金朝枢密院都监完颜讹论议事之机,出兵攻占了河中府。然而第二年春,侯小叔趁河中城内空虚,合集10万金兵反攻,杀死石天应,蒙古军溃散,金朝收复河中府。时隔不久,蒙古军队的10万骑兵再次包围河中府,侯小叔战死,河中府终于被攻破。1223年春,木华黎亲自带兵10万攻打凤翔府(今陕西凤翔县),准备先打下凤翔,再取京兆(今陕西西安市)。金朝左监军赤盏合喜坚守府城,完颜仲元出城力战,给蒙古军以沉重打击。木华黎攻势受挫,哀叹自己命数将尽,只好在2月撤兵。3月,木华黎在闻喜县病死。

公元1227年7月,成吉思汗在军中病死。1229年8月,蒙古在克鲁伦河举行库里尔台大会,成吉思汗第三子窝阔台继承了汗位。窝阔台继位后,大举侵金,蒙金战争进入实质性阶段。1229年冬到1231年夏,蒙金经过庆阳之战、卫州之战、潼关凤翔之战,双方互有胜负。1231年5月,窝阔台召集众将商议灭金战略,计划分兵三路合围汴京(今河南开封市),消灭金朝。

蒙古军队三路齐发,中路窝阔台率兵攻陷河中府,左路斡陈那颜进兵济南,右路拖雷出凤翔,攻破宝鸡,直指汴京。蒙古军队化整为零,分散进军,向汴京挺进。金朝完颜合达、移剌蒲阿从邓州发兵援救汴京。金军沿路遭到散处各地的蒙古军队袭击,既得不到休息,也得不到军食,极度疲劳。在钧州(今河南禹州市)三峰山被蒙古军队包围。蒙古军乘金军疲惫,故意让开通往钧州的路,设下埋伏,大败金军。金将杨沃衍、樊泽、张惠战死,移剌蒲阿被蒙军捉获。完颜合达率残部败归钧州城,被蒙古军队包围,城破被杀。钧州三峰山之战,金朝军队主力损失殆尽,主要将领大多战死,元气大伤,灭亡指日可待。1232年正月,蒙古军队围攻汴京,金朝军民进行了汴京保卫战,打退蒙古军队的进攻。然而,金哀宗统治集团迫于蒙古军队的威胁,不敢坚持抵抗,逃往蔡州,汴京、中京(今河南洛阳市)相继陷落。

公元1233年,蒙古与南宋达成联兵灭金的协定,塔察儿率领蒙古军,孟珙率领宋军,分道进攻蔡州。宋蒙军队协力围困蔡州,内防金兵突围,外阻金兵入援。蔡州被困3个月,弹尽粮绝,被宋蒙军队攻陷,金哀宗自杀,金朝灭亡。

蒙古灭金战争,共经历了三个阶段,最后新兴的蒙古汗国消灭了腐朽的金朝。在前两个阶段中,蒙古汗国的目的主要是掠夺财富和奴隶,逐渐消灭金朝的有生力量,在第三个阶段中灭掉金朝。在战术应用上,除发挥骑兵强大优势外,蒙古攻城战术也相当强。金朝失败,在于统治阶级内部腐朽,缺乏全局战略,指挥不当,如钧州战役,朝廷指挥两省兵往来不定,疲于奔命,终于无法挽救败局。

056 中国古代防御战的浓重一笔
——钓鱼城之战

宋蒙（元）战争从公元1235年全面爆发，至1279年崖山之战宋室覆亡，延续近半个世纪，它是蒙古势力崛起以来所遇到的费时最长、耗力最大、最为棘手的战争。发生于1259年的四川合州钓鱼城之战，则是其中影响巨大的一场战事。

1234年宋、蒙联合灭金后，南宋出兵欲收复河南失地，遭蒙军伏击而失败。1235年，蒙军在西起川陕、东至淮河下游的数千里战线上同时对南宋发动进攻，宋蒙战争全面爆发。至1241年，蒙军蹂躏南宋大片土地，而四川则是三大战场（另两个为京湖战场——今湖北和河南一带、两淮战场——今淮河流域一带）中遭蒙军残破最为严重的一个地区。这年窝阔台汗去世，其内部政治斗争不断，对南宋的攻势减弱。南宋由此获得喘息之机，对各个战场的防御进行调整、充实。1242年，宋理宗派遣在两淮抗蒙战争中战绩颇著的余玠入蜀主政，以扭转四川的颓势。余玠在四川采取了一系列政治、经济和军事措施，其中最重要的是创建了山城防御体系，即在四川的主要江河沿岸及交通要道上，选择险峻的山隘筑城结寨，星罗棋布，互为声援，构成一完整的战略防御体系。钓鱼城是这一山城防御体系的核心和最坚固的堡垒。

钓鱼城坐落在今四川省合川县城东5公里的钓鱼山上，其山突兀耸立，相对高度约300米。山下嘉陵江、渠江、涪江三江汇流，南、北、西三面环水，地势十分险要。这里有山水之险，也有交通之便，经水路及陆路，可通达四川各地。彭大雅任四川制置副使期间（1239－1240年），命甘闰初筑钓鱼城。1243年，余玠采纳播州（今遵义）贤士冉琎、冉璞兄弟建议，遣冉氏兄弟复筑钓鱼城，移合州治及兴元都统司于其上。钓鱼城分内、外城，外城筑在悬崖峭壁之上，城墙系石垒成。城内有大片田地和四季不绝的丰富水源，周围山麓也有许多可耕田地。这一切使钓鱼城具备了长期坚守的必要地理条件以及依恃天险、易守难攻的特点。1254年，合州守将王坚进一步完善城筑。四川边地之民多避兵乱至此，钓鱼城成为兵精食足的坚固堡垒。

1251年，蒙哥登上大汗宝座，稳定了蒙古政局，并积极策划灭宋战争。蒙哥为成吉思汗幼子托雷的长子，曾与拔都等率兵远征过欧、亚许多国家，以骁勇善战著称。1252年，蒙哥汗命其弟忽必烈率师平定大理，对南宋形成包围夹击之势。1257年，蒙哥汗决定发动大规模的灭宋战争。蒙哥命忽必烈率军攻鄂州（今武昌），塔察儿、李璮等攻两淮，分宋兵力；又命兀良合台自云南出兵，经广西北上；蒙哥则自率蒙军主力攻四川。蒙哥以四川作为战略主攻方向，意欲发挥蒙古骑兵长于陆地野战而短于水战的特点，以主力夺取四川，然后顺江东下，与诸路会师，直捣宋都临安（今杭州）。

1258年秋，蒙哥率军4万兵分三路入蜀，加上在蜀中的蒙军及从各地征调来的部队，蒙军总数大大超过4万之数。蒙军相继占据剑门苦竹隘、长宁山城、蓬州运山城、阆州大获城、广安大良城等，逼近合州。蒙哥汗遣宋降人晋国宝至钓鱼城招降，为宋合州守将王坚所杀。

宋开庆元年（1259年）二月二日，蒙哥汗率诸军从鸡爪滩渡过渠江，进至石子山扎营。三日，蒙哥亲督诸军战于钓鱼城下。七日，蒙军攻一字城墙。一字城墙又叫横城墙，其作用在于阻碍城外敌军运动，同时城内守军又可通过外城墙运动至一字城墙拒敌，与外城墙形成夹角交叉攻击点。钓鱼城的城南、城北各筑有一道一字城墙。九日，蒙军猛攻镇西门，不克。这日，蒙古东道军史天泽率部也到达钓鱼城参战。三月，蒙军攻东新门、奇胜门及镇西门小堡，均失利。从四月三日起，大雷雨持续了20天。雨停后，蒙军于四月二十二日重点进攻护国门。二十四日夜，蒙军登上外城，与守城宋军展开激战。《元史·宪宗纪》称"杀宋兵甚众"，但蒙军的攻势终被宋军打退。五月，蒙军屡攻钓鱼城不克。

蒙哥汗率军入蜀以来，所经沿途各山城寨堡，多因南宋守将投降而轻易得手，尚未碰上一场真正的硬仗。因此，蒙哥汗至钓鱼山后，欲乘拉槁之势，攻拔其城，虽久屯于坚城之下，亦不愿弃之而去。尽管蒙军的攻城器具十分精备，奈何钓鱼城地势险峻，致使其不能发挥作用。钓鱼城守军在主将王坚及副将张珏的协力指挥下，击退了蒙军一次又一次的进攻。千户董文蔚奉蒙哥汗之命，率所部邓州汉兵攻城，董文蔚激励将士，挟云梯，冒飞石，履崎岖以登，直抵其城与宋军苦战，但因所部伤亡惨重，被迫退军。其侄董士元请代叔父董文蔚攻城，率所部锐卒登城，与宋军力战良久，终因后援不继，亦被迫撤还。

钓鱼城久攻不下，蒙哥汗命诸将"议进取之计"。术速忽里认为，顿兵坚城之下是不利的，不如留少量军队困扰之，而以主力沿长江水陆东下，与忽必烈等军会师，一举灭掉南宋。然而骄横自负的众将领却主张强攻坚城，反以术速忽里之言为迂。蒙哥汗未采纳术速忽里的建议，决意继续攻城。然而，面对钓鱼坚城，素以机动灵活、凶猛彪悍著称的蒙古骑兵却不能施其能。

六月，蒙古骁将汪德臣（原为金臣属）率兵乘夜攻上外城马军寨，王坚率兵拒战。天将亮时，下起雨来，蒙军攻城云梯又被折断，被迫撤退。蒙军攻城5个月而不能下，汪德臣遂单骑至钓鱼城下，欲招降城中守军，几乎为城中射出的飞石击中，汪德臣因而患疾，不久死于缙云山寺庙中。蒙哥闻知死讯，扼腕叹息，如失左右手。汪德臣之死，给蒙哥汗精神上以很大打击，钓鱼城久攻不下，使蒙哥汗不胜其忿。

蒙军大举攻蜀后，南宋对四川采取了大规模的救援行动，但增援钓鱼城的宋军为蒙军所阻，始终未能进抵钓鱼城下。尽管如此，被围攻达数月之久的钓鱼城依然物质充裕，守军斗志昂扬。一日，南宋守军将重15公斤的鲜鱼两尾及蒸面饼百余张抛给城外蒙军，并投书蒙军，称即使再守10年，蒙军也无法攻下钓鱼城。相形之下，城外蒙军的境况就很糟了。蒙军久屯于坚城之下，又值酷暑季节，蒙古人本来畏暑恶湿，加以水土不服，导致军中暑热、疟疾、霍乱等疾病流行，情况相当严重。据《元史》记载，蒙哥汗于六月也患上了病，而拉施特《史集》更明确说是得了痢疫。

另《马可波罗游记》和明万历《合州志》等书则称蒙哥汗是负了伤。无论如何，蒙哥汗不能再坚持攻城了。七月，蒙军自钓鱼城撤退，行至金剑山温汤峡（今重庆北温泉），蒙哥汗逝世。据《元史》本传及元人文集中的碑传、行状等所载，不少随蒙哥汗出征的将领战死于钓鱼城下，由此可以想见钓鱼城战役之酷烈及蒙军损失之严重。

蒙哥汗在钓鱼城下的败亡，其影响是十分巨大的。首先，它导致蒙古这场灭宋战争的全面瓦解，使宋祚得以延续20年之久。进攻四川的蒙军被迫撤军，护送蒙哥汗灵柩北还。率东路军突破长江天险，包围了鄂州的忽必烈，为与其弟阿里不哥争夺汗位，也不得不撤军北返。从云南经广西北上的兀良合台一军，一路克捷，已经进至潭州（今长沙）城下。由于蒙哥之死，该军在忽必烈派来的一支部队的接应下，也渡过长江北返。蒙古的南北两支军队基本上是按原先计划进军的，只因西边主攻战场的失败而功亏一篑。

其次，钓鱼城之战使蒙军的第三次西征行动停滞下来，缓解了蒙古势力对欧、亚、非等国的威胁。1252年，蒙哥汗遣其弟旭烈兀发动了第三次西征，先后攻占今伊朗、伊拉克及叙利亚等阿拉伯半岛大片土地。正当旭烈兀准备向埃及进军时，获悉蒙哥死讯，旭烈兀遂留下少量军队继续征战，而自率大军东还。结果蒙军因寡不敌众而被埃及军队打败，蒙军始终未能打进非洲。蒙古的大规模扩张行动从此走向低潮。因此，钓鱼城之战的影响已远远超越了中国范围，它在世界史上也占有重要的一页。

最后，钓鱼城之战为忽必烈执掌蒙古政权提供了契机，对中国历史发展产生了重大影响。蒙哥汗是一位蒙古保守主义者，他所施行的仍然是传统的政策。这种带有浓厚的蒙古部族和西域色彩的政策，已极不适应统治中原的需要。而忽必烈则是蒙古统治集团中少有的一位倾慕汉文化的开明之士。蒙哥即汗位后，忽必烈受任掌理漠南汉地，他大力延揽汉族儒士，极力推行汉化政策，取得很大成效。但却引起蒙哥汗及其保守臣僚的疑忌，忽必烈因而被罢了官，其推行的汉化政策也被迫取消。忽必烈登上大汗宝座后，继续推行其汉化政策，逐步改变蒙军滥杀的政策，使南中国的经济和文化免遭更大的破坏。蒙哥汗曾留下遗言，日后攻下钓鱼城,当尽屠城中之民。后来钓鱼城降元,忽必烈却赦免了其军民。正是由于忽必烈的当政,使蒙古汗国这个边疆政权转变为一统中国的封建大王朝——元朝,在中国历史上写下了浓重的一笔。

钓鱼城作为山城防御体系的典型代表,在冷兵器时代,充分显示了其防御作用,它成为蒙古军队难以攻克的堡垒。蒙哥汗败亡后,钓鱼城又顶住了蒙军无数次的进攻,直至1279年守将王立开城投降,钓鱼城才落入蒙古之手。中国人民革命军事博物馆古代战争馆特意制作了钓鱼城古战场的沙盘模型,以展示其在中国古代战争史上的重要地位。

057 "无襄则无淮，无淮则江南唾手可下也"
——襄樊之战

襄樊之战是元朝统治者消灭南宋、统一中国的一次重要战役，是中国历史上宋元封建王朝更迭的关键一战。这次战役从南宋咸淳三年（1267年）蒙将阿术进攻襄阳的安阳滩之战开始，中经宋吕文焕反包围战、张贵张顺援襄之战、龙尾洲之战和樊城之战，终因孤城无援，咸淳九年（1273年）吕文焕力竭降元，历时近6年，以南宋襄樊失陷而告结束。

蒙古忽必烈时期，灭宋战争的进攻重点改为襄樊，实现了由川蜀战场向荆襄战场的转变。南宋襄樊地处南阳盆地南端，襄阳和樊城南北夹汉水互为依存，"跨连荆豫，控扼南北"，地势十分险要，自古以来为兵家必争之地，也是南宋抵抗蒙古军队的边陲重镇。咸淳三年（1267年），南宋降将刘整向忽必烈进献攻灭南宋策略，"先攻襄阳，撤其捍蔽"，他认为南宋如果"无襄则无淮，无淮则江南唾手可下也"。刘整"攻宋方略，宜先从事襄阳"的建议为忽必烈所采纳，宋元战争进入了元军对南宋战略进攻的新阶段。

忽必烈根据刘整的建议，开始实施对襄阳的战略包围。首先，建立陆路据点，作为攻宋的根据地。早在1261年夏，忽必烈根据刘整的建议，遣使以玉带贿赂南宋荆湖制置使吕文德，请求在襄樊城外置榷场，吕文德应允。蒙古使者以防止盗贼、保护货物为名，要求在襄樊外围筑造土墙，目光短浅的吕文德竟然同意。于是元人在襄樊东南的鹿门山修筑土墙，内建堡垒，建立了包围襄樊的第一个据点。咸淳四年（1268年），蒙将阿术在襄樊东南鹿门堡和东北白河城修筑堡垒，切断了援襄宋军之路。咸淳六年（1270年），蒙将史天泽在襄樊西部的万山包百丈山筑长围，又在南面的岘山、虎头山筑城，连接诸堡，完全切断了襄阳与西北、东南的联系，襄樊成为一座孤城。这一时期元军在襄樊外围修筑10余处城堡，建立起长期围困襄樊的据点，完成了对襄樊的战略包围。其次，建立水军，寻求制服南宋的战术优势。咸淳三年（1267年）秋，阿术率军攻打襄阳，俘人略地而归。宋军乘蒙古回军之际，在襄阳以西的安阳滩派水军扼其归路，然后派骑兵直冲其阵，蒙古军队大乱，都元帅阿术坠马，险些被宋军活捉。蒙将怀都选善识水性的士卒泅水夺得宋军战舰，其余将领奋勇拼杀，才将宋军击退，转败为胜。安阳滩之战，蒙古军队虽然打败了宋军，但却暴露出水军不占优势的弱点。咸淳六年（1270年），刘整与阿术谋议："我精兵突骑，所当者破，惟水战不如宋耳。夺彼所长，造战舰，习水军，则事济矣。"忽必烈当即命刘整"造战船，习水军"，以图进取襄阳。刘整遂造船5000艘，日夜操练水军，又得到四川行省所造战舰500艘，建立起一支颇具规模的水军，从而弥补了战术上的劣势，为战略进攻准备了必要条件。

从咸淳四年（1268年）蒙军筑鹿门堡、修白河城到咸淳六年（1270年）完全包围襄阳，蒙古军队已处于战略上的优势，南宋政府为挽救危局，进行了反包围战与援襄之战，从而揭开了襄樊之战的序幕。

咸淳三年（1267年）冬，南宋任命吕文焕知襄阳府，兼京西安抚副使。次年十一月，为打破蒙军鹿门、白河之围，吕文焕命襄阳守军进攻蒙军，但被蒙古军队打败，宋军伤亡惨重。咸淳五年（1269年）三月，宋将张世杰率军与包围樊城的蒙军作战，又被阿术打败。七月，沿江制置使夏贵率军救援襄阳，遭到蒙古军与汉军的联合伏击，兵败虎尾洲，损失2000余人，战舰50艘。咸淳六年（1270年）春，吕文焕出兵襄阳，攻打万山堡，蒙军诱敌深入，乘宋军士气衰退，蒙将张弘范、李庭反击，宋军大败。九月，宋殿前副都指挥使范文虎率水军增援襄阳，蒙军水陆两军迎战，大败宋军，范文虎逃归。咸淳七年（1271年），范文虎再次援襄，蒙将阿术率诸将迎击，宋军战败，损失战舰100余艘。这一时期，宋蒙两军虽然在襄樊外围进行了长达3年的争夺战，但因蒙军包围之势已经形成，不但南宋援襄未能成功，而且襄樊城中宋军反包围的战斗也不可能胜利，宋军只好困守襄阳，败局已定。

咸淳八年（1272年）春，元军对樊城发动总攻，襄樊之战正式开始。三月，阿术、刘整、阿里海牙率蒙汉军队进攻樊城，攻破城郭，增筑重围，进一步缩小了包围圈，宋军只好退至内城坚守。四月，南宋京湖制置大使李庭芝招募襄阳府（今湖北襄樊市）、郢州（今湖北荆门市）等地民兵3000余人，派总管张顺、路分钤辖张贵率领救援襄阳。二张率轻舟百艘，士卒3000及大批物资出发，临行前张顺激励士卒说："这次救援襄阳的任务十分艰巨，每个人都要有必死的决心和斗志，你们当中的有些人并非出于自愿，那就赶快离去，不要影响这次救援大事。"当时3000水军群情振奋，斗志昂扬，表示坚决完成任务。五月，救援战斗开始，二张在高头港集结船队，把船连成方阵，每只船都安装火枪、火炮，准备强弓劲弩，张贵在前，张顺在后，突入元军重围。船队到达磨洪滩，被布满江面的蒙军船舰阻住，无法通过。张贵率军强攻，将士一鼓作气，先用强弩射向敌舰，然后用大斧短兵相接，冲破重重封锁，元军被杀溺而死者不计其数，宋军胜利抵达襄阳城中。当时襄阳被困已有5年之久，二张入援成功，极大地鼓舞了城中军民的斗志。然而这次战斗中宋将张顺阵亡，几天以后，襄阳军民在水中得到他的尸体，披甲执弓，怒目圆睁，襄阳军民怀着沉痛敬佩的心情安葬了张顺，并立庙祭祀。

张贵入援虽然给襄阳守军带来希望，但在元军严密封锁下，形势仍很严峻。张贵联络郢州的殿帅范文虎，约定南北夹击，打通襄阳外围交通线，计划范文虎率精兵5000驻龙尾洲接应，张贵率军和范文虎会师。张贵按约定日期辞别吕文焕，率兵3000顺汉水而下，检点士兵，发现少了一名因犯军令而被鞭笞的亲兵，张贵大惊，对士兵们说："我们的计划已经泄露，只有迅速出击，敌人或许还来不及得到消息。"他们果断地改变了秘密行动，乘夜放炮开船，杀出了重围。元军中阿术、刘整得知张贵突围，派数万人阻截，把江面堵死。张贵边战边行，接近龙尾洲，在灯火中远远望见龙尾洲方向战舰如云，旌旗招展，以为是范文虎接应部队，举火示意，对方船只见灯火便迎面驶来。等到近前，才发现来船全是元军，他们先占领了龙尾洲，以逸待劳。宋元两军在龙尾洲展开一场遭遇战，宋军因极其疲惫，战斗中伤亡过大。张贵力不能支，被元军俘获，不屈被害。元军派4名南宋降卒抬着张贵尸体晓示襄阳城中，迫使吕文焕投降。吕文焕杀掉降卒，把张贵与张顺合葬，立双庙祭祀。

　　元军为尽快攻下襄樊，于咸淳八年（1272年）秋采取了分割围攻战术。元将阿里海牙认为："襄阳之有樊城，犹齿之有唇也。宜先攻樊城，樊城下则襄阳可不攻而得。"为切断襄阳的援助，元军对樊城发起总攻。咸淳九年（1273年）初，元军分别从东北、西南方向进攻樊城，忽必烈又派遣回回炮匠至前线，造炮攻城。元军烧毁了樊城与襄阳之间的江上浮桥，使襄阳城中援兵无法救援，樊城完全孤立了。刘整率战舰抵达樊城下面，用回回炮打开樊城西南角，进入城内。南宋守将牛富率军巷战，终因寡不敌众，牛富投火殉职，偏将王福赴火自焚，樊城陷落。

　　樊城失陷以后，襄阳形势更加危急。吕文焕多次派人到南宋朝廷告急，但终无援兵。襄阳城中军民拆屋做柴烧，陷入既无力固守又没有援兵的绝境。咸淳九年（1273年）二月，阿里海牙由樊城攻打襄阳，炮轰襄阳城楼，城中军民人心动摇，将领纷纷出城投降。元军在攻城的同时，又对吕文焕劝降，吕文焕感到孤立无援，遂举城投降元朝，襄樊战役宣告结束。

　　宋元襄樊之战经过长期较量，终于以元胜宋败结束，蒙元的胜利，在于战略上处于主动地位，建立了包围襄樊的堡垒，以逸待劳，又注重弥补战术上的不足，制造战船，训练水军，在襄樊战役中发挥了巨大作用。宋朝统治者不重视边备，将帅软弱无能，吕文德见利忘义，使蒙古军队占据了襄阳有利地位。在反包围战过程中，因将帅不和，步调不一等原因犯了一系列战术错误，战斗中基本上执行了消极防御策略，导致被元军围困5年之久，最后归于失败。二张援襄的传奇式行动，气壮山河，留名青史，体现了南宋军民保卫领土、抗敌御侮的智慧和勇气。

058 元朝灭亡南宋的最后一战
——伯颜取临安之战

伯颜攻取临安之战,是宋元鼎革之际的最后一次重大战役,自至元十二年(1275年)春元军攻占建康(今江苏南京市),到至元十三年(1276年)春进占临安(今浙江杭州市),历时一年,中经溧阳之战、独松关之战、常州之战、五牧之战,以南宋朝廷投降宣告结束。

至元十年(1273年)元军攻陷襄樊后,右丞相伯颜率水陆大军沿长江顺流东下,势如破竹。至元十二年(1275年)元军攻打建康,宋朝建康留守赵溍弃城而逃,都统司都统制徐王荣等开城请降,元军兵不血刃,占领建康。元军进占建康后,伯颜派兵进攻建康周围的重要城镇,随即攻陷镇江,控制了江东地区,建立起稳固的南进基地。与此同时,为防止两淮宋军南下救援,忽必烈命阿术率军渡江,进围扬州。阿术在扬州东南的瓜洲修造楼橹,缮治战具,又在扬州城外围树栅,修筑坚固的堡垒长围,截断了宋军增援部队,又派水师堵截江面,控制了长江天险,断绝了宋军渡江南救临安的通道。南宋朝廷立国,是以长江为防线,两淮为藩篱,"重兵皆住扬州,临安倚之为重"。元军占领建康,进围扬州,攻占两淮,南宋都城临安完全失去了屏障。元军在建康休整后,兵精粮足,战斗力更加强盛,随时准备攻取临安,处在进攻的有利地位。

在元军大兵压境的形势下,南宋朝廷内部矛盾重重,主战主和举棋不定。虽然朝廷屡次诏令各地宋军入卫临安,终因元军全面进攻,荆湖、川陕战场宋军自顾不暇,两淮宋军被元军阻隔无法渡江赴援,只有郢州(今湖北荆门市)张世杰、江西文天祥等将帅和两浙、福建部分厢禁兵到达临安守卫。但这些小规模增援根本无法扭转整个战争局面。至元十二年（1275年）五月，宋廷命主战派张世杰率军出击元军外围防线，没能打通。六月，淮东制置使李庭芝命姜才等打通援救扬州的通道，两军在扬子桥激战，宋军死伤万余人，姜才只带数骑逃回扬州。为确保临安，宋廷组织焦山之战。张世杰约殿前都指挥使张彦率兵出镇江，以图控制长江南岸，扬州李庭芝出兵瓜洲，从江北配合，自己率水师陈兵镇江以东的焦山江面，约定三路俱进，与元军决战。但扬州宋军没有按时赶到，镇江张彦拒不发兵，使张世杰孤军深入。元将阿术、阿塔海、张弘范等在石公山居高临下指挥战斗，命万户刘深沿长江北岸绕至宋军背后，董文炳、刘国杰从焦山左右两边进击，万户忽刺直冲宋军大阵。元军乘风放火箭，宋船纷纷起火，阵势顿时大乱，宋师全军覆没，损失战舰700余艘。焦山之败，宋朝军队损失殆尽，朝廷或主议和，或主南逃，分崩离析，一筹莫展。

至元十二年（1275年）七月，忽必烈下定灭宋决心，命伯颜率领元军直逼临安。伯颜受命后，召集攻宋将帅部署方略，确定了"分诸军为三道，会于临安"的作战部署。这年十一月，伯颜分兵三路会攻临安，西路由参政阿剌罕、四万户总管奥鲁赤率领蒙古骑兵出建康，向溧阳、独松关（今浙江安吉县东南）进军；东路由参政董文炳、万户张弘范、都统范文虎率水师沿江入海，向海盐、澉浦（今浙江海盐县南）进军；中路伯颜带领诸军，率水陆两军出镇江，向常州、平江（今江苏苏州市）进军。

元西路军主帅阿剌罕率军南下，直趋溧阳，遭到南宋守军的抵抗，结果宋军损兵折将，残部南撤。元军乘胜追击，在保阳西南银林东坝再次打败宋军。元军在追击途中受到南宋援军的阻击，双方展开激战，后来元军派蒙古骑兵冲杀，宋军抵挡不住，突围南逃。溧阳之战，宋军损失将校70余人，士卒近2万人，伤亡惨重。元西路军于十一月下旬逼近建康通往临安的要隘独松关（今浙江安吉县东南），南宋守将张濡率兵北上阻击元军，与元军骑兵交战。宋军虽是精兵强将，但只有数千人，而且都是步兵，虽然奋勇冲杀，但却难以阻挡强大的蒙古骑兵，终于被击溃，主将张濡被杀，士兵死伤2000余人，元军控制了临安的北大门。

元中路军伯颜率兵进攻常州，常州是拱卫临安的前阵，是元军整个攻取临安计划的关键，伯颜派兵击溃宋增援部队后，亲自指挥攻城。元军在城南筑高台，把炮放在台上向城内猛轰，又用火箭射入城中，常州城内一片火海。伯颜命元军架云梯、绳桥攻城，元军攻入城内。常州守将姚訔率将士浴血奋战，终因寡不敌众、没有外援而失败。姚訔、王安节等阵亡，僧人万安、莫谦之长老率增兵赴援，500名僧兵全部战死。伯颜下令屠城，只有7人幸免于难。常州之战是宋元战争中最悲壮的一役，影响很大。

至元十二年（1275年）冬，正当常州军民艰苦抗敌之际，宋廷派张全率2000余人由淮入援常州，文天祥也派部将尹玉率兵偕同赴援。伯颜得报后，命怀都、王良臣领兵在五牧（今江苏常州东南）阻击宋军。战争开始后，文天祥部将麻士龙与元军交战，由于张全按兵不救，麻士龙战死。在元军攻击下，张全退到五牧，文天祥部将朱华奋起抗击，挡住了元军。尹玉指挥宋军与元军决战，元军损失惨重。元将王良臣配合怀都水陆夹击宋军，宋将张全始终按兵不动，尹玉失败，溃军南逃，尹玉力战被俘，为元军所杀，所部将士大部分战死。张全见大势已去，率军逃离五牧，致使救援失败，没能解常州之围。

伯颜攻破常州后，派都元帅阇里帖木儿、万户怀都率兵攻无锡、平江，在元军大兵压境下，两地宋军投降元军。

东路水军以范文虎为先锋，顺江东进，由于长江两岸已无宋军把守，元军进军顺利。当时长江口活跃着一支由贫苦渔民组成的水军，由朱清、张瑄率领，不受宋朝管辖。元军主帅董文炳认为可以利用这支力量，便招降了这支海上武装，朱、张二人带领人马和海船随元军南下攻取临安，增强了元军海战能力。东路军出长江口后沿海南下，十二月逼近钱塘江口，从海道包围了临安。

至元十二年（1275年）十二月，元朝三路大军进逼临安，随时准备攻占临安。至元十三年（1276年）正月，东路军董文炳一部登陆，抵达盐官县（今浙江海宁市），宋守军投降。董文炳率东路军与中路伯颜大军会师，西路军阿剌罕也率部与中路军会师。在大军压境形势下，南宋朝廷一片混乱，丞相陈宜中请太皇太后出海避敌，张世杰、文天祥主张决死一战。宋廷既没有兵力抵抗，求和又被元军拒绝，于是奉玺书向伯颜请降。伯颜遣董文炳、吕文焕、范文虎入城安抚百姓，禁止杀掠，封闭仓库，收缴宋廷衮冕、圭璧、仪仗、图籍以及大批财宝、器物，运往大都（今北京市）。伯颜亲自入临安城安置宋廷人员，把宋帝赵㬎皇太后全氏以及其他朝官、宫廷人员监护起程，浩浩荡荡北上。至此，临安被元军攻取，南宋朝廷灭亡。

　　元灭南宋的临安之战，从建立建康基地到攻取临安，只用了一年时间。从战略来看，元朝采用围困逼降的策略，步步进逼，除武力进攻外，一直遣使招降，如忽必烈派礼部尚书廉希圣、工部侍郎严忠范到宋朝劝降，伯颜派张羽等人招降。在南宋朝廷举棋不定之际，伯颜屡次派人劝降，只不过是为稳住宋朝君臣。元军利用战抚并用策略，取得了整个战局的主动权。元军在战术方面运用得当，如焦山之战使用两面夹攻、中央突破的方法，把过去蒙古骑兵惯用战法用于水战；五牧之战中元军打援战成功地阻截了南宋援军，保证了常州之战的胜利。南宋方面基本上是消极防御战略，和战不定，逐渐失去了抗击元军的有利形势，最后归于失败。南宋抗战派领导军民在蒙古军队进攻面前英勇抵抗，保卫国土，可歌可泣，充分体现了中华民族伟大的爱国精神。

059 中国古代水战史上的典范
——鄱阳湖之战

鄱阳湖之战，是元朝末年朱元璋和陈友谅为争夺南部中国在鄱阳湖水域进行的一场决战，决战以朱元璋的全胜告终。

元朝末期，朝政废弛，社会动乱，农民起义如火如荼。公元1351年刘福通领导的红巾军高举义旗，各地群起响应。江南地区，徐寿辉起兵蕲、黄（今湖北蕲水、黄冈一带），攻占武昌，继取江西、湖南、浙江、四川等地。公元1360年，部将陈友谅杀死徐寿辉，自称皇帝，控制了长江中游地区。公元1362年，徐寿辉的另一部将明玉珍在四川称帝，控制了四川。此外，还有方国珍起义于庆元（今浙江宁波）控制了浙东地区。张士诚起兵江北，控制了长江三角洲。公元1352年，郭子兴起义占据濠州（今安徽凤阳）。郭子兴死后，朱元璋成为这支起义军的领袖，收罗人才，整顿军队，势力日渐壮大。他采纳刘基等人的建议，制定自己的战略计划：先夺取金陵（今江苏南京），以此为基地，平定江南，最后攻灭元朝，夺取北方，统一全国。至正十五年（1355年）五月，朱元璋在得到巢湖水寨首领廖永安、俞通海率战舰千艘投诚后，渡过长江，攻占太平（今安徽当涂）。次年，又率水陆大军攻下集庆（今江苏南京），改名应天，取得了一个战略基地，实现了第一步战略计划。此后数年，由于刘福通领导的红巾军在北方牵制了大量元朝兵力，朱元璋得以先后攻占苏南、皖南和浙江的部分地区，并开始东与张士诚、方国珍，西与陈友谅的势力相接触。朱元璋要平定江南，实现第二步战略计划，势必同他们特别是同陈友谅进行激烈的争夺。因为陈友谅地处金陵上游，控制了安庆、九江、武昌三个战略重镇，占地广阔，力量强大，仅水军力量就十倍于朱元璋。因此，陈友谅的存在是朱元璋平定江南的最大障碍，他们之间的争战，不仅关系到彼此之间的生死存亡，也必将是争夺南部中国的决战。

朱元璋分析了当时的形势和自己的处境，认为张士诚专意保守现有地区，不足为虑；而陈友谅正在扩张势力，又轻骄喜功。如果先攻张士诚，陈友谅必全力来救，将陷入两面作战的不利境地。因此，朱元璋决定集中主力先打陈友谅，而对张士诚则采取守势，控制江阴、常州、宜兴、长兴、吉安等战略要点，阻止张军向西发展，并拉拢方国珍，借以牵制张士诚，稳定侧后方，减少东顾之忧。正当朱元璋准备攻打陈友谅之际，陈友谅也在积极筹划消灭朱元璋。至正二十年（1360年）闰五月初一，陈友谅率水军10万越过朱军占据的池州（今安徽贵池），攻占太平，夺取采石，并派人和张士诚联系，企图上下夹击，一举吞灭朱元璋。朱元璋决定利用应天城池坚固、地形复杂的有利条件，防止张士诚乘机袭击、陷入两面受敌的困境，又针对陈友谅求战心切、骄傲轻敌的心理，采取诱敌深入、设伏聚歼的方针，诱使陈军巨舰由大江深入较狭窄的新河，舍舟登岸，以扬己之长，迫使陈军舍长用短。为了诱使陈军速来，朱元璋让陈友谅的老友、元朝降将康茂才写信向陈友谅诈降，表示愿为内应，并约定在江东桥（今南京江东门附近）会合，以呼"老康"为暗号。与此同时，朱元璋根据应天的地形条件作了如下部署：常遇春等率兵3万埋伏于石灰山（今南京幕府山）侧；徐达等率兵列阵于南门外；赵德胜率兵横跨新河（今南京城西南）驻虎口城；杨璟驻兵大胜港（今南京城西南）；张德胜等率水师出龙江关（今南京兴中门外）；朱元璋自率主力埋伏于卢龙山（今南京狮子山）。并派胡大海自婺州、衢州率兵西攻信州（今江西上饶），威胁陈友谅侧后，进行牵制。

急躁、轻敌的陈友谅接到康茂才的信后，信以为真，不待张士诚答复，便于五月初十率军自采石进抵大胜港。待到江东桥连呼"老康"不应，方知受骗，仓促派万人登陆立栅。朱元璋看到陈军进入伏击圈，乘其登岸立足未稳之际，发出信号，伏兵四起，水陆夹击，陈军大乱，争相登舟而逃。时值退潮，陈军巨舰搁浅，士卒被杀和落水而死者甚多，另有2万余人被俘。陈友谅遗弃巨舰100余艘，乘小舟逃回江州（今江西九江）。朱元璋挥军乘胜追击，夺回安庆、太平，又继续取得信州、袁州（今江西宜春）等地。陈友谅自应天之战失败后，内部矛盾激化，朱元璋乘其内顾不暇，不断向西推进，仅仅一年间，就攻占了蕲州、黄州、兴国、黄梅、广济、乐平、抚州等地，收编龙兴（即洪都，今南昌）守军，连下瑞州、吉安和临江（今江西清江西），实力大大增强，控制区迅速扩展。

至正二十三年（1363年）二月，张士诚派兵围攻小明王的最后据点安丰。小明王向朱元璋告急求援。安丰是应天的屏障，救安丰即是保应天，朱元璋于是于三月率兵渡江救援安丰。四月，陈友谅乘朱军主力救援安丰、江南空虚之机，以号称60万的水陆大军于十一日围攻洪都，占领吉安、临江、无为州。洪都地处赣北平原，位于赣江下游，由赣江向北经鄱阳湖与长江相连，军事地位甚为重要。陈军登陆后，用各种攻城器械从四面八方向洪都城发起猛攻。守城朱军浴血奋战，死守洪都，坚持月余。此时，朱元璋已回到应天，但主力仍由徐达率领正在围攻庐州。当朱元璋获悉陈友谅全军出动围攻洪都而未直取应天，并悉江水日涸，不利陈军巨舰行动，以及陈军缺粮、士卒多死等消息后，认为这正是消灭陈友谅的大好时机。朱元璋遂一面命洪都守军再坚守一月，疲惫陈军，争取时间；一面命徐达撤庐州之围，回师应天。七月初六，朱元璋亲率水军20万，往救洪都。十六日进抵湖口。首先派兵守住径江口（今安徽宿松南），另派一军屯于南湖嘴（今江西湖口西北），切断陈友谅归路；又派兵扼守武阳渡（今江西南昌县东），以防陈军逃跑；朱元璋则亲率水师由松门（今江西都昌南）进入鄱阳湖，形成关门打狗之势。陈友谅听说朱元璋大军来援，即撤洪都之围，东出鄱阳湖迎战。一场规模空前激烈异常的生死大决战，就此在鄱阳湖面展开。

二十日，两军在康郎山（今江西鄱阳湖内）湖面遭遇。时陈军巨舰联结布阵，展开数十里，"望之如山"，气势夺人。朱元璋针对其巨舰首尾连接，不利进退，将己方舰船分为20队，每队都配备大小火炮、火铳、火箭、火蒺藜、大小火枪、神机箭和弓弩，下令各队接近敌舰时，先发火器，次用弓弩，靠近敌舰时再用短兵器进行格斗。次日，双方展开激战。朱军大将徐达身先士卒，率舰队勇猛冲击，击败陈军前锋，毙敌1500人，缴获巨舰1艘。俞通海乘风发炮，焚毁陈军20余艘舰船，陈军被杀和淹死者甚众。但朱军伤亡也不少，尤其是朱元璋坐舰搁浅被围，险遭不测。战斗呈胶着状态。从早晨至日暮，双方鸣金收兵，战斗告一段落，双方互有伤亡，不分胜负。

二十二日，朱元璋亲自率领水师出战。但陈舰巨大，朱军舰小不能仰攻，接连受挫。这时朱元璋及时采纳了部将郭兴建议，决定改用火攻破敌。黄昏时分湖面上吹起东北风，朱元璋选择勇敢士兵驾驶7艘渔船，船上装满火药柴薪，逼近敌舰，顺风放火。风急火烈，迅速蔓延，一时烈焰飞腾，湖水尽赤，转瞬之间烧毁陈军数百艘巨舰，陈军死伤过半，陈友谅的两个兄弟及大将陈普略均被烧死。朱元璋挥军乘势发起猛攻，又毙敌2000余人。二十三日，双方又有交锋，陈友谅瞅准朱元璋旗舰展开猛攻。朱元璋刚刚移往他舰，原舰便被陈军击碎。二十四日，俞通海等人率领6舰突入陈军舰队，勇敢驰骋，势如游龙，如入无人之境。朱军士气大振，发起猛烈攻击。最后，陈军不支败退，遗弃的旗鼓器仗，浮蔽湖面。陈友谅只得收拢残部，转为防御，不敢再战。

当天晚上，朱元璋乘胜进扼左蠡（今江西都昌西北），控制江水上游，陈友谅亦退保诸矶（今江西星子南）。两军相持3天，陈军屡战屡败，形势渐趋不利。陈友谅两员大将见大势已去，于是投降了朱元璋，陈军内部军心动摇，力量更加削弱。陈友谅又气又恼，下令把抓到的俘虏全部杀掉以泄愤。而朱元璋却反其道而行之，将俘虏全部送还，并悼死医伤，瓦解陈军士气，从而大得人心。陈军内部分崩离析，士气更加低落。朱元璋判断陈军可能突围退入长江，乃移军湖口，在长江南北两岸设置木栅，置大舟火筏于江中，又派兵夺取新州、兴国，控制长江上游，堵敌归路，待机歼敌。经过1个多月的对峙，陈友谅被困湖中，军粮殆尽，计穷力竭。于是孤注一掷，冒死突围。八月二十六日，由南湖嘴突围，企图进入长江退回武昌。行至湖口时，朱军以舟师、火筏四面猛攻，陈军无法前进，复走径江，又遭伏兵阻击，左冲右突，打不开生路，陈友谅中箭而死，军队溃败，5万余人投降。至正二十四年（1364年）二月，朱元璋攻下武昌，陈友谅儿子陈理投降，朱元璋的势力扩大到原陈友谅的所属地区。

此次水战，从七月二十日开始到八月二十六日结束，前后历时37天，其时间之长、规模之大，投入兵力、舰只之多，战斗之激烈都是空前的。陈友谅的失败，一个重要的原因是战略指挥上的失误。本来，朱元璋率主力北救安丰，造成应天空虚。如果陈友谅不是先攻洪都，而是以一部兵力对洪都进行牵制，主力顺流东下直攻应天，那么朱元璋将处于陈、张夹攻，进退失据的不利处境。但陈友谅却把矛头指向小而坚的洪都城，致使数十万大军局处于狭小地域，难以展开，且又没有派兵扼守江湖要津，置后路于不顾。屯兵坚城之下，苦战三月，师老兵疲，士气低落。朱元璋之所以能以少胜多、以弱胜强、以小胜大，正是巧妙地利用了陈友谅的错误。面对舰只庞大、装备精良的陈军，朱元璋冷静、敏捷地捕捉敌方的弱点和失误，化不利为有利，进入湖口之初，就在武阳水与鄱阳湖、长江与鄱阳湖各隘口，层层派兵阻挡，限制其兵力展开，阻止其发挥多兵大舰的优势，形成了对陈友谅的战略包围，因此从开始便掌握了战略主动权。然后又集中大部战船和兵力逐次打击陈军，并善于利用风向、水流等自然条件，及时抢占有利攻击阵位，不失时机地实施火攻，充分发挥火器的作用，终于以少胜多、以小击大、以弱胜强，创造了我国水战海战史上的著名战例。

　　此战的胜利，奠定了朱元璋平定江南的基础，并为以后的北伐和攻灭元朝、统一全国创造了极为有利的条件。

060 建文失踪,千古之谜
——靖难之役

靖难之役,是明朝开国皇帝朱元璋死后不久爆发的一场统治阶级内部争夺皇位的战争。起于建文元年(1399年),燕王朱棣以"清君侧之恶"的名义举兵反抗朝廷,至建文四年(1402年)朱棣由燕王荣登皇位而结束,历时4年。

由农民起义领袖登上皇位的朱元璋,为了确保朱明王朝千秋万代地统治下去,一方面,加强君主专制统治,把军政大权牢牢地掌握在皇帝一人手中;另一方面,想方设法加强皇室本身的力量,其具体的办法就是分封诸王。他把自己的24个儿子封为亲王,分驻全国各战略要地,想通过他们来屏藩王室。朱元璋是这样说的:"天下之大,必建藩屏,上卫国家,下安生民。今诸子既长,宜各有爵封,分镇诸国。"从全国来看,这些封藩主要有两类,一是腹里,二是边塞要地。受封诸王在自己的封地建立王府,设置官属,地位相当高,公侯大臣进见亲王都得伏而拜谒,无敢钧礼。每一个藩王食粮万石,并有军事指挥权,于王府设亲王护卫指挥使司,辖军三护卫,护卫甲士少者3000人,多者1.9万人。边塞诸王因有防御蒙古贵族侵扰的重任,所以护卫甲士尤多。北平的燕王朱棣拥兵10万,大宁的宁王"带甲八万,革车六千"。他们在边塞负责筑城屯田、训练将兵、巡视要害、督造军器。晋王、燕王多次出塞征战,打败元朝残余势力的军队,尤被重视,军中大将皆受其节制,甚至特诏二王军中小事自断,大事才向朝廷报告。尤其是燕王,由于功绩卓著,朱元璋令其"节制沿边士马",地位独尊。

藩王势力的膨胀,势必构成对中央政权的威胁。在朱元璋大封诸王的时候，有个叫叶伯巨的人指出，藩王势力过重，数代之后尾大不掉，到那时再削夺诸藩，恐怕会酿成汉代"七国之叛"、西晋"八王之乱"的悲剧，提醒朱元璋"节其都邑之制，减其卫兵，限其疆土"。朱元璋不但听不进劝告，反而把叶氏抓进监牢，囚死狱中。

事态的发展，远远超出了叶伯巨的预料，中央政权与藩王之间的矛盾未及数代，而在朱元璋死后就立即爆发了。

洪武二十五年（1392年），太子朱标病死，朱元璋立太子的嫡子朱允炆为皇太孙。洪武三十一年（1398年），朱元璋去世，朱允炆即帝位，是为建文帝。朱允炆在做皇太孙时，就对诸藩王不满，曾与他的伴读黄子澄商量削藩对策。即帝位后，采纳了大臣齐泰、黄子澄的建议，决定先削几个力量较弱的亲王的爵位，然后再向力量最大的燕王朱棣开刀，并令诸亲王不得节制文武将吏。皇族内部矛盾由此迅速激化。建文帝命令将臣监视朱棣，并乘机逮捕之。朱棣得到这一消息，立即诱杀了前来执行监视逮捕任务的将臣，于建文元年（1399年）七月起兵反抗朝廷。

朱元璋当国时，恐权臣篡权，规定藩王有移文中央索取奸臣和举兵清君侧的权利，他在《皇明祖训》中说："朝无正臣，内有奸逆，必举兵诛讨，以清君侧。"朱棣以此为理由，指齐泰、黄子澄为奸臣，须加诛讨，并称自己的举动为"靖难"，即靖祸难之意。因此，历史上称这场朱明皇室内部的争夺战争为"靖难之役"。

朱棣起兵不久，即攻取了北平以北的居庸关、怀来、密云和以东的蓟州、遵化、永平（今河北卢龙）等州县，扫平了北平的外围，排除了后顾之忧，便于从容对付朝廷的问罪之师。

经过朱元璋大肆杀戮功臣宿将之后，朝廷也无将可用，朱允炆只好起用年近古稀的幸存老将耿炳文为大将军，率军13万伐燕。建文元年八月，师至河北滹沱河地区。燕王在中秋夜乘南军不备，突破雄县，尽克南军的先头部队，继而又于滹沱河北岸大败南军的主力部队。建文帝听到耿炳文军败，根据黄子澄的推荐，任李景隆为大将军，代替耿炳文对燕军作战。

李景隆本是纨绔子弟，素不知兵，"寡谋而骄，色厉而馁"。九月，李景隆至德州，收集耿炳文的溃散兵将，并调各路军马，共计50万，进抵河涧驻扎。当朱棣侦知李景隆军中的部署后，笑着说，兵法有五败，李氏全犯了，其兵必败无疑，这就是：政令不修，上下离心；兵将不适北平霜雪气候，粮草不足；不计险易，深入趋利；求胜心切，刚愎自用，但智信不足，仁勇俱无；所部尽是乌合之众，且不团结。为了引诱南军深入，朱棣决计姚广孝协助世子朱高炽留守北平，自己亲率大军去援救被辽东军进攻的永平，并告诫朱高炽说："李景隆来，只宜坚守，不能出战。"朱棣还撤去了卢沟桥的守兵。

朱棣这一招果然灵验，李景隆听说朱棣率军赴援永平，就率师于十月直趋北平城下。经过卢沟桥时见无守兵，禁不住欢喜，说：不守此桥，我看朱棣是无能为力了。这时朱高炽在北平城内严密部署，拼死守卫。李景隆则号令不严，指挥失当，几次攻城，皆被击退。南军都督瞿能曾率千余精骑，杀入张掖门，但后援不至，只好停止进攻。又因李景隆贪功，要瞿能等待大部队一起进攻，错过了时机。燕军则因此得到喘息，连夜往城墙上泼水，天冷结冰，待到次日，南军也无法攀城进攻了。

朱棣解救永平之后，率师直趋大宁（今内蒙古宁城西）。大宁为宁王朱权的封藩，所属朵颜诸卫，多为蒙古骑兵，骁勇善战。朱棣攻破大宁后，挟持宁王回北平，合并了宁王的部属及朵颜三卫的军队。朱棣带着这些精兵强将于十一月回师至北平郊外，进逼李景隆军营。燕军内外夹攻，南军不敌，李景隆乘夜率先逃跑，退至德州。次日，士兵听说主帅已逃，"乃弃兵粮，晨夜南奔"。

建文帝为大臣所蒙蔽，反而奖励打了败仗的李景隆。建文二年（1400年）四月，李景隆会同郭英、吴杰等集合兵将60万众，号称百万，进抵白沟河（今河北雄县北）。朱棣命令张玉、朱能、陈亨、丘福等率军十余万迎战于白沟河。战斗打得十分激烈，燕军一度受挫。但南军政令不一，不能乘机扩大战果。燕军利用有利时机，力挫南军主将，南军兵败如山倒。李景隆再次退走德州。燕军跟踪追至德州。五月，李景隆又从德州逃到济南。朱棣率燕军尾追不舍，于济南打败李景隆率领的立足未稳的10余万众。济南在都督盛庸和山东布政使铁铉的死守下得以保住。朱棣围攻济南3月未下，遂回撤北平。李景隆一败再败，建文帝撤免了他的大将军职务，代之以盛庸。

建文二年九月，盛庸率兵北伐，十月，至沧州，为燕军所败。十二月，燕军进至山东临清、馆陶、大名、汶上、济宁一带。盛庸率南军于东昌（今山东聊城）严阵以待。燕军屡胜轻敌，被南军大败，朱棣亲信将领张玉死于战阵，朱棣自己也被包围，借朱能援军的接应才得以突围。东昌战役是双方交战以来，南军取得的第一次大胜利。兵败后，朱棣总结说：东昌之役，接战即退，前功尽弃。今后不能轻敌，不能退却，要奋不顾身，不惧生死，打败敌手。

建文三年（1401年）二月，朱棣率军出击，先后于滹沱河、夹河、真定等地打败南军。接着，又攻下了顺德、广平、大名等地。燕军夺得的城池虽多，但往往得而复失，不能巩固。正在朱棣为此而苦恼之际，南京宫廷里不满建文帝的太监送来了南京城空虚宜直取的情报。朱棣据此决定举兵南下，直指京城。

建文四年（1402年）正月，燕军进入山东，绕过守卫严密的济南，破东阿、汶上、邹县，直至沛县、徐州。四月，燕军进抵宿州，与跟踪袭击的南军大战于齐眉山（今安徽灵璧县境），燕军大败。双方相持于泗河。在这次决战的关键时刻，建文帝受一些巨僚建议的影响，把徐辉祖所率领的军队调回南京，削弱了前线的军事力量，南军粮运又为燕军所阻截，燕军抓住时机，大败南军于灵璧，仅俘获南军将领就几百人。自此，燕军士气大振，南军益弱。朱棣率军渡过淮水，攻下扬州、高邮、通州（今江苏南通）、泰州等要地，准备强渡长江。建文帝曾想以割地分南北朝为条件同燕王议和，被拒绝。六月初三，燕军自瓜洲渡江，十三日进抵金川门，守卫金川门的李景隆和谷王朱橞开门迎降。燕王进入京城，文武百官纷纷跪迎道旁，在群臣的拥戴下即皇帝位，是为明成祖，年号永乐。历时四年的"靖难之役"以燕王朱棣的胜利而告终。

战争虽结束，历史依然在发展。

燕王进京后，宫中起火，建文帝下落不明。有的说建文帝于宫中自焚而死，也有的说建文帝由地道出逃，落发为僧，云游天下，传说他于正统朝入居宫中，寿年而终。建文帝的真正下落已不可确考，成为明史上的一大悬案。

当上皇帝的朱棣，大肆杀戮曾为建文帝出谋划策、不肯迎附的文臣武将。齐泰、黄子澄、景清等被整族整族地杀掉："命赤其族，籍其乡，转相扳染，谓之瓜蔓抄，村里为墟。"有"读书种子"之谓的方孝孺，因不肯为朱棣撰写即位诏书，九族全诛，这还没完，又将其朋友门生作为一族全部杀掉，十族共诛873人。这次清洗极为残酷，共有数万人惨死于朱棣的屠刀之下。

4年的"靖难之役"，对明初刚刚有所恢复的社会经济有较大的破坏，而直接遭到战争践踏的地区破坏更为严重。

061 五次远征巩固中央政权
——明成祖远征漠北之战

永乐年间，明成祖5次率兵亲征，打击居于漠北的蒙古贵族对内地的侵扰和破坏，这就是明成祖远征漠北之战。

蒙古贵族势力在元末明初经历了几十年的演变和分裂。元顺帝逃往漠北后，于洪武三年（1370年）死于应昌（今内蒙古多伦东北）。皇太子爱猷识理达腊继位，逃往和林（今蒙古人民共和国哈尔和林），史称"北元"。永乐初年，蒙古贵族势力内部互相残杀，遂分裂为鞑靼、瓦剌和兀良哈三部。鞑靼部居住在今贝加尔湖以南和蒙古人民共和国的大部分地区；瓦剌部居住在今蒙古人民共和国西部和准噶尔盆地一带；兀良哈部聚居在今老哈河（在内蒙古）和辽河流域一带。三部之间经常互相残杀，并不时侵扰明朝边疆。朱元璋对蒙古贵族势力始终采取努力通好、积极防御的政策。明成祖继承了太祖对待蒙古贵族的政策。他一方面与之修好，封蒙古部落酋长为王，赐予金银、布帛、粮食等物品，争取相安无事。如朱棣封瓦剌部首领马哈木为顺宁王，在鞑靼部首领本雅失里称汗时，成祖多次遣使通好。另一方面，如果蒙古贵族无理侵扰，就给予坚决打击。三部中以鞑靼部最为强盛，本雅失里因此而骄，对明朝抱不友好态度。永乐七年（1409年），成祖派遣使臣郭骥去鞑靼，结果被杀，这个事件成了战争的导火线。朱棣忍无可忍，遂决心征讨鞑靼。

永乐七年七月，成祖朱棣命令淇国公丘福为征虏大将军，王聪、火真副之，王忠、李远为参将，率精骑10万出征鞑靼。临行前，朱棣担心丘福会以兵力强盛而轻敌，特地告诫说："毋失机，毋轻犯敌，毋为所诒，一举未捷俟再举。"八月，丘福率军出塞，前锋抵达胪朐河（今克鲁伦河）

南岸,歼灭了鞑靼的游兵,乘胜过河,俘敌官员1人。丘福不顾诸将劝阻,对俘虏的话信以为真,并让其为向导。结果,孤军深入,中了本雅失里的埋伏,五将军皆殁,全军覆灭。败讯传至朝廷,朱棣大为恼怒。为了消除边患,决计亲征。

永乐八年(1410年)二月,朱棣率50万大军亲征,并调用武刚车3万辆,运粮20万石,随军队行动。沿途每10天行程存一批粮,以备回返时食用。三月出塞,抵凌霄峰(今河北张北东北)。四月,抵阔滦海(今内蒙古呼伦湖)。五月初,进至胪朐河(今克鲁伦河)流域,朱棣更名为"饮马河"。本雅失里闻讯明军大举进攻,尽弃辎重孳畜,仅率7骑西逃瓦剌部。太师阿鲁台则东逃。朱棣打败本雅失里后,挥师攻击阿鲁台,双方交战于飞云壑和静虏镇(今哈拉哈河南岸)。朱棣亲率精骑直冲敌阵,阿鲁台坠马,然后逃遁。朱棣乘机追击,斩杀无数。这时,明军食粮已尽,朱棣命令停止进攻,胜利还师。鞑靼部经过这次打击,归降明朝,每年向明朝进贡马匹。明朝也给予优厚的赏赐,其部臣阿鲁台接受明朝给他的和宁王的封号。

鞑靼败后,瓦剌部逐渐强盛起来。瓦剌首领仗恃势强,出兵袭杀了本雅失里,并一再声称要进攻鞑靼。阿鲁台多次请求明成祖出兵攻打瓦剌,为其故主本雅失里报仇。阿鲁台还率余部奔至明长城附近。与此同时,瓦剌部不断要挟明朝厚赏,妄想占领明朝的宁夏、甘肃地区,屯兵边境,向漠南进逼。朱棣为了满足鞑靼部的请求,也为了明朝边境的安宁,决定亲率30万大军征讨瓦剌部。

永乐十二年(1414年)三月,车驾由京师出发,并让皇太孙从行。四月,师至兴和(今河北张北),举行大规模阅兵式。六月初,前锋在三峡口(今内蒙古多伦西北),击败瓦剌部游兵。朱棣乘势向西北方向进攻。行至忽兰忽失温(今蒙古人民共和国乌兰巴托),遭瓦剌军的依山阻抗。朱棣便以精骑引诱瓦剌军离开山势出战,另外部署神机炮及时炮击,自己率铁骑冲入敌阵,杀敌无数。瓦剌军遂大败。朱棣顺势追击,并分兵3路夹击瓦剌军的反扑,亲率一路精骑再次冲入敌阵,瓦剌军败遁。瓦剌部受此重创,此后多年不敢犯边。次年,瓦剌向明朝贡马谢罪。

鞑靼部在明朝帮他打败瓦剌后，经过数年的恢复，势力日渐强盛起来，曾两次乘瓦剌部为明重创之危击败瓦剌部。对明朝，阿鲁台改变依附政策，重新反叛明朝，侮辱或拘留明朝使节，并时常出没塞下，骚扰劫掠。朱棣为此致书劝止阿鲁台，但阿鲁台不予理会，依旧我行我素。永乐十九年（1421年）十月，阿鲁台竟大举围攻明朝北方重镇兴和，击杀明都指挥王祥。为了打击鞑靼的侵扰活动，朱棣决意第三次亲征。

永乐二十年（1422年）二月，朱棣令调用驴34万匹，车177500多辆，挽车夫23.5万多人，共运载粮食37万石，随大军出征。三月，车驾出北京，主力仍沿故路北上。军至宣府（今河北宣化）东南之鸡鸣山时，阿鲁台闻悉朱棣亲征，乘夜从兴和逃跑，避而不战。诸将请求追击，朱棣命暂缓追击。五月，师过偏岭（今河北沽源南），举行阅兵式。朱棣告谕兵将："兵行犹水，水因地而顺流，兵因敌而作势，水无常行，兵无常势，能因敌变化取胜者，得势者也。"为了鼓舞士气，朱棣作《平虏曲》，供将士传唱。七月，师至煞胡原，俘获阿鲁台部属，从而得知阿鲁台丢马弃甲从阔滦海北遁。朱棣惧重蹈丘福深入陷没之覆辙，下令停止追击。回师途中，朱棣认为兀良哈部为阿鲁台之羽翼，遂选派步骑2万，5路并进攻打兀良哈部。师至屈裂儿河（今内蒙古洮河上游支流）。兀良哈部得知明军来攻，仓皇西逃。朱棣指挥军队夹击围歼，大败兀良哈部。九月初，回师至北京。

永乐二十一年（1423年），鞑靼首领阿鲁台以为明朝放松了警惕，不会出征，决意率众袭扰明朝边境。朱棣闻悉阿鲁台又来侵犯，决定再次亲征，八月初，朱棣举行宴会，宴请从征五军将领，随后举行阅兵式。九月上旬，师至沙城（今河北张北北）。阿鲁台部众阿失帖木儿率部众降附。十月，明军继续北上。鞑靼王子也先土干率部众来降。朱棣立即封其为忠勇王，赐名金忠，余者皆有赏。十一月班师回京。

永乐二十二年（1424年）正月，鞑靼阿鲁台出兵扰袭大同等地，朱棣决定第五次亲征。忠勇王金忠自降明后，屡请出兵攻击阿鲁台，愿作前锋效力。朱棣批准了他的请求。四月，师出北京北上，进军途中，金忠所部捕获阿鲁台部属，得知阿鲁台远遁，分兵搜抄，未见踪影。朱棣遂令班师。七月，回师至榆木川（今内蒙古林西北），十八日，朱棣病死军中。

明成祖5次千里出师，远征漠北，耗费了大量的人力、物力。第三次亲征前，户部尚书夏原吉、兵部尚书方宾等人认为频年用兵，戎马资储丧失不少，且粮储不足，不宜兴师。但是，这5次出征在当时也有效地打击了蒙古贵族势力的侵扰破坏，保障了边境的安宁，有利于促进社会经济的恢复和发展，进一步巩固中央政权的统治地位。

062 土木蒙尘，保卫北京
——京师保卫战

京师保卫战是明朝以于谦为首的军民抵抗蒙古瓦剌军侵犯的正义战争。

瓦剌是居于漠北的蒙古族三部之一。明朝初年，脱欢统治瓦剌。英宗正统四年（1439年），脱欢死，子也先继父即太师位，自称淮王。他东征西讨，势力大盛，梦求再现大元一统天下的局面，其锋芒直指中原的明朝。

正统十四年（1449年）初，也先遣使2000人向明朝贡马，诈称3000，希图冒领赏物。明廷按实际人数给赏，并削减了马价。也先闻悉大怒，七月，统率所部进攻明朝，自己率领人马攻打大同。时太监王振专权，他挟英宗仓促亲征。八月初，英宗带领50万大军前往大同迎战，刚至大同，王振听说各路军马接连失败，急忙退兵至四面环山的土木堡（今河北怀来境内），被也先追至，从征官员和士兵死伤过半，英宗被俘，史称"土木堡之变"。也先乘明廷无主、国无重臣、主力溃散、京师空虚、人心未固之机，继续南攻，企图占取明都城京师，逼明投降。

败讯传到京师，举朝震恐，文武百官聚集在殿庭上号啕大哭。皇太后命英宗弟朱祁钰监国，召集群臣，共商国是。翰林院侍讲徐珵主张迁都南逃。时任兵部侍郎的于谦坚决反对。他说，主张南迁者，罪当斩首！京师是天下的根本，一动则大势便去。他针对危局，奏请确立新君，主持朝政，以固人心。并迅速调集各地勤王兵入援京师，誓死抗击瓦剌军，保卫京师的安全。于谦的主张得到皇太后、朱祁钰及大多数朝臣的赞同和支持。经批准，于谦将两京、河南的备操军，山东、南京沿海的备倭军，江北及北京诸府的运粮军，全部调进北京。有了这些人力和财力条件，京师人心渐趋安定。八月，于谦升任兵部尚书。为了进一步稳定人心，在百官的强烈要求下，招致"土木堡之变"的罪魁祸首王振被抄家灭族，他的三个爪牙被激怒的百官打死在殿庭上，人心大快，主战派的正气得到伸张。九月，群臣合请朱祁钰即皇帝位。几天后，朱祁钰即皇帝位，遥尊英宗为太上皇，以次年为景泰元年，他就是明景帝。景帝登位，使瓦剌借英宗要挟明廷的阴谋破产，具有一定的政治意义。

十月初一，瓦剌军分三路大举进攻京师。东路军2万人从古北口方向进攻密云，作为牵制力量。中路军5万人，从宣府方向进攻居庸关。西路军10万人由也先亲自率领，挟持英宗自集宁经大同、阳和（今阳高），攻陷白羊口（今天镇北）后，挥师南下，直逼紫荆关。

明廷得知瓦剌已向京师逼攻，立即戒严京城。初五，诏诸王遣兵入卫。初八，景帝命于谦提督各营兵马，将士皆受其节制。刘安、王通被赦出狱，协守京师。

初九，也先抵紫荆关亲自督战。投降瓦剌军的明朝宦官喜宁熟知紫荆关关防部署，引导瓦剌军偷越山岭，腹背夹攻关城，守将韩青、孙祥战死，紫荆关被攻破。瓦剌军便由紫荆关和白羊口两路进逼北京。

明廷召集文武大臣商讨战守京师策略。京师总兵官石亨提出："毋出师，尽闭九门，坚壁以老之。"于谦认为不可，面对强敌，不能示弱，主张到城外背城迎接敌人，将22万大军列阵于京师九门之外。石亨和范广镇守德胜门（位于城北西侧）；都督陶瑾镇守安定门（位于城北东侧）；广宁伯刘安镇守东直门（位于城东北侧）；武进伯朱瑛镇守朝阳门（位于城东南侧）；都督刘聚镇守西直门（位于城西北侧）；副总兵顾兴祖镇守阜城门（位于城西南侧）；都指挥李端镇守正阳门（位于城南）；都督刘德新镇守崇文门（位于城南东侧）；都指挥汤节镇守宣武门（位于城南西侧）。于谦身先士卒，到防守的重点德胜门亲自督战。军阵部署完毕后，"悉闭诸城门"，以示背城死战的决心。于谦还下令："临阵，将不顾军先退者，斩其将；军不顾将先退者，后队斩前队。"

十月十一日，瓦剌军抵北京城下，列阵西直门外，把英宗置于德胜门外空房内，企图迫使明军献城。于谦暂隐主力，采用小部兵力处处袭击，搅乱敌军。当天晚上，高礼、毛福寿在彰义门北迎击瓦刺军，杀敌数百人，军威大振，迫使瓦刺军不敢贸然进攻。也先采纳喜宁的建议，借议和诱于谦等人前往迎驾，乘机擒获，明军将无首而溃。于谦一方面派王复、赵荣去瓦刺军营进见英宗，另一方面针对朝廷有些人想议和的心理提出，现在只管备战，其他一概不闻。也先议和的阴谋没有得逞。

十三日，也先集中主力进攻德胜门。于谦早料到瓦刺军可能要从这里进攻，就派石亨预先埋伏于德胜门外道路两旁的空房中，明军只派少量精骑迎战瓦刺军。接战后，佯装败退，瓦刺军以万余骑追来。待瓦刺军进入明军伏击圈时，范广出敌不意，指挥神机营突发火炮、火铳，同时，石亨所领伏兵突起夹攻。瓦刺军大败，有"铁元帅"之称的也先的弟弟孛罗和平章卯那孩都中炮身亡。瓦刺军又转攻西直门，明守将都督孙镗率师迎接。战斗打得十分激烈，明军斩敌前锋数人，迫其北退，孙镗又率军追击。瓦刺军合围孙镗，孙镗尽力拼杀，一度退到城边，幸高礼、毛福寿和石亨率兵前来增援，瓦刺军三面受敌，被迫退去。

这次战斗后，于谦根据战斗中暴露出来的问题，重新作了部署，加强了西直门和彰义门之间的军事力量，命毛福寿于京师西南各要口设置伏兵，以待策应。将领之间要加强联系，互相应援。瓦刺军在德胜门和西直门受挫后，又在彰义门发动进攻。于谦命武兴、王敬、王勇率军迎战瓦刺军。明军神铳、弓矢、短兵前后相继，挫败了敌军的前锋。但明军自己也乱了方阵，瓦刺军乘机反击，明军败退，武兴中流矢死。瓦刺军追到土城，土城一带的居民，掷砖投石，阻遏了瓦刺军的进攻。明援军赶到，瓦刺军仓皇逃走。

也先原以为明军不堪一击，京师旦夕可陷。但经过5天的激战，明军屡获胜利，士气旺盛。瓦刺军屡败，士气低落。而进攻居庸关的5万瓦刺军，因天大寒，明守将罗通汲水灌城，墙壁结冰，瓦刺军无法进攻。经过7天的战斗，瓦刺军的进攻均被击退。罗通3次出关追击，斩敌无数。也先又听说明援军将集，恐断其归路，遂于十月十五日夜下令北退。于谦命明军乘胜追击，二十四、二十五日，明军在霸州（今河北霸县）、固安等地大败瓦刺军。各地人民因不堪瓦刺军的骚扰，也组织起来进行袭击。明军夺回了瓦剌军沿途掳获的许多百姓和财物。至十一月初八，瓦剌军退出塞外，京师围解。京师保卫战取得了辉煌的胜利。

也先退走后，声言要送英宗回朝。明廷内部出现了议和妥协的苗头。于谦沉着谨慎，指出也先的阴谋在于借此索取财物，万万不能中敌人的奸计，申诫各边镇将帅要一如既往地做好防御工作。也先在景泰元年（1450年）的几次侵扰边塞均被明军击退。为了加强京师的防卫力量，于谦又对京军三大营进行了改编。明朝边疆和京师防守力量的增强，使也先无隙可乘，也先利用英宗进行诱降、胁和、反间的政治阴谋又被明朝识破，拒绝与他议和言好。在这种情况下，为了恢复与明朝的通贡和互市，也先于景泰元年八月无条件将英宗送回北京，恢复了与明朝的臣属关系。这充分显示了于谦领导明军抗击瓦剌军、保卫京师的彻底胜利。英宗回到北京后，当了名誉上的太上皇，幽居南宫。

于谦受命于危难之际，领导明朝军民打败了瓦剌军大规模的武装进攻，保住了京师，使明朝在军事上转危为安。京师保卫战的胜利，除了军民的支持外，于谦正确的战略决策和卓越的指挥才能起了十分重要的作用。他胜不骄，败不馁，临危不惧，自始至终保持清醒头脑，果断沉着，迫使敌军在武战不胜、求和不成的条件下就范。他号令严肃，赏罚分明，因而能做到"片纸行万里，无不惴惴效力"。于谦"粉身碎骨全不怕，要留清白在人间"的优秀品质永远值得后人发扬光大。

063 中国历史上第一次反侵略战争
——明东南沿海抗倭之战

元末明初,日本正处在南北朝分裂时期,封建诸侯割据,互相攻伐。在战争中失败了的封建主,就组织武士、商人到中国沿海地区进行武装走私和抢掠骚扰,历史上称为"倭寇"。明初,国力强盛,重视海防设置,倭寇未能酿成大患。

正统以后,随着明朝政治的腐败,海防松弛,倭寇祸害越来越严重。嘉靖年间,倭患尤甚。原因一是明世宗昏庸腐朽以及严嵩的奸贪狠毒,庇护、纵容通倭官吏,打击、陷害抗倭将领。二是嘉靖年间,由于商品经济的进一步发展,对外贸易相当发达。沿海一带私人经营的海上贸易也十分活跃。这些海商大贾、浙闽大姓为了牟取暴利,不顾朝廷的海禁命令,和"番舶夷商"相互贩卖货物,他们成群结党,形成海上武装走私集团,有的甚至亡命海外,勾结日本各岛的倭寇,于沿海劫掠。这些海盗商人如王直、徐海等与倭寇勾结,使得倭患愈演愈烈。

倭寇的滔天罪行给中国人民带来了严重的灾难。被激愤的中国人民纷纷组织起来,进行抗倭的自卫斗争。嘉靖三十四年(1555年)五月,由汉、壮、苗、瑶等族人民组成的抗倭军队,在明爱国将领张经领导下,于王江泾(今浙江嘉兴北)大破倭寇,斩敌2000。这是抗倭战争以来最大的一次胜利,被称为"自有倭患来,此为战功第一"。嘉靖三十七年(1558年),倭寇攻掠福建长乐,时城崩20余丈,居民自动列栅抵御,"少壮守阵,老稚妇女运砖石",迫使倭寇败退。次年,倭寇劫掠福建福安等地,遭到当地畲族人民的奋起抗击。嘉靖四十二年(1563年),败走福建的倭寇,窜犯台湾鸡笼(基隆)一带,被高山族人民赶走。而民族英雄戚继光率领"戚家军"，与其他明军配合，多次打败倭寇，最终取得了抗倭战争的最后胜利。

嘉靖三十四年（1555年）秋天，戚继光从山东调到浙江御倭前线，任浙江都司佥书。次年被推荐为参将，镇守宁波、绍兴、台州三府，不久又改守台州、金华、严州三府。倭寇时常在这里出没。戚继光到任后，针对"卫所军不习战"的弱点，多次上书请求招募新军。经过几个月的严密组织和艰苦训练，他建立起一支以义乌农民和矿夫为主的3000新军，并创造了"鸳鸯阵"的战术，用以训练士兵。这支军队英勇善战，屡立战功，被誉为"戚家军"。

嘉靖四十年（1561年），倭寇50余艘船、2000余人聚集于宁波、绍兴海面伺机入侵。戚继光立即督舟师出巡海上。倭寇遂离开台州防区骚扰奉化、宁海，以吸引明军，而后乘机进犯台州。戚继光将军队一部守台州，一部守海门，自率主力赴宁海。倭寇侦知戚军主力去宁海，台州空虚，遂分兵3路分别进攻台州桃渚、新河、沂头。戚继光部署兵力，与敌人展开了台州大战。

台州大战由新河、花街、上峰岭、藤岭和长沙之战组成。

四月二十四日，倭寇大肆抢掠新河城外各地。城内精壮士兵大都出征，留守者人心惶惶。戚继光夫人挺身而出，发动妇女守城，迫使倭寇不敢贸然逼近。二十五日，在宁海的戚继光令胡守仁、楼楠二部驰援新河。二十六日，倭寇逼近新河城下。这时，援军赶到，双方展开激战。入夜，戚军打败倭寇，残倭从铁岭方向逃走。次日，乘胜追击，将残倭打得落花流水。此战杀敌约200人，保住了新河。

戚继光击败宁海之倭后，听说进犯桃渚之敌焚舟南流，改进精进寺。他认为敌人这样做是想乘虚侵犯台州府城，于是挥师南下，决定急行军先敌到达府城。二十七日中午，双方于离城仅1公里的花街展开激战。戚军前锋以火器进攻，杀死敌人前锋头目，并连斩7倭。敌人主力大败退逃。戚军即分兵两路猛追，将一股敌人沉于江水中，另一股被歼灭于新桥。只一顿午饭的工夫就结束了战斗，共杀敌300余人，夺回被掳民众5000余人。

四月二十五日泊于健跳沂头海面的倭寇，二十八日登陆，五月初一进至台州府城东北的大田镇，妄图劫掠府城。戚继光率1500余人在大田岭设伏，与倭寇对峙。敌人闻有备，于初三沿间道逃至大田，欲窜犯仙居，劫掠处州（今浙江丽水）。大田至仙居必经上峰岭，山南是一狭长谷地，便于伏击敌人。戚继光先敌人到达上峰岭，令每人执松枝一束隐蔽身体，严阵待敌。五月初四，倭寇列10公里长队向仙居方向行进。初五经上峰岭南侧，远望岭上满山丛松，未见有兵，毫无戒备。待倭寇进入伏击圈，鸟铳齐发，戚军列一头两翼一尾阵，居高临下，勇猛冲杀。倭寇措手不及，仓皇应战，当即有数百人缴械投降。余倭被迫退至白水洋朱家大院，被戚军围攻，全部被歼。这次战斗，戚家军以少胜多，共斩杀300余人，缴获兵器近1500件，夺回被掳民众1000余人。初六，戚军凯旋台州府城。

五月十五日，戚家军又取得了藤岭战斗的胜利。五月二十日，消灭了窜犯宁海以北团前、团后占据长沙之倭寇。从四月下旬开始，戚家军以少敌众，在一个多月的时间里连续取得了新河、花街、上峰岭、藤岭、长沙等战斗的胜利，消灭倭寇数千人，使侵犯台州的倭寇遭到毁灭性的打击。次年，倭寇窜犯宁波、温州，戚家军和其他明军配合，全歼倭贼，此后，倭寇未再大规模进犯台州地区，浙江的倭患基本平息。

浙江倭患平息后，倭寇纷纷南下骚扰福建，福建成为倭患中心。嘉靖四十一年（1562年）七月，戚继光被派往福建剿倭。

戚继光入闽碰到的第一个倭巢是横屿，这是福建宁德县城东北海中的一个小岛，岛上倭寇有数千人，盘踞数年，明军无可奈何。戚继光决心攻拔这一据点。他让士兵每人拿一束草，随进随用草填泥，士兵摆成鸳鸯阵，戚继光亲自击鼓，士兵在战鼓声中踏草前进。上岸后，兵士奋勇当先，与倭寇展开激战。后续部队也涉过泥滩，双方夹击，乱了敌倭的阵势，很快占领了倭巢，并将其焚毁。此战生擒倭寇近30人，斩300余人，解救被掳男女800余人，取得了入闽抗倭的第一次胜利。

横屿之战后，戚家军在宁德稍作休整，便向福清挺进，相继攻拔福清境内的数个倭穴。八月二十九日抵达福清城，九月初二于牛田（今福清东南）大败倭寇，大部歼灭，救出被掳男女900余人；九月十三日，乘机奇袭盘踞林墩的倭贼,歼灭倭寇4000余人,救出被掳男女2100多人,消灭了兴化(今莆田)一带的倭贼。十月间,戚家军班师回浙江,从事休整和补充兵员,以俟再战。

戚继光回浙后,倭寇又大肆劫掠福建沿海。嘉靖四十一年(1562年)底攻陷兴化府城,在城中烧杀奸淫掠夺,无恶不作,盘踞两个多月才弃空城退出,经岐头攻陷平海卫(今福建莆田市平海镇),以此为巢,四出骚扰。福建再次面临倭患的威胁。明朝调新任福建总兵俞大猷和先期援闽的广东总兵刘显与戚继光一道抗击闽倭。

嘉靖四十二年(1563年)四月,戚继光抵达福建,立即察看倭巢地形。在攻击平海卫倭寇的战斗中,戚家军为中军,担任正面进攻,俞大猷为右军,刘显为左军,从两翼配合攻击。二十一日,戚家军以胡守仁部为前导分兵三路,以火器打乱了倭贼前锋骑兵,乘势发动猛攻,俞、刘二部从两翼投入战斗。倭寇三面受敌,狼狈窜回老巢。三路明军乘胜追击,将敌人围困于巢中,并借风火攻,荡平了倭巢。此战只用了四五个小时,歼倭2000多人,解救被掳男女300多人,明军收复兴化城。

平海卫之战后,戚继光又率部消灭了原侵扰政和、寿宁的倭寇。嘉靖四十三年(1564年),又相继大败倭寇于仙游城下、同安王仓坪和漳浦蔡丕岭,斩获颇多。余倭逃往广东。至此,福建倭患基本平定。

嘉靖四十四年(1565年),戚继光与俞大猷配合,歼灭了广东的倭寇。至此,明东南沿海抗倭之战取得了最后胜利。

倭寇的侵掠骚扰,给东南沿海地区的人民生活和社会经济造成了极大的破坏。平定倭患,使人们能安居乐业,发展生产。在平定倭乱的过程中,明朝政府的一些官员认识到,"海禁"既不能限制私人海上贸易,也不能防止倭寇,反而驱使沿海居民走上武装走私的道路,与倭寇内外勾结,为害颇大。嘉靖末年,比较有远见的官僚,纷纷建议政府解除海禁,发展海上贸易。到明穆宗隆庆时,明政府开始取消"海禁",准许对外通商。这无疑顺应了社会经济发展的趋势,促进了正常的海上贸易和东南沿海商品经济的发展。

抗倭战争的胜利,与广大人民群众的支持和其他抗倭将领的配合是密不可分的。戚继光率领戚家军实现了他的"封侯非我意,但愿海波平"的灭倭志向。在剿倭战争中,戚继光身先士卒,与士兵同甘共苦;严格要求士兵不扰害百姓,做到兵民一心;在战略战术上,攻其无备,出其不意,进攻重集中兵力打歼灭战,防御重积极主动而不是机械地死守,在防御中伺机反攻。戚家军创造了独树一帜的"鸳鸯阵",发挥集体互助、长短兵器结合的机动、灵活、严密的作战力量,有效地打击敌人。这是戚家军屡败倭寇的重要原因,也是戚继光和戚家军留给后人的一份宝贵财富。

064 粉碎丰臣秀吉扩张意图
——明援朝抗日之战

明援朝抗日之战是明朝万历时中朝人民抗击日本侵略的战争，起于1592年，至1598年结束。1592年是壬辰年，朝鲜史家因此称1592年至1598年的战争为壬辰卫国战争。

明代，中朝两国一直友好相处，使臣往来频繁。当时，中国向朝鲜输出绢、布、药材等物品，还特别允许朝鲜购买明朝严禁贩卖的硝黄、火药和牛角。朝鲜则向中国输出耕牛、马匹、纸张和苎布。政治上的友好关系和经济上的相互援助，促进了两国间的文化交流。朝鲜在中国活字印刷术的影响下，于15世纪初首先创造了铜活字印刷术，这一技术后来传到中国。

这时，朝鲜为李朝所统治。南、北、老、少4党的斗争异常激烈，屡次发生政变。国内武备松弛，统治者重文轻武，"人不知兵二百余年"，全国300多郡县大多数没有城防。

与此同时，日本国内也发生了变化。1582年，中部尾张国织田信长被刺死，部下大将丰臣秀吉继续他的统一事业。他建筑大阪城作为根据地，进行了4次大规模的战争，初步结束了战国以来延续百年的分裂局面。为了满足国内封建主和商人贪财牟利的欲望，他极力向外扩张。他妄图先侵占朝鲜，然后征服中国及印度，奉日本天皇定都北京。丰臣秀吉借口朝鲜拒绝攻明，于万历十九年（1591年）底悍然派兵入侵朝鲜。日军以小西行长、加藤清正为先锋，统率10多万军队，上千艘战船，偷渡朝鲜海峡，用闪电式的战术，于万历二十年（1592年）四月在釜山登陆，五月占领王京（今韩国首尔），攻陷开城、平壤，侵占大片土地。国王宣祖出奔义州。

日军所到之处，焚烧劫掠，仅晋州一地，军民被屠杀者6万人。朝鲜人民纷纷组织义兵奋起抗战，到处阻击敌军。南部李舜臣领导的朝鲜水军，从五月初到八月，在玉浦、合浦、泗川、闲山岛、釜山等地多次进行海战，击沉敌舰300余艘，杀伤无数。朝鲜水军的巨大胜利，打乱了日本侵略者水陆并进的作战计划，为后来陆军的反击提供了有利条件。李舜臣长于战略，吸取朝鲜水军的传统经验，在旧有战舰的基础上，发明了龟船战舰。龟船外包铁板，不易被重炮击伤；周身插满锥刀，使敌人不敢攀登上船。仓内备置火炮，可以随时射击，喷出火焰。龟船形制轻巧，行动敏捷，可以出入敌舰阵内，在打击日军的海战中，发挥了很大的作用。

随着日军向朝鲜北部入侵，中国边境受到严重威胁。这时，朝鲜国王李日公遣使向明朝告急，要求出兵援助。明朝政府深知："关白之图朝鲜，意实在中国""而我兵之救朝鲜实所以保中国"，决定立即派兵援朝。

万历二十年（1592年）七月，明朝派将领史儒率兵2000出征，祖承训率兵3000继后。史儒进到平壤附近，因道路不熟，适逢大雨，误中埋伏，力战牺牲。日军小行西长为麻痹明军，佯装和谈，狂妄地提出以大同江为界，将平壤以西归还朝鲜，意欲吞并平壤以南的大片领土。这种损害朝鲜人民利益的和议，遭到明朝的拒绝。

万历二十年十二月，明朝政府以宋应昌为经略、李如松为东征都督，增派4万兵力渡过鸭绿江，大举援助朝鲜。会合朝鲜士兵，经过周密部署，于万历二十一年（1593年）初进军平壤。李如松亲率敢死队冲锋陷阵，与日军的精锐部队3万人遭遇，战斗非常激烈。劲弩齐发，火焰蔽空，中朝将士奋勇当先。神机营参将骆尚志冒险登城，腹部被滚石打伤，仍然屹立不动。60多岁的游击将领吴惟忠，胸部中弹洞穿，犹奋呼督战不已。李如柏的头盔中弹，其坐骑被炮击毙，都置之不顾，愈战愈勇。激战到近中午，日军纷纷逃窜，中朝军队凯旋入城。此战共消灭敌人1万余人，俘虏无数，逃散日军不及总数的十分之一，从根本上扭转了朝鲜的战局。朝鲜史书称："正月初八日壬戌进攻平壤，不崇朝而城破，除焚溺斩杀之外，余贼丧魄逃遁。其军威之盛，战胜之速，委前史所未有。"二月，朝鲜军民也在幸州守城战中击退日军，取得辉煌胜利。在中朝军民英勇打击下，日军退据釜山，朝鲜国土几乎全部光复。

丰臣秀吉不甘心失败，假意与中国议和，以诱使明朝撤兵，这时，明朝内部以兵部尚书石星为首的主和派占了上风，遂与日本和谈罢兵。和谈从万历二十一年九月起，拖延了3年。日本提出的无理要求，被朝鲜和中国方面拒绝，和议最后破裂。朝鲜政府由于党争，一度罢免了李舜臣，继任者贪污腐化，防备松弛。万历二十五年（1597年）夏，丰臣秀吉又派军从水陆两路进犯，占领海军要塞和南部各地。李舜臣被重新起用，在鸣梁海峡以战船12艘应战，歼灭日军4000人，保住了全罗、忠靖两道，争得时间重整水军。万历二十六年（1598年）七月，明朝再次派兵增援朝鲜。统帅邢玠当机立断，逮捕内奸沈惟敬，大会诸将分兵三路，合力应战，迫使日军退守朝鲜半岛的南端岛山。这时日军盘踞朝鲜半岛已有7年之久，在沿海分布三处，战线长达千余里，士兵疲于奔命，供应不足，屡败厌战，士气低落。日军与明军交战往往"举阵惊骇奔散"，投降者愈来愈众。是时，日本国内普遍怨恨丰臣秀吉，丰臣秀吉在满腔懊丧中病死。十一月，加藤清正率军先逃，日军纷纷撤退。中、朝军队英勇追击，断其归路。在东南海岸露梁海战中，朝鲜著名将领李舜臣亲自驾船擂鼓，率船冲入敌阵，被日军包围。明将陈璘舍身救援，年高70的明朝老将邓子龙，率领壮士200人，跃上朝鲜战船奋战，杀敌无数，所驾战船不幸起火，壮烈牺牲。李舜臣、陈璘杀出重围，赶来救援，连开虎蹲炮，击沉敌船。李舜臣不幸中弹，伤重垂危，他叮嘱不许声张，把军旗交部下代为发号施令，继续战斗，直到胜利。此次海战，中朝军队大获全胜，击沉敌舰数百艘，全歼日本水军。日本陆军完全孤立，仓皇逃窜回国。援朝抗日战争取得了彻底胜利。

经过7年的艰苦战斗，中朝军民终于把日本侵略军驱逐出境，粉碎了丰臣秀吉吞并朝鲜、征服中国的妄想。战斗一结束，陈璘急忙在阵前寻找李舜臣以共庆胜利，突然听说李舜臣已经中弹牺牲，悲痛至极，昏倒在船上。朝鲜人民为缅怀明朝援朝将士的功绩，为邢玠、邓子龙等英雄修建了庙宇，供后人瞻仰。

065 "明朝衰亡,后金兴起"
——萨尔浒之战

萨尔浒之战,是明与后金争夺辽东的关键性一战。在这次战役中,后金军在作战指挥上运用集中兵力、各个击破的方针,5天之内连破三路明军,歼灭明军约5万人,缴获大量军用物资,成为战争史上集中兵力各个击破的一场出色战役。

后金是居住在我国长白山一带女真族建州部在明时建立的政权。北宋末期,女真族完颜等部建立金朝,从东北进入黄河流域,另一些部落仍留居东北。明朝初年,这些留居东北的部落分为海西、建州、东海三大部。明神宗万历十一至十六年(1583—1588年),建州女真首领努尔哈赤(姓爱新觉罗)统一建州各部,又合并了海西与东海诸部,控制了东临大海(今日本海)、西界明朝辽东都司辖区、南到鸭绿江、北至黑龙江以北外兴安岭等广大地区,努尔哈赤在统一女真各部过程中,确立了兼有军事、行政、生产三方面职能的八旗军制。八旗士兵出则为兵,入则为民。最初只分黄、白、红、蓝四色旗帜,万历四十二年(1614年)又增编镶黄、镶白、镶红、镶蓝四旗,共为八旗。女真人分编在八旗中,每旗可出兵7500人,共有兵力6万余人,主要是骑兵。此外,还修筑了赫图阿拉(今辽宁新宾)等城堡,补充马匹和战具,屯田积粮,积极备战。万历四十四年(1616年),努尔哈赤建立后金,年号天命,称金国汗,以赫图阿拉为都城。

明朝统一全国后,在东北设官置治,建卫设防。洪武四年(1371年)在辽阳设立定辽都卫,后改为辽东都指挥使司;永乐元年(1403年)置建州卫,永乐七年(1409年)在黑龙江口附近的特林设置奴儿干都指挥使司。后又在这些地区陆续增设卫所。万历时从鸭绿江至嘉峪关设置"九边"，即 9 个重镇，其中辽东辖今辽宁大部地区。明朝对女真各部的统治，一面以羁縻政策笼络其首领，封官晋爵赏赐财物；一面分化女真各部，使其互相对立，以便分而治之。后来由于对女真的政治压迫和经济剥削不断加剧，引起了女真人民的强烈不满和反抗。努尔哈赤建立后金政权后，便利用这种不满情绪，积极向明辽东都司进行袭扰。在明与后金对抗中，居于开原附近的女真族叶赫部为避免被努尔哈赤吞并，依附明朝，反对后金。鸭绿江以东的朝鲜李氏王朝，也倾向于明。蒙古察哈尔部住在归化城（今内蒙古呼和浩特）与承德之间，与金对立，但同明的关系也好坏无常。住在大兴安岭南部的蒙古科尔沁部与住在大凌河以北的蒙古喀尔喀部，倾向并依附后金，常与后金配合，袭扰辽东。在这种形势下，明虽可以利用叶赫部屏蔽辽东，利用朝鲜李氏王朝牵制后金，但叶赫部人少力弱，朝鲜李氏王朝也因遭到日本的侵略和后金的袭扰无力助明。因此，明与后金在争夺辽东的斗争中，一开始就处于不利境地。

明朝晚期，因忙于镇压关内人民起义，无力顾及辽东防务，驻守辽东的明军，训练荒废，装备陈旧，缺粮缺饷，虚额 10 余万，实有兵不过数万。加上长期处于和平环境，守备又极分散，军队战斗力差。万历四十六年（1618 年）正月，努尔哈赤趁明朝内争激烈、防务松弛的时机，决意对明用兵。二月，召集诸臣讨论用兵方略，决定先打辽东明军，后并叶赫部，最后夺取辽东。三月间，加紧秣马厉兵，扩充军队，修治装具，派遣间谍，收买明将，刺探明军虚实。在经过认真准备和精心筹划之后，努尔哈赤在四月十三日誓师反明，率步骑 2 万发起进攻，于次日兵分两路：左四旗兵取东州堡（今辽宁抚顺县东大东州）、马根单堡；自率右四旗兵及八旗精锐内兵（护军）向抚顺所（今辽宁抚顺城）进发。十五日清晨进围抚顺城，明军守将李永芳不战而降。明军在抚顺周围的堡寨均被后金军占领。四月二十一日，从广宁（今辽宁北镇）出发的明总兵张承荫部 1 万援军赶至，双方展开激战，张承荫战死，明军死伤甚众。四月二十六日，后金军撤回都城。五月，后金军再次越过边墙，攻克明大小堡寨 11 个。七月，后金军进围清河堡（今辽宁本溪市东北），经力战后攻陷清河堡。至此，抚顺城以东诸堡，大都为后金军所攻占。后金军袭占抚顺、清河后，曾打算进攻沈阳、辽阳，但因力量不足，翼侧受到叶赫部的威胁，同时探知明王朝已决定增援辽东，便于九月主动撤退。经过一段休整，努尔哈赤又于次年正月亲率大军进攻叶赫部，给予重大打击和破坏，基本稳定了翼侧，然后倾其全力对付明朝。

万历后期，明统治者只顾抽调重兵镇压人民起义，对辽东防务置之不顾。及至抚顺等地接连失陷，明神宗方感到事态严重，派杨镐为辽东经略，主持辽东防务。并决定出兵辽东，大举进攻后金。但由于缺兵缺饷，不能立即行动，遂加派饷银200万两，并从川、甘、浙、闽等省抽调兵力，增援辽东，又通知朝鲜、叶赫出兵策应。经过半年多的准备，援军虽大部到达沈阳地区，但粮饷未备，士卒逃亡，将帅互相掣肘。明神宗唯恐师老财匮，不顾这些情况，一再催促杨镐发起进攻。万历四十七年（1619年）二月，明抵达辽东的援军8.8万余人，加上叶赫兵一部、朝鲜军队1.3万余人，共约11万人，号称47万人。杨镐的作战方针是以赫图阿拉为目标，分进合击，四路会攻，一举围歼后金军。其具体部署是：总兵马林率1.5万人，出开原，经三岔儿堡（在今辽宁铁岭东南），入浑河上游地区，从北面进攻；总兵杜松率兵约3万人担任主攻，由沈阳出抚顺关入苏子河谷，由西面进攻；总兵李如柏率兵2.5万人，由西南面进攻；总兵刘綎率兵1万余人，会合朝鲜军共2万余人，经宽甸沿董家江（今吉林浑江）北上，由南面进攻。另外，总兵官秉忠率兵一部驻辽阳为机动部队，总兵李光荣率兵一部驻广宁，保障后方交通。杨镐坐镇沈阳指挥。原拟二十一日出边进击，但因天降大雪，改为二十五日。同时，杨镐限令明军四路兵马于三月初二会攻赫图阿拉，但四路明军出动之前，作战企图即为后金侦知，因而努尔哈赤得以从容应付。

努尔哈赤在攻破抚顺、清河之后，鉴于同明军交战路途遥远，需要在与明辽东都司交界处设一前进基地，以备牧马歇兵，于是在吉林崖（今辽宁抚顺市东）筑城屯兵，加强防御设施，派兵守卫，以扼明军西来之路。此时，当努尔哈赤探知明军行动后，认为明军南北二路道路险阻，路途遥远，不能即至，宜先败其中路之兵，于是决定采取"凭尔几路来，我只一路去"的集中兵力、逐路击破的作战方针，将10万兵力集结于都城附近，准备迎战。二月二十九日，后金军发现刘綎军先头部队自宽甸北上，西路杜松军已出抚顺关东进，但进展过速，孤立突出时，决定以原在赫图阿拉南驻防的500兵马迟滞刘綎，乘其他几路明军进展迟缓之机，集中八旗兵力，迎击杜松军。三月初一，杜松军突出冒进，已进至萨尔浒（今辽宁抚顺东大伙房水库附近），分兵为二，以主力驻萨尔浒附近，自率万人进攻吉林崖。努尔哈赤看到杜松军孤军深入，兵力分散，一面派兵增援吉林崖，一面亲率六旗兵4.5万人进攻萨尔浒的杜松军。次日，两军交战，将过中午，天色阴晦，咫尺难辨，杜松军点燃火炬照明以便进行炮击，后金军利用杜松军点燃的火炬，由暗击明，集矢而射，杀伤甚众。此时，努尔哈赤乘着大雾，越过堑壕，拔掉栅寨，攻占杜军营垒，杜军主力被击溃，伤亡甚众。后金驻吉林崖的守军在援军的配合下，也打败了进攻之敌，杜松阵亡。明西路军全军覆没。

明军主力被歼后，南北两路明军形孤势单，处境不利。是夜，马林军进至尚间崖（在萨尔浒东北），得知杜松军战败，不敢前进，将军队分驻3处就地防御。马林为保存实力，环营挖掘三层堑壕，将火器部队列于壕外，骑兵继后。又命部将潘宗颜、龚念遂各率万人，分屯大营数里之外，以成夹击之势，并环列战车以阻挡敌骑兵驰突。努尔哈赤在歼灭杜松军后，即将八旗主力转锋北上，迎击马林军。三月初三，后金军一部骑兵横冲龚念遂营阵，接着以步兵正面冲击，攻破明军车阵，击败龚军。后金主力进攻尚间崖后，马林率军迎战。后金以骑兵一部迂回到马军阵后，两面夹攻，大败马林军，夺占尚间崖。接着率兵击破潘宗颜部，北路明军大部被歼。

刘綎所率的南路军因山路崎岖，行动困难，未能按期进至赫图阿拉。因不知西路、北路已经失利，仍按原定计划向北开进。努尔哈赤击败马林军后，立即移兵南下，迎击刘军。为全歼刘军，努尔哈赤采取诱其速进、设伏聚歼的打法，事先以主力在阿布达里岗（赫图阿拉南）布置埋伏，另以少数士兵冒充明军，穿着明军衣甲，打着明军旗号，持着杜松令箭，诈称杜松军已逼近赫图阿拉，要刘綎速进。刘綎信以为真，立即下令轻装急进。三月初五，刘綎先头部队进至阿布达里岗时，遭到伏击，兵败身死。

努尔哈赤乘胜击败其后续部队。

杨镐坐镇沈阳，掌握着一支机动兵力，对三路明军未作任何策应。及至杜松、马林两军战败后，才慌忙调李如柏军回师。李如柏军行动迟缓，仅至虎拦岗（在清河堡东）。当接到撤退命令时被后金哨探发现，后金哨探在山上鸣螺发出冲击信号，大声呼噪。李如柏军以为是后金主力发起进攻，惊恐溃逃，自相践踏，死伤1000余人。

萨尔浒之战，历时5天，以明军的失败、后金军的胜利而告结束。明军的失败，作战指挥方面的原因，一是对后金军的作战能力估计不足、情况不明、料敌不确、筹划不周、准备不充分，因而分进不仅未能达成合击，反遭各个击破。二是主力突出冒进、孤军深入、陷入重围、全军覆没，并使南北两路也陷入力单势孤的危境，为后金从容转移兵力，依次各个歼击造成了有利战机。三是杨镐掌握的机动部队置于辽阳，远离前线，既不能及时策应前队，也不能掩护败退。加上杨镐远处后方，对战况盲无所知，前线又无人统一指挥和协调各军行动，其失败是必然的。另外，明军作战意图事先泄露，使后金预先有准备，也是失败的一个重要原因。反观努尔哈赤，在作战指挥上运用集中兵力各个击破的方针是十分成功的。首先，及时探明敌情，适时判明对方进攻的主次方向，正确决定首先反击对其威胁最大而又孤立突出的杜松军，形成对明军各路的中间突破。其次，善于集中使用兵力，除以一部扼守要点外，八旗主力始终集中使用于一个方向上，从而在总兵力处于劣势的情况下，能使每战形成局部优势，保证战斗的胜利。再次，能发挥其骑兵快速机动的特长，及时迅速转移兵力，既弥补了兵力不足，又使明军猝不及防。另外，努尔哈赤善于用间行诈，也是取胜的重要原因。

后金军此战的胜利，不但使其政权更趋稳固，而且从此夺取了辽东战场的主动权。而明军自遭此惨败，完全陷入被动，辽东局势顿形危急。此战之后，后金军乘势攻占开原、铁岭，征服了叶赫部。明由狂妄自大变为软弱妥协，消极保守的战略思想占了主导地位，直至最后清叩关而入，明朝灭亡。

066 中国古代农民军事武装斗争的顶峰
——明末农民战争

明末农民战争,是中国封建社会后期农民起义军与明清军队进行的一场战争,近 200 万农民革命大军在黄河南北。长江上下十几个省的辽阔地区,与明清地主阶级军队进行了艰苦卓绝的战斗。这次战争从明天启七年(1627 年)陕西王二起义开始,经过渑池之战、洛阳之战、襄阳之战、成都之战和山海关之战,至清顺治十五年(1658 年)失败,起义军与明军战斗 17 年,与清军战斗 14 年,是中国历次农民战争的最高发展和总结。

明朝末年,各种社会矛盾空前激化,突出表现在农民与地主阶级之间的阶级矛盾。在腐朽的封建地主阶级压榨下,全国各地反抗斗争层出不穷,陕西地区成为农民起义的中心地。陕西长期以来是全国社会矛盾的焦点,明朝藩王对农民横征暴敛,农民生活比其他地区更为困苦,阶级矛盾尖锐。这一地区又是蒙古族、汉族、回族杂居地区,是激烈的民族斗争场所,各族人民与明朝统治者矛盾很深。因此,陕西地区成为最早酝酿和爆发农民战争的地区。在这种社会条件下,以陕西为中心,全国各地农民起义、士兵兵变、手工业者罢矿不断发生,为明末农民战争准备了必要条件。

天启七年(1627 年)三月,陕西大旱,澄城知县张斗耀不顾饥民死活,仍然催逼赋税,敲骨吸髓地榨取农民。白水饥民王二聚集了数百个无法活命的农民进行斗争,他高声问大家:"谁敢杀死知县?"大家异口同声地说:"我敢杀。"于是王二率饥民冲进县城,杀死张斗耀,揭开了明末农民战争的序幕。

王二点燃了农民战争的星星之火，各地纷纷响应。天启八年（1628年），陕西府谷王嘉胤、汉南王大梁、安塞高迎祥等领导饥民起义，张献忠也在延安米脂起义，李自成后来投入高迎祥军中。这一时期最有影响的是王嘉胤义军，他们曾经一度占领府谷，称王设官，建立了临时性革命政权。但是，农民起义军没有统一指挥，各自为战，而且成分复杂，缺乏推翻明朝政权的明确目标，就全国范围来看还处于战略防御态势。

陕北起义震惊了明朝统治者，崇祯皇帝准备利用剿抚兼施的策略尽快平息农民起义，三边总督杨鹤执行以抚为主、以剿为辅的政策，企图瓦解农民革命。在明军剿抚兼施进攻下，陕西战场义军除壮烈牺牲外，不少首领接受了朝廷招安，呈现出时降时叛的复杂局面。为避开明军主力，王嘉胤率军入晋，起义中心转移到山西。王嘉胤牺牲后，王自用联合高迎祥、张献忠、罗汝才各部，号称36营，在山西继续战斗，农民起义军由分散状态进入协同作战阶段。义军势力壮大，宣告了明朝招抚政策破产，主抚派杨鹤下台，洪承畴继任三边总督，集中力量围剿起义军。王自用在崇祯六年（1633年）作战牺牲，起义军在高迎祥领导下与明军展开了激烈搏斗，损失较大。为保存实力，起义军从山西转入河南。崇祯六年冬，高迎祥、张献忠、罗汝才、李自成等经渑池县突破黄河防线，转移到明军力量薄弱的豫西，展开了新的战斗。渑池突围的胜利，不但使义军未被消灭，而且变被动为主动，对后来起义军势力壮大意义重大。

起义军渑池突围后，在豫楚川陕交界山区流动作战，与明军周旋，明军不得不分兵把守要隘，穷于追剿，陷入战线过长、兵力分散的困境。明将洪承畴为改变被动局面，以重兵包围起义中心地区，实施重点进攻，高迎祥义军接连败于确山、朱仙镇（今河南开封市西南）等地，连连受挫，被迫转入西部山区。崇祯九年（1636年）夏，起义军被围困在丛山之中长达3个月。高迎祥率部从陕西汉中突围，遭到陕西巡抚孙传庭埋伏，被俘牺牲。

高迎祥牺牲后，起义军逐渐形成为两支劲旅，一支由张献忠领导，活动在湖北、安徽、河南一带；另一支由李自成领导，活动在甘肃、宁夏、陕西一带。崇祯十一年（1638年），在洪承畴优势兵力围攻下，起义军蒙受了很大损失。李自成兵败梓潼，退守岷州（今甘肃岷县）、临洮。张献忠败于南阳、麻城，最后投降了明军，起义转入低潮。为保存起义军力量，李自成率部进入河南，于崇祯十四年（1641年）一月攻占洛阳，镇压了福王朱常洵。张献忠经过一年休整，于崇祯十二年（1639年）五月再次起兵，在罗猴山（今湖北竹山县东南）歼灭明军主力左良玉部，后转入四川，在达州战役中大获全胜，随即兵进湖北，于崇祯十四年（1641年）二月攻陷襄阳，镇压了襄王。李自成、张献忠相继攻占洛阳、襄阳，宣告了明朝围剿政策的破产。

张献忠、李自成两支大军相互应援，分别在川陕和河南战场与明军作战。张献忠于崇祯十六年（1643年）五月攻下武昌，把楚王投入江中。张献忠在武昌称大西王，初步建立了政权。次年，张献忠带兵入川，八月攻陷成都，在成都称帝，改元大顺，建立大西政权。李自成从洛阳转入湖广作战，于崇祯十五年（1642年）攻下襄阳，称新顺王，初步建立了政权机构。此后连克承天府（今湖北荆门市）、孝感、黄州（今湖北黄冈市）等地，基本上摧毁了明朝在河南的精兵，"据河洛取天下"。

李自成攻占襄阳后，在政治上提出"均田免粮"口号争取群众；军事上改变过去流动作战战术，派遣将领分守所克城邑，严密军事组织，建立各种军事制度，把军队分为骑兵和步兵两种，形成营队两组编制。战术上步骑配合，骑兵诱敌，步兵拒战，然后骑兵包抄合围。攻城时骑兵布围，步兵冲锋，昼夜三番轮攻。这表明起义军已由流动作战阶段进入阵地战阶段，已具备了推翻明朝的实力。李自成确定了先取关中、继取山西、后占北京的策略。崇祯十六年（1643年）十月，李自成大军攻克潼关，率10万大军围歼明三边总督孙传庭，十一月，起义军不战而进入西安。崇祯十七年（1644年）一月，李自成建立大顺政权，势力进一步壮大，把西安作为攻打北京的基地。李自成亲率大军渡黄河进入山西，攻克太原，沿大同、宣府（今河北宣化县），从北面包围了北京。另一路义军由左营制将军刘芳亮率领，渡黄河攻克山西上党（今山西长治市），分取真定（今河北正定县）、保定，从南面包围北京。三月十七日，李自成从昌平围攻北京，北京明军不攻自溃，十九日李自成率兵进城，崇祯帝在煤山自杀,明朝被推翻。

李自成进京后,面临的形势是如何消灭明朝残余势力,其中力量最强的是盘踞在山海关的宁远总兵吴三桂,成为起义军的心腹之患。出于对农民起义军仇恨的地主阶级本性,吴三桂投降了清朝,与清军联合镇压起义军。四月,李自成亲率大军攻打吴三桂,在山海关激战。在满汉军队联合进攻下,李自成失败,撤回北京。二十九日匆忙称帝,建国大顺,次日退出北京。

李自成撤出北京后,有计划地实施战略退却,经山西平阳、韩城进入西安。清军在清顺治元年(1644年)冬分兵两路进攻西安,次年二月潼关失守,李自成从西安经襄阳进入武昌,五月,李自成在湖北通山县南九宫山遭到地主武装袭击,壮烈牺牲。顺治三年(1646年),清军由陕南入川,攻打大西军,张献忠于次年七月撤离成都,北上与清军作战,十一月牺牲在凤凰山(今四川南溪县北)。李自成、张献忠牺牲后,农民军余部继续坚持战斗,大顺农民军分为两路,一路由郝摇旗、刘体纯等领导,活动在洞庭湖以东地区;另一路由李过、高一功领导,活动在洞庭湖以西地区。大西农民军在孙可望、李定国率领下转入川贵,坚持抗清斗争。清军集中兵力镇压义军,李过病逝,高一功、刘体纯、郝摇旗等战死,孙可望降清,李定国兵败。到顺治十五年(1658年),明末农民军余部完全失败。

明末农民起义军和明清军队经过30余年的反复较量,推翻了明朝,打击了清朝,在中国农民战争史上谱写了新篇章。明末农民战争最典型的战术是流动作战,具有很大优越性,义军时分时合,神出鬼没,使明军疲于奔命。明军虽然在数量上占优势,但因督抚与武臣存在矛盾,军政腐败,军队没有战斗力,且分兵作战,在具体战役中往往只有起义军的几分之一或十分之一,常常失败。农民起义军在战略策略上运用恰当,渑池突围完成了战略转移,后来从流动作战转为阵地战,避免了不利条件,变被动为主动。起义军军纪严明,战斗力较强,与明军形成鲜明对比。进入北京后,军事首领滋长了腐化思想,军队纪律松弛,战斗力下降,在明清军队进攻下功败垂成。农民军将士不怕牺牲、前赴后继的革命精神,坚贞不屈的革命气节,都激励着后人。

067 中国古代海战史上最大的登陆作战
——郑成功收复台湾之战

收复台湾之战，是由民族英雄郑成功领导的驱逐荷兰殖民者的正义战争。

台湾自古以来就是中国的神圣领土。明朝末年，由于政治腐败，武备废弛，台湾、澎湖的防卫力量逐渐削弱，给外敌窥伺造成可乘之机。17世纪初，荷兰政府在其亚洲的殖民基地巴达维亚（今印尼雅加达）建立东印度公司，专门从事对东方各国的经济掠夺和武力侵略。从万历二十九年（1601年）开始，荷兰殖民者以贸易、通商为名，对我国沿海各地进行袭扰。天启四年（1624年）在台南附近的台江登陆，侵占了台湾地区。崇祯十五年（1642年），荷军在台湾北部击败西班牙殖民军，霸占了整个台湾。荷兰侵略军侵占台湾后，实行残酷的殖民统治，强征重税，进行搜刮。殖民者的残暴行径，激起了台湾人民的愤怒和反抗，汉族和高山族人民的反抗和斗争遍及全岛各地，始终没有停止过。

郑成功是明末将领郑芝龙之子，明亡后，退守金门、厦门一带，在东南沿海坚持抗清斗争。为了驱逐荷兰殖民者，建立稳固的抗清基地，郑成功决意收复台湾。永历十三年（1659年）十二月，郑成功召集诸将，研究收复台湾和留兵防守金门、厦门事宜。正在此时，一个名叫何廷斌（一称何斌）的人，从台湾来厦门求见郑成功，控诉了荷兰殖民者的种种暴行，希望郑成功把台湾同胞从荷兰压迫下解救出来。他还把荷兰殖民者的情况透露给郑成功，并把台湾水道及要塞设防情况绘成地图，表示愿为向导。永历十五年（1661年）正月，李定国联明抗清战败，大陆各省基本被清军占领。郑成功感到形势紧迫，只有收复台湾，连接金门、厦门，然后进则可战而复中原,退则可守而无内顾之忧,于是作出了进军收复台湾的决策。为了顺利收复台湾,郑成功进行了充分、周密的准备:不断侦察台湾情况,秘密搜集情报,勘测航路,了解荷军兵力配备、设防等情况。筹备粮饷,扩充军队,使陆师达到72镇,每镇1000人,水师20镇,总兵力10余万人。修造战船,加紧训练。永历十五年二月,郑成功在基本完成战前准备工作后,遂从厦门移师金门,命其子郑经及部分将领留守厦门、金门,以防清军乘虚袭取;自率大军进军台湾。进攻台湾的舰队分为两个梯队:郑成功亲率第一梯队先期出发,共有战舰数百艘、部队2万人;第二梯队由黄安等指挥,共有战舰20余艘、部队6000人。台湾本岛地形东高西低,人口会聚西部,以"澎湖为门户,鹿角为咽喉"。郑成功根据敌情地形,确定如下作战方针:首先收复澎湖,以之为前进基地,然后乘涨潮之机,通过鹿耳门港,实施登陆,切断台湾城、赤崁楼两地荷军联系,分别予以围歼,然后收复台湾全岛。

荷兰殖民者为了阻止郑成功收复台湾,也进行了一系列战争准备:增加兵力,到战前,荷兰侵略军在台湾的总兵力约2800人,战舰"赫克托""斯·格拉弗兰"和多艘小艇"威因克""马利亚"等。修城筑堡,在台南海岸修建了一些坚固的城堡和炮台。其中的台湾城和赤崁楼(今台南市西北的镇北坊)是荷兰侵略军用主要力量防守的两个城堡。储备物资,实行封禁。规定禁止任何中国人进入赤崁楼要塞,禁止渔民下海捕鱼,不准商船与大陆贸易,禁止与大陆通信,以防走漏消息,等等。搜集情报,通过各种渠道,采取各种方式侦察郑军的动向。调整兵力部署,将其兵力主要配置在两个方向上:一是台湾城及其附近的小岛和海面、江面,兵力约1800人,舰船多艘,由荷军头目揆一亲率;二是在赤崁楼驻兵500多人,由描难实叮率领;其他港口和城堡约有四五百人守卫。在此之前,鹿耳门港已用沉船堵塞航道。此港水浅礁多,不便通行,没有派兵防守。揆一的意图是,依恃台湾城炮台的火力,居高临下,封锁海面,另派甲板船防守大港海口,阻止郑军登陆。

永历十五年(1661年)三月初一,郑成功在金门举行隆重的誓师仪式。二十三日中午,郑成功亲率第一梯队自金门料罗湾出发,浩浩荡荡向东南挺进。次日清晨，舟师抵达澎湖，因荷军兵力薄弱，很快予以占领。3日后，郑军继续东征，进至柑桔屿海面时，遭风雨所阻，被迫折回。三十日，郑成功留下3000兵力驻守澎湖，率领舰队，冒着暴风雨横渡海峡，于四月初一拂晓航抵鹿耳门港外。由鹿耳门外海进港有两条航路：一条是南航道，口宽水深，但有敌舰防守，陆上台湾城又置重炮瞰制航道，不易通过。另一条是北航道即鹿耳门航道，门阔仅里许、水中沙石淤浅，舰船触之立碎，仅一线可容三舟并进，水路长数十里，横渡可至赤崁楼。由于航道水浅，荷兰侵略者事先又用破船堵塞，因而只有涨潮时才能通过。郑成功决定由北航道突入。四月初一中午，海潮大涨，郑成功乘机率队进发，大小战舰顺利通过鹿耳门，进入内海，将舰船分布在台江之中。台湾城上的荷军以为中国船队一定会从正面进攻，所以只在南航道岸上准备了大炮。郑成功偏偏从鹿耳门开进台江，避开了敌人的火力。荷兰军队对郑军这种出乎意料的行动惊慌失措，来不及调整大炮，只好仓促出动夹板船到海面阻击，郑军水师冲过荷军防线，先在赤崁楼以北的禾寮港登陆，接着在鹿耳门方向登陆成功。台湾人民见郑军到达，争先恐后前来接应，郑军很快站稳脚跟。

  郑军顺利登陆后，荷兰侵略者的要塞赤崁楼、台湾城及仅有的几艘战舰，便暴露在郑军面前，处于分隔被围状态。但荷兰侵略军妄图凭借船坚炮利和城堡坚固，从水陆分兵，乘郑军立足未稳，实施反击。海面上，荷兰侵略军以4艘舰船阻击郑军，郑成功以60艘战船把荷舰包围起来，双方展开激烈炮战。郑军战舰装备虽不如荷军，但水兵们英勇顽强。结果，击沉敌主力舰一艘，炸毁甲板船一艘，其余漏网逃走。在陆上，荷兰舰长贝德尔率领240名士兵向郑军反击。郑将陈泽率4000人以大部兵力正面迎击，以七八百人迂回到敌军侧后，前后夹击。结果，贝德尔毙命，荷军被歼180多人，只有少数人逃回台湾城。荷兰侵略军海陆两战失败后，仍企图固守赤崁楼、台湾城这两座孤立的城堡。郑成功一面派兵切断荷军水陆交通，一面乘胜进攻赤崁楼。台湾人民也纷纷自动武装起来，协助郑军打击荷兰侵略者。四月初四，赤崁楼的水源被台湾人民切断，描难实叮被迫率部投降。四月初七，郑成功除留一部兵力扫清其他地方的残敌外，亲自督师围攻台湾城。

台湾城城高墙厚，守备完善，城四隅向外突出，置炮 20 尊；南北各置巨炮 10 尊。荷军火炮密集，射程远，封锁了周围每条道路，所以无论从哪一方面接近，都会受到堡上炮火的轰击。郑成功占领赤崁楼后，即组织进攻台湾城。他采取正面进攻和翼侧迂回、水陆配合的战法。四月初四，派兵一部从左翼侧逼近台湾城，击败迎击的荷军。四月初七，又指挥将士渡海从南端进攻台湾城。这时，固守在城内的侵略军只有 870 人，退据堡垒继续顽抗。郑成功一面积极准备攻城，一面写信谕令揆一投降，揆一不理。郑成功即调集 28 门大炮运入市区，向台湾城猛轰，摧毁台湾城大部城墙，击伤许多荷军。揆一不顾一切列炮于城上，集中轰击，迫使郑军后撤。郑成功鉴于台湾城池坚固，强攻一时难以奏效，为减少伤亡，进一步做好准备，决定改取长围久困、且耕且战的方针。五月初二，郑军第二梯队抵达台湾，从台湾城南面逼近该城城堡。郑军兵力得到加强，供给得到补充，遂从五月初五开始，在所有通向城堡的街道都筑起防栅，并挖了一条很宽的壕沟，围困荷军。同时准备了攻城器械和炮具。

五月二十八日，巴达维亚当局得知荷军在台湾战败的消息，即调集 700 名士兵、10 艘战舰，赶赴台湾增援，七月初五到达台湾海面。郑成功侦知这一情况，抓紧进行围城和打援部署。荷兰侵略者得到增援之后，力求迅速改变被围的不利处境，决定用新到的舰船和士兵把郑军逐出台湾城市区，并击毁停泊在赤崁楼附近航道上的郑军船只。其部署是：以两艘战船迂回到市区后海面摧毁郑军炮位，出动三四百名步兵进攻市区，另派大小 20 艘舰艇袭击郑军战船。闰七月二十三日，双方在海上接战，郑成功亲统战舰在海上迎击，将敌舰包围，经 1 小时激战，击毁、烧毁荷舰两艘、俘小艇 3 艘，毙敌 100 多名。其余荷舰逃往远海，再也不敢靠近台湾。因海上失败，荷军在陆上未敢发起进攻即草草收兵。被围荷军粮饷匮缺、士气低落，不少士兵吃了发霉的食物而中毒，战死饿死者众多。郑军则进行休整，不断加筑工事，架设巨炮，准备继续攻城，民众还协助郑军断绝了荷军的水源。在围困台湾城 8 个多月并进行了充分的准备之后，郑军发起总攻。十二月初六，攻占城外重要据点乌特利支堡，然后居高临下，向台湾城猛烈轰击，揆一见大势已去，于十二月十三日率部投降。至此，沦陷了38年的台湾又重新回到祖国的怀抱，郑成功驱逐荷兰侵略者的伟大斗争，终于取得了胜利。

郑成功收复台湾的战争，是我国海战史上规模大、距离远的一次成功的登陆作战，是以劣势装备战胜优势装备的突出战例。这次胜利的取得，除了人民群众的拥护和支持、军队纪律严明、作风顽强、战斗勇敢外，果断而出敌不意的作战指挥也是一个极其重要的原因。主要表现是：详细侦察掌握台湾地形和敌军布防以及天候、潮汐、航道等情况，在人力、物力上进行了长期的较为充分的登陆作战准备，反复商讨作战计划，做到行动统一，计划周密。注意隐蔽作战企图，大胆利用不良的气候条件，达到出敌不意。正确选择渡海航线和登陆地点，先占澎湖，以此作为登陆台湾的跳板和屏障，既可使登陆台湾有了可靠的进攻出发基地，又可保障后续部队的航渡和后勤支援，还可据以阻敌海上增援。选择鹿耳门航道，既可攻其无备，又可一举分割荷军部署，隔断敌人联络，奠定了胜利的基础。集中数量优势的战船，进行海上打援，开创了海战史上以小而装备劣势的战船击败大而装备优势的战舰的先例。及时解决后勤保障，始终抓紧粮饷的补给，保障了战争的顺利进行。

此战的胜利，结束了荷兰侵略者对台湾人民的殖民统治，捍卫了中华民族的利益，显示了中国人民从来就不能容忍自己的领土任人宰割的斗争传统，为中华民族抗击海外侵略者，维护祖国神圣领土的完整统一，创造了光辉的业绩。郑成功因而成为受人景仰的伟大的民族英雄，他指挥的这一英勇机智的登陆作战，为中国战争史写下了灿烂的一页。

068 运筹帷幄，为统一而战
——平定"三藩"叛乱之战

平定"三藩"叛乱之战是清康熙时消除南方"三藩"割据势力、实现国家统一的战争。

"三藩"指镇守云南的平西王吴三桂，镇守福建的靖南王耿精忠（耿仲明之孙），镇守广东的平南王尚可喜之子尚之信。他们本为明朝辽东边将，后来降清，或开关迎接清军进入山海关，或为清廷南征北战，镇压人民的反抗和抗清势力，立有战功。清在北京建立中央政权之后，他们以功被封为王，享受高官厚禄，作为清朝控制南方边远地区的藩篱。他们利用这一机会，保存并扩大自己的实力。他们拥兵自重，割据一方，恣意妄为，对下鱼肉百姓，对上与中央政府抗衡。

吴三桂割据云南，大肆圈占民田，把耕种这些土地的各族农民变为自己的佃户，恢复明末各种繁重的赋役，强迫农民纳租纳税。抢掠人口，"勒平民为余丁，不从者指为'逃人'"。他还放高利贷"诱人称贷责重息"，广征关市，榷税盐井、金矿、铜山之利。其部属更是无恶不作，杀人越货，无所畏忌。尚之信在广东则是一个酗酒杀人的恶魔，以杀人为乐，令其部属私充盐商，恣意盘剥。耿精忠在福建也是横征盐课，勒索银米。他们夺人田庐，掠人子女，十分猖狂。

吴三桂在云贵地区掌管文武官员、兵民事务，总督、巡抚均"听王节制"。他专横跋扈，"用人，吏部不得掣肘；用财，户部不得稽迟"。为了达到世守云南、割据一方的目的，他公然将清廷命官"指为外人"。大量招揽宾客及有才望者，蓄为私人，遍置于水陆要冲，严密控制，甚至还向全国选派官吏，称为"西选"，一时出现了"西选之官几满天下"的情况。

吴三桂除同另两藩互通声息外,又"岁遣人至藏熬茶",通使达赖喇嘛,"奏互市茶马于北胜州(今云南永胜)",力争西藏上层分子的支持。耿、尚二人也是尾大不掉,没把皇帝放在眼里。

"三藩"拥有雄厚兵力。吴三桂有旗兵53佐领、绿旗兵10营,耿、尚各有兵马15佐领和六七千绿旗兵,总共10余万人。巨额的军费开支,全由国库支付,造成国库财富半耗于"三藩"的局面,清财政面临巨大的困难。"三藩"割据势力的膨胀严重威胁清朝政府的国家统一,双方的矛盾日益尖锐起来。康熙初年,清中央政府逐渐对"三藩"采取了限制的政策,着重限制"三藩"中实力最强的吴三桂,如命令他缴还大将军印,同意他辞去云贵总管,罢其除吏之权等。这些措施除了加深了双方矛盾外,并没有从根本上解决问题。康熙亲政之后,以"三藩"及河务、漕运为大事,对飞扬跋扈的"三藩"割据势力,夙夜忧心。除掉鳌拜后,决计清除"三藩"。

康熙十二年(1673年)三月,尚可喜请求告老归乡,回辽东,以其子尚之信承袭爵位继续坐镇广东。康熙抓住这一有利时机,同意他告老,但不允许其子袭爵,命令其尽撤藩兵回籍。这道命令触动了吴、耿二藩,他们也不得不请求撤藩,一方面试探清廷的态度,一方面积极准备叛乱。当时朝廷大臣意见不一,大多数人认为一撤藩,势必引起反抗,反对撤藩。只有户部尚书米思翰、兵部尚书明珠、刑部尚书莫洛等少数人主张撤藩。康熙认为,藩镇久握重兵,势成尾大,现在撤也反,不撤也反,不如先发制之。于是将计就计,同意吴三桂和耿精忠所请,毅然下令撤藩。

撤藩令一下,吴三桂即于十一月间在云南发动叛乱,发出檄文指斥清廷"窃我先朝神器,变我中国冠裳",声称要"共举大明之文物,悉还中夏之乾坤"。蓄发易衣冠,旗帜皆白色,自称"天下都招讨兵马大元帅",打起"复明"的旗号,以欺骗人民。叛军很快攻进湖南。不久,广西将军孙延龄、提督王雄等在广西发起叛乱,四川巡抚罗森、提督郑蛟麟等在四川发起叛乱。康熙十三年(1674年)三月,耿精忠在福建发起叛乱。不到半年,清廷的滇、黔、湘、川、桂、闽六省全部失掉。康熙十五年(1676年)二月,尚之信在广东发起叛乱。接着,战乱扩大到赣、陕、甘等省。

吴三桂等人的反叛消息传到北京，举朝震动。大学士索额图提出杀掉主张撤藩者的头，取消撤藩令。达赖喇嘛也暗助吴三桂，提出"裂土罢兵"。康熙力排众议，对其他叛乱分子采取招抚拉拢的手法，暂时停撤耿、尚二藩，集中主要力量打击元凶吴三桂。下令剥夺吴三桂的王爵，杀其子吴梦熊于北京。军事上迅速制定了一套作战计划，下令讨伐。急命顺承郡王勒尔锦为宁南靖寇大将军，统率八旗劲旅前往荆州，与吴军隔江对峙。又命西安将军瓦尔喀率骑兵赴蜀，大学士莫洛经略陕西。命康王杰书等率师讨伐耿精忠。又命副都统马哈达领兵驻兖州、扩尔坤领兵驻太原，以备调遣。

战争开始后，清朝方面暴露了严重弱点。首先是调兵遣将，着着落后；其次是八旗兵斗志不强。湖南守将慑于吴军的来势凶猛，丢掉了许多城池。派到武昌、荆州的八旗兵不敢渡江前进。与之相反，叛军方面却屡屡得手。吴三桂多年来养精蓄锐，兵强马壮，先声夺人。但叛军内部也有致命的不可克服的矛盾。首先，人民群众渴望统一，与人民为敌的吴三桂显然得不到更多人力、物力、财力的支援；其次，叛军内部无法形成整体，不相统属，心志不齐，难以持久。康熙依据时局，运筹帷幄，以湖南为主战场，坚决打击湖南的叛军，辅以陕、甘、川线和江西、浙东东线，三个战场相互配合，把叛军分割开。江西地位重要，水陆皆与闽楚接壤，决计固守。当耿精忠叛乱时，清军就有效地割断了耿、吴叛军的会合。对西北则采取稳定策略。陕西提督王辅臣，态度暧昧，叛而附，附而又叛，甚至杀害了陕西经略莫洛。康熙以极大的耐心争取他，表示"往事一概不究"，极力安抚，终于在康熙十五年把王辅臣争取过来，保住了陕西，使吴三桂打通西北的阴谋未能得逞，清军得以腾出兵力增援南方，又利用耿精忠同郑经的矛盾，多方招抚耿精忠。不久耿归附清廷，清收复福建。尚之信也于康熙十六年（1677年）五月降服，稳住了广东。由于康熙处置得当，吴三桂失去了外援，军事上完全陷于孤立。这样，从康熙十五年起，战争的优势逐渐转到清军方面来了。

清朝将陕西、福建、广东局势稳住后，便命令诸将重点进攻湖南。清军从荆州江北和江西两方面展开进攻。尤其是从江西方面迂回间道破袁州,又自醴陵攻萍乡,乘胜直指长沙,震动了湖南。吴三桂急忙率领松滋等长江湖口前线驻军回援长沙,全力拒守。此时,康熙乘吴军全力固守长沙而湖口各路守备空虚之机,命清军自荆州渡江进攻,吴军溃败。

康熙十七年(1678年),战势对叛军更加不利。势穷力竭的吴三桂为了鼓舞士气,于三月在衡州称帝,国号"大周",改元昭武,改衡州为定天府。但这一招并未起什么作用,他坐困衡州,一筹莫展,八月病死。部将迎其孙吴世璠即帝位,改元洪化,退居贵阳。

清军乘势发动攻击,康熙十八年(1679年),清军平岳州、常德、长沙、衡州等地后,恢复了湖南全省,同时收复广西。康熙十九年(1680年),清军克汉中,定成都,取重庆,收复四川。同时,康熙处分了奉命攻打重庆而中道退返荆州的宁南靖定大将军勒尔锦,命令彰泰为定远平寇大将军接替指挥,率师由湖南进攻云贵。

康熙二十年(1681年)正月,清军收复贵州,彰泰开始进入云南。二月,赖塔率师由广西抵云南。九月,清将赵良栋率师由四川至云南,与另二路先期抵达的军队会合,加紧围攻昆明。此时,被清军俘获后发给银粮返还原籍的苗族兵将,纷纷帮助清军。十月,昆明城中,粮尽援绝,南门守将开门迎降,吴世璠服毒自杀,云贵悉平。平定"三藩"叛乱战争至此结束。

这次平叛战争的胜利,清除了地方割据势力,避免了一次国家大分裂,有利于多民族统一国家的巩固和发展。同时中央集权制力量得到加强,提高了抗御外敌的能力。康熙在平叛战争结束后,没收藩产入官充当军饷,撤藩回京师。除吴三桂部调往边区站、台服役外,其余各部重新编入八旗。福州、广州、荆州派八旗兵驻防,广西、云南派绿营兵镇守,彻底消除了藩镇制。此外,这次平叛战争的胜利,意味着受"三藩"割据之害人民的解放,给这些地区的社会经济的恢复和发展提供了必要的条件,从而有利于边疆和内地经济、文化的交流。

平定"三藩"叛乱战争的胜利,从根本上说是正义力量的胜利。吴三桂等人发动的叛乱,目的在于搞分裂割据,得不到人民群众的支持,失败是必然的。而清朝平叛则是维护国家的统一,符合人民的愿望,能得到各族人民群众的支持。在这次战争中,康熙表现出杰出的政治、军事才能。他指挥有方,处置得当,临危不躁,谨慎地对待战局的变化,不急于求成,也不放过良好的进攻时机。对待将领,不论亲疏贵贱,一律赏罚严明,因而最终取得了战争的胜利。

069 "非创以兵威,则罔知惩畏"
——雅克萨之战

雅克萨之战,是沙俄侵略者妄图侵占我国黑龙江流域大片领土,我国军民被迫进行的一次反对侵略、收复失地的自卫战争。

黑龙江、乌苏里江流域自古以来就是中国领土。秦汉以后各朝均在此设官统辖。清朝建立之后,继续对这一地区行使管辖权,加强统治。除设盛京将军(驻今辽宁沈阳)、宁古塔将军(驻今黑龙江宁安)和黑龙江将军(驻今黑龙江爱辉)外,还把当地居民编为八旗。与此同时,还加强了吉林、黑龙江将军所辖的各镇,在沿江重要地区建立船厂,设置仓屯,陆上开辟台站驿道,发展水陆交通运输,进一步加强了边境地区与内地的政治、经济和文化联系。俄国直至16世纪时,仍是欧洲一个不大的封建农奴制国家,同中国相隔万里。16世纪初俄罗斯统治者由欧洲一个不大的公国,逐步对外侵略扩张。明崇祯五年(1632年),沙俄扩张至西伯利亚东部的勒拿河流域后,建立亚库次克城,作为南下侵略中国的主要基地。从此,它便不断地派遣武装人员入侵中国黑龙江流域。

明崇祯十六年(1643年)夏,沙俄雅库次克长官戈洛文派波雅科夫率兵132人沿勒拿河下行南侵,于这年冬天越过外兴安岭,侵入中国领土。十一月,这些侵略者到达精奇哩江(今结雅河)中游达斡尔头人多普蒂乌尔的辖地后,四出抢掠,灭绝人性地杀食达斡尔族人,被黑龙江地区人民称为"吃人恶魔"。次年夏初,精奇哩江解冻后,这伙匪徒闯入我国东北部最大的内河黑龙江,沿途遭到我国各族人民的抗击。清顺治三年(1646年),波雅科夫率领残部经马亚河、阿尔丹河进入勒拿河,逃回雅库次克。波雅科夫回去后扬言,只要派兵300人,修上3个堡寨,就能征服黑龙江。波雅科夫带回的有关黑龙江流域的情报和他提出的武力侵入黑龙江流域的打算，引起了沙俄当局的重视和赞许。顺治六年（1649年），雅库次克长官派哈巴罗夫率兵70名从雅库次克出发，于这年末侵入黑龙江，强占我国达斡尔头人拉夫凯的辖区，其中包括达斡尔头人阿尔巴亚的驻地雅克萨城寨（今黑龙江左岸阿尔巴金诺），遭到当地人民的抵抗。哈巴罗夫将同伙交由斯捷潘诺夫率领，自己回雅库次克求援。次年夏末，哈巴罗夫率领138名亡命之徒，携3门火炮和一些枪支弹药，再次侵入黑龙江，强占雅克萨城，不断派人袭击达斡尔居民，捕捉人质，掳掠妇女，杀人放火。九月底，哈巴罗夫又率领侵略军200余人，侵入黑龙江下游乌扎拉河口（今宏加里河）我国赫哲人聚居的乌扎拉村，强占城寨，蹂躏当地居民。英勇的赫哲人民奋起抗击，并请求清政府予以支援。顺治九年（1652年）二月，清政府令宁古塔章京（官名）海包率所部进击，战于乌扎拉村，打死沙俄侵略者10人，打伤78人。清顺治十五年（1658年）六月，宁古塔都统沙尔瑚达率战舰40艘同侵略军激战于松花江下游，歼敌270人。顺治十七年（1660年），宁古塔将军巴海率水军破敌于古法坛村，斩首60余级，溺水死者甚众。

经过中国军民的多次打击，侵入我国黑龙江流域的俄国侵略军一度被肃清。后来，沙俄侵略势力又到雅克萨筑城盘踞。清政府虽多次警告，都无济于事。在同沙俄的长期交涉中，清帝看到，若"非创以兵威，则罔知惩畏"，于是决意征剿。同时也认识到，"昔发兵进讨，未获剿除"的原因，一是黑龙江一带没有驻兵，从宁古塔出兵反击，每次都因粮储不足而停止。二是沙俄侵略军虽为数不多，但由于"筑室散处，耕种自给"，加上尼布楚人与之贸易，故使其得以生存。于是造成我进彼退、我退彼进，"用兵不已，边民不安"的局面。针对这种情况，康熙采取恩威并用、剿抚兼施的方略，即发兵扼其来往之路，屯兵永戍黑龙江，建立城寨，与之对垒，进而取其田禾，使之自困。同时再辅以严正警告。如果侵略军仍执迷不悟，则坚决予以剿灭。为此，康熙采取了一系列措施，加强边防建设，准备剿灭沙俄侵略军：侦察地形敌情，派兵割掉侵略军在雅克萨附近种植的庄稼，又令蒙古车臣汗断绝与俄人的贸易，以困饿和封锁侵略者；

屯戍要地，康熙二十一年（1682年）十二月，决定调乌喇（今吉林市北）、宁古塔兵1500人往黑龙江城一带，驻扎瑷珲、呼玛尔（今呼玛南）。后鉴于两处距雅克萨路途遥远，令呼玛尔兵改驻额苏里（今俄斯沃特德内西南）。次年七月，宁古塔副都统萨布素率军进驻额苏里。九月，确定在瑷珲筑城永戍，预备炮具、船舰。同时派乌喇、宁古塔兵五六百人、达呼尔（今黑龙江嫩江县境）兵四五百人，调往瑷珲一带；修整战具，设置驿站，运储军需。这些措施，适合当时东北边防斗争的需要和特点。这是因为黑龙江至外兴安岭地区距东北腹地遥隔数千里，同沙俄这样的入侵者斗争，单靠当地人民的部落武装是无法制止其侵略的。必须筹划全边，扼要屯兵戍卫，在适当地点控制一定兵力作机动，才能对付沙俄飘忽不定地反复侵扰。为此，需要建立相当数量的驿站和粮站，开辟水陆交通线和筹集运输工具，从而保障反击作战的胜利，并在反击胜利后建立一条较完整的边界防守线，才有利于长期的边防斗争。

　　康熙二十二年（1683年）九月，清勒令盘踞在雅克萨等地的沙俄侵略军撤离清领土。侵略军不予理睬，反而率兵窜至瑷珲劫掠，清将萨布素将其击败，并将黑龙江下游侵略军建立的据点均予焚毁，使雅克萨成为孤城。但侵略军负隅顽抗。康熙二十四年（1685年）正月二十三日，为了彻底消除沙俄侵略，康熙命都统彭春赴瑷珲，负责收复雅克萨。四月，清军约3000人在彭春统率下，携战舰、火炮和刀矛、盾牌等兵器，从瑷珲出发，分水陆两路向雅克萨开进。五月二十二日抵达雅克萨城下，当即向侵略军头目托尔布津发出通牒。托尔布津恃巢穴坚固，有兵450人、炮3门、鸟枪300支，拒不从命。清军于五月二十三日分水陆两路列营攻击。陆师布于城南，集战船于城东南，列炮于城北。二十五日黎明，清军发炮轰击，侵略军伤亡甚重，势不能支。托尔布津乞降，遣使要求在保留武装的条件下撤离雅克萨。经彭春同意后，俄军撤至尼布楚（今涅尔琴斯克）。清军赶走侵略军后，平毁雅克萨城，即行回师，留部分兵力驻守瑷珲，另派兵在瑷珲、墨尔根（今黑龙江嫩江）屯田，加强黑龙江一带防务。

　　沙俄侵略军被迫撤离雅克萨后，贼心不死，继续拼凑兵力，图谋再犯。康熙二十四年（1685年）秋，莫斯科派兵600人增援尼布楚。当获知清军撤走时，侵略军头目托尔布津率大批沙俄侵略军再次窜到雅克萨。俄军这一背信弃义的行为引起清政府的极大愤慨。次年初，康熙接到奏报，即下令反击。七月二十四日，清军2000多人进抵雅克萨城下，将城围困起来，勒令沙俄侵略军投降。托尔布津不理。八月，清军开始攻城，托尔布津中弹身亡，改由杯敦代行指挥，继续顽抗。八月二十五日，清军考虑到沙俄侵略者死守雅克萨，必待援兵，且考虑隆冬冰合后，舰船行动、马匹粮秣等不便，于是在雅克萨城的南、北、东三面掘壕围困，在城西河上派战舰巡逻，切断守敌外援。侵略军被围困近年，战死病死很多，826名侵略军，最后只剩66人。雅克萨城旦夕可下，沙皇急忙向清请求撤围，遣使议定边界。清答应所请，准许侵略军残部撤往尼布楚。雅克萨反击战结束后，双方于康熙二十八年（1689年）七月二十四日缔结了《中俄尼布楚条约》，规定以外兴安岭至海，格尔必齐河和额尔古纳河为中俄两国东段边界。黑龙江以北，外兴安岭以南和乌苏里江以东地区均为清朝领土。

雅克萨之战清军之所以取胜，首先是由于战争是正义的，得到了军民特别是边疆地区各族人民的热烈拥护和积极支持。其次是清军从长期的斗争中逐步认识和掌握了边界斗争的特点，采取了有效措施，做了较充分的准备。最后是实行了军政兼施的指导方针，在以武力为后盾的基础上，先对侵略者严厉警告，警告无效后，才发兵反击。反击时采取先扫外围，然后水陆并进，三面包围，一面堵截、断其外援的战法，迫使侵略军困守孤城并攻克之。

此战的胜利，是中国人民在辽阔的东北边界为保卫边防而进行的长期反复斗争的一次胜利，它挫败了沙俄跨越外兴安岭侵略我国黑龙江流域的企图，遏制了几十年来沙俄的侵略，使清东北边境在以后一个半世纪里基本上得到安宁，谱写了一曲反侵略斗争的凯歌。

070 剿抚并用,为国家统一而战
——平定准噶尔叛乱之战

清军平定准噶尔贵族叛乱之战,是一次维护祖国统一、反对民族分裂的正义战争。这次战争,起于清康熙二十九年(1690年),迄于清乾隆二十二年(1757年),迭经3朝,历时70年,最终弥叛息乱,取得了完全胜利。

明末清初,我国北方的蒙古族分为三大部:在今内蒙古地区的是漠南蒙古,在原外蒙古一带的是漠北喀尔喀蒙古,游牧于天山以北一带的是漠西厄鲁特蒙古。厄鲁特又称卫拉特,又分为四部,即和硕特(游牧于今新疆乌鲁木齐地区)、准噶尔(游牧于今伊犁河流域)、土尔扈特(游牧于今新疆塔城地区)、杜尔伯特(游牧于今额尔齐斯河流域)。四部中,准噶尔部势力最强,先后兼并了土尔扈特部及和硕部的牧地,迫使土尔扈特人转牧于额济勒河(今伏尔加河)流域,和硕特人迁居青海。到噶尔丹执政时,在吞并了新疆境内的杜尔伯特和原隶属于土尔扈特的辉特部后,进占青海的和硕特部,又攻占了南疆维吾尔族聚居的诸城。随着准噶尔势力范围的不断扩大,噶尔丹分裂割据的野心愈益膨胀。此时,正是沙皇俄国疯狂向外扩张的时期,为达到侵略中国西北边疆的罪恶目的,对噶尔丹进行拉拢利诱。康熙二十六年(1687年)底,沙俄参加中俄边界谈判的全权代表戈洛文,在伊尔库茨克专门接见了噶尔丹的代表,阴谋策动噶尔丹叛乱,支持他进攻喀尔喀蒙古。在沙皇俄国的唆使下,噶尔丹终于率兵进攻喀尔喀蒙古,发动了一场旨在分裂祖国的叛乱。

康熙二十七年(1688年),噶尔丹亲率骑兵3万自伊犁东进,越过杭爱山,进攻喀尔喀,占领整个喀尔喀地区。喀尔喀三部首领仓皇率众数十万分路东奔，逃往漠南乌珠穆沁（今内蒙古乌珠穆沁旗）一带，向清廷告急，请求保护。康熙一面把他们安置在科尔沁（今内蒙古科尔沁旗）放牧，一面责令噶尔丹罢兵西归。但噶尔丹气焰嚣张，置之不理，反而率兵乘势南下，深入乌珠穆沁境内。对于噶尔丹的猖狂南犯，康熙一面下令就地征集兵马，严行防堵，一面调兵遣将，准备北上迎击。康熙二十九年（1690年）六月，康熙决定亲征，其部署是分兵两路出击：左路军出古北口（今河北滦平南），右路军出喜峰口（今河北宽城西南），从左右两翼迂回北进，消灭噶尔丹军于乌珠穆沁地区。康熙亲临博洛和屯（今内蒙古正蓝旗南）指挥。同时令盛京将军（治所今辽宁沈阳）、吉林将军（治所今吉林市）各率所部兵力，西出西辽河、洮儿河，与科尔沁蒙古兵会合，协同清军主力作战。右路军北进至乌珠穆沁境遇噶尔丹军，交战不利南退。噶尔丹乘势长驱南进，渡过沙拉木伦河，进抵乌兰布通。清左路军也进至乌兰布通南，康熙急令右路军停止南撤，与左路军会合，合击噶尔丹于乌兰布通，并派兵一部进驻归化城（今内蒙古呼和浩特），伺机侧击噶尔丹归路。

乌兰布通位于克什克腾旗（今内蒙古翁牛特旗西南）之西。该地北面靠山，南有高凉河（沙拉木伦河上游的支流），地势险要。噶尔丹背山面水布阵，将万余骆驼缚蹄卧地，背负木箱，蒙以湿毡，摆成一条如同城栅的防线，谓之"驼城"，令士兵于驼城之内，依托箱垛放枪射箭。清军以火器部队在前，步骑兵在后，隔河布阵。八月初一中午，交战开始。清军首先集中火铳火炮，猛烈轰击驼阵，自午后至日落，将驼阵轰断为二，然后挥军渡河进攻，以步兵从正面发起冲击，又以骑兵从左翼迂回侧击，噶尔丹大败，仓皇率余部撤往山上。次日，遣使向清军乞和，乘机率残部夜渡沙拉木伦河，狼狈逃窜，逃回科布多（今蒙古吉尔噶朗图）时只剩下数千人。

噶尔丹自乌兰布通失败后，分裂叛乱之心未死，他以科布多为基地，招集散亡人员，企图重整旗鼓，东山再起。为防御噶尔丹再次进攻，康熙采取了以下措施：调整部署，加强边境守备；巡视漠北诸部，稳定喀尔喀蒙古上层，将逃居漠南的喀尔喀蒙古分为左中右三路，编为37旗；设立驿站和火器营，沟通内地与漠北地区的联络，专门训练使用火铳火炮。康熙三十三年（1694年），清廷诏噶尔丹前来会盟，噶尔丹抗命不至，反而遣兵侵入喀尔喀，康熙遂决定诱其南下一战歼之。为使此次作战顺利进行，清军在战前做了充分准备：调集兵马，征调大批熟悉情况的蒙古人为向导，随军携带5个月口粮，按每名士兵配备一名民扶四匹马的标准，组成庞大的运输队，备有运粮大车6000辆，随军运送粮食、器材；筹备大量防寒防雨器具，准备大批木材、树枝，以备在越过沙漠和沼泽地时铺路。康熙三十四（1695年）年九月，噶尔丹果然率3万骑兵自科布多东进，沿克鲁伦河东下，扬言借得俄罗斯鸟枪兵6万，将大举内犯。

在此形势下，康熙决定再次亲征，次年二月，调集9万军队，分东中西三路进击：东路9000余人，由黑龙江将军萨布素率领越兴安岭西进，出克鲁伦河实行牵制性侧击；西路4.6万人由抚远大将军费扬古为主将，分别出归化、宁夏（今宁夏银川），越过沙漠，会师于翁金河（今蒙古德勒格尔盖西）后北上，切断噶尔丹军西逃科布多之路；康熙自率中路3.4万人出独石口（今河北沽源南）北上，直指克鲁伦河上游，与其他两路约期夹攻，企图歼灭噶尔丹军于克鲁伦河一带。三月，康熙率中路军出塞。五月初，经科图（今内蒙古苏尼特左旗北）继续渡漠北进，逐渐逼近敌军。噶尔丹见康熙亲率精锐前来，又闻西路清军已过土剌河，有遭夹击的危险，便连夜率部西逃。五月十三日，清西路军进抵土剌河上游的昭莫多（今蒙古乌兰巴托东南），距噶尔丹军15公里扎营。昭莫多，蒙语为大森林，位于肯特山之南，土剌河之北，汗山之东。费扬古鉴于清军长途跋涉，饥疲不堪，决定采取以逸待劳、设伏截击的方针，以一部依山列阵于东，一部沿土剌河布防于西，将骑兵主力隐蔽于树林之中；振武将军孙思克率步兵居中，扼守山顶。战斗开始后，清军先以400骑兵挑战，诱使噶尔丹军入伏。噶尔丹果然率兵进击，企图攻占清军控制的山头。孙思克率兵据险防守，双方激战一天，不分胜负。此时费扬古指挥沿河伏骑分兵一部迂回敌阵，另一部袭击其阵后家属、辎重，据守山头的孙思克部也奋呼出击。噶尔丹军大乱，夺路北逃，清军乘夜追击15公里以外，俘歼数千人，收降3000人，击毙噶尔丹之妻阿奴。噶尔丹仅率数十骑西逃。

在噶尔丹率军东侵喀尔喀之际，其后方基地伊犁地区被其侄策妄阿拉布坦所袭占。加之连年战争，噶尔丹"精锐丧亡，牲畜皆尽"，噶尔丹兵败穷蹙，无所归处，所率残部不过千人，且羸弱不堪，内部异常混乱。康熙三十六年（1697年）二月，康熙鉴于噶尔丹拒不投降，再次下诏亲征。噶尔丹在众叛亲离的情况下，服毒自杀而死。至此康熙时期平定噶尔丹叛乱之战始告结束，喀尔喀地区重新统一于清朝。

噶尔丹死后，策妄阿拉布坦便成为准噶尔部的统治者。随着他的统治地位的巩固和地盘的不断扩大，又滋长了分裂割据的野心，沙皇俄国也积极支持其叛乱。策妄阿拉布坦在沙俄支持下，不断袭击清军据守的科布多、巴里坤（今新疆巴里坤）、哈密等军事重镇，并派兵侵入西藏，进行分裂叛乱活动。由于康熙及时派兵进藏协同藏军进行围剿，才将策妄阿拉布坦叛乱势力赶出西藏。康熙逝世后，雍正继续坚持平定准噶尔贵族割据势力的斗争。雍正五年（1727年）冬，策妄阿拉布坦死，其子噶尔丹策零继位后，在沙俄支持下，继续进行叛乱活动。从雍正六年（1728年）以后，清朝多次出兵平定噶尔丹策零叛军。雍正十年（1732年）七月，噶尔丹策零率军袭击驻扎于塔半尔河的清军。八月初，清军以精骑3万夜袭其营，准噶尔军溃逃，清军乘胜追击，将其大部歼灭于光显寺（今蒙古共和国鄂尔浑河上游），噶尔丹策零被迫降附。

乾隆十年（1745年）噶尔丹策零死后，准噶尔部内乱，达瓦齐夺得汗位。清于乾隆二十年（1755年）二月发兵5万直捣伊犁，达瓦齐猝不及防，兵败被俘。不久，归降清廷的阿睦尔撒纳，因统治厄鲁特蒙古四部的野心未能得逞，聚众叛乱。乾隆二十二年（1757年）春，清廷遣军从巴里坤等地分路进击，叛军溃败，阿睦尔撒纳叛逃沙俄后病死。清军平定准噶尔贵族分裂叛乱的战争，至此取得了胜利。

清军平定准噶尔贵族分裂叛乱战争的胜利，不仅维护、巩固了西北边陲，消灭了准噶尔贵族分裂势力，而且也打击了沙皇俄国侵略中国准噶尔的野心，对于以后挫败帝国主义勾结利用民族败类分裂祖国的阴谋，捍卫西北边疆的斗争，产生了良好影响。清军之所以取胜，第一，清军进行的是维护祖国统一、反对准噶尔部贵族分裂叛乱的正义战争，因而得到各族人民也包括准噶尔人民的支持。第二，清廷剿抚并用的策略运用得比较成功。第三，清廷此时内部稳定，国力强盛，军队纪律严明，战斗力较强。第四，在战争指导上，能依据客观情况，制定出切合时宜的作战方针；针对作战地区地理条件的特点，认真做好战争准备，注意发挥骑兵快速机动作战的能力和发挥火器部队的作用。

当然，清军平定叛乱的战争所以延续70年之久，除了沙俄极力插手和支持叛乱者以及民族关系等原因，增加了战争的复杂性外，清军在作战指导上的一些失误也是重要原因。而准部贵族在沙俄支持下掀起的民族分裂叛乱战争，是违背各族人民利益的不义之战，必然遭到各族人民的强烈反对，政治上的不得人心，及其统治集团内部的争权夺利和军事上存在许多不可克服的致命弱点，决定了其失败是不可避免的。

071
英国借此打开中国闭关的大门
——第一次鸦片战争

第一次鸦片战争是英国殖民者在1840—1842年对中国发动的一场侵略战争，战争的导火线是英国强行向中国推销鸦片。战争以清朝失败而告结束。从此，中国开始由封建社会逐步变成半殖民地半封建社会。

第一次鸦片战争爆发前，中国是清朝统治下的封建国家。清朝统治者对内顽固坚持专制统治，不思改革，对外实行闭关锁国政策，使中国这个东方文明古国日益落在世界文明的后面。和清朝日益衰败形成鲜明对照，欧美资本主义国家却在迅速发展。最早完成资产阶级革命的英国，到18世纪末叶又率先开始产业革命，近代化的工业迅速发展。19世纪初，英国已经成为最强大的资本主义国家，并把许多国家沦为它的殖民地，中国成为它的下一个侵略目标，毒品鸦片则是英国侵略中国的特殊武器。

从18世纪初开始，英国商人便开始向中国输入鸦片。自1800年起，鸦片开始大量输入中国。英国鸦片贩子不顾清政府禁止鸦片输入的禁令，贿赂清朝官吏，勾结中国私贩，利用特制的快艇，进行武装走私。走私的范围遍及整个东南沿海。由于鸦片的大量输入，中英之间的贸易逐渐发生变化，英国由入超变为出超。而白银的大量外流，造成了银贵钱贱，严重损害了清朝财政，也使广大人民深受其害。中国朝野上下，严禁鸦片的呼声日趋高涨。清道光皇帝意识到鸦片输入将造成军队瓦解、财源枯竭，便于1838年12月任命湖广总督林则徐为钦差大臣，节制广东水师，赴广州查禁鸦片。林则徐在广东人民的支持下，于1839年6月3日至25日，将从鸦片贩子手中收缴的走私鸦片两万余箱在虎门海滩全部销毁，禁烟运动取得重大胜利。但英国资产阶级却以此为借口，向中国发动了一场旨在保护鸦片走私的不义的侵略战争。

1839年8月初，中国禁烟的消息传到英国。10月1日，英国内阁作出"派遣一支舰队到中国海去"的决定。1840年2月，英国政府任命懿律和义律为正副全权代表，懿律为侵华英军总司令。4月，英国议会正式通过发动战争的决议案，派兵侵略中国。6月，懿律率领的英国舰船40余艘及士兵4000人到达中国海面，第一次鸦片战争正式开始。

第一次鸦片战争持续了两年多时间，分三个阶段。

战争的第一阶段，从1840年6月下旬英军封锁珠江口开始，到1841年1月下旬义律发布《穿鼻草约》为止。1840年6月28日，懿律下令封锁珠江口，并立即启程北上，夺占定海。7月初，英军驶经福建海面，炮轰厦门港。7月4日，英军驶抵定海水域，清军水师毫无戒备，不仅未予拦截，反而由知县姚怀祥登舰询问来意。英军将一份事先准备好的中文照会交给姚怀祥，限次日下午2时前投降，将所属海岛、炮台一律交出，否则开炮轰城。姚怀祥返城后与文武官员商讨防守之策。7月5日下午2时，英军见清军无献城投降的迹象，便下令英舰发起进攻。清军水师奋起抵抗。由于英军舰大炮多，射程较远，清军船小炮少，射程又近，交战不久，清军水师损失严重，只得向镇海方向退却。英军在舰炮掩护下登陆，攻占定海城东南的关山炮台，并连夜炮轰定海县城。6日凌晨，英军攻破东门，姚怀祥出北门投水自尽，守城兵勇溃散，定海遂告失陷。

1840年7月28日，义律率英舰8艘，驶离舟山群岛北上，于8月9日进泊天津大沽口外，向清政府递交照会、施加压力。道光皇帝事先已得知英舰可能北上天津，考虑到天津海防力量不足，所以8月9日接到直隶总督琦善关于英军已到大沽口外的奏报后，立即命令琦善不要随便开枪开炮，如有投递禀帖等事，不管是汉字夷字，"即将原禀进呈"（《筹办夷务始末》道光朝（一），第359页）。于是，琦善于8月15日派人前往英舰取回《巴麦尊照会》，并立即送呈北京。

道光帝接到照会后，得知英国要求赔礼道歉、偿还烟款、割让岛屿等。道光听信谗言，以为是林则徐、邓廷桢等人办理禁烟之事不善才引起英军入侵，只要惩办林、邓等人，英国就会退兵。于是，他要琦善向英方表示要重治林则徐。8月30日,琦善与义律在大沽口会谈。英方因当时军中流行疫病,不便采取军事行动,乃于9月15日南返,并同意在广东继续与清朝谈判。

9月17日,道光帝任命自夸退敌有功的琦善为钦差大臣,赴广东继续办理中英交涉,并同时将林则徐、邓廷桢等革职查办。

11月末,琦善到达广州,将珠江口防务设施撤除,水勇、乡勇遣散,以讨好英国侵略者。在谈判过程中,琦善对义律提出的各项侵略要求,一一许诺,只对割让香港一事,表示不敢作主,答应向道光请示。义律决定进一步施加压力,于1841年1月初向虎门沙角、大角炮台发起进攻,清军英勇抵抗,打死打伤英军100余人。但由于清军防守兵力不足,琦善又拒发援兵,加上英军炮火猛烈,兵力也占优势,两个炮台终于失守。副将陈连升父子以下600余人阵亡。

琦善屈服于英军的强大压力,于1月中旬照会义律,表示愿意代为恳请在尖沙咀或香港地方择一隅供英人寄居。然而,义律不待琦善"代为奏恳",便在1月20日单方面抛出《穿鼻草约》。《草约》包括割让香港、赔偿烟价600万元。6天之后,英军强行占领香港。第一阶段的战争,至此结束。

战争的第二阶段,自1841年1月27日清政府对英宣战开始,至5月27日《广州和约》订立为止。1841年1月27日,大角、沙角炮台失守的消息传到北京,道光帝甚为恼怒,当即决定对英宣战。他任命御前大臣奕山为靖道将军,户部尚书隆文和湖南提督杨芳为参赞大臣,调集各省军队1.7万人开赴广东。于是,广东的谈判停顿下来,中英双方又进入战争状态。

义律获悉清廷向广东调兵遣将和对英宣战的消息后,便立即命令英军备战,准备进攻虎门和广州,以先发制人。2月19日,英舰开始向虎门口集结。2月26日清晨,英军3000多人向虎门炮台发动猛烈攻击,水师提督关天培率军英勇抵抗,琦善拒绝派兵增援。由于寡不敌众,关天培和守军数百人壮烈牺牲,虎门炮台失守。英舰驶入省河。2月27日,英军攻陷乌涌炮台。3月2日,英军又陷猎德炮台,逼近广州。

3月5日，参赞大臣杨芳到达广州，但各省调集的兵勇没有到齐。义律也因兵力不足，不敢轻易进攻广州。在此情况下，义律与杨芳出于各自的考虑，达成临时休战协议。

4月，奕山及各省军队1.7万余人先后齐集广州。奕山一到广州，便诬蔑"粤民皆汉奸，粤兵皆贼党"（《夷艘入寇记》，《鸦片战争》第六册，第118页），执行"防民甚于防寇"的方针。为了报功邀赏，奕山于5月21夜贸然向英军发动进攻，分兵三路袭击英军。由于英军早有准备，所以没有收到什么战果。22日黎明，英军乘顺风发动进攻，向清军猛烈发炮轰击，清军溃败，英军乘势进攻广州城，占领城北炮台和山冈，居高临下，发炮轰击城内。万余清军收缩城内，奕山等高级将领惶惶无主，乱作一团。5月26日，奕山派广州知府余保纯出城乞和。次日，订立屈辱的《广州和约》。条约规定：奕山、隆文、杨芳以及全部外省军队，6天内撤至离广州城30公里以外的地方，一周内交出"赎城费"600万元，款项交清后，英军全部撤至虎门口外。第二阶段的战争，至此结束。

战争的第三阶段，自1841年8月英国扩大侵略战争再度进攻厦门开始，到1842年8月29日《南京条约》签订为止。1841年5月，英国政府获悉义律发布《穿鼻草约》的消息后，认为这个条约所得到的侵略权益太小，决定撤换义律，改派璞鼎查为全权公使，前来中国进一步扩大对华侵略战争。而此时的清统治者却误以为战争已经结束，于7月28日通谕沿海将军督抚，酌量裁撤各省调防官兵。8月，璞鼎查到达香港，不久即率兵进犯厦门，总兵江继芸力战牺牲，厦门陷落。

道光帝接到厦门失守的奏报后，才意识到战事并未停止，于是下令沿海各省将军督抚停止裁撤军队，加强防守。

英军攻陷厦门后继续北犯。守卫镇海的钦差大臣、江苏巡抚裕谦积极布置浙江沿海的防卫。9月，英军侵犯定海，总兵葛云飞、郑国鸿、王锡朋等率领守军英勇抵抗，以身殉国。10月1日，英陆军在强大炮火掩护下登陆，定海失陷。

英军攻占定海后，继续进攻镇海。10月10日，英军以强大的炮火猛烈轰击镇海招宝山、金鸡山炮台，陆军乘机登陆。守军顽强抵抗，多次同进攻之敌展开肉搏。但终因英军火力猛烈，两座炮台相继失守。浙江提督余步云在战斗最激烈的时候，贪生怕死，逃往宁波。裕谦率部死战，后见大势已去，投水自尽。守军伤亡惨重，余部弃城逃走，镇海遂于当天下午落入敌手。

10月13日，英军又攻陷宁波。

清政府为挽回败局，于10月18日任命协办大学士奕经为扬威将军，侍郎文蔚和副都统特依顺为参赞大臣，前往浙江，并从江西、湖北、四川、陕西等省调集军队。奕经携带大批随员南下，一路上游山玩水，勒索地方供应，直到1842年2月才到达浙江绍兴。

3月上旬，各省援兵到齐。奕经等认为兵力已厚，决定采取"明攻暗袭，同时并举"的方针，一举收复定海、镇海、宁波三城。具体部署是：水路（东路）以乍浦为基地，陆续渡海，潜赴舟山各岛及定海城内外，预为埋伏，候期举动。陆路（南路）分为两支：一支集结在慈溪西南15公里的大隐山，准备进攻宁波；另一支集结在慈溪西门外的大宝山，准备进攻镇海。

英军对清军的作战意图已有所了解，并做了相应准备。3月10日夜，清军攻击开始。从大隐山出发进攻宁波的一路一度冲入城内，但在英军阻击下不得不陆续撤出战斗，反攻宁波没有成功。进攻镇海的一路，由于英军已有准备，清军虽经3次冲锋，也没能攻入城内。水路进攻定海的计划也没有成功。

清军反攻失败后，主力集结在慈溪大宝山和长溪岭一带。英军决定乘胜发动新的进攻。3月15日，英军进攻慈溪，占领大宝山、长溪岭清军营地。清军退往绍兴。3月20日，奕经逃回杭州。为推卸战败责任，他在奏折中除强调英军"船坚炮利"外，还大肆诬蔑浙东到处汉奸充斥。浙江巡抚刘韵珂则提醒道光皇帝注意国内人民可能趁机揭竿而起。道光帝鉴于广东和浙东两次反攻均遭失败，又害怕人民起义，于是在对英态度上由忽战忽和转而采取一意求和，并派投降派耆英、伊里布赶赴浙江前线，办理乞和事宜，并准备释放英俘。

但是，此时的英国侵略者认为议和的时机还未成熟，还不足以胁迫清政府接受它的全部要求，决定继续进攻。

1842年5月，英军为了集中兵力，退出宁波、镇海，进犯海防重镇乍浦，遭到守军的坚决抵抗。17日，乍浦陷落。6月中旬，英军开始进入长江。6月16日，英军向吴淞炮台发起进攻。两江总督牛鉴闻风而逃，士气大受影响。江南提督陈化成率部抵抗，亲自操炮轰击敌舰，最后和守台士兵百余人一起战死。吴淞口失陷，英军随即侵占上海。

英军攻陷吴淞口后，清廷一面催促耆英、伊里布等由浙江驰赴江苏，加紧议和，一面加强天津地区防务，防止英军北犯，而对长江下游的防务，仍未给予足够重视。

7月下旬，英军进攻镇江。副都统海龄率领守军奋起抵抗，与敌人展开巷战和肉搏战，许多清军宁死不屈，有的杀死自己的妻儿，然后与敌人拼死搏斗，直至牺牲。海龄督战到最后，也自杀殉国。镇江随之失守。

镇江失守后，英国军舰于8月间闯到南京江面。耆英、伊里布等赶到南京议和。在英国侵略军的胁迫下，全部接受了英国提出的议和条款，订立了中国近代史上第一个不平等条约——《南京条约》。第一次鸦片战争至此结束。

第一次鸦片战争是英国资产阶级对中国发动的一场侵略战争，也是中国人民英勇反抗外国侵略的正义的民族战争。中国是正义的，英国是非正义的。但是，战争的结果却是以清朝的失败而告结束。其原因大致有如下几个方面：一、政治腐败，经济落后。二、闭关自守，不明敌情。三、将领保守，指挥无方。四、装备落后。

072 英法第一次联合侵略中国的战争
——第二次鸦片战争

第二次鸦片战争是英、法帝国主义对清朝发动的一次侵略战争。这次战争是第一次鸦片战争的继续和扩大，因此称为第二次鸦片战争。

第一次鸦片战争后，英、法、美等国的资本主义经济有了进一步发展，迫切要求向外侵略扩张，以便寻找新的市场和原料产地。英国资产阶级原以为凭借《南京条约》就可以迅速打开中国市场，获取巨额利润。但由于中国自给自足的社会结构没有改变，对外国商品的进入有顽强的抵抗作用，英国的工业品没能占领中国市场。为了向中国倾销商品和掠夺中国的廉价原料，英国想通过扩大对中国的侵略战争，打开中国的市场。

咸丰四年（1854年），英国借口《望厦条约》中有12年可以修约的规定，援引片面最惠国条款，要求全面修改《南京条约》，以进一步扩大鸦片战争中所得到的权益，并得到法国、美国的支持。清政府拒绝了"修约"的要求。英、法、美未达目的，叫嚷着要诉诸武力。但当时英、法正与俄国进行克里米亚战争，无力在中国开辟新的战场，美国也因国内局势不稳，不可能发动侵华战争，"修约"的问题便暂时搁置起来。咸丰六年（1856年），美国借口《望厦条约》届满12年，要求全面修改条约，得到英法的支持。清政府再次拒绝了这一要求。英国认为，只有采取强大的军事压力，才能从中国取得更多的权益。于是，英、法两国各自寻找发动对华战争的借口。

1856年，英国终于制造了一个"亚罗号事件"。"亚罗"号是一艘走私鸦片的中国船。1856年10月8日，广东水师在黄埔逮捕了船上2名海盗和 10 名涉嫌船员。英国驻广州领事巴夏礼借端生事，说该船是英国船，要求中国方面放还人犯并道歉。两广总督叶名琛屈服于英国的压力，同意交还人犯。但巴夏礼拒绝接受。10 月 23 日，英国军舰悍然开进内河，挑起战争。叶名琛不做任何准备，反而下令不准放炮还击，致使英军长驱直入，迅速将内河沿岸炮台攻占，并一度冲入广州城内。广东人民和部分爱国官兵对进犯的英军进行了坚决的抵抗和打击，迫使英军于 1857 年 1 月 20 日退出珠江内河，撤往虎门口外，等待援军。

1857 年春，英国政府任命前加拿大总督额尔金为全权专使，率一支海陆军前来中国，同时，建议法国政府共同行动。在此之前，法国借口"马神甫事件"正在向中国交涉，进行敲诈勒索。于是接受英国建议，派葛罗为全权专使，率军参加对中国的战争。

1857 年 10 月，额尔金和葛罗率舰先后到达香港。11 月，美国公使列卫廉、俄国公使普提雅廷也赶到香港与英法公使会晤，支持英法的行动。12 月，英法联军 5000 多人编组集结完毕。额尔金、葛罗在 27 日向叶名琛发出通牒，限 48 小时内让城。叶名琛以为英、法是虚张声势，不做防御准备。12 月 28 日，联军炮轰广州，并登陆攻城。29 日，广州失陷，叶名琛被俘，解往印度加尔各答，1859 年病死于囚所。

英、法联军占领广州后，四国公使集结北上。1858 年 4 月，四国公使在白河口外会齐，24 日即分别照会清政府，要求派全权大臣在北京或天津举行谈判。英、法公使限定 6 天内答复其要求，否则将采取军事行动。美、俄公使佯装调解，劝清政府赶快谈判。清政府不能正确判断英、法下一步的行动，又指望美、俄调停，既不做认真的战争准备，又没有同侵略军作战的决心。

1858 年 5 月 20 日上午 8 时，额尔金、葛罗在联军进攻准备完成之后向清政府发出最后通牒，要求让四国公使前往天津，并限令清军在 2 小时内交出大沽炮台。上午 10 时，联军轰击南北两岸炮台，各台守兵奋起还击，打死敌军 100 余人。但是由于清朝官吏临阵逃跑，后路清军没有及时增援，致使炮台守军孤军奋战，最后各炮台全部失守。联军随即溯白河上驶，到达天津，还扬言要进攻北京。清朝统治者感到战守两难，立即派出大学士桂良、吏部尚书花沙纳前往天津议和。6月26日和27日，中英《天津条约》和《中法天津条约》分别签订。美、俄两国则在此之前就分别与清政府签订了《天津条约》。这些条约规定了公使驻京、增开商埠以及赔款等内容。此外，俄国还趁火打劫，在5月底迫使黑龙江将军奕山签订了《中俄瑷珲条约》，割去了黑龙江以北60多万平方公里的领土。

《天津条约》签订后，英法联军退出天津，准备来年进京换约。1859年，英国派普鲁斯为公使到中国赴任和换约。普鲁斯和法国公使布尔布隆于6月中旬带领舰队和海军陆战队开到大沽口外。清政府安排英、法公使由北塘登陆进京换约，普鲁斯断然拒绝，坚持要清政府拆除白河防御、乘舰带兵入京的无理要求，并限期撤防。

1859年6月24日晚，侵略军炸断拦河大铁链两根。25日，英国舰队司令率10余艘战舰、炮艇突袭大沽炮台。此时大沽炮台经蒙古科尔沁亲王僧格林沁整顿，加强了兵力，改善了武器装备。面对侵略军的野蛮进攻，守军奋起反击，激战一昼夜，击沉、击伤英法军舰10余艘，毙伤侵略军600余人，英国舰队司令何伯也受重伤。联军受此挫败，狼狈逃出大沽口。

英法联军在大沽战败，使英、法政府大为恼怒。额尔金、葛罗再次成为全权代表，分率英军1.8万人和法军7000人，气势汹汹地杀向中国。1860年4月，侵略军占领舟山，5月、6月占领青泥洼（大连）和烟台，封锁渤海湾，完成了进攻天津、北京的部署。

1860年8月1日，英法军舰30多艘，集结于北塘附近海面。北塘没有设防。8月12日，联军在北塘登陆，迅速占领北塘西南的新河、军粮城和塘沽，切断了大沽与天津之间的主要交通线。8月21日，联军占领大沽炮台。僧格林沁所部退至北京东南的张家湾、通州一带。联军乘胜占领天津。

清政府立即派人至天津乞和，英、法联军不予理睬，进逼通州。清政府又派怡亲王载垣、兵部尚书穆荫为钦差大臣，到通州求和，英、法联军提出极为苛刻的条件。9月18日，联军攻陷张家湾和通州，21日陷京郊八里桥。僧格林沁等撤往北京城。咸丰帝令其弟恭亲王奕䜣留守北京，负责求和事宜，自己从圆明园仓皇逃往热河（今河北承德）。

英法联军略经整备，即于10月6日进攻北京，同日，闯入圆明园，在大肆抢劫之后，将圆明园烧毁。大火延烧3天，烟雾笼罩北京全城。接着，侵略军还抢劫了万寿山、玉泉山、香山等处所藏的大量文物珍宝。

10月13日，联军占据安定门，北京陷落。

10月24日，中英《北京条约》签订；25日，中法《北京条约》签订；11月14日，中俄《北京条约》签订，割占中国领土40万平方公里。至此，第二次鸦片战争结束。中国再次损失了大量主权和领土，向半殖民地道路又前进了一步。其中，鸦片贸易合法化、华工出国及允许外国人前往内地传教，都使中国的社会矛盾更趋激化。

清军在历时4年的抗击英法联军的战争中最终失败，其原因是多方面的。首先是政治腐败，实行对内镇压人民起义、对外妥协投降的反动政策。其次是清军武器装备及作战方法落后也是导致失败的重要原因。第二次鸦片战争时期，英法侵略军已装备了当时世界上最先进的武器（如发射圆锥形弹丸的线膛后装步枪、线膛后装火炮以及便于浅水航行的蒸汽炮艇等），而清军的装备却仍停留在第一次鸦片战争时期的水平（仍是鸟枪、抬枪和发射球形弹丸的前装炮及冷兵器），加之炮台构筑仍是露天式的，经不起侵略军炮火的轰击。作战方法上，英法联军注意水陆协同作战，以强大炮火掩护陆军登陆，陆上战斗采取散兵战术，而清军则故步自封，墨守成规，忽视陆地纵深设防，不懂散兵战术，所以一败再败。清政府却对此浑然不知，这也从一个方面证明了清王朝和以它为代表的中国封建制度的没落。

073 "太平天国战争史上最悲壮的一页"
——太平军北伐之战

1853年3月下旬,太平军攻克南京,改南京为天京,作为太平天国的首都,正式建立了与清政府对峙的政权。但是,太平天国当时面临的形势仍很严峻。清军向荣部从金田起义之初即与太平军周旋,尾随太平军从广西到江南,在太平军占领南京不久即率军抵南京城外,在孝陵卫一带扎营,称江南大营,共1.7万人。钦差大臣琦善也于1853年4月在扬州附近建立江北大营,总兵力2万余人。江南、江北大营的存在对新生的天京政权是一个重大威胁。为了尽快推翻清朝统治,太平天国领导人在巩固天京防务后,即分兵进行北伐和西征,希望用进攻打败清朝统治。

太平军北伐之战,从1853年5月中旬誓师北伐开始,到1855年5月31日北伐军余部覆灭为止,前后两年,大致分为长驱北上、驻扎待援、最后失败三个阶段。

北伐的目标是直捣清朝的老巢——北京。1853年5月8日,天官副丞相林凤祥和地官正丞相李开芳率军自扬州西进。5月13日,会合自天京出发的春官副丞相吉文元、检点朱锡琨所部,由浦口北上,向北京进军。北伐军共有2万余人。按洪秀全的指示,北伐军进抵天津后,再派兵北上增援,合攻北京。

林凤祥等率北伐军自浦口出发,在乌衣镇一带击败清军一部后,一路长驱北进,连克安徽滁州(今滁县)、临淮关、凤阳、怀远、蒙城,于6月10日到达亳州(今亳州市),13日攻克河南归德府城(今商丘),缴获火药2万余公斤以及大量铁炮。之后,便北上刘家口(归德北),拟由此北渡黄河,取道山东北上,因清军在黄河渡口严密布防,该处无船可渡，太平军只得沿河西走，连下宁陵、睢州（今睢县）、杞县、陈留，3月19日进逼开封，失败，于是撤往中牟县朱仙镇。此时，由于沿途大量吸收捻党和淮北各地群众参军，声势更大。

北伐军于6月23日撤离朱仙镇，经中牟、郑州、荥阳，26日到达汜水、巩县地区，在这里渡过黄河。7月2日，攻破河南温县。7月7日进围怀庆府（今沁阳）。当时城内仅有清军300人，连同团勇壮丁，总计不过万人。林凤祥等原以为可以迅速攻克，没想到屡攻不下，于是将怀庆城团团围住，在城外建营立寨，一面阻援，一面继续攻城。清政府派直隶总督讷尔经额为钦差大臣，调集兵力2万余人赶到怀庆。北伐军围攻怀庆城近两个月，未能攻下。9月1日，北伐军遂主动撤回西进，绕道济源，进入山西，连下垣曲、绛县、曲沃。于9月中旬进至平阳（今临汾）、洪洞一带，然后转而向东，经屯留、潞城、黎城，复入河南，攻破涉县、武安。9月29日，北伐军经河南入直隶，攻克军事重镇临洺关，击溃立足未稳的讷尔经额部清军万余人。接着，连下直隶沙河、任县、隆平（今河北邢台市）、柏乡、赵州（今河北石家庄市）、栾城、晋州（今河北石家庄市）、深州（今河北衡水市），逼近北京。

北伐军的胜利进军使清廷满朝震动。咸丰帝急忙调兵遣将，加强北京防卫，并企图在滹沱河南合击和消灭太平军，为此，命令胜保为钦差大臣接替讷尔经额，命令僧格林沁屯兵涿州（今河北保定市）。

北伐军在深州稍事休整后，于10月22日率部东走，连破献县、沧州，29日占领天津西南的静海县城和独流镇，前锋进至杨柳青。北伐军原想占领天津，但是，胜保很快率队赶到，并于11月5日进入天津。僧格林沁也移营于天津西北之杨村（今武清），天津防御力量加强，北伐军占领天津的计划落空。

北伐军不能占领天津，便在静海、独流两地驻扎下来，由林凤祥、李开芳分别率部固守，同时报告天京，要求速派援军。

胜保率2万余清军围攻静海、独流。北伐军依托木城、堑壕顽强抵抗，胜保屡攻不下，僧格林沁奉命率部与胜保合力围攻。北伐军忍受着严寒和饥饿，整整坚持了100天，最后终因被围日久，粮弹均缺，援军又久等不至，不得已于1854年2月5日突围南走。2月6日到达河间府之东城镇。胜保、僧格林沁率马队紧追不舍，当天就追到东城，将北伐军再次包围起来。清军在东城四周挖掘深壕，设置鹿砦、木栅，防止太平军突围，并不时发起进攻，太平军凭垒固守，但东城是个小镇，粮弹给养难以补充，因此，北伐军在这里驻守一个月后，于3月7日乘大雾再次突围，进至阜城。但是，进至阜城不久，很快又被3万多清军包围。在和清军的战斗中，古文元受伤牺牲，北伐军处境更加严酷。幸好这时北伐援军已过黄河，胜保带领万余清军赶往山东防堵，阜城压力减轻，使北伐军得以在此坚守两个月之久。

北伐援军7500人，由夏官副丞相曾立昌、冬官副丞相许宗扬等率领，迟至1854年2月4日才从安庆出发。3月上旬渡过黄河，进入山东境内，连下金乡、巨野、郓城、阳谷、莘县、冠县，于3月31日进至距阜城仅100余公里的临清城下，兵力也扩充至三四万人。

4月12日，北伐援军攻克临清城，但随即被数万清军合围，援军屡战不利，于4月23日放弃临清，南退至李官庄、清水镇一带。4月27日，援军南退冠县，部队溃散，北伐援军至此失败。

北伐军在听到援军北上的消息后，于1854年5月5日，由阜城突围东走，占领东光县的连镇。连镇横跨运河，分东西两镇。当天，清军赶到，又将北伐军紧紧包围。李开芳率600精兵于5月28日突出重围，准备接应北伐援军，被清军围于山东高唐州。北伐军被截断在两地，处境更为困难。连镇被清军层层包围，林凤祥及太平军将士英勇战斗，不断打击进攻之敌。但坚持到年底，粮食弹药都快完了。清军乘机诱降，北伐军前后出降者3000余人。1855年3月7日，清军对林凤祥固守的东连镇发动总攻，林凤祥在督战时身负重伤，北伐军大部阵亡，清军攻入连镇，林凤祥被俘，解送北京，英勇牺牲。

李开芳也被清军包围，高唐城高池深，粮草尚多，利于防守。李开芳率领太平军坚守高唐，多次粉碎清军的进攻。1855年3月，僧格林沁选精兵8000余人，抵达高唐城外，使围城清军增至2万余人。此时，李开芳得知林凤祥部已覆没，决意突围南返。僧格林沁得知这一情报后，故意网开一面，诱使太平军突围。李开芳未识破此计，乃于3月17日突围至在平县冯官屯。清军尾随跟至，重新包围。僧格林沁强迫大批民工，费时月余，挖成一条60公里长的水渠，引运河水至冯官屯，于4月20日开始向屯内放水，屯内粮草火药尽湿。5月31日，清军进攻更加激烈，太平军粮弹俱尽，陷入绝境。李开芳率80余人突围，被清军俘获，后解送北京，于6月11日遇害。至此，这支由数万精锐组成的北伐军，经过两年多艰苦卓绝的奋战，终于全军覆没，悲壮地失败了。

北伐军及其援军的全军覆没，是太平天国自金田起义以来遭到的最严重的失利和挫折。其失败原因有以下几点：

第一，战略决策不当。太平天国领导人在占领南京不久，即派出2万余人的部队远离后方作战，深入清朝心腹之区，冀图占领天津后，再派援兵合攻北京，完全是轻敌冒险，很难成功。

第二，援军派出过迟。

第三，作战指挥不灵活。北伐军进至天津外围后，即遵照洪秀全的命令停止待援，从而失去了机动作战的时机，陷入被动挨打的困境。

但是，北伐军在极端困难的条件下，忍着饥饿和寒冷，同数倍于己的敌军英勇作战两年多，横扫六省，转战2500公里，连克数十城，大部分将士英勇牺牲，英勇悲壮，可歌可泣，表现了革命的农民大无畏的英雄气概，在太平天国革命史上写下了极其悲壮的一页。

074 石达开勇挫湘军的一战
——太平军湖口大捷

1853年,太平军在北伐的同时,又派兵西征。西征的战略目的在于确保天京,夺取安庆、九江、武昌这三大军事据点,控制长江中游,发展在南中国的势力。从1853年6月到1855年1月,西征军连续作战一年半,取得重大胜利。但后来遇到湘军的顽抗,湖北和江西战场形势对太平军极为不利。在这种形势下,石达开于1855年1月率军开赴西征战场,在江西湖口与湘军激战,勇挫湘军,取得胜利,从而扭转了西征战局。

1853年6月,胡以晃、赖汉英、曾天养等率太平军2万余人溯江西上,开始西征。西征军进展极为顺利,6月10日占领长江北岸重镇安庆,胡以晃随即坐镇于此,指挥西征战事。赖汉英率检点曾天养、指挥林启容以万余人进军江西,6月24日进逼南昌城下,对该城实施围攻。由于清军防守严密,围攻没有成功。9月24日,太平军撤南昌围,9月29日攻克九江,林启容率部分兵力驻守。以后,西征军分为两支,一支由胡以晃、曾天养率领,以安庆为基地,经皖北,于1854年攻克皖北重镇庐州(今合肥)。安徽广大地区的攻取,为太平天国提供了主要的人力物力资源,具有重大战略意义。另一支由韦俊、石祥桢率领,自九江沿江西上,1853年10月克汉口、汉阳,不久,因兵力不足退守黄州。曾天养率部来援,在黄州大败清军,西征军三克汉口、汉阳,并于1854年6月再克武昌。进入湖南的太平军于4月再占岳州,大败湘军。但在湘潭一战中,太平军伤亡很大。7月,湘军攻陷岳州。8月,曾天养在城陵矶战斗中牺牲。10月,湘军和湖北清军反扑武汉,武昌、汉阳相继失守。1855年丑月,湘军进逼九江。形势对太平军非常不利。为挫败湘军的进攻,主持西征军务的翼王石达开由安庆进驻湖口，坐镇指挥。

石达开到达湖口后，鉴于湘军气势正盛，水师更占优势，便决定扼守要点，伺机退敌。具体部署是：石达开坐镇湖口，林启容仍率部守九江，罗大纲率部守梅家洲。

湘军则首先集中力量攻九江。到1月9日，围攻九江的清军总兵力达1.5万人。从1月14日，塔齐布、胡林翼率部进攻九江西门开始，到1月18日全面进攻，湘军死伤甚众，始终未能攻入城内。于是，曾国藩改变方针，留塔齐布继续围攻九江，派胡林翼、罗泽南等率部进驻梅家洲南4公里之盔山（今灰山），企图先取梅家洲，占领九江外围要点。1月23日，湘军向梅家洲发起进攻，太平军凭借坚固工事，奋勇抗击，毙敌数百人，击退了湘军的进攻。

湘军进攻九江和梅家洲均未得逞，曾国藩决定改攻湖口，企图凭借优势水师，先击破鄱阳湖内太平军水营，切断外援，然后再攻九江。

1855年1月3日，当湘军陆师尚未南渡时，李孟群、彭玉麟所率湘军水师即已进抵湖口，分泊鄱阳湖口内外江面。罗大纲鉴于湘军水师占优势，难以力胜，决定采用疲敌战法。1月8日夜，用满载柴草、火药、油脂的小船百余艘顺流纵火下放，炮船紧随其后，对湘军水师实施火攻。由于湘军预有准备，未能取得多大战果。此后，太平军常以类似战法袭扰和疲惫敌人。太平军还在鄱阳湖口江面设置木簰数座，四周环以木城，中立望楼。木簰上安设炮位，与两岸守军互为犄角，严密封锁湖口，多次击退湘军水师的进犯。1月23日，湘军水师乘陆师进攻梅家洲之机，击坏太平军设于鄱阳湖口的木簰。石达开、罗大纲将计就计，令部下用大船载以沙石，凿沉水中，堵塞航道，仅在靠西岸处留一隘口，拦以篾缆。1月29日，湘军水师营官萧捷三等企图肃清鄱阳湖内太平军战船，贸然率舢板等轻舟120余只，载兵2000人，冲入湖内，直至大姑塘以上，待其回驶湖口时，太平军已用船只搭起浮桥二道，连接垒卡，阻断出路。湘军水师遂被分割为二：百余轻捷小船陷于鄱阳湖内；运转不灵的笨重船只则阻于江中，湘军水师大小船协同作战的优势尽失。太平军乘此有利时机，即于当晚以小船数十只，围攻泊于长江内的湘军大船，并派一支小划船队,插入湘军水师大营,焚烧敌船。岸上数千太平军也施放火箭喷筒,配合进攻。湘军大船因无小船护卫,难以抵御,结果被毁数十只,其余败退九江附近江面。

在湖口大捷的同一天,江北秦日纲、韦俊、陈玉成所部太平军自安徽宿松西进,击败清军参将刘富成部,占领黄梅。2月2日,罗大纲派部进占九江对岸之小池口。曾国藩命令胡林翼、罗泽南二部由湖口回攻九江,驻于南岸官牌夹。为了给湘军水师以进一步的打击,罗大纲乘势于2月11日率大队渡江前往小池口。当夜三更,林启容自九江、罗大纲自小池口以轻舟百余只,再次袭击泊于江中的湘军水师,用火药喷筒集中施放,焚毁大量敌船,并缴获曾国藩的坐船。曾国藩事先乘小船逃走,后入罗泽南陆营,愤愧万分,准备自杀,被罗泽南等劝止。此后,曾国藩败退至南昌。

太平军湖口大捷,粉碎了曾国藩夺取九江、直捣金陵的企图,扭转了西征战场上的被动态势,成为西征作战的又一个转折点。西征军自湘潭战败后,弃岳州,失武汉,节节退却,一直退到九江、湖口,形势十分不利。但另外,由于湘军的进攻,迫使太平军缩短战线,集中起兵力,消除了前段时间战线过长、兵力分散的弱点。加上石达开亲临前线,加强了领导,为反败为胜准备了必要的前提。湘军方面虽然节节胜利,却埋伏着失败的因素:由于掳获甚多,斗志渐弱;由于屡获胜仗,骄傲轻敌;由于长驱直进,离后方供应基地越来越远,运输补给日益困难。正是在这种情况下,石达开等坚守要点以疲惫敌人,并利用有利地形,抓住有利时机,机智果断地分割湘军水师,进而立即主动出击,取得了重创湘军水师的重大胜利,使整个西征战场上的形势为之一变。

075 太平天国灭湘军精锐
——三河之战

三河之战是太平天国后期太平军在安徽——三河镇（今属肥西县）歼灭湘军精锐李续宾部的一次著名战役，也是太平天国战争史上集中优势兵力打歼灭战的著名范例。

1856年9月，天京内讧，太平天国的革命形势开始急转直下。1857年5月，石达开因受到洪秀全猜忌，离京出走，带走数万精兵良将，使太平军元气大伤，整个战争形势也随之急剧逆转。清军利用这一有利时机，重整旗鼓，于1858年1月重新建立江南大营，包围天京。江西战场上，湘军由防御转为进攻，于1857年10月26日攻陷湖口和梅家洲。1858年5月19日，新任浙江布政使、湘军悍将李续宾率部攻克军事重镇九江，驻守该地区5年之久的太平军将领林启容率领的1.7万名将士全部牺牲。李续宾在攻克九江后不久即率部渡江，回到湖北，准备乘胜东援安徽战场。

1858年5月，湖广总督官文、湖北巡抚胡林翼看到湘军在江西战场上已经取得决定性胜利，便拟定东征计划，准备把李续宾部湘军投入安徽战场。当时，太平军在陈玉成、李秀成等率领下，在皖北战场屡挫清军，于8月23日占领庐州城。于是，官文便命令李续宾迅速进兵，攻克太湖，然后乘势扫清桐城、舒城一路，疾趋庐州，企图收回庐州，并堵住太平军北进之路。所以，当陈玉成、李秀成部挥师东向，进攻江北大营时，江宁将军都兴阿和李续宾等即率兵勇万余人自湖北东犯安徽，9月22日克太湖，然后分兵两路，都兴阿率副都统多隆阿和总兵鲍超所部进逼安庆，李续宾率所部湘军北指庐州。

李续宾部于9月23日陷潜山,10月13日陷桐城,24日陷舒城,接着指向舒城东面25公里的三河镇,准备进犯庐州。

三河镇位于界河（今丰乐河）南岸,东濒巢湖,是庐州西南的重要屏障。该镇原无城垣,太平军占领后,新筑了城墙,外添砖垒9座,凭河设险,广囤米粮军火,接济庐州、天京,因而在军事上、经济上都居重要地位。当时太平军的守将是吴定规。

10月24日,陈玉成在江苏六合接到湘军大举东犯安徽的报告,毅然决定回兵救援,并向洪秀全报告,要求调派李秀成部同往。

11月3日,李续宾率精兵6000人进抵三河镇外围。11月7日,分兵3路向镇外9垒发起进攻,义中等六营进攻河南大街及老鼠夹一带之垒;左仁等三营进攻迎水庵、水晶庵一带之垒;副右等二营进攻储家越之垒。李续宾则亲率湘中等二营为各路后应。太平军依托砖垒顽强抵抗,大量杀伤敌人。湘军攻垒愈急,太平军伤亡很大,便放弃镇外9垒,退入镇内,坚守待援。

在湘军大举进攻三河镇外围的当天,陈玉成率大队赶到,驻扎在三河镇南金牛镇一带。11月14日,李秀成也率部赶到,驻于白石山。至此,集结在三河镇周围的太平军众达10余万人,和李续宾部湘军相比占绝对优势。

面对太平军援军的强大气势,李续宾的一些部将十分胆怯,建议退守桐城。但李续宾一意孤行,认为军事有进无退,只有死战,并于11月15日深夜派兵七营分左、右、中三路偷袭金牛镇。16日黎明,当行至距三河镇7.5公里的樊家渡王家祠堂时,与陈玉成军遭遇。陈玉成抓住敌人冒险出击的有利时机,以少部兵力正面迎敌,吸引敌人,另以主力从湘军左侧抄其后路。正面迎敌之太平军且战且走,将敌人诱至设伏地域。当时,大雾迷漫,咫尺莫辨,鼓角相闻,敌我难分。陈玉成主力迅速击溃了左路湘军,并乘胜隔断中、右路之后路。湘军发现归路被断,仓皇后撤,在烟筒岗一带被太平军团团包围。李续宾得知大队被围,急忙亲率4营前往救应,反复冲锋数十次。也未能突出重围。驻扎于白石山的李秀成部,闻金牛镇炮声不绝,立即赶往参战;驻守三河镇的吴定规也率部出镇合击湘军。李续宾见势不妙,逃回大营,并传令各部坚守待援。其实这时守垒的湘军有的已经逃散,有的被太平军阻截在外,因而有7个营垒被太平军迅速攻破。接着,李续宾的大营也被太平军包围。他督军往来冲突,终不得脱,当夜被太平军击毙(一说自杀)。之后,太平军继续围攻负隅顽抗的残敌,至18日,全部肃清。这一仗,太平军一举歼灭湘军精锐近6000人,是太平天国革命战争后期一次出色的歼灭战。

三河大捷后,太平军乘胜南进,连克舒城、桐城,围困安庆的湘军也闻讯后撤。

湘军三河镇之败,主要是孤军深入,犯险冒进。李续宾仅率数千人自湖北东犯,入皖之后,连陷四城,处处分兵驻守,结果"兵以屡分而单,气以屡胜而泄"。(《剿平粤匪方略》卷210,第26页)进至三河镇后,仅剩6000人,当太平军大队赶到时,已无阻援之兵可派。加之李续宾刚愎自用,拒不接受部将关于退守桐城的建议,终于全军覆灭。对于湘军这次惨败,咸丰帝闻之"不觉陨涕"。曾国藩更是"哀恸填膺,减食数日"。胡林翼则哀叹说:"三河败之后,军气已寒,非岁月之间所能复振。""三河溃败后,元气尽伤,四年纠合之精锐,覆于一旦,而且敢战之才,明达足智之士,亦凋丧殆尽。"(《胡文忠公全集》下册,第694页)可见此战对清廷和湘军的打击是极为沉重的。

太平军之所以取得全歼李续宾部的胜利,主要由于决策正确果断、兵力集中、战术灵活、指挥无误。当湘军进抵舒城、三河时,陈玉成果断决定兼程回援,并奏调李秀成部同往,形成了兵力对比上的绝对优势。在对敌发起进攻时,太平军采取正面迎战与伏击、抄袭相结合的战法,各部之间又能密切协同,主动配合,迅速分割包围敌人,打得湘军前后左右不能相救,以速决的方式迅速达成战役目的。

通过三河大捷,太平军粉碎了湘军东犯的企图,保卫了皖中根据地,对鼓舞士气,稳定江北战局,保证天京安全和物资供应,都具有重大的战略意义。

076 太平天国战争史上的得意之笔
——太平军二破江南大营之战

太平军于1858年下半年取得二破江北大营与三河镇大捷两次重大胜利之后，初步扭转了太平天国在军事上的危局，遏止了湘军长驱直入的攻势，在一定程度上改变了天京和安庆受围困的局面，战争形势有了较明显的好转。1859年洪仁玕到达天京后进行的某些革新，又使太平天国的政治局面有一定的改进。在这种形势下，太平天国领导人决心摧毁长期围困天京的江南大营，确保天京安全。

江南大营初设于1853年3月，由钦差大臣向荣统管，1856年被太平军击破。1857年，清继任钦差大臣和春与提督张国梁攻陷镇江，于1858年初重建江南大营，设大营于沧波、高桥两门之间。不久，强征数万民夫，于天京城外挖掘深阔各约丈余的长壕，绵亘百余里，经年始成。1860年1月底，李秀成离浦口后，江南大营清军水陆并进，攻陷了浦口沿江一带太平军垒卡20余座，并于2月1日占领江浦和九洑洲，进一步围困天京。

为解决天京长期被围的局面，李秀成一再向洪秀全请奏，要求率军离开浦口，设法攻打江南大营。这一要求最后得到了洪秀全的同意。关于如何解围问题，李秀成与洪仁玕进行过3次面商。洪仁玕认为，天京之困难以力解，必须向敌人防守空虚又是富裕地区的浙江湖州（今吴兴）、杭州等地进攻，迫使江南大营守敌回救湖、杭，等他们撤兵远处，"即行返师自救"，就可以取得成功。这是一个围魏救赵之计。李秀成同意这一计谋。于是，他们共同确定了打破江南大营的作战方案：由忠王李秀成、侍王李世贤率部"伪装缨帽号衣，一路潜入杭、湖二处"，攻敌之所必救，

313

以吸引和调动江南大营清军；一旦清军被调动，便立即放弃杭州和湖州，由小路回师天京，围攻江南大营。由英王陈玉成执行"虚援安省"的任务，在皖北实施佯动，以掩护江南之作战行动。整个作战由李秀成负责组织实施。

1860年1月底，李秀成前往芜湖，召集将领会议说明天京被围的危急形势，宣布攻杭救京的计划，明确进军战线和各将领的任务。

3月11日，李秀成所率精兵进抵杭州城外。当时杭州守备空虚，除满营外，仅有兵勇2800名。3月19日，太平军攻占杭州，杀死浙江巡抚罗遵殿等多人，唯杭州将军瑞昌等据守的满城未能攻下。

对太平军的攻浙意图，江南大营统帅和春有所察觉，不敢派大队增援。咸丰帝深恐失掉浙江这个富裕地区，严令和春增调劲旅赴浙，并命和春兼办浙江军务。和春只得遵旨加派援兵，先后共派1.3万人赴援，统归张玉良率领。太平军攻陷杭州城4天之后，张玉良才于3月23日赶至杭州城外。

江南大营清军被调动，太平军预期目的达到了。于是李秀成便于3月24日在杭州城内遍插旗帜以为疑兵，连夜撤出杭州，率军疾驰北返。4月8日，于安徽建平（今郎溪）召开了有辅王杨辅清、侍王李世贤右军主将刘官芳、定南主将黄文金、平西主将吴定彩、求天义陈坤书等参加的军事会议，共同商定了解救天京之围的详细计划。会后，兵分东西两路进援天京。

当李秀成率军回师天京之际，在皖北执行佯动任务的陈玉成、吴如孝等率军由全椒南下，于4月底渡江。

4月底，各路太平军抵达天京外围，达10余万人，随即准备总攻江南大营。总攻部署是：李世贤部自北门洪山、燕子矶，李秀成部自尧化门，刘官芳、陈坤书部自高桥门，杨辅清部自雨花台，陈玉成部自善桥方向，五路并进。天京城内的太平军则由城内出击，配合援军夹攻清军。

5月2日，太平军发起总攻。

5月5日，太平军乘敌人混乱之机，前后夹攻，半天之内将江南大营西半部的50余座营垒全部攻破，歼灭清军数千人。张国梁见营盘已失，只得仓皇退回。太平军连夜乘胜猛攻。清军营垒四处火起,江南大营总部所在地也被攻破,和春等率残部经石埠桥乘船逃往镇江。江北及九洑洲一带清军也随即逃遁。于是,重建后围困天京两年多的清军江南大营又被摧毁。太平军缴获了大量枪炮、火药、铅子,以及白银十余万两。

二破江南大营,是太平天国战争史最为得意之笔。洪仁玕、李秀成等选择杭州作为攻敌必救的目标,调动和分散江南大营清军的兵力,然后回师急攻,内外夹击,使数万清军陷入被动挨打地位,这一着是颇为成功的。太平军在此次作战中不仅有变内线作战为外线作战的正确方针,而且有周密的计划。此战成功之处,还在于集中了优势兵力。指挥上也很成功,注意了主攻、助攻、掩护、佯动相结合。

但是这次作战也有不足之处。由于作战目标是解围,因而进攻江南大营时,既未注意切断敌军的退路,又未能在敌退却时迅速组织截击和追击,虽然攻破了大营,但仅毙敌三五千人,基本上打成了击溃战。由于太平军没有大量歼灭敌人有生力量,因此和春、张国梁等逃至镇江后,又得以收集散兵2万余人,防守镇江和丹阳。

077 关系太平天国命运的关键一战
——安庆保卫战

太平军取得二破江南大营之战胜利后,安徽战场的形势却非常严重。湘军乘太平军二破江南大营和东征苏常之机,大举向东进犯,进围安庆。从 1860 年 9 月到 1861 年 9 月,太平军和湘军在安庆周围展开了长达一年的争夺战,最后安庆失守,由此太平天国的军事形势日趋恶化。

安庆是天京上游的重要门户,安庆的得失对太平天国后期战争的全局关系极大。湘军统帅曾国藩深知攻取安庆的意义,认为安庆为必争之地,"目前关系淮南之全局,将来即为克复金陵之张本"。(《曾文正公全集·奏稿》卷十一,第 43 页)因此,在 1860 年 6 月令其弟曾国荃率湘军近万人进扎安庆北面的集贤关,并于城外开挖长壕二道,前壕用以围城,后壕用以拒援。曾国藩自己在咸丰帝一再严令下,于 1860 年 7 月底率万余人立大营于皖南祁门,摆出一副东进苏常的架势,但实际上注意力仍集中在夺取安庆上。

1860 年 9 月下旬,鉴于安庆已为湘军所困的局面,太平天国领导人决定再次采用"围魏救赵"之计,即按 1860 年 5 月天京会议确定的方针进军湖北,迫使湘军回救,使安庆之围不攻自破。具体部署是分兵五路,江南江北并进:陈玉成率军从长江北岸西进,经皖北入鄂东;李秀成率军从长江南岸西进,经皖南、江西,进入鄂东南;杨辅清、黄文金率军沿长江南岸趋赣北;李世贤率军经徽州入赣东;刘官芳率军攻祁门曾国藩大营。以上五路,李秀成和陈玉成取大钳形攻势,预定次年春会师武汉,占领湘、鄂军的后方基地,以调动围攻安庆之敌;后三路主要是牵制皖南和江西湘军,并伺机歼敌。每路兵力少者数万,多者 10 余万。

1860年9月底，陈玉成率军自天京北渡，进入皖北活动。11月26日，陈玉成联合捻军进至桐城西南挂车河一带，扎营40余座，试图直接救援安庆，但不断遭到多隆阿部鄂军和新任安徽按察使李续宜所部湘军的进攻，伤亡很大，不得不北走庐江休整，直接救援安庆的努力失败。

1861年2月，南岸的李秀成部已由浙入赣，正向西挺进。陈玉成便按合取湖北的既定方针，开始向湖北进军。3月22日，陈玉成进至黄州。英国参赞巴夏礼威胁陈玉成不要进攻武汉。陈玉成上当，决定中止向武汉进军。除留赖文光率部驻守黄州外，分兵数路，于3月下旬至4月中旬先后占领湖北蕲州、黄安（今红安）、德安府（今安陆）、孝感、黄陂、随州、云梦、应城、麻城等地。4月下旬，陈玉成鉴于安庆被围日紧，又不见李秀成部如期入鄂，遂决计放弃合取湖北的计划，亲率所部东下，再次直接驰援安庆。

李秀成部10月下旬从天京出发，转战于皖南和浙江境内，直到1862年2月中旬才自浙江入赣。6月上旬分三路进入湖北：右路由武宁北攻湖北兴国州（今阳新），中路由义宁北州攻通山，左路西攻通城。6月中旬，李秀成接到赖文光发自黄州的禀报，得知陈玉成早已回师东援安庆。李秀成对攻鄂本来不甚积极，便于7月上旬率部撤出湖北，折入赣西北地区。这样，太平军又一次失去了夺取武汉的机会，两路合取湖北的计划至此全部落空。

杨辅清、黄文金部在皖南和江西战场虽经顽强作战，多次受挫，进军赣北、切断江西和祁门大营联系以解安庆之围的计划没有实现。

李世贤、刘官芳部在皖南和江西战场也遇到湘军的顽强抵抗，没能攻克祁门大营，进军赣东的计划也因左宗棠部湘军的抵抗而落空。

这样，原定的五路救皖计划因为各路将领未能协调一致而宣告失败。

安庆自1860年夏被围后，太平军2万余人在谢天义张朝爵、受天安叶芸来率领下，坚守城池，以待援兵。

1861年4月，陈玉成由鄂返皖，率军3万进至安庆集贤关，逼近围城的曾国藩部湘军。4月29日，陈玉成与城内守将叶芸来分别率部扎营于城东北的菱湖南北两岸，并以小艇沟通两岸联系。与此同时，洪秀全鉴于合取湖北以救安庆的计划未能实现，决定由干王洪仁玕、章王林绍璋自天京率兵直接救援安庆；定南主将黄文金也率部自芜湖西援。1861年，洪仁玕、林绍璋会合桐城、庐江一带的吴如孝部，共2万人，进至安庆北面的新安渡、横山铺、练潭一带，连营15公里，谋与陈玉成部会师，共解安庆之危。曾国藩也决心投入更大的兵力，与太平军决战安庆。

1861年5月10日，曾国藩移营至江边上的东流，就近指挥；同时，将鲍超部6000人自景德镇调往江北。坐镇太湖的胡林翼也调总兵成大吉部5000人赴援安庆，并提出"南迟北速"的作战方针，即打洪仁玕、林绍璋宜速，打陈玉成宜迟、宜慎重。这样，太平军与湘军在安庆城外激烈的争夺战开始了。

5月1日，陈玉成及叶芸来部与湘军曾国荃部及杨载福部水师战于菱湖，未分胜负。2日，多隆阿部近万人分四路向练潭和横山铺猛扑。驻新安渡的太平军万余人前往救援，多隆阿以三营步兵正面接战，五营步兵从侧翼攻击，以马队绕到后面攻击。太平军前后受敌，伤亡很大，洪仁玕、林绍璋、吴如孝率余部退守桐城。3日，自芜湖来援的黄文金部七八千人和捻军2万余人赶到，扎营于桐城东南天林庄一带。6日，黄文金会同洪仁玕等率3万人攻新安渡和鄂军挂车河老营，又被多隆阿击退。黄文金等部为多隆阿所阻，无法与陈玉成会合，便撤出天林庄，退至桐城东面的孔城镇。

陈玉成见洪仁玕等所率援军受阻，便于5月19日率马步五六千人绕道赴桐城，留部将刘王仓琳等据守集贤关内外各垒。

5月20日，陈玉成抵达桐城，与洪仁玕等商定于23日进攻挂车河之敌。太平军的作战计划被多隆阿掌握，于是多隆阿决定先发制人，在太平军进军路线上埋下伏兵。23日，太平军开始行动，24日发起进攻，但很快陷入敌之包围圈，伤亡很大，只得退回桐城。

在此以前，鲍超、成大吉两部湘军共万人已于5月20日抵达集贤关外，并立即进攻关外赤冈岭太平军四座营垒，被刘王仓琳击退。湘军在赤冈岭附近修筑炮台数十座，从6月2日始，不断对赤冈岭四垒实施轰击。

8日,太平军三垒被毁,唯有刘玱琳所在的第一垒仍顽强抵抗。9日,刘玱琳向北突围,被鲍超部打败,刘玱琳牺牲。赤冈岭四垒太平军4000人都是太平军精锐,此次全部被歼,使陈玉成部的战斗力大受影响。

7月1日,吴定彩自菱湖向湘军发起进攻,被湘军击败。7月8日,曾国荃督军对菱湖南北两岸的18座太平军营垒发动进攻,数千太平军出降(结果均被杀)。吴定彩率残部退入安庆城内。

安庆被围数年,粮弹将绝,太平军援救又连遭失败,天京当局决定再从皖南调杨辅清部增援。7月下旬,杨辅清部自宁国府出发渡江,8月21日至24日,陈玉成、杨辅清等部约四五万人陆续进抵集贤关,列营40余座。25日和26日,陈玉成、杨辅清督军向曾国荃部后壕发起猛烈进攻。曾国荃督率各营坚守,待太平军逼近时,枪炮齐发,使太平军伤亡甚众。8月28日至9月2日,太平军每夜都对敌营进行袭击。9月3日夜,再次发起猛烈进攻,同时用小船运米入城,被湘军水师全部抢去。9月5日凌晨,湘军于北城轰塌城墙,攻入城内,会同长江水师,南北夹击。守城太平军全军覆没,叶芸来、吴定彩殉难,张朝爵乘船突围,不知所终。

安庆保卫战是太平天国战争史上最惨烈的一次战役。安庆失守,使天京西线屏障遂失。洪仁玕说:"我军最重大之损失,乃是安庆落在清军之手。此城实为天京之锁钥而保障其安全者。一落在妖手,即可为攻我之基础。安庆一失,沿途至天京之城相继陷落不可复守矣。安庆一日无恙,则天京一日无险。"(《洪仁玕自述》)

在长达一年的安庆保卫战中,太平军先后投入数十万兵力,最终归于失败,教训极为深刻。从战略上看,太平军处于被动保守地位,为安庆一城的得失所左右,被迫同敌人进行战略决战,这是最大的教训。同时,在作战指挥上也犯了一系列严重错误。第一,主要将领缺乏一致而坚定的决心。除陈玉成积极主张救援安庆外,其他主要将领都不十分积极。第二,主要将领决心不果断。陈玉成、李秀成贸然放弃合攻湖北计划,不坚决夺取武汉就是明证。第三,缺乏集中统一的指挥。太平天国没有指定前线最高指挥官,各部主将基本上是各行其是,违反了兵权贵一的兵法原则。而敌人一方则十分明确。这是安庆保卫战失败最主要原因之一。

　　所有这些错误,最终导致了安庆的失守。从此,太平天国革命形势急转直下,无法挽回。

078 太平天国运动失败的标志——天京保卫战

天京保卫战是太平军为保卫首都天京,在 1862 年至 1864 年进行的一场防御战。

安庆失守后,陈玉成受到革职处分,坐守庐州,1862 年 5 月放弃庐州北走寿州,被地主团练头子苗沛霖诱捕送往清军胜保大营,6 月 4 日在河南延津遇害,年仅 26 岁。陈玉成的牺牲和庐州的失陷,使太平军在皖北的防务瓦解。太平天国只能依靠李秀成等新开辟的苏浙根据地支撑危局。

湘军攻陷安庆后,曾国藩即设大营于此。同治元年正月初一(1862 年 1 月 30 日),清廷任命曾国藩为协办大学士,仍统辖苏、赣、皖、浙四省军事。曾国藩立即筹划以东征金陵为主要目标的全盘军事行动。具体部署是:曾国荃部自安庆沿长江北岸直趋金陵;曾贞干部由池州攻芜湖;彭玉麟等率湘军水师沿江而下,配合两岸防师行动并负运输接济之责;鲍超部由赣入皖,攻宁国府;左宗棠部攻浙江,李鸿章部淮军攻上海周围的太平军,而后西进。

1862 年 3 月,曾国荃部离开安庆东下,拉开进攻天京的序幕。各地太平军在敌人的全面进攻下节节败退。5 月,湘军攻占当涂、芜湖、板桥、秣陵关、大胜关、三汊河。5 月 30 日,彭玉麟率水师进泊金陵护城河口,曾国荃部直逼雨花台,曾贞干也率军赶到。天京处在湘军直接威胁之下。

湘军迅速进抵天京城下,大出洪秀全意料。洪秀全于是一日三诏催促李秀成从上海前线回援,李秀成只得停止进攻上海,退回苏州,派一部分兵力赶回天京加强防务，自己则仍留苏州。

1862年7月，天京外围形势更加严重。7月11日，西南屏障宁国府被敌攻破。李辅清、洪仁玕从皖南回援天京，夜袭湘军，也被湘军击退。8月6日，洪秀全严诏催逼李秀成赶快回援。9月14日，李秀成由苏州出发，督率13王，领兵10余万，在东坝会齐，回援天京。

10月13日，天京外围的攻守战开始。李秀成率军与天京城内守军配合，对湘军发起猛攻。湘军坚壁固守。11月3日，太平军集中力量攻湘军东路，轰塌曾国荃雨花台营附近的湘军营墙两处。湘军拼命抵抗，太平军往返冲杀五六次，终不得入。太平军又用地道向敌进攻，敌人以挖对挖，每挖通一处地道，或熏以毒烟，或灌以秽水，或以木桩堵洞口，使太平军的地道连连失效。

11月26日，李秀成、李世贤围攻雨花台曾国荃军营月余不下，只得下令撤围。李世贤率部退秣陵关，李秀成率部入天京。至此，13王回援天京的作战完全失败。

天京解围战失败后，李秀成被"严责革爵"。不久，洪秀全责令他领兵渡江，西袭湖北，企图调动天京围敌。1862年12月，第一批太平军数万人从天京下关渡江，占含山、巢县、和州。1863年2月底，李秀成率第二批部队渡江，并于3月占浦口，4月占江浦。进入皖北后，受到湘军节节抵御，反攻不克。进至六安后，正值青黄不接，粮食奇缺，加之敌人防堵甚严，李秀成遂放弃原定进军计划，于5月19日撤六安之围，折往寿州，随即东返。这时，围困天京的湘军已增至3万余人，并于6月13日占领了聚宝门外各石垒。洪秀全又急令李秀成速回天京。6月20日，李秀成率部由九洑洲南渡抵京。南渡过程中被湘军炮火打死和因饥饿而死者甚众，渡至南岸进入天京城内的太平军不到1.5万人。6月25日，湘军又攻陷江浦、浦口，30日陷九洑洲，太平军又损失2万余人。至此，长江北岸完全为清军占领。太平军实力则进一步削弱，天京解围的希望也更加渺茫。

与此同时，苏浙战场也在淮军、洋枪队、左宗棠部湘军的进攻下趋于瓦解。

湘军于1863年6月底攻破九洑洲，控制了长江北岸后，鲍超部南渡，扎营神策门（今中央门）外沿江一带。9月，曾国整部攻占天京城东南的上方桥和城西南的江东桥，11月上旬又连续攻占了城东南的上方门、高桥门、双桥门、七桥瓮以及秣陵关、中和桥，太平军在紫金山西南的要点全部失守。11月25日，曾国荃进扎城东孝陵卫。这时，湘军已攻陷天京外围的所有城镇要点，天京城只有太平门、神策门尚与外界相通。外援断绝。李秀成于12月21日向洪秀全建议，鉴于湘军壕深垒固，围困甚严，天京又内无粮草，外援难至，不如让城别走，遭到洪秀全拒绝。这样，太平天国革命事业的最后一线希望丧失了。

1864年2月28日，湘军攻占了紫金山巅的天保城。3月2日，曾国荃部进驻太平门、神策门外，完成对天京的合围。

曾国荃部合围金陵之后，曾于3月14日用云梯攻城，但未得逞。4月开始，在朝阳、福策、金川门外挖掘地道10余处，准备轰塌城墙，太平军一面组织力量从城内对挖，进行破坏，一面构筑月城，以便城墙轰塌后继续组织对抗。

1864年6月1日，天王洪秀全病逝（一说自杀），终年51岁。此后，天京人心愈加不稳。幼天王洪天贵福即位，一切军政事务统归忠王李秀成执掌。

7月3日，湘军攻占天京城外最后一个据点地保城（即龙脖子），从而能够居高临下，监视城内动静。湘军在龙脖子山麓修筑炮台数十座，对城内日夜轰击，压制太平军的炮火，掩护挖掘地道。同时，在龙脖子山麓与城墙间大量填塞芦苇、蒿草，上覆沙土，高与城齐，为攻城铺平道路。半个月后，湘军攻城准备基本完成。

李秀成见湘军攻城在即，于7月18日深夜，选派千余人伪装湘军，冲出城去，企图破坏太平门附近的地道，结果被湘军识破，只得退回城内。

7月19日晨，湘军担任主攻任务的部队齐集太平门外。中午，湘军用地雷轰塌城墙。湘军蜂拥而入。太平军纷纷以枪炮还击，虽给敌人以重大杀伤，但没能挡住湘军的攻势。与此同时，湘军水师各营会同陆师夺取了水西、旱西两门，傍晚前后，天京全城各门均为湘军夺占。

李秀成于 19 日晨自太平门败退后，即回到天王府，独带幼天王，由数千文武护送，奔向旱西门，企图由此突围出城，结果为湘军陈湜部所阻，只得转上清凉山。入夜，折回太平门，伪装湘军由缺口冲出，向孝陵卫方向突围。不久，李秀成与幼天王失散，便分道奔逃。7月22日，李秀成在方山附近被俘，8月7日，他在写完供词后，被曾国藩杀害，年仅40岁。城内守军与入城湘军展开巷战，大部战死，一部自焚，10余万人没有一个投降的。

天京的陷落，标志着太平天国运动的失败。

天京保卫战历时3年，调动使用兵力数十万而终于失败，原因是多方面的。从战略上说，天京失陷是太平天国领导人奉行消极防御战略思想的必然结果。天京被围时，洪秀全虽然提出过西袭湖北计划，但李秀成执行不力，没能达到预期目的，最后还是困守孤城，等到湘军完成合围时，洪秀全仍然拒绝让城别走的建议，致使错过了撤出天京以图再举的最后机会。从作战指挥上看，前敌诸将协同不够，没有形成集中统一的领导，仍然是各行其是。所有这些，都和太平天国后期政治日趋保守和腐败息息相关，最后的失败是难以避免的。

079 僧格林沁蒙古马队的覆灭
——高楼寨之战

高楼寨之战是清同治四年（1865年）四月，捻军在山东菏泽高楼寨（今高庄集）歼灭僧格林沁部的一场著名伏击战。

1852年11月，在太平天国革命的影响下，长期活动在安徽、河南、山东、江苏、湖北等省的捻党纷纷起义。至1855年秋，豫皖边的捻军首领齐集亳州的雉河集会盟，公推张乐行为盟主，决定建立五旗军制，推举了各色旗的总首领：黄旗张乐行兼任，白旗龚得树，红旗侯士维，黑旗苏添福，蓝旗韩奇峰。会后，发布文告，痛斥清政府地方官吏视民如仇，起义目的是"救我残黎、除奸诛暴、以减公愤"，并宣布军纪和行军作战条例。从此，捻军在淮河南北广大地区不断打击清军，有力地支援了南部太平天国的革命。

但是，由于捻军组织不严密，缺少强有力的统一领导，在和清朝正规军队的作战中多次失利，力量受到很大削弱。张乐行等著名领袖相继牺牲，捻军的根据地雉河集也于1863年失守，只有任化邦、张宗禹等人率部突出清军重围，继续和清军周旋。

1864年7月天京陷落后，全国革命形势走向低潮。捻军和太平军余部没有被清军的血腥镇压所吓倒，而是不畏艰险，继续进行不屈不挠的斗争。

1864年11月下旬，太平天国遵王赖文光、淮王邱远才两部太平军二三千人，于鄂北地区与张宗禹、任化邦等部捻军二三万人会合，其他一些被打散的太平军、捻军也陆续前往集中。接着，他们在豫、鄂边境进行合并和改编，组成了一支集中统一的新捻军，张宗禹、任化邦共推赖文光为最高领袖。赖文光沿用太平天国的年号和封号，张宗禹为梁工，任化邦为鲁王，李允为魏王，牛宏升为荆王，张禹爵为幼沃王。军队沿用捻军编制，仍以五色旗区分，下分大旗、小旗。军事上根据捻军骑兵较多和北方地势平坦等特点，决定易步为骑，加强部队的机动能力。

清军方面，与捻军作战的主帅是科尔沁亲王僧格林沁。1864年12月初，僧格林沁亲督翼长恒龄、成保及副都统常星阿等部进抵湖北枣阳，旋即西进。12月7日，赖文光等督军败僧军于襄阳，然后挥军北上，进入河南邓州（今河南南阳市）境。赖文光、张宗禹等选择邓州西南的唐坡，挖壕筑垒，部署兵力。12日，僧军分左、中、右三路发动进攻。捻军首先打败敌右路步队，然后从侧后抄袭敌人的中、左两路，大败僧军。1865年1月28日，捻军经伊阳（今河南洛阳市）返回鲁山，僧格林沁又一路追到。捻军诱敌过潢水（今沙河），然后回军猛击，并以马队从后抄袭。僧军大恐，营总富克精阿、精色布库等率部先逃。捻军乘势奋勇杀敌，先后毙敌翼长恒龄、营总保青、副都统舒伦保、营总常顺等多人。僧格林沁在总兵陈国瑞援救下，才幸免于死。

僧格林沁经邓州、鲁山两次大败之后，气急败坏，将首先败退的富克精阿、精色布库处决，借以震慑将士。他决心猛追捻军，报仇雪耻。

捻军本来准备西进陕西，由于清军防堵甚严，于是决定在河南境内与僧军继续周旋。

鲁山获胜后，捻军经叶县北走襄城、禹州，复经长葛、新郑，转入尉氏县境。1865年2月11日，尾随捻军的僧军到达尉氏县城，捻军已南下鄢陵。僧军先头部队3000人孤军冒进，追至鄢陵县北阎寨坡。捻军探明追兵单薄，便以少数部队诱敌，大队回马力战，将其击溃。2月中下旬，捻军由临颍、郾城南下，攻西平，围汝阳，僧格林沁只得于3月5日亲督马队南下。捻军见僧军追来，便挥军南下，进攻信阳州城南关。待敌军到达信阳时，又举旗北上，经确山、遂平、西平到达郾城，然后攻挟沟，入睢州境。3月29日，捻军自河南考城进入山东境内。

在两个多月的时间里，僧格林沁尾随捻军之后穷追不舍，从豫西、豫中、豫东、豫南，一直追到山东，行程数千里，所部被拖得精疲力竭，"将士死亡者数百，军中多怨言"。僧格林沁自己也被拖得"寝食俱废，恒解鞍小憩道左，引火酒两巨觥，辄上马逐贼"（《捻军》四，第85页）。清廷曾告诫他不能一意跟追，但刚愎自用的僧格林沁一意孤行，仍穷追不舍。

1865年4月初，捻军进入山东，经曹县、定陶、城武、嘉祥、汶上、宁阳进抵曲阜。僧军仍在后紧追。山东巡抚阎敬铭派布政使丁宝桢率本省防军进入兖州，妄图夹击捻军。为了继续疲惫敌军，捻军北趋宁阳、东平，途中击败总兵范正坦部后，继续北上东阿、平阴、肥城，然后转头南下宁阳、兖州、邹县、滕县、峄县，经兰山、郯城进入江苏的赣榆、海州、沭阳。5月3日，又由邳州返回郯城，西走峄县，在临城（今枣庄市西薛城）附近击败丁宝桢部后，北上宁阳、汶上。5月10日，过运河进至范县（今河南范县东）南面的罗家楼、濮州（今河南濮城）东南的箕山一带，最后进至黄河水套地区（黄河水套是1855年黄河在考城铜瓦厢决口后在濮州、范县以南和郓城西北一带形成的一个河汊众多的地区）。隐蔽在这里的各地起义失散人员纷纷参军，使捻军人数众达数万。然后，捻军驰抵菏泽西北高楼寨地区，等待僧军。而这时的僧军已被捻军拖得极度疲惫，僧格林沁本人也因几十天不离马鞍，疲劳得连马缰都拿不住，只得用布带拴在肩上驭马。

1865年5月17日，僧格林沁率军追至高楼寨之南的解元集地区。捻军派出少数部队迎战，诱使僧军向高楼寨地区深入。18日中午，僧军进至高楼寨，埋伏在高楼寨以北村庄、河堰、柳林中的捻军一齐出击。僧格林沁分兵三路：翼长诺林丕勒、副都统托伦布等率左翼马队，总兵陈国瑞、何建鳌各领本部步队为西路；副都统成保、乌尔图那逊等领右翼马队，总兵郭宝昌率本部步队为东路；副都统常星阿、温德勒克西等各领马队为中路。捻军也分3路迎战。西路鏖战2小时左右，捻军稍却。适中路捻军已将常星阿部击溃，便支援西路捻军向敌人发起反击，将西路清军歼灭。与此同时，东路捻军也已将敌军击溃。在后督队的僧格林沁只得率残部退入高楼寨南面的一个荒圩，捻军乘胜追击，将该圩团团包围，并在圩外挖掘长壕，防止敌人突围。当夜三更，僧格林沁率少数随从冒死突围，当逃至菏泽西北7.5公里的吴家店时，被一捻军战士砍死在麦田。

这一仗，捻军全歼清军 7000 余人，取得重大胜利。

高楼寨之战，捻军全歼僧格林沁的蒙古马队，使清军的精锐骑兵损失殆尽。副都统成保奏称："我军失利后，马步兵勇收集无多。"（《平捻方略》卷 231，第 6 页）这次作战，是捻军在抗清斗争中取得的一次重大的胜利，也是运用运动战取胜的一个典型战例。捻军发挥快速流动作战的特长，牵着僧军盘旋打转，使其精疲力竭，同时伺机反击，消耗敌之兵力，挫伤敌之士气，最后在地形和群众条件都对捻军有利的地区，一举全歼穷追之敌。僧军方面，由于僧格林沁盲目轻敌，一味穷追，后方供给不继，部队饥疲交加，士气日益低落，加上得不到豫鲁清军的有效配合，成为衰弱的孤军，最后被捻军歼灭。

080 决定陕甘回民大起义成败的关键一战——金积堡之战

金积堡之战是清同治八年至十年（1869年至1871年），陕甘回民起义军在灵州（今宁夏宁武）金积堡地区与清军进行的一次著名战斗。

19世纪中叶，国内阶级矛盾和民族矛盾异常尖锐，各地农民起义、少数民族反清起义不断爆发。在太平天国革命和捻军起义的影响下，同治元年（1862年），西北陕甘地区爆发了以回族人民为主的各族人民武装起义，起义烽火遍及陕甘大部分地区，时间长达12年之久，沉重打击了清朝的反动统治。

陕西是回民比较集中的地区之一（主要分布在泾水和渭水流域），全省回族人口约百万。清朝统治者为巩固其封建统治，竭力挑拨回汉民族间的关系，以达到分而治之的目的。由于采取"护汉抑回""以汉制回"的政策，回族人民地位低下，备受歧视和侮辱。1862年5月，太平军扶王陈得才部进入陕西，陕西清军在堵御太平军的同时，也加紧了对回民的迫害。华州地主团练到处散发"陕西不留回民，天意灭回"的传帖。其他地区的团练也纷起效尤，大杀回民。回民忍无可忍，华州回民首先起义，渭河两岸回民争相响应。起义烽火迅速遍及400公里的秦川，起义队伍扩展至20余万人。1863年10月，清军多隆阿部采取"剿抚"两手策略，使陕西回民起义军遭受很大损失。一部分回民起义军转入甘肃东部继续斗争。

陕西回民起义之初，甘肃回民即纷纷响应，1864年初，陕西回民陆续进入甘肃，起义军声势更加壮大。在和清军的反复斗争中，甘肃地区逐渐形成了三个反清斗争中心：马化龙领导的以金积堡为中心的起义地区；

马占鳌领导的以河州为中心的起义地区；马文禄领导的以肃州（今酒泉）为中心的起义地区。在回民起义军的打击下，清王朝在甘肃的统治处在风雨飘摇之中。陕甘总督杨岳斌、刘松山部老湘军在回民起义军和进入陕西的西捻军联合打击下，一筹莫展，束手无策。

由于杨岳斌对镇压陕甘回民起义没有办法，清政府另派闽浙总督左宗棠任陕甘总督、钦差大臣，督办陕甘军务。左宗棠确定了"先秦后陇"的作战方针。

1867年7月，左宗棠率所部楚军近2万人到达陕西，对陕西回民起义军步步紧逼，各个击破，使陕西回民起义军损失惨重。

1868年11月，左宗棠以陕西大局已定，便加紧进行进军甘肃的各项准备，拟定"三路进兵之策"，分三路向甘肃进军：刘松山率部由绥德西进，直指金积堡，是为北路；李耀南、吴士迈率部由陇州、宝鸡趋泰州，是为南路；左宗棠和刘典率军自乾州经邠州、长武赴泾州，是为中路。其中，北路是重点进攻方向。

金积堡位于灵州西南25公里，东通花马池，南通固原，西靠黄河，是马化龙部回民起义军的中心。

左宗棠在做好一切准备之后，便大举向甘肃回民起义军进攻。

1869年秋，北路清军刘松山部进抵灵州，9月8日攻占吴忠堡东面的郭家桥。中路清军则由固原、平凉北进，左宗棠进驻平凉，从而形成对金积堡的大包围态势。

在南线，清中路军占领预望城、黑城子、李旺堡等村堡，守卫该地区的陕西回民起义军纷纷向西撤离。甘肃回民起义军马万春部无法阻止清军前进，同心城、韦州堡一带起义回民大部投降清军。中路清军于11月中旬进至金积堡西南秦渠一带，距金积堡仅5公里。

北路刘松山部在中路清军策应下，夺取灵州城，打通了后路，从而完成了对金积堡地区的包围。

从12月起，清军在金积堡外围与起义军展开了激烈的争夺战。清军采取步步为营的方针，相继攻占了吴忠堡周围和金积堡北面的堡寨。回民起义军依托秦汉二渠，挖壕筑墙，步兵凭墙防守，骑兵则主动出击，忽东忽西，不断袭击敌人。12月11日，总兵简敬临率楚军突入回民军阵地，被起义军包围，士卒死伤甚众，简敬临等也被击毙。

但是，起义军的处境非常困难。金积堡东西两面的险要地永宁洞和峡口均落入清军之手。峡口在堡的西面，是黄河青铜峡口，也是秦、汉二渠的渠口。永宁洞是山水沟（今山水河）通过秦渠涵洞的地方，秦、汉二渠在此汇合，北流至黄河。1870年2月12日，起义军从河西履水过河，夺回峡口，并打败前来进攻的清军。

与此同时，回民起义军在永宁洞方向也发动进攻。1870年2月9日晚，起义军千余人从金积堡东南突然进至秦渠南，占领石家庄和马五寨几个村堡，抢修防御工事。石家庄扼秦渠之要。刘松山得知石家庄被占，连夜率部来攻。起义军退至马五寨继续抗击。2月14日，刘松山在进攻马五寨时中弹而死。

清军进攻连连受挫，士气日低，起义军乘机发动反攻。起义军一部由马正纲率领由宁州、正宁进入陕西三水，马朝元也率部由金积堡出宁条梁（今陕西靖边西），两支队伍在甘泉会合，东攻韩城、邰阳。与马化龙有联系的河州、狄道回民军也攻占渭源，直逼巩昌，使甘肃战局为之一变。形势对起义军十分有利。

但是，由于起义军缺乏统一的领导和指挥，各自行动，不能有效地协同配合，所以有利形势逐渐丧失。进入陕西的起义军在清军的追堵下，力量受到很大削弱，只得退回甘肃。在金积堡地区，马化龙对清政府抱有幻想，几次向清军"求抚"，遭到拒绝后，又分兵四出，没有集中兵力给敌人以致命打击，对永宁洞水口的几次进攻也未得手。

起义军的失策，给了清军调整部署的时间。左宗棠一面调兵截击入陕起义军，并奏调郭宝昌进攻花马池、定边，以打通金积堡东路粮道，一面命刘松山的侄子刘锦棠接统老湘军，重新组织对金积堡的进攻。刘锦棠一面加强对永宁洞的防守，一面在黄河两岸夹河筑垒，保护河西通道，并将灵州至吴忠堡之间堡寨逐一攻占。

为从南面进攻金积堡，左宗棠命令黄鼎、雷正绾率中路军夺取峡口，并攻占金积堡西面汉渠内外20余座起义军营垒，直逼金积堡西南的洪乐堡。

在清军的大举进攻面前，起义军毫不畏惧，顽强抵抗。清军付出了沉重代价，才攻下金积堡周围各堡寨。清军在金积堡四周挖掘长壕两道，壕深几米，宽十几米，壕边筑墙，高达丈余，两壕一防堡内起义军突围，一防堡外起义军救援。清军沿壕分段驻守，金运昌部驻北面，刘锦棠部驻东、南两面，雷正绾部驻西南，黄鼎部驻西面，徐文秀部驻西北面。

在清军的严密包围下，河州回民起义军派出的两支援军被阻截，金积堡防御形势日趋恶化。

1870年12月31日，起义军粮尽援绝，陈林率部分起义军向黄鼎、雷正绾"求抚"。6天之后，马化龙亲赴刘锦棠营中请降，表示愿以一人"抵罪"。马化龙及其子马耀邦向清军交出各种火炮56门、各种枪千余杆，并写信向王家疃庄的回民起义军劝降。1871年3月2日，清军攻入王家疃庄。刘锦棠以马化龙藏匿枪支为借口，将马化龙父子杀害，金积堡之战遂以起义军的失败而告结束。

金积堡是陕甘回民起义的核心堡垒。金积堡之战的失败，使整个西北地区的反清形势受到极大影响，清军从此掌握了西北地区的主动权。金积堡之战失败的原因主要有两点：一是起义领袖马化龙出身于回族上层，他的反清主要是为了保持和加强其原来的宗教、政治特权和经济地位，并不是要推翻清朝统治，因而没有提出鲜明的政治口号，更没有斗争到底的决心，时时想"求抚"，最终还是请降，这是金积堡之战失败的根本原因。二是起义军没有统一领导，力量分散，形不成强大、集中的打击力量，各部之间的协同也不好。所以往往是各自为战，被敌各个击破。当然，作战指挥上也有原因可找，没有抓住有利战机适时集中兵力夺回永宁洞水口就是一大失策。

清军方面则比较成功。左宗棠针对西北地区的地理特点，制定了正确的作战方针。完成对金积堡的包围后，又成功地使用深沟高垒阻断了起义军的内突外援，迫使处在绝境中的起义军"求抚"。但是，清军的胜利也是付出了代价的。在这次作战中，清军"死伤山积，屡失大将"，仅刘松山部老湘军，就损失了十分之四的营官，官兵死伤千余人，因伤致残两千余人。左宗棠承认10多年来"剿发平捻"，所部伤亡之多也没有超过这次作战的，可见清军损失之重。

081 西捻军的最大一次伏击战
——十里坡之战

十里坡之战是西捻军于清同治五年（1866年）在西安东郊十里坡同湘军刘蓉部进行的一次著名战斗。

高楼寨之战后，捻军继续流动作战，在山东、安徽、河南的广大地区不断打击清军。清政府命曾国藩部署镇压捻军。曾国藩先后实施"以静制动""聚兵防河"的作战方针，都归于失败。1866年12月7日，清政府改任李鸿章为钦差大臣，节制湘淮各军，负责镇压捻军起义。

捻军方面虽然取得了一系列胜利，但长时间不停顿地流动作战，使部队得不到必要的休整和补充，同时又得不到任何友军的支援，战略上的被动局面日益严重。捻军领袖赖文光等深感"独立难支，孤军难立"，试图改变这一被动局面，于是在1866年10月决定将捻军一分为二：由张宗禹、张禹爵、邱远才等率部分捻军西进陕甘，联络陕甘回民起义军，以为夹击之势，是为西捻军；由赖文光、任化邦、李允等率部分捻军留在中原地区，与敌周旋，是为东捻军。

西捻军约有3万余人。在张宗禹等的率领下，1866年10月由豫东经许州、洛阳、陕州（今三门峡市西）、阌乡（今灵宝西北）开进，于11月9日进入陕西华阴县境。署理陕西巡抚刘蓉当时正率1.4万湘军在陕甘交界处堵击回民起义军，在得知捻军入陕后，感到形势严重，请求清政府速派援兵。但左宗棠（刚被任命为陕甘总督）借口筹备粮饷，停兵湖北，踌躇不前。清军援军难以很快入陕，为西捻军的作战行动提供了有利条件。

西捻军进入华阴后，立即西进华州（今陕西渭南市）、渭南。刘蓉不得不将所部东调，对付捻军。11月14日，提督刘厚基率兵3000人由渭南东进，在赤水镇与捻军遭遇，一触即溃，败退渭南。25日，知府唐炯指挥湘军各营，分兵三路再次发动进攻。捻军于华州敖水东面的树林里设伏，大败湘军，歼敌近千人。

初战获胜后，西捻军乘胜西进，于12月14日进抵西安东面的灞桥镇，然后折向东南，占领蓝田县的泄湖、蓝桥等地。为了调动西安清军，后又佯趋商州（今陕西商洛市）、雒南（今陕西商洛市）。待清军东向追击，捻军又北走渭南，并虚造东攻潼关之势。当湘军北上堵截时，捻军又迅速西进，摆出攻打西安的架势，并在灞桥十里坡周围村庄设下伏兵，布好伏击圈，等待敌军到来。

1867年1月23日，湘军追至临潼东北的新丰镇。捻军派出少数部队诱敌，与湘军且战且退，将湘军诱至十里坡。记名提督杨得胜、总兵萧德扬、提督刘厚基、道员黄鼎等部敌军相继进入伏击圈。捻军诱敌部队立即回马反击，伏军步队从两旁村堡杀出，马队从两翼包抄，将湘军团团包围，湘军阵势大乱。时值风雪弥漫，湘军士卒因连日奔走，疲惫不堪，冻饿交加，士气低落，无心作战，火药又被雨雪浇湿，不能点放。捻军则士气高昂，勇猛冲杀，与湘军展开白刃格斗。半日之内，连斩总兵萧德扬、提督杨得胜、萧集山、萧长清，布政使衔候补道萧德纲等湘军将领，歼灭敌军3000余人，收降数千人，取得了入陕以来最大的一次胜利。

西捻军在十里坡之战中，始终掌握着战场上的主动权。先是运用流动战术，主动出击，调动敌人，诱敌追击，使敌人疲惫不堪；然后是选择有利战场，预设埋伏，将敌诱至伏击圈，步骑协同，将敌包围；最后通过白刃格斗大获全胜。湘军方面则盲目追击，处处被动，被捻军牵着鼻子走，战斗力被拖垮，最后陷入重围，大败于十里坡。刘蓉也因此被革职回籍。

082

苗民起义军的杰作
——黄飘大捷

黄飘大捷是清同治八年（1869年）贵州苗民起义军在黄平东南黄飘对湘军进行的一次成功的山地伏击战。

19世纪50年代中期，在太平天国革命和捻军起义的影响下，深受阶级压迫和民族压迫之苦的贵州各族人民也纷纷起义，反抗清朝的反动统治。1855年4月30日，张秀眉和包大度、李鸿基等人在台拱首举义旗，黄平、清平等地苗民起而响应，起义很快扩展到黔东南整个苗民聚居区。起义军股数众多，互不统属，各自为战。张秀眉主动与各地起义军联合，积极向清军进攻。到1858年底，苗军基本上控制了东起湘黔边、西至贵阳城下的黔东南大片地区。在黔东南苗族起义的同时，贵州东部号军、黔西南、黔西北苗民也发动起义。起义烽火燃遍了贵州全省。当时，清军把主要精力放在镇压太平天国和捻军起义上，因此对贵州各族人民的起义没有多大办法。

1864年7月，天京陷落，全国革命形势转入低潮。清政府在镇压了太平军余部后，于1866年抽调大量清军，向贵州各族起义军大举进攻。在清军的大举进攻下，黔西北苗军、黔北号军相继失败。黔东南、黔西南等地的起义军处境更加困难。

1868年5月，湘军席宝田部围攻邛水西南的苗军重要据点寨头。苗军守将甘保玉率苗军主力坚守在前哨阵地钉耙塘。湘军从正面进攻，伤亡惨重。席宝田便改变战术，一面从正面佯攻，一面派部队抄至寨头侧后，从高处袭击苗军。苗军腹背受敌，甘保玉牺牲，寨头终于失守。

四川候补知府唐炯率川军镇压号军起义后，又向苗军发动进攻，于

1868 年 11 月 28 日占领黄平旧州城，12 月 7 日占新州城。

1869 年，清政府进一步调兵增援贵州。湖南巡抚刘昆遣、记名按察使黄润昌、道员邓子垣率万余湘军入黔。1 月初，黄润昌进抵贵州青溪。席宝田令黄润昌沿镇阳江西进，令记名提督荣维善由寨头北上，夹攻镇远。3 月 10 日，湘军攻占镇远、府卫两城。其后，黄润昌率军西攻施秉，荣维善则率军南下，与沿清水江西进的李光燎、戈鉴部会合，于 4 月 9 日攻占清江厅城。接着，席宝田命荣维善由清江、彭芝亮由石阡，分率所部赴镇远，与黄润昌部会合。4 月 30 日，黄润昌、荣维善、彭芝亮等部湘军攻占施秉县城，苗军向西撤退。

为了迅速打通驿道并与已经占据黄平、重安、清平等地的川军会合，湘军攻占施秉后便乘胜向黄平前进。1869 年 5 月 1 日和 2 日，由黄润昌、荣维善、邓子垣等率领的湘军 1.8 万余人占领苗军重要据点白洗寨（施秉南 10 余公里）和瓮谷陇（黄平东南 20 余公里）。瓮谷陇至黄平，中间有黄飘（黄平东南 10 公里）等苗寨，地势奇险，仅有羊肠小道可以通行。当时有人提议停止攻击，但黄润昌、荣维善等因胜而骄，认为"功在指顾""若舍之而去，则驿路仍被梗阻，计不如乘胜追之"（《贵州通志》前事志三十四，第 49 页）。5 月 3 日，湘军以荣维善为前队，总兵张宜道为二队，总兵苏元春为三队，邓子垣为四队，黄润昌为后队，由瓮谷陇出发，沿山路鱼贯而行。苗军且战且走，退至黄飘。张秀眉、包大度率军万余人设伏于此。当湘军进入伏击区时，苗军突起，前阻后截，山上滚木石雷石如雨倾下，鸟枪、土炮、弓箭一齐施放，湘军猝不及防，乱作一团，人马自相践踏，死伤甚众。苗军趁势由山上冲下，喊杀之声响彻山谷。黄润昌为山炮击中头部，当场毙命。邓子垣企图救护，也被苗军用乱刀砍死。荣维善率亲兵 200 余人冲出包围圈，沿山东逃，又被苗军包围，全部被歼。

黄飘一战，苗军歼灭湘军万余人，取得了辉煌战果。湘军主力荣维善、黄润昌、邓子垣大部被歼，仅苏元春率数千残兵逃出重围。

黄飘之战是贵州苗族人民起义过程中取得的一次最大的胜利。在这次战斗中，苗军不畏强敌，在极端困难的情况下勇于和敌人殊死搏斗，并且能够集中兵力，以小部引诱敌人进入伏击圈，打歼灭战。而湘军在多次胜利后,轻敌冒进,终于被苗军打得大败。这次战斗,粉碎了湘军在几个月之内"剿平"黔东南苗军的企图,打击了清军的嚣张气焰,鼓舞了起义军的士气,使起义军在此之后,又于1869年5月取得重创黔军的胜利。

083 维护国家主权，保持领土完整的一次正义战争

——清军收复新疆之战

19世纪60年代，随着西方列强在世界范围内争夺殖民地斗争的日趋激烈，中国的边境形势日益紧张。沙俄在第二次鸦片战争中夺取了中国东北边疆的大片领土，随后便把侵略魔爪伸向中国西北边疆。1864年，沙俄通过与清政府签订《中俄勘分西北界约记》，又侵占了中国西部领土44万多平方公里，并妄图吞并整个新疆。1865年，中亚浩罕汗国侵略者阿古柏率军侵入新疆，在英国支持下，建立反动政权。1871年，沙俄出兵占领伊犁地区。新疆面临着被分裂吞并的危险。70年代中后期，清政府在左宗棠等人的积极推动下，胜利进行了收复新疆的战争，维护了中国的领土完整，粉碎了英、俄企图分裂和侵吞新疆的阴谋。

1864年，新疆地区的回族、维吾尔族人民，在陕甘地区回民起义影响下，在天山南北起兵反清，先后攻占库车、乌鲁木齐、哈密、玛纳斯和喀什噶尔旧城。但是，这些打着反清旗号的武装暴动，一开始就被少数反动封建主窃取了领导权，成为他们搞割据分裂的工具。喀什噶尔的封建主金相印为了兼并汉城（今新疆维吾尔自治区喀什地区），向浩罕汗国求援。浩罕汗国派遣阿古柏率大军于1865年侵入南疆。阿古柏在南疆地区大肆攻城略地，不断扩充势力，于1867年底以喀什噶尔为中心，成立所谓的"哲德沙尔"伪政权，自称"巴达吾来特阿孜"（意即洪福之王）。到1870年，阿古柏控制了整个南疆和北疆的部分地区。

阿古柏侵占新疆期间，对外投靠俄国、英国和土耳其，对内残酷压迫

各族人民。沙俄趁机施展狡猾的伎俩，一面以帮助清政府安定边境秩序为借口，于1871年6至7月间，强占中国伊犁地区，名曰"代为收复"；一面悉心笼络阿古柏，于1872年承认阿古柏为"哲德沙尔汗国君主"，同阿古柏签订通商条约，获得许多侵略权益。英国也于1874年同阿古柏签订正式条约，承认阿古柏的"艾米尔"（即统治者）地位及其窃踞地区为"合法的独立王国"，从而取得了在阿古柏统治区通商、驻使、设领事等特权。这样，阿古柏就成了沙俄和英国分裂中国领土的共同傀儡。

面对新疆地区这一严重形势，清政府决定采纳陕甘总督左宗棠收复新疆的建议，出兵新疆，消灭阿古柏傀儡政权，恢复被沙俄侵占的伊犁地区的主权。

光绪元年（1875年）5月，左宗棠被任命为钦差大臣，督办新疆军务，金顺为乌鲁木齐都统，帮办新疆军务。左宗棠根据敌我情况和新疆地区的地理条件，制定了缓进急战、先北后南的战略方针，并花了近两年时间筹集军饷、采运军粮、整顿军队、改善装备，完成了收复新疆的作战准备。

1876年4月7日，左宗棠从兰州移营肃州，准备发起进攻。当时，清军已有部分兵力驻守在哈密、巴里坤、古城、塔尔巴哈台等战略要地，与敌军相持。4月底，左宗棠命总理行营营务、湘军统领刘锦棠率马步25营分批入疆，经哈密前往巴里坤。至此，清军出关总兵力有80余营，约六七万人。清军按先北后南的方针，决定首先收复南北疆的交通要冲乌鲁木齐。

阿古柏得知清军西进的消息，急忙布置防御，令马人得、马明、白彦虎等分守乌鲁木齐、昌吉、呼图壁、玛纳斯、古牧地等地，阻止清军南下；主力部署在吐鲁番和托克逊，阿古柏本人在托克逊督战，其总兵力约4万人。

1876年7月，刘锦棠率所部各营到达巴里坤，并进驻古城。7月底与金顺部在济木萨会合，谋攻古牧地。8月中旬，清军驻扎古牧地城东和东北，用开花大炮轰塌坚固的城墙。8月17日，清军经过数天激战，占领古牧地，歼敌近6000人。

刘锦棠从缴获的敌方信函中得知乌鲁木齐守备空虚，决定除留两营兵力守古牧地外，主力迅速向乌鲁木齐挺进。8月18日黎明，清军出发。守卫乌鲁木齐的马人得、白彦虎未料到清军行动如此迅速，一闻炮声，即弃城向达坂方向逃跑。清军收复乌鲁木齐、迪化州城及伪王城。盘踞昌吉、呼图壁与玛纳斯北城之敌如惊弓之鸟，未等清军进攻即弃城而逃，只有玛纳斯南城之敌负隅顽抗。从9月2日始，清军金顺部会同刘锦棠部、伊犁将军荣全等部猛攻玛纳斯南城，11月6日攻克。至此，北疆地区除伊犁外，所有敌占据点全部克复。此时冬季来临，大雪封山，不便于大规模的军事行动，清军决定暂停进攻，进行休整，待春天到来再向南疆进军。

收复南疆的部署，左宗棠根据敌方情况于1876年11月初即已拟定，阿古柏在达板、吐鲁番、托克逊三城部署重兵，加强防守，其本人则坐镇喀喇沙尔指挥。左宗棠针对这一情况，提出了三路并进的作战方案：刘锦棠、广东陆路提督张曜、记名提督徐占彪各部克复达坂、吐鲁番、托克逊三城，打开南疆门户，然后乘胜西进，收复所有失地。具体部署是：刘锦棠部由乌鲁木齐南下攻达坂城，为北路；张曜部由哈密西进，为东路；徐占彪部出木垒河，越天山南下，为东北路。张、徐两部协力攻取吐鲁番，得手后，立即攻托克逊。

1877年4月14日，清军经过几个月的充分准备，开始向南疆进军。刘锦棠率主力1万余人及开花炮队由乌鲁木齐南下，16日进至达坂外围，乘守敌不备，迅速完成对该城的包围。4月18日，清军打退增援之敌，在达坂城外增筑炮台。4月19日，炮台筑成，清军用开花大炮轰塌城中大炮台、月城和城垛，击中敌弹药库，敌军死伤甚众，企图突围，被清军截杀未逞。敌守军在清军强大攻势面前只得投降，达坂城遂克复。这一战，清军共击毙敌军2000余人，俘敌1000多人。

与此同时，张曜部和徐占彪部在盐池会师后，于4月21日克七克腾木，22日克辟展，25日克胜金台，向吐鲁番挺进。4月26日，刘锦棠部攻克托克逊。随后，张、徐二部在罗长祐部湘军协助下收复吐鲁番。至此，清军三路并进，未及半月即收复三城，为彻底打败阿古柏创造了条件。南疆人民纷纷起义，反对阿古柏的反动统治。阿古柏见大势已去，于5月下旬逃至库尔勒自杀。其子伯克·胡里在喀什噶尔称王，继续顽抗。

1877年9月，清军挟连克三城余威，乘秋高气爽之际，开始部署收复南疆八城之战。刘锦棠率马步32营为前锋，张曜率马步16营为后队，共2万余人，向西挺进。敌守军放弃喀喇沙尔和库尔勒西逃往库车。刘锦棠根据敌西逃库车、立足未稳等情况，决定亲率精兵追击。10月15日，刘锦棠率2000精兵追至布古尔（今轮台），击败敌骑千余。10月18日，追至库车城外，发现大量敌军。刘锦棠在随后跟进的后队到达后，猛攻库车，敌军大败，白彦虎率余部向西逃跑。清军收复库车。

　　10月19日，刘锦棠继续西进，21日抵拜城，22日在铜厂大败白彦虎军和伯克·胡里军。24日，清军克阿克苏城。26日克乌什。至此，清军在一个月内驰驱1000公里，连克南疆东四城（喀喇沙尔、库车、阿克苏、乌什）。

　　清军的破竹之势，使盘踞在西四城（叶尔羌、英吉沙尔、和阗、喀什噶尔）的敌军惊恐万分。和阗叛军呢牙斯向清军请降，并主动率兵围攻叶尔羌。伯克·胡里率兵自喀什噶尔增援叶尔羌，打败呢牙斯。但前喀什噶尔守备何步云乘机反正，率数百满汉兵民占据喀什噶尔汉城。伯克·胡里赶忙回救喀什噶尔。何步云派人向刘锦棠乞援。刘锦棠当机立断，决定不待张曜全军到达，便分兵3路前进：一路由余虎恩率步骑5营从阿克苏取道巴尔楚克（今巴楚东）直趋喀什噶尔为正兵；一路由黄万鹏率骑兵6营、张俊率步兵3营，经乌什取道布鲁特边境，出喀什噶尔西为奇兵，约定于12月18日两路同抵喀什噶尔；刘锦棠自率一部经巴尔楚克直捣叶尔羌和英吉沙尔，策应攻取喀什噶尔。12月17日，余虎恩、黄万鹏等部齐至喀什噶尔，当晚一举收复该城。伯克·胡里、白彦虎率残部逃入俄境。12月21日，刘锦棠收复叶尔羌，24日收复英吉沙尔。1878年1月2日，清军克复和阗。至此，新疆全境除伊犁地区外，全部收复。清军收复新疆之战取得伟大胜利。1881年，中俄通过谈判，中国收回伊犁。

　　清军收复新疆之战，粉碎了英、俄勾结阿古柏侵占新疆的企图，维护了中国的领土主权，打击了侵略者的嚣张气焰，具有重大历史意义。

　　这次战争所以取得胜利，除战争的正义性和新疆各族人民积极支援这一根本原因外，还有军事上的原因。首先，清军的战略方针正确。左宗棠根据西北战场具体情况，提出"缓进急战""先北后南"的总的方针，把粮饷的采运、保障和武器弹药的供应放在战略位置加以考虑，使战争准备十分充分，体现了因地制宜、打有准备之仗的原则。事实证明，这一方针完全符合新疆战场的实际情况，是十分正确的。其次，清军的作战指挥灵活机动。左宗棠坐镇肃州，掌握全盘情况，而将前线指挥权赋予刘锦棠。刘锦棠和前敌诸将积极协同，善于抓住有利战机，机断行事，从而在整个收复新疆之战中攻必克，战必胜，势如破竹，锐不可当，充分体现了正义之师的不可战胜。

　　从敌方来看，阿古柏反动政权的分裂行径遭到了新疆各族人民的一致反对。在清军的强大攻势面前，敌方难以组织起真正坚固的防卫。加上阿古柏对清军的战斗力估计不足，又未能事先占领控制哈密、巴里坤等战略要地，在作战指挥上又执行被动挨打、消极防御的方针，这就难以避免被清军打败的结局。

084
中国近代海军史上的惨痛一页
——马尾海战

马尾海战是中法战争期间，法国海军在福州马尾港袭击中国福建海军的一次作战行动。由于清朝的腐败无能，福建海军在这次作战中全军覆没，写下了中国近代海军史上极为惨痛的一页，也给后人留下了深刻的教训。

中法战争发生在19世纪80年代。当时，世界资本主义正从自由竞争阶段向垄断阶段急速转化，西方列强争夺殖民地和瓜分世界领土的斗争更趋激烈。早在18世纪后期，在和英国争夺北美殖民地加拿大和东印度失败后，法国便开始将侵略矛头转向远东的越南。从19世纪中叶开始，法国加紧了对越南的侵略。1874年，法国与越南签订《法越和平同盟条约》，宣布越南完全独立。1883年8月，法国海军中将孤拔率领拥有4000人的舰队攻占越南首都顺化，强迫越南签订《顺化条约》，规定越南为法国的保护国。为了摆脱完全沦为法国殖民地的命运，越南两次遣使来华，请求清政府支援他们抵抗法国的侵略。而法国则准备以越南为跳板，向中国发动新的侵略。

面对法国的侵略和挑衅，清政府举棋不定，采取的措施也充满矛盾。在军事上，一面派军队出关援助越南，一面又再三命令清军不得主动出击；在外交上，一面抗议法国对越南的侵略行径，一面又企盼通过谈判或第三者的调停与法国达成妥协。清政府的这些举措，给了法国扩大侵略的时间。

1883年12月11日，法国完成了扩大侵略的准备，向驻扎越南山西的中国军队发动大规模进攻，挑起了中法战争。在不到5个月的时间里，全部占领了红河三角洲。清军败退。法国看准了清政府的虚弱本质，决定趁新胜之机和清朝谈判，迫使清政府屈服。在法国威胁下，1884年5月，李鸿章与法国海军中校福禄诺在天津签订《中法简明条约》，清政府承认法国对越南的保护权，驻越清军撤回边境（但未明确规定期限），开放中国与越南北部毗邻的边界。

清政府对法国的妥协退让，并未换来它所企求的"和局"。法国侵略者在条约签订一个月后，即不顾中法双方尚未就中方撤兵问题具体磋商，就悍然向谅山附近中国驻军进行挑衅，蛮横要求尚未接到撤防命令的中国军队交出阵地，打死前来同他们交涉的中国代表，炮轰中国军队阵地，中国军队忍无可忍被迫还击，连续两次击败法军的进攻。法国侵略者借机反诬中国破坏《中法简明条约》，随即派遣孤拔率领远东舰队到台湾海峡进行武力威胁和讹诈。

1884年7月12日，法国代理公使谢满禄向清朝发出最后通牒，限中国立即从越南撤军，并赔偿军费2.5亿法郎，否则将诉诸武力，限清朝7天之内给以答复。7月14日，法国军舰两艘趁中法议和之机，以"游历"为名，驶进福建闽江口。7月16日，孤拔也乘军舰到达闽江口。法国新任驻华公使在上海叫嚣，如果中国不接受法国的条件，孤拔就要执行最后通牒，消灭福建海军，摧毁马尾船厂，占领福州。

清政府决定向法国妥协，派曾国荃到上海与巴德诺谈判，请免赔款，延长最后通牒期限。巴德诺坚持勒索巨额赔款。谈判破裂。8月5日，法国舰队进攻基隆，被中国守军击退。8月16日，法国议会通过增加侵华军费，准备大举侵华，并将打击目标选在马尾。

马尾位于福州东南，是闽江下游的天然良港，福建海军和船厂均在港内。从1884年7月中旬起，法国军舰就陆续闯入闽江口，进泊马尾。当时主持福建军务的钦差会办福建海疆事宜大臣张佩纶、闽浙总督何璟、船政大臣何如璋、福建巡抚张兆栋和福州将军穆图善等人，根据清廷"不可衅自我开"的训令，对法舰的侵入不但不予拦阻，反而给以热情款待，同时命令各舰不准先行开炮，违者虽胜亦斩。于是，法舰在马尾港进进出出，自由自在，而中国军舰则处在法舰监视之下，不得移动。

8月17日，清政府见和谈无望，下令沿海沿江各省加强防备，但对马尾方面，仅指示法舰在内者应设法阻其出口，其未进口者不准再入，并未解除不得主动出击的禁令。

当时，马尾一带有福建水师军舰11艘，江防陆军20余营。但由于清政府和战不定，前敌诸将昏聩无能，水陆各军缺乏统一指挥和协同作战的周密计划，加之装备不良，弹药不足，因此，总的兵力虽然较法国方面占优势，但战斗力却很弱。

8月22日，法国政府电令孤拔消灭中国福建海军。孤拔决定于次日下午趁退潮船身转移方向时开战。当时，泊于马尾的法军舰8艘、1.45万吨，另有鱼雷艇两艘，还有两艘军舰在金牌、琯头一带江面，阻止清军塞江封口，保障后路安全。参战法舰共有重炮77门，总兵力1800人。福建海军军舰11艘、6500吨，炮45门，兵员1100人。从吨位、防护能力、重炮数量、兵员素质等方面比较，法舰占有明显优势。另外，孤拔选择退潮时开始攻击也对法舰有利。这是由于当时系泊用船首，船身随潮水涨落而改变方向（涨潮时，船头指向下游，落潮时，船头指向上游）。孤拔选择落潮时开战，可使大部分中国军舰位于法舰之前方，暴露在法方炮火之下，无法进行有力的回击。

8月23日上午8时，法国驻福州副领事向何璟发出最后通牒，限福建海军于当日下午撤出马尾，否则开战。何如璋得知后，竟然对福建海军将士封锁消息，并企图要求法方延至24日开战，遭到拒绝后，才匆忙下令进行临战准备。

8月23日下午1时56分，孤拔趁落潮之机，指挥法舰突然发起攻击。福建海军舰只未及起锚即被敌炮击沉两艘，重创多艘。广大爱国士兵义愤填膺，奋起还击。旗舰"扬武"号在驾驶官詹天佑和管带张成带领下，不顾何如璋的禁令，事先做好战备。当法舰开炮时，立即沉着应战，用尾炮准确地袭击法军旗舰"伏尔泰"号，击毙法军6名。法军鱼雷艇击沉"扬武"号，中国岸防大炮随即命中这艘鱼雷艇，使之锅炉爆炸，丧失作战能力。福建水师的炮艇"福星"号在开战时就受了重伤，但它仍立即断锚转向，冲入敌阵，瞄准敌旗舰猛烈射击，连续命中。后遭敌舰三面围攻，火药库中弹爆炸，全艇官兵殉国。"扬威"号在法舰开炮后，也立即勇敢回击，当它在两艘法舰的夹击下被打穿船体后，舰上官兵置生死于不顾，仍然顽强发炮挫伤敌舰，直到被敌鱼雷艇击沉前的刹那间，还发射出最后一发炮弹，重伤敌舰长和两名士兵。"飞云"号、"福胜"号也都临危不惧，奋战不已，直到船沉。

江面战斗仅进行了约半小时，福建海军11艘舰艇全部被法舰击沉，海军将士伤亡700余人。法军仅死伤30余人，两艘鱼雷艇受重伤，其余为轻伤。

8月24日上午，法舰用重炮轰击马尾船厂，使船厂遭到毁灭性破坏。此后几天，又将两岸炮台摧毁。清军再次遭受重大损失。马尾海战以福建海军的全军覆没而结束，其主要原因有三：一是清政府战略指导上错误。清政府自中法开战以来即存妥协求和之心，和战不定，始终不敢鼓足勇气与侵略者决一死战。在法舰频频进入马尾港的危急情况下，仍死守衅不可自我开的教条，从而丧失了先机制敌的条件。二是清朝前敌官员不谙军事，书生典兵，在法舰进泊港内战争一触即发之际，不预做准备，反而约束将士不准先敌开炮，不能根据战场情况临机处置，结果只能被动挨打。三是清军武器装备落后。福建海军军舰多系木壳，防护力不强；重炮少，形不成强大火力，在敌人突然袭击下，难以作有效的反击，致使全部被敌击沉。

马尾海战是中国近代海军创建以后进行的第一次大的战斗，结果却如此之惨。这里不仅有清朝政府腐败这一根本原因，还有军事思想落后的因素起作用。清军的单纯消极防御思想是马尾海战惨败不可忽视的原因。

085 中法战争史上的最大一役
——镇南关大战

镇南关大战是中法战争中清军在广西镇南关（今友谊关）大败法国侵略军的一次战斗。

1884年8月23日，福建水师在马尾海战中全军覆没，打破了清政府苟且偷安的梦。8月26日，清政府向法国宣战，命令陆路各军迅速向越南进兵，沿海各地加强戒备，严防法军侵入。中法战争在海上和陆路同时展开。

1884年10月，法国舰队进犯中国台湾，强占基隆。台湾守军在刘铭传指挥下退守淡水。孤拔亲率舰队驶抵淡水港外，炮轰淡水炮台，并派兵登陆，被守军击退，法军进攻受挫，改用封锁方法，孤立台湾守军。1885年3月，法军攻占澎湖。当他们继续北犯镇海时遭到中国守军的炮击。孤拔坐舰也被击中，只得率舰队退往澎湖，不久即死在那里。

陆路战场仍集中在中越边境地区和越南北部。1884年底，刘永福的黑旗军配合西线清军，围困占据宣光城的法军达3个月之久，城中法军几乎弹尽粮绝。但随着法国援兵的到来，宣光未能攻克。1885年2月，法国再次增兵越南，在法军统帅波里也指挥下，集中两个旅团约万余人的兵力向谅山清军发动进攻，广西巡抚潘鼎新不战而退。2月13日，法军未经战斗，即占领战略要地谅山。2月23日，法军进犯文渊州，守将杨玉科力战牺牲，清军纷纷后撤，法军趁势侵占广西门户镇南关，炸毁关门，并在关前废墟中插上一块木牌，得意地用汉字写着"广西的门户已不再存在了"。广西军民在法军退走后在关前插上木桩，写上"我们将用法国人的头颅重建我们的门户！"作为对侵略者的回答。

由于潘鼎新战败，清政府革去他广西巡抚职务，任命年近7旬的老将冯子材帮办广西军务，领导镇南关前线的抗法斗争。

冯子材赶到镇南关后，根据前线清军各部之间多存派系门户之见的情况，首先召集前敌诸将，晓以大义，使各将领在抗击侵略者的斗争中团结起来。各将领共推冯子材为前敌主帅，统一指挥协调各军的行动，这就为挽回败局创造了必要的前提。当时，法军由于兵力不足，补给困难，已从镇南关退至文渊（关外15千米处）、谅山一带，准备组织新的进攻。

根据当前敌情和镇南关周围的地形条件，冯子材经过反复勘察，选定关前隘（今隘口南）为预设战场。关前隘在镇南关内约4千米处，东西两面高山夹峙，中间为宽约1千米的隘口。冯子材命令部队在关前隘筑起一道长1500米、高2米多、宽1米多的土石长墙，横跨东西两岭之间，墙外挖掘5米多深的堑壕，东西岭上修筑数座堡垒，从而形成一个较为完整的山地防御体系。在兵力部署上，冯子材率9营扼守长墙及两侧山岭险要，担任正面防御；总兵王孝棋率8营屯冯军之后为第二梯队；湘军统领王德榜率10营屯关外东南的油隘，保障左翼安全并威胁敌人后路；冯子材另以5营屯扣波，保障右翼安全；广西提督苏元春率18营，屯关前隘之后2.5千米的幕府为后队；另有12营屯凭祥机动。总计前线兵力60余营，3万余人。

一切准备就绪后，为了打乱法军的进犯计划，冯子材决定先发制人。3月21日，冯子材率王孝棋部出关夜袭法军占据的文渊，击毁敌炮台两座、毙伤法军多人，取得较大胜利。

清军的主动出击，使骄横的法军恼羞成怒。法军东京军区副司令尼格里上校决定不等援军到齐即发起进攻。3月23日晨，法军1000余人趁大雾偷偷进入镇南关内，另以千余人屯关外东南高地为后继。上午10时许，入关法军在炮火掩护下，分两路进犯关前隘，攻占了东岭三座堡垒，并猛攻长墙。冯子材一面命各部迎战，一面商请驻于幕府的苏元春部前来接应，并通知王德榜部从侧后截击敌人。在丢失三座堡垒的危急关头，冯子材大声疾呼："法再入关，有何面目见粤民？何以生为？"守卫清军在冯子材的爱国热情鼓舞下，英勇抗击，誓与长墙共存亡，阻止了敌人的前进。下午 4 时许，苏元春率部众赶到东岭参战，王德榜也自油隘袭击法军，并一度切断了敌人运送军火、粮食的交通线，牵制了法军预备队的增援，有力地配合了东岭的战斗。入夜，清军进一步调整部署，由苏元春协助冯子材守长墙，王孝棋守西岭，陈嘉守东岭。冯子材还另调驻扣波的 5 营冯军前来抄袭法军左翼。

3 月 24 日晨，尼格里指挥法军分 3 路再次发起攻击，沿东岭、西岭、中路谷地猛扑关前隘。冯子材传令各部统领，无论何军何将，都不准后退，违者皆斩。当敌人逼近长墙时，冯子材持矛大呼，率领两个儿子跃出长墙，冲入敌阵，全军为之感奋，一齐涌出，与敌白刃格斗，战斗异常惨烈。战至中午，中路法军败退。与此同时，陈嘉、蒋宗汉在东岭与法军展开了激烈争夺战。傍晚时分，王德榜在击溃敌之增援部队及消灭其运输队后，从关外夹击法军右侧后，配合东岭守军夺回被占堡垒。这时，王孝棋也已击退沿西岭进攻之敌，并由西岭包抄敌后。法军三面被围，伤亡甚众，后援断绝，弹药将尽，开始全线溃退。尼格里只得下令撤退，丢下数百具尸体，狼狈逃回文渊。冯子材挥军乘胜追击，连破文渊、谅山，歼敌千余人，重伤尼格里，取得重大胜利。

镇南关之战，清军各部在冯子材的调度指挥下，密切协同，严密防守，与法国侵略军激战数日，打退了法军的进攻，毙伤敌军精锐近千人，缴获了大量枪炮和干粮，取得了中法开战以来最大的一次胜利，极大地鼓舞了中越两国军民的斗志，沉重打击了法国侵略者的嚣张气焰，从根本上改变了中法战争的形势，使中国反败为胜。之所以取得这样的胜利，主要原因是爱国将领冯子材能够团结前敌诸将，在战前形成了集中统一的局面，从而有效地集中了兵力，最后在中越两国人民的大力支援和全体将士的英勇奋战下，取得了辉煌的战果。镇南关之战在中国近代反侵略战争史上写下了重要的一页。

086 甲午战争时中日两国在朝鲜的正面交锋
——甲午平壤之战

19世纪90年代，世界主要资本主义国家逐渐完成了向帝国主义的过渡，争夺殖民地和分割世界领土的斗争进入一个新的阶段。后起的帝国主义国家日本为了推行称霸世界的既定国策，把侵略矛头对准了邻近的朝鲜和中国，在1894年发动了侵略朝鲜和中国的战争，史称甲午战争。平壤之战就是战争初期中日两国之间在朝鲜平壤地区进行的一次重要战斗。

日本对朝鲜和中国的侵略野心由来已久。从1868年日本明治维新后，就把朝鲜和中国东北作为扩张的首要目标。1882年，日本攫取了在朝鲜的驻兵权。1885年又胁迫清政府签订《天津会议专条》，规定朝鲜如有重大事件，中日两国有同等派兵权，这为后来大规模进兵朝鲜、发动侵略战争提供了依据。此后，日本加紧进行侵华准备。1887年，参谋本部拟定《征讨清国策》。1893年决定成立战时大本营，完成了侵略中、朝的战争准备。

1894年1月，朝鲜爆发了东学党起义，朝鲜政府请求清朝派兵帮助镇压。1894年6月4日，中国决定派兵入朝。日本认为发动侵略战争时机已到，于6月5日正式成立大本营，并派兵进入朝鲜。6月9日至12日，清军2000余人在聂士成、叶志超率领下进驻离汉城（今韩国首尔）70多公里的牙山地区，而日军早在10日就已强行进驻汉城（今韩国首尔）。到6月16日，进入朝鲜的日军已达5000人。中日两国军队形成对峙，形势一触即发。

但是，清政府内部以慈禧太后、李鸿章为代表的当权派，面对日本的挑衅，一味避战求和，希望通过列强调停，和日本达成妥协。日本则利用清政府的求和方针与列强的"调停"，从容地作好了军事部署。7月23日，日军占领朝鲜王宫，组织傀儡政权，迫使朝鲜傀儡政权向中国宣战。7月25日，日本军舰不宣而战，在丰岛海面突然袭击中国护航舰只和运兵船，挑起了中日战争。7月29日，日军进犯牙山、成欢，叶志超弃守牙山，逃奔平壤，聂士成部也因众寡悬殊，败退公州，和叶志超合军撤至平壤。

8月1日，中日双方互相宣战。但是，清政府并没有坚决抗击的决心，采取的是消极抵抗的方针。掌握实权的李鸿章命令陆军可守则守，不可则退；命令海军保船制敌，"不得出大洋浪战"。正是在这一消极应战的方针影响下，增援朝鲜战场的四路清军直至8月上旬才到达平壤。叶志超部8月下旬也到达平壤。此时驻扎平壤的各路清军共2万余人，叶志超被任命为各路清军的总指挥，组织防御。

平壤是朝鲜旧都，山环水抱，城墙高大坚固。共有城门六座：南为朱雀门，西南为静海门，西北为七星门，北为玄武门，东为长庆门，东南为大同门。玄武门跨牡丹台山修筑。由于牡丹台紧靠城墙，因而成了守卫平壤的关键。

清军的部署是：城北由左宝贵所部奉军、丰升阿所部盛军防守；城西由叶志超所部牙山军防守；城南由卫汝贵所部盛军及马玉昆所部毅军之一部防守；城东南由马玉昆所部毅军防守。叶志超坐镇城内，居中调度。

日军方面在打败牙山、成欢清军后，即准备北攻平壤。9月2日，在朝日军第五师团长陆军中将野津道贤决定将1.5万日军分作四路进攻平壤。具体部署是：陆军少将大岛义昌率5000日军由汉城（今韩国首尔）出发，沿大道指向平壤东南，从正面进攻；野津道贯率兵5000渡大同江下游，进攻平壤西南；陆军少将立见尚文率兵2000渡大同江进攻平壤东北（称"朔宁支队"）；陆军大佐佐藤正率兵3000自元山登陆（称"元山支队"），攻平壤北部，截断清军后路。四路分进合击，定于9月15日包围平壤，发动总攻。

9月13日，四路日军均已逼近平壤，元山支队进至顺安，切断了清军退往义州的后路。14日晨,元山、朔宁两支队一齐发起攻击,攻占城北山顶清军营垒数座。左宝贵亲自督战争夺,未能成功,只得率部退入城内。当晚,叶志超见城北形势危急,主张弃城逃跑,遭到左宝贵等将领的反对。左宝贵派亲军监视叶志超,防止其逃跑。

15日晨,日军按计划发动总攻。大同江东岸的日军混成第九旅团在大岛义昌率领下分三路进攻平壤城东南。扼守大同江东岸的马玉崑部奋力抵抗,与进攻之敌展开肉搏,自晨至午后,终于打退了日军的进攻。北路战斗更加激烈。日军于当天拂晓再次发起进攻,左宝贵亲自登玄武门指挥。战至上午,日军先后攻破玄武门外的5座堡垒,并向玄武门猛烈冲击。左宝贵为表示誓与平壤共存亡的决心,身穿黄马褂,继续指挥,中炮阵亡。日军于中午占领玄武门。在此紧急关头,作为主帅的叶志超不是部署力量加强防守,而是让部将在城头竖起白旗投降,并下令撤军。当时东西两路清军已将进攻之敌击溃,正准备乘胜出击,接到撤军命令后只得率部回城。当晚,叶志超乘夜暗率守军仓皇逃出平壤。日军于城北山隘堵截,打死打伤清军2000余人,俘虏数百人。清军退至顺安时,又遭日军拦击,损失惨重。16日,叶志超等逃至安州,然后又往义州逃跑。至24日,清军全部退过鸭绿江,撤至中国境内。日军随之占领朝鲜全境,并将战火烧到中国境内。

平壤之战前后不过两天,清军即竖白旗乞降,撤出平壤,使敌仅以伤亡600余人的代价就占领了平壤并进而占领朝鲜全境,这一战争结果完全是由于清政府的腐败和主帅昏聩无能造成的。从战略上看,清政府执行消极抵抗政策,没有与敌人血战到底的勇气和决心,一味坚持保守方针,致使2万清军株守平壤,坐待敌人进攻。从作战指挥上看,清军更是无所作为。在战争已经开始,敌人进攻在即的时候,清政府任命成欢逃将叶志超为各军总领,作为前敌主帅。叶志超庸懦怯敌,既不敢驱军南下,主动歼敌,也没有保卫平壤的决心,一经接仗,精神先溃,再次率先逃跑,致使军心大乱,在撤退过程中多次被日军截击,死伤枕藉。平壤之战失败,叶志超确应负主要责任。至于日军方面,早将清军底牌摸清,故能按原定计划稳步推进,凭借优势火力和组织完善、训练有素的军队打败清军。

087 近代战争史上最大的一次海战
——黄海海战

甲午战争爆发后,日本海军按原定作战计划,准备在黄海寻歼中国北洋海军。1894年9月17日,中日海军在黄海北部海域相遇,爆发了中国近代海军建军以来最大的一次海战,给中日战争后来的进程带来了重大影响。

1894年7月,中日两国军队齐集朝鲜,战争迫在眉睫。7月中旬,日本海军主力舰艇在佐世保军港集结,成立联合舰队(由常备舰队和西海舰队合编而成,伊东祐亨任司令官),下分本队和第一、第二游击队。7月23日,日本联合舰队从佐世保启航。7月25日,日舰"吉野""浪速""秋津洲"于丰岛海面袭击中国运兵船和护航舰只,获得成功,使日本增强了战胜中国海军的信心。自此以后,联合舰队一直活动于朝鲜海域,一面掩护后续陆军和军械粮秣的海上运输,一面声援日军的陆路作战。8月5日,日本大本营命令联合舰队搜索和击败中国舰队,伊东祐亨随即于8月7日率舰队从隔音岛出发,驶往黄海西部海面。

北洋舰队方面受李鸿章避战保船思想的牵制,自7月25日丰岛海战之后,只敢在大同江口和威海卫军港之间来回巡弋。后来,日舰开至旅顺口、威海卫港外,威胁到沿海地区的安全,清政府于是在8月23日急令北洋舰队应在威海、大连湾、烟台、旅顺等处"来往梭巡,严行扼守,不得远离,勿令一船阑入"。此后,北洋舰队再未远巡,不出北洋一步,将制海权轻易让给日本,使北洋舰队日益陷入消极自保的被动局面。

9月上旬,清政府鉴于平壤之战即将爆发,准备增派援兵。为了争取时间,决定将驻防大连一带的总兵刘盛休所部铭军4000人由海道运至中朝边界大东沟登陆，再辗转前线。9月15日，北洋舰队主力抵达大连湾，担任船队的护航任务。9月16日凌晨，丁汝昌率"定远""镇远""济远""致远""靖远""经远""来远""平远""超勇""扬威""广甲""广丙""镇南""镇中"14舰及"福龙""左队一""右队二""右队三"4艘鱼雷艇从大连出发，护送铭军，当日午后抵大东沟。晚上，铭军上岸，到达目的地。不过，此时，平壤已经失陷，铭军无法起到应援的作用。

日本联合舰队得知中国海军将护送陆军赴朝的消息后，伊东祐亨判断北洋舰队有可能在鸭绿江口一带，于是率军舰12艘于16日下午出发，向黄海北部的海洋岛航进，17日晨抵达该岛附近。日本这12艘军舰是："松岛""严岛""桥立""扶桑""千代田""比睿""赤城""西京丸""吉野""高千穗""秋津洲""浪速"。

9月17日上午10时30分左右，北洋舰队正准备起锚回航旅顺，发现日本舰队自西南驶来，丁汝昌即命令舰队起锚迎战。日本舰队随后也发现了北洋舰队。北洋舰队开始成"并列纵阵"（"定远""镇远"两舰居前），以每小时5海里的速度向西南方向航进。日本则以第一游击队"吉野""高千穗""秋津洲""浪速"4艘速率最高的巡洋舰为先锋，伊东祐亨自乘旗舰"松岛"，率领本队"千代田""严岛""桥立""比睿""扶桑"跟进，12时许，又将"西京丸""赤城"移至本队左侧。丁汝昌见日舰成"单行鱼贯阵"扑来，决定采取主舰居中的"夹缝雁行阵"（交错配置的双横队）应战。但由于旗舰"定远"舰速度过快，"济运""广甲"等舰未能及时跟上，阵形因此成为半月形而类似"后翼梯阵"。

12时50分，双方在大鹿岛（大洋河口外）西南3海里处开始交火。"定远"首先发主炮攻击，其余各舰相继开炮，但均未击中目标。战斗开始不久，"定远"发炮震塌飞桥，丁汝昌摔伤，信旗被毁，各舰失去指挥。日第一游击队4舰陆续以其右舷速射炮猛轰"扬威""超勇"，二舰相继被击中起火，退出战斗。日舰"吉野"也被北洋舰队击中起火，但很快被扑灭。13时30分左右。"超勇"沉没。当日本第一游击队绕攻北洋舰队右翼时，本队也与北洋舰队主力交相攻击。日舰"比睿""赤城"被北洋舰队截击。"定远""来远""经远"重创"比睿""赤城"。"赤城"舰长坂元八郎太当场毙命。"西京丸"也受重伤。

但是，日本舰队利用其航速快、便于机动的优点，第一游击队和本队互相配合，至14时15分左右，本队已绕至北洋舰队背后，与第一游击队形成夹击之势。北洋舰队腹背受敌，队形更加混乱。在混战中，"致远"舰多处受伤，船身倾斜。伊东祐亨令第一游击队救援"赤城""比睿"。"吉野"冲在最前面，正遇上"致远"。管带邓世昌见"吉野"十分猖狂，毅然下令开足马力，准备用冲角撞击"吉野"，以求与敌同归于尽，不幸被鱼雷击中沉没，邓世昌等250名官兵壮烈牺牲。"经远"继续迎战"吉野"，也中弹起火，管带林永升、大副陈策阵亡，随后舰也被击沉，250余名官兵殉难。

"致远"沉没后，"济远"管带方伯谦、"广甲"管带吴敬荣，贪生怕死，临阵脱逃（方伯谦是否临阵脱逃，近年有不同看法）。"靖远""来远"因中弹过多，退出战斗，避至大鹿岛附近紧急修补损坏的机器。

在"致远""经远"等舰同第一游击队激战的同时，"定远""镇远"两舰正顽强抵抗着日舰本队的围攻，虽中弹甚多，几次起火，全体官兵仍然坚持奋战，重创敌旗舰"松岛"，打死打伤炮台指挥官海军大尉志摩清直以下100多人。

不久，"靖远""来远"抢修完毕，重新投入战斗。"靖远"帮带大副刘冠雄见"定远"号旗桅杆断裂，不能升旗指挥，建议管带叶祖珪代悬信旗集队，指挥各舰绕击日舰。这时，日旗舰"松岛"已经瘫痪，"吉野"也丧失了战斗力，其余日舰也都伤亡惨重，不能再战，又见北洋舰队重新集队，伊东祐亨便于17时40分左右下令撤出战场。北洋舰队稍事追击，也收队返回旅顺。历时5个多小时的黄海海战到此结束。

黄海海战历时5个多小时，其规模之大、时间之长，为近代世界海战史上所罕见。海战的结果是北洋舰队损失"致远""经远""超勇""扬威""广甲"（"广甲"逃离战场后触礁，几天后被自毁）5艘军舰，死伤官兵千余人；日本舰队"松岛""吉野""比睿""赤城""西京丸"5舰受重伤，死伤官兵600余人。北洋舰队的损失大于日方。黄海海战以后，由于北洋舰队不敢再战，日本基本上掌握了黄海制海权，对后来中日战争的进程产生了重大影响。从这个意义上说，北洋舰队在黄海海战中是失利了。失利的原因一是北洋舰队指挥失误，排出的阵形不利于进攻，发挥不了己方舰队在舰艇数量、大口径火炮和防护能力等方面的优势，开战不久即失去统一指挥，始终处在被动地位；二是"济远"率先逃跑，影响了斗志；三是弹药不充足。日方则充分利用其航速、中小口径速射火炮方面的优势，运用灵活的战术，掌握了战场主动权。但是，中国官兵是英勇顽强的。他们在惨烈的战斗中，奋不顾身，临危不惧，表现了中华民族不畏强暴，敢于和敌人血战到底的英雄气概。他们的爱国主义精神值得后人永远铭记。

088

《马关条约》签订前的中日大战
——辽东半岛之战

辽东半岛之战,是中日甲午战争的主要战役之一。这场战争是日本帝国主义在英、美等国支持下发动的侵略中国的战争,自 1894 年 10 月 24 日开始,到 1895 年 3 月 9 日结束,历时近 5 个月,中经鸭绿江防之战、金旅之战、辽阳东路之战、辽阳南路与收复海城之战、田庄台大战,最后以清政府的屈辱求和而告结束。

日本原来是一个封建领主割据、闭关自守的国家。自 1868 年明治维新以后,迅速地走上了资本主义发展道路,实行对外扩张的侵略政策。在明治初年,日本统治者就制定了先征服朝鲜和中国台湾,进而征服中国,称霸远东以至世界的"大陆政策",并于 1874 年付诸行动,首先出兵中国台湾,接着入侵朝鲜。1894 年 1 月,日本利用朝鲜"东学党"起义的机会,大举出兵朝鲜。7 月 25 日,日本不宣而战,挑起了侵略中国的中日甲午战争。

对于这场战争,清朝统治集团中以慈禧太后为首的一派是坚决主和的。她一向最怕惹怒帝国主义;这一年又是她的 60 岁生日(11 月 7 日,旧历十月十日),一心只想隆重举行"万寿庆典",以粉饰太平和炫耀自己的权威,所以更加厌战,只求尽快求和,以免耽误她做寿。

日本侵略者在占领了朝鲜以后,为了迫使清政府屈服,于 1894 年 10 月 24 日兵分两路对中国发动进攻。第一路在山县有朋大将率领下,从朝鲜义州攻击清军的鸭绿江防线;第二路以陆军大将大山岩为司令官,由海路在辽东半岛东岸的花园口登陆,进犯大连和旅顺。

当时集结在鸭绿江沿岸的清军,计有宋庆的毅军、聂士成的芦榆防军、依克唐阿的镇边军、刘盛休的铭军、吕本元的盛军、丰升阿的奉军和倭恒额的齐字练军,近80营,约2万人。这些军队分别由四川提督宋庆和黑龙江将军依克唐阿统率,以九连城为中心向左右沿鸭绿江布防。

10月24日,日军主力开始进攻九连城、虎山一线。当天夜间,日军在义州与虎山之间架设了两座浮桥。25日拂晓,日军通过浮桥,开始直攻虎山。聂士成和马金叙率军奋勇抵抗,打退了日军的4次进攻。但因两面受敌,伤亡甚众。在没有援军的情况下,为了掩护大队清军后撤,聂士成、马金叙一直坚持到午后才突围到凤凰城,虎山失守。26日清晨,日军进攻九连城,宋庆感到兵力单薄,连夜撤往凤凰城,日军占领九连城,接着又占领安东(今丹东),清军鸭绿江防线不到两天就全线崩溃了。

日军占领鸭绿江沿岸后,兵分两路进攻奉天(今沈阳)。一路从凤凰城经辽阳(东路),另一路绕道岫岩、海城,出辽阳之西(西路)。东路先由宋庆率军防堵。10月30日,他放弃凤凰城,退守大高岭(又称摩天岭)。数日后,宋庆奉命回援旅顺,东路守军改由聂士成指挥。聂士成在当地人民的配合下,利用大高岭天险抗击日军,从正面阻止日军由东路进攻奉天。依克唐阿率部驻守赛马集,从侧面牵制凤凰城日军,支援了大高岭的正面防御。

在大高岭保卫战中,聂士成巧妙地使用疑兵计,使日军不敢贸然攻岭。经过十几昼夜的苦战,顶住了日军的进攻,牢牢地守住了大高岭阵地。

阵地守住以后,聂士成就改变战术,组织兵力主动出击。11月25日,聂士成率部与依克唐阿、寿山等配合作战,夹击草河口一带日军,歼敌40余人,击毙日步兵大尉斋藤正起,打伤日军炮兵大尉池田纲平和炮兵中尉关各豁等。26日晚,聂士成又利用下雪天,密约盛军接应,亲率数百骑,突袭连山关,取得成功,收复了连山关。这是开战以来清军第一次收复失地,得到清廷的嘉奖。

连山关大捷以后,东路战场的形势为之一变。日军转为守势,清军转为攻势。12月5日,聂士成精选将士1000余人进攻分水岭,并乘胜追击到草河口。12月9日,聂士成部联合依克唐阿骑兵,在金家河大破日军,击毙敌人数十名,收复了草河口。

日军见东路难以得手，就加强西路的攻势。11月19日，日军自大孤山、凤凰城两路进攻岫岩，守将丰升阿、聂桂林率众逃往析木城。12月12日，日军进攻析木城，丰、聂又奔往海城。13日，海城也被日军攻占。

在进攻鸭绿江防线的同一天，日军第二路也开始在辽东半岛花园口登陆。10月26日占领花园口。28日占领貔子窝。11月4日，日军开始进攻金州。驻守旅顺的总兵徐邦道自告奋勇率部前往御敌，5日与日军大战于石门子，因无后援，寡不敌众，败退旅顺。日军占领金州后，7日黎明兵分3路进攻大连。守将赵怀业贪生怕死，未战而逃往旅顺。9日，日军占领了大连。

11月18日，日军开始进攻旅顺。旅顺是北洋海军的基地之一，山水交错，形势奇险，易守难攻，守军也有30余营，因诸将互相观望，又无统一指挥，只有徐邦道率部拼死迎敌，并于19日在土城子一带重创日军。21日，日军发动总攻，徐邦道因伤亡过重，不得不突围北撤。22日，旅顺失陷。清政府耗巨资经营了15年的旅顺军港和当时东亚最大的船坞就这样被日军占领了。

12月底，日军第二军8000余人由第一旅团长乃木希典率领，从金州北犯盖平（今辽宁营口市），守将章高元率军英勇抵抗，营官杨寿山、李仁党力战阵亡，盖平陷落。

12月28日，清政府任命湘军宿将刘坤一为钦差大臣，节制山海关内外各军约8万人，准备收复辽沈门户海城。1895年1月17日至2月16日，清军3万人先后3次会攻海城，但都无功而返。2月21日和27日，清廷增调吴大澂、魏光焘所部参加第四、第五次反攻海城，兵力增至6万人。在清军集中兵力围攻海城时，日军却用"围魏救赵"的办法，分兵进攻大高岭、辽阳和鞍山。清军中计，长顺和依克唐阿先后率军驰援辽阳。3月3日，日军又乘虚直扑清军后方牛庄，魏光焘等急由前线撤军，回援牛庄。这样，海城之围不攻自解。

3月4日，日军第一军第三、第五师团合攻牛庄。魏光焘、李光久以11营约5000人的兵力抗击日军两个师团1.2万人的进攻，虽顽强抵抗，并在巷战中重创日军，打死打伤日军近400人，但清军也付出了很大的代价。经过一昼夜的激战，牛庄最后被日军占领。3月6日，日军分路向营口进发，准备于7日拂晓向营口发起总攻。

驻守营口的清军原来有50余营，2万多人。3月5日晨，因吴大澂迭次告急，宋庆挥师赴田庄台应援，营口只留3000余人分守炮台。

日军得知清军大队已撤向田庄台，立即向营口发起进攻。这时，蒋希夷竟率所部5营步队退往田庄台，使守城兵力减半。清军虽奋力抵抗，但势单力薄，挡不住日军进攻，营口失陷。

日军占领牛庄、营口后，立即向田庄台发动进攻。日军出动了3个师团近2万人，拥有91门大炮。当时守卫田庄台的清军有69营，2万余人，炮40门。

3月9日，日军开始进攻田庄台。双方展开大炮射击，45分钟后，清军炮火逐渐减弱。日军第三师团越过辽河，向清军正面阵地发起攻击，第一、第五师团也分别从西南和东北两个方向发起进攻，使清军三面受敌。清军虽奋力抗击，但未能挡住日军进攻，阵地被攻破，田庄台失陷。

田庄台既失，辽东半岛的主要城镇尽被日军占领，清军在辽东战场全部瓦解，辽东半岛之战遂告结束。

腐败的清政府在日本的军事进攻和外交压力下，被迫于4月17日同日本签订了中国近代史上空前屈辱的不平等条约——《中日讲和条约十一款》（即《马关条约》）。

《马关条约》的签订，标志着中日甲午战争结束，表明清政府正式向日本屈膝投降。这个条约，被割占领土之多，丧失主权之重，赔款之巨，都开创了《南京条约》以来的记录，是中国近代史上一个空前的卖国条约。这是日本帝国主义强加给中国人民的一副沉重的枷锁，它严重地破坏了中国领土主权的完整，使中国半殖民地化的程度大大加深。

089 "北洋舰队"的最后覆灭
——山东半岛之战

山东半岛是中日甲午战争的另一个主要战场，从1895年1月21日日军在山东荣成湾登陆，到2月17日日军占领威海卫，历时近1个月，中经白马河前哨战、南帮炮台争夺战和刘公岛保卫战，最后以威海卫海军基地的失陷和北洋海军的覆没而告结束。

日本侵略者在1894年11月底攻占了旅顺口北洋海军基地之后，扩张的野心更加膨胀。日军决心扩大侵略，完成大本营的预定目标——进军山海关，直逼直隶平原，寻求与清军进行主力决战，威胁京、津，迫使清政府完全投降。为此，日本大本营制定了一个新的扩大侵略的作战计划——"山东半岛作战计划"。

这个计划是根据内阁总理大臣伊藤博文和联合舰队司令长官伊东祐亨的建议制定的，目的是进攻山东半岛，占领威海卫，封锁直隶湾，消灭北洋海军。这样，既可迫使清政府投降，又可避免列强为保护各自在华权益而对日本进行联合干涉。为此，日本侵略者决定以大山岩指挥的第二军第二师团及在国内的第六师团编成"山东作战军"，由海路运输，在山东半岛登陆。

1894年12月16日，日本大本营命令联合舰队担任运送陆军的护航任务。伊东祐亨接到命令后，于23日派军舰到山东半岛荣成湾一带侦察登陆地点。

荣成湾是山东半岛成山角西南方的一个海湾，西距威海卫67公里，湾口宽阔，能避强烈的西北风；湾为泥底，适于受锚；北岸有长约1000多米的沙地，汽艇可驶至离岸3米处，舢板可直接靠岸；沿岸丘陵起伏，适于掩护陆军上岸。日军送选择荣成湾内龙须岛附近为登陆点,并计划在 1895 年 1 月 19 日、20 日、22 日由大连分 3 批运送陆军登陆。

1 月 18 日,伊东祐亨根据作战计划,派出吉野、秋津洲、浪速 3 艘巡洋舰到登州游弋,并进行炮击,制造日军准备进攻登州的假象,掩护日军在荣成湾登陆。同时,派高千穗舰到威海卫港外,监视北洋舰队行动。19 日中午,联合舰队主力护送第一批运送船 19 艘,满载第二师团 1.5 万人由大连出发,于 20 日中午到达荣成湾。由于滩多水浅,军舰不能靠岸,运兵及辎重上岸均靠驳力,第一批陆军登岸直到 21 日才结束。第二批运送船载第六师团 1 万人于 21 日到达,22 日登陆完毕。第三批运送船于 23 日到达,当天登陆完毕。日军共约 3.5 万人,马 3800 匹。25 日,大山岩到达荣成,设立山东作战军司令部,开始准备向威海卫进犯。

关于日军在荣成湾登陆,准备进犯威海卫的消息。清政府事先虽未获得准确情报,但已有所闻,即电告北洋大臣李鸿章和山东巡抚李秉衡,要求"饬令各军加意严防"。但二李并不认真采取积极的防御措施,仍坚持其避战保船的方针,命令北洋舰队不许出战。

1 月 25 日,日军主力在大山岩指挥下,从荣成出发,分南北两路向威海卫进犯。

这时,驻守山东半岛的清军有 40 余营,2 万多人。若能调遣得当,完全有可能阻止或延迟日军的前进。但直接指挥山东防务的李秉衡,目光短浅,胸中无数,只派孙万林等少数军队前往迎战。

1 月 25 日晚 7 时,日军先头部队到达距威海卫 25 公里的白马河东岸。驻守在河西岸的孙万林军趁敌军立脚未稳,迅速发起攻击,激战两小时,歼敌 100 多人,清军只伤亡 2 人。日军不支,狼狈溃逃。后因阎德胜破坏作战计划,刘树德也找借口率军西去,只剩孙万林孤军作战。不久,日军大队赶到,孙万林寡不敌众,不得不撤出阵地,向羊亭集退走。

白马河前哨战是中日陆军在山东半岛的首次接仗,也是日军入侵山东半岛后遭受的第一次打击。这次战斗虽然只是清军的一次小胜,但它创造了中日甲午战争中以少胜多的战例,表明中国军队只要有正确的指挥,是可以打败日本侵略者的。

白马河战役后，日军长驱直入，继续西犯。1月29日，日军第二师团占领温泉汤，第六师团占领九家疃，开始对威海卫南帮炮台后路形成包围。

1月30日拂晓，日军首先进攻威海卫南岸的制高点摩天岭。守卫在这里的清军仅一个营，在营官周家恩指挥下，奋起抵抗，双方展开了激烈的争夺战。港内北洋舰队的定远、镇远、来远等舰也驶至南岸助战。日军也乱放山炮应战。日军踩中清军预先埋设的地雷，死伤枕藉。日军在军官的驱赶下继续猛扑，守军虽顽强抵抗，但因兵力太少，一营人全部壮烈牺牲。日军虽然占领了摩天岭，但也付出了重大伤亡的代价。左翼队司令官大寺安纯少将也被来远舰所发炮弹击毙在摩天岭炮台上。

日军攻占摩天岭炮台后，用炮台的大炮掩护右翼队向杨枫岭进攻。杨枫岭守军一营，在副将陈万清指挥下，抗击数倍于己的敌人，自上午8时至11时，激战3小时，打退了日军多次冲锋，予敌以重大杀伤。敌军冲不上去，就集中炮火疯狂轰击。炮台周围的树木被击中起火，弹药库也被击中，炮台上烈焰升腾，守军伤亡过半，被迫撤退，杨枫岭炮台被攻陷。

当日军右翼队进攻南帮炮台时，左翼队也向南帮陆路炮台南侧的虎山发起进攻，企图一举攻克虎山，再向北推进，切断南帮炮台清军退路，配合右翼队实行南北夹击。驻守虎山的两营清军奋勇杀敌，炮兵也配合轰击，使日军伤亡惨重。后来，清军由于指挥官刘树德贪生怕死，弃军逃跑而自行溃散，虎山失陷。日军攻占虎山后，向北推进到风林集，切断了由南帮炮台撤下来的七八百名清军的退路。在这紧急关头，海军提督丁汝昌亲自指挥靖远、镇南等4艘炮舰驶到南岸杨家滩附近，用排炮向日军轰击，日军不支，仓皇逃走。被围清军在陈万清率领下突围。

日军攻下南帮陆路炮台后，立即对龙庙咀、鹿角咀、皂埠咀3座海岸炮台进行海陆夹攻。日军首先进攻龙庙咀炮台，守台的40名清军奋勇抵抗，终因寡不敌众，全部壮烈牺牲。日军占领龙庙咀炮台后，立即利用炮台上的大炮向鹿角咀炮台轰击，炮台外的长墙被炮火摧毁，日军从缺口蜂拥而上。炮台守军没有近射武器，无法抵抗，炮台被攻占。日军又利用从杨枫岭、龙庙咀、鹿角咀等炮台上夺取的清军大炮，轮番猛轰皂埠咀炮台。为使炮台上的6门15至28厘米口径的大炮不致被日军用来威胁刘公岛炮台和港内北洋舰队，丁汝昌派鱼雷艇载敢死队前往炮台毁炮。

1月30日，日军第二师团进攻凤林集，被北洋舰队的排炮轰退。

2月1日，日军慑于北洋舰队的炮火威力，不敢沿海岸线进攻威海卫城，而采取从西路迂回的战术。2日，日军探知威海卫城内清军已全部撤退，遂占领该城，并分兵进攻北帮炮台。由于守将戴宗骞贪生怕死，6营守军先后解散或溃散。丁汝昌只好下令炸毁火药库。日军不战而占领了北帮炮台。

威海卫南北海岸炮台既失，日军便以全力进攻刘公岛、日岛炮台和港内的北洋舰队。

面对日军的海陆夹击，北洋舰队和刘公岛、日岛守军在丁汝昌的率领下，奋勇抵抗。双方炮战终日，日舰始终未能靠近港口。

2月4日和5日，伊东祐亨进行鱼雷艇夜袭，击沉北洋舰队的定远、来远、威远等舰，削弱了北洋舰队的实力。

2月7日，日舰以单纵阵向刘公岛、日岛发动进攻。岛上守军奋勇还击。这一天，守军苦战终日，虽然打退了日舰进攻，却被迫放弃了日岛炮台，损失了全部鱼雷艇，形势更加严峻了。

2月8日夜，日舰偷袭刘公岛东口，用炸药爆炸防材，使东口藩篱尽撤，门户洞开。在日军围攻日急、援军绝望、军心不稳的情况下，刘步蟾、丁汝昌、张文宣、杨用霖等先后服药自杀。12日，美员浩威盗用丁汝昌名义致书向日本乞降。17日上午，日军正式占领威海卫，将北洋舰队的舰船俘获，插上日本旗，北洋舰队全军覆没，山东半岛之战结束。

山东半岛之战的失败，是清政府的腐败和李鸿章推行"避战保船"的消极防御方针所造成的恶果，也是淮系、湘系等军阀派系为保存实力，扩充地盘，彼此倾轧，见危不救的结果。

山东半岛之战的失败，使京畿完全暴露在日军的刀锋之下，直隶平原无险可守。同时，对清军的士气和清朝统治集团的心理影响也是巨大的。从此，妥协投降空气更占上风，清政府愈加丧失了抵抗的信心。

090 "愿人人战死而失台，决不愿拱手而让台"
——台湾军民抗日之战

台湾军民的抗日之战，从1895年4月20日开始，到10月21日日军占领台南府，历时6个月。他们团结一致，协同抗敌，沉重地打击了日本侵略者，为中国人民反帝斗争史谱写了可歌可泣的壮丽篇章。

1895年4月17日，清政府同日本签订了丧权辱国的《马关条约》，把中国台湾割让给日本。消息传来，全国哗然，立即掀起了反对割地赔款，要求继续抗战的浪潮，尤其是台湾人民反对割台的斗争更为激烈。4月20日，即条约签订后第三天，台北市民鸣锣罢市，群众拥到台湾巡抚衙门，愤怒抗议清政府的卖国行径，并宣布饷银不准运出，制造局不准停工，台湾税收全部留供抗击日本侵略者之用。台湾人民表示："桑梓之地，义与存亡。"决心与日本侵略者决一死战，"愿人人战死而失台，决不愿拱手而让台"。台湾军民为了保卫国土和家园，掀起了声势浩大的反割台斗争。吴汤兴、徐骧、姜绍祖以及简成功、简精华父子领导的义军与驻守台湾的清军刘永福部，是当时反割台斗争的主力。

当台湾军民积极准备抗日之际，日本也在做割占台湾的准备。5月10日，日本政府任命海军大将桦山资纪为台湾总督兼军务司令官，以便使割占台湾迅速成为事实。

5月20日，清政府无视台湾人民的呼声，仍派出李鸿章的儿子李经方为割台大臣，如期交割台湾。5月27日，日本派出陆军中将北白川能久亲王率领的近卫师团，陆续向台湾进犯。

5月29日，日本侵略军分别由桦山资纪和北白川能久指挥，在三貂角登陆后，向基隆进犯。双方进行激烈的战斗，后因清军兵力薄弱，且战且退，最后被迫退往狮球岭拒守。6月3日午后，日军攻占狮球岭，基隆失陷。

基隆失陷后，台北危急。在这紧急关头，台湾巡抚唐景崧却逃往淡水，并于6月6日由淡水逃回厦门。6日午夜，日军进攻台北。城内一些爱国军民奋勇抵抗，但因无人指挥，无法打退日军的进攻。7日下午，日军攻占了台北。

台北失陷和唐景崧等官僚士绅的潜避，激起了台湾广大爱国军民的悲痛和愤慨。守卫台南的黑旗军首领刘永福得知这一消息后，十分气愤，发出联合抗日的号召，表示为保卫国土，"万死不辞"。坚守台湾的军民，共举刘永福为首领，领导全台抗日武装斗争。

日军在占领台北后，便急不可待地要拿下新竹，以便打开南侵的通路。6月12日，日军近卫师团分东西两路猛扑台中门户新竹县。刘永福派分统杨紫云率领新楚军，会同义军吴汤兴、徐骧、姜绍祖等驻守。他们分别在东路的大科嵌和西路的大湖口，据险阻击日军。当地群众激于民族义愤，也主动协助义军歼敌。来自山区的农民，射击准确，使日军伤亡颇重。但日军依仗人多势众和武器精良，拼死进攻。抗日军队则因粮械不济，被迫后撤。新竹于22日失陷。新竹为台中门户，战略地位重要。为了解除敌人对台中、台南的威胁，抗日义军在退出新竹后便积极筹划反攻，夺回新竹。7月9日夜，抗日义军开始反攻新竹。当时守新竹的日军有2000人，义军集中几倍于敌的兵力分两路进行反攻。吴汤兴、杨紫云率一部分兵力从正面进攻，徐骧、姜绍祖则率另一部分队伍从侧后夹击。由于走漏了消息，日军有了防备。义军这次反攻新竹虽未成功，但杀伤了大量日军。7月18日，姜绍祖率义军200余人，再次猛攻新竹城东门。徐骧也率民团攻击日军背后，以支援姜绍祖的进攻。两支队伍相互配合，与日军进行一场激烈的战斗。终因寡不敌众，最后撤退。姜绍祖率部在枕头山阻止敌人，弹尽被俘，同部下70余人殉难。

日军在新竹休整之后，又得到2万人的增援部队，于8月初出新竹，兵分三路向南进逼。8月9日，日军以3个联队的兵力在3艘军舰的配合下，向尖笔山和头份庄发起进攻。驻守在头份庄的杨紫云部队，奋勇抗击，大挫敌军。后因汉奸为日军引路，抄袭杨部后路，使杨部处于孤军作战的不利局面。杨紫云身先士卒，冒着枪林弹雨冲杀敌人，但终因寡不敌众和后援不继而失败，杨紫云同大部将士战死疆场。守尖笔山的徐骧义军巧妙地利用地形，躲开敌人炮火，抄袭其后路，大量杀伤日军，并俘敌数十人。最后终因兵力和武器相差悬殊，被迫转移。头份庄和尖笔山落入日军之手。

8月13日，日军集中兵力进犯苗栗。抗日义军进行了英勇抵抗，两军互有伤亡。但义军损失较重，被迫退出苗栗，退守大甲溪。8月14日，苗栗陷落。

日军占领苗栗后，便企图南下进攻彰化。徐骧和黑旗军统领吴彭年决定在大甲溪伏击，消灭进犯的日军。8月22日，日军猛攻大甲溪。当日军刚渡到南岸，埋伏在岸边丛林中的吴彭年部突然向敌军猛烈开火，日军猝不及防，急忙向北岸回渡，徐骧率领的义军和黑旗军营官袁锦清由溪湾左右夹击，使日军腰背受敌，前后不能兼顾，纷纷落水，死伤惨重。这次伏击战，打得敌人丧魂落魄，大大振奋了义军的士气。

8月23日，日军集结主力，再次进犯。黑旗军汤人贵营由正面迎敌，袁锦清营与徐骧部义军分左右包抄。袁锦清率精兵50多人插入敌阵冲杀，全部英勇战死。日军乘势渡过大甲溪，全力扑向台中。义军与日军激战一昼夜，最后力竭而退，台中遂陷。

日军占领台中后，便倾全力南犯彰化。抗日义军在彰化城东八卦山与日军展开激战。这次战斗是台湾军民抗日斗争史上最激烈的一次大会战，也是近代中国人民反帝斗争史上壮丽的一页。

8月28日，日军气势汹汹地猛扑彰化城东的八卦山，守军奋勇抵抗。徐骧率部组织反击，多次打退日军的进攻。汤人贵、沈福山等率部同日军展开肉搏战，壮烈牺牲。守军将领吴汤兴也中炮殉难。在山下追击敌军的吴彭年，冒死率黑旗军300余人来援，不幸中炮阵亡。在这次战斗中，日军的近卫师团也伤亡1000多人，是它侵台以来受到最沉重的一次打击。

日军占领彰化后，接着占领云林。刘永福部署反攻云林和彰化，采取以攻为守的策略。已退守台南的徐骧，招募到高山族义军700多人，也赶来参战。简成功、简精华父子和黄荣邦、林义成等也率数千人来配合。8月底，杨泗洪和各路义军夜袭嘉义北面的大莆林，歼灭守敌大部，杨泗洪受伤后仍追歼逃敌，因伤重牺牲。9月初，抗日义军收复云林后，又挥师北上，进击侵略者，在当地群众的配合下，到处截杀日军，使日军只得龟缩在彰化城内。但由于清政府阻断大陆人民支援台湾抗战，财源、枪弹和粮食都极为困难，致使义军未能攻克彰化。

日军又调来大批援军，重新从彰化出击，复陷云林，继而进逼台南的门户嘉义。黑旗军萧三发、王德标和义军黄荣邦等合力抗击日军。10月8日，日军兵临嘉义城下。守军见敌人来势凶猛，自己兵力不足，无法与敌拼杀，决计用地雷战消灭敌人。他们预先在城外义军营地中埋下许多地雷，用药线相连，并进行巧妙的伪装，布置停当后，义军撤出营地。王德标率军入城，徐骧、林义成率义军埋伏在营地两侧。当晚，林义成率队出击敌军，放了一阵枪后，佯装败退入城。日军以为义军败退，便占据义军营地。半夜，王德标派一批勇敢、敏捷的战士，潜至营地附近，迅速将地雷药线点燃。轰然巨响，地雷连续爆炸。睡梦中的日军还未来得及弄清发生了什么事，便被炸死或炸伤。这一仗，日军死伤700多人。日军在溃退中，又遭义军伏击，死伤很多。

10月9日，气急败坏的日军集中兵力疯狂地向嘉义城大举围攻。义军首领徐骧在城楼上持刀督战，奋勇杀敌。柏正才、王德标、简成功、简精华等均率部力战。午后，西门首先被攻破，敌人蜂拥而入。义军与敌人展开浴血巷战，最后冒着日军猛烈的炮火冲出重围，退到城外。王德标和简精华率部退守曾文溪，嘉义失陷。

日军占领嘉义后，集中4万兵力，从陆、海两路包围台南。这时，台湾抗日军民经过5个月的浴血奋战，伤亡很重，成千上万的战士为保卫国土英勇献身，许多爱国将领也先后壮烈牺牲，元气大伤。加上兵力不足，饷弹缺乏，形势十分危急。10月20日，日军进犯曾文溪，徐骧、简精华、王德标率队拒战，但由于力量相差过于悬殊，义军终于战败。21日，日军进占台南府城。

台湾沦陷了，但台湾军民不屈不挠、浴血奋战的斗争精神是可歌可泣的。他们以土枪土炮抗击了用近代化武器装备起来的训练有素的日本侵略者达5个月之久，并使日本侵略军付出了巨大代价。5万侵台日军在战场上伤亡和因病中途被遣送回国的就达3万多人、近卫师团长北白川能久中将和第二旅团长山根信成少将也在这次侵台战争中毙命。

台湾军民的抗日之战向全世界表明：中国人民不可侮！中华民族不可侮！台湾军民用自己的鲜血为中国人民反帝斗争史谱写了悲壮而又光辉灿烂的篇章，充分体现了中华儿女的爱国主义精神。

091 席卷华北,震撼中外
——抗击八国联军的大沽、天津之战

中国人民抗击八国联军的大沽、天津之战,是以义和团为主体的反抗外来侵略的战争,从 1900 年 6 月 15 日开始,到 7 月 14 日结束,历时 1 个月,中经大沽之战、老龙头火车站争夺战、紫竹林租界攻坚战和八里台保卫战,最后以义和团撤离天津、八国联军分区占领而结束。

这场战争是由帝国主义列强仇视义和团运动而引起的。义和团运动 1898 年首先在山东兴起,是一次以农民为主体的群众性反帝爱国运动。它席卷华北,震撼中外。

帝国主义列强对义和团运动的兴起,一方面感到惊恐不安,另一方面却认为是入侵中国的好机会。于是,列强纷纷制造出兵镇压义和团和瓜分中国的舆论。各国驻华公使一再向清政府施加压力,限令清政府尽快镇压义和团。

帝国主义列强除以"保护使馆"为名,组成所谓特遣卫队进京外,还调集军舰到大沽口外示威。各国侵略军也陆续从大沽登陆,开进天津租界。

6 月 15 日,各国海军头目密谋夺取大沽炮台,控制津沽通道,并于当晚派日军 300 人登陆。16 日,各国海军头目联合向大沽炮台守将、天津镇总兵罗荣光发出最后通牒,要求"暂借"炮台,限定在 17 日凌晨 2 时以前必须将炮台交出,否则将用武力夺取。当天下午,俄、英、德等国的小分队相继登陆,配合日军小分队完成了占领塘沽车站和包抄、进攻

炮台的准备。

大沽炮台守将罗荣光义正辞严地拒绝了八国联军的无理要求，并严阵以待来犯之敌。

6月17日凌晨，在俄国海军中将基利杰勃兰特指挥下，八国联军兵舰10余艘悍然从海面和炮台后侧同时向大沽炮台发起猛攻。罗荣光率领守卫炮台官兵英勇抵抗，开炮还击。双方鏖战6小时，共击沉击伤敌舰6艘，打死打伤敌军130多人。后因弹药库被敌炮击中，守军弹药不继，又无援军，处境极为不利。这时，陆上的敌军又乘势猛攻炮台，使守军腹背受敌，伤亡很重。凌晨5时，日军攻占北岸第一炮台；6时，英军攻占第二炮台；7时，各炮台全被敌军攻占，大沽失陷。罗荣光退到天津，后服毒自杀。

大沽保卫战，在当时是一场毫无希望获胜的战争，但罗荣光为首的大沽军民，视死如归、浴血奋战，他们所表现的不屈不挠的民族精神，将千古流传。

天津保卫战是从6月中旬开始的。15日晚，盘踞在老龙头火车站（今天津站）的沙俄侵略军向义和团袭击，义和团也出动400余人进行英勇还击。这次战斗揭开了天津保卫战的序幕。天津附近各县的义和团民闻讯，纷纷赶来增援。原在静海县的义和团首领曹福田也在这时进入天津。在天津的义和团民已近3万人。

曹福田率大队义和团民一到天津，就径直前往总督衙门去找裕禄。裕禄不但恭恭敬敬地接见他，还答应派官兵配合作战，并给令箭一支，准许曹福田调用军队。

6月17日下午，英、德两国军队进攻天津武备学堂。驻守在这里的几十名学生英勇反击，他们隐蔽在房子里，从四面八方射击敌人，火力十分猛烈。敌军攻不进去，便放火焚烧，引起军火爆炸，几十名学生壮烈牺牲。

17日晚，从大沽登陆的侵略军乘火车开往天津，同守护天津站的清军开火。曹福田闻讯，即率领大队团民前往救援。他亲临前线，组织团民与官兵合力反抗，一直战斗到深夜，打死打伤敌军500多人，迫使敌军向租界转移。义和团和清军夺回了车站以北全部据点。此后，小战斗时有发生，但敌军不敢恋战。

7月5日，裕禄邀集曹福田和6月底进入天津的静海县独流镇义和团首领张德成，以及聂士成、马玉昆共同商讨战守计划。最后决定，由义和团担任天津城防任务，并扼守东门外接近紫竹林租界一带；马玉昆部进驻老龙头火车站，防备敌军偷袭这一战略要地，并控制紫竹林租界的西北要道，切断天津租界与大沽的联系；聂士成部驻扎南门外海光寺一带，以阻止敌人窜扰南门，并威胁紫竹林租界背后。这是一个完整的作战方案，它形成了对紫竹林租界三面包抄的态势。

老龙头火车站位于租界西北，地势重要。由于马玉昆畏葸不前，拱手将这个战略要地送给了侵略者，有俄军1700人盘踞在这里。它沦于敌手后，造成敌人钳制天津的威胁。为了夺下老龙头火车站，曹福田挑选出一支500人的突击队，为避免白天冲杀伤亡过重，决定夜袭火车站。清军水师营副将黄星海亲自携带大炮赶来助战。7月5日夜间，义和团在水师营炮火的掩护下，奋勇杀敌，毙伤许多敌人。敌军招架不住，便抱头逃回租界，曹福田收复了老龙头火车站，并控制了紫竹林租界的西北交通要道。

7月5日下午，军事会议刚刚开完，张德成就率领"天下第一团"几千人进驻马家口，直捣租界腹地。7月6日夜间，敌军企图偷袭马家口。张德成得到报告后，将计就计，伏击了偷袭之敌，歼敌大部，首战告捷。9日，张德成率部向租界发动进攻，歼敌多人，再一次获得赫赫战果。经过这两次战斗，敌军对义和团的肉搏攻坚，自知难于抵抗，便在租界内重要街道路口埋设地雷，妄图阻挡义和团进攻租界。

为了减少伤亡，张德成用战国时田单的火牛破敌办法，巧摆火牛阵，大破敌军的地雷群，把敌人重重设防、层层布阵的巢穴深处搅了个天翻地覆。

与此同时，曹福田也亲率所部义和团由老龙头火车站向新浮桥发起猛攻，压迫敌人的右侧防线；聂士成部则越过南郊八里台，迂回到小营门附近，向租界背后开炮猛轰；巾帼英雄"红灯照"更是全体出动，日夜奔走在战斗第一线，送水送饭，抢救伤员。保卫天津的战斗，就在义和团的冲杀声中进入了最高潮。

7月9日，八国联军在天津城南发起总攻。聂士成在八里台指挥将士英勇抵抗。战斗中，他身先士卒，冲锋在前，两腿被炮弹打伤，血流如注，仍坚持督军苦战。最后"身中数炮，腹裂肠出而死"，为保卫天津流尽了最后一滴血。聂士成的牺牲使清军失去了指挥，使防御天津的力量急剧衰退。

7月12日，八国联军各路增兵均已到来，约1.4万人。13日晨，八国联军分两路向天津城发动总攻。一路由俄、德为主的5000人进攻东城和东北角三岔河阵地；一路以日、美、英为主的5000人进攻南门，其余的2000多人驻扎在租界和火车站，作为后援。

在这即将决战的紧急关头，直隶总督裕禄和守卫天津城的清军提督宋庆、马玉昆等却率部逃跑，仅有练军、水师营和新招募的芦台团练，总数几千人守卫天津。义和团由于连日伤亡及宋庆等的摧残，也只剩下1万人。在这极端危急的情况下，义和团和清军部分爱国官兵怀着保卫祖国的决心，同侵略者进行了英勇的搏斗，特别是在南门一带，义和团坚守城头，英勇机智地射击敌人，使日、美等国侵略军遭到惨重损失。

正在双方鏖战之时，北京耶稣教美以美会派往天津递送情报的汉奸郑殿劳将天津南面一段城墙曾经倒塌过的详情密告日军。14日晨，日军伪装成团民模样，混到墙根，炸开那段城墙，侵略军蜂拥而入，攻占了南门。但联军也付出了死伤750多人的代价。这时，坚守在东北角一带的义和团和部分爱国官兵，腹背受敌，在歼灭沙俄侵略军200多人以后，被迫撤离，天津最后陷入敌手。

天津城池虽然被八国联军所攻破，但是义和团和部分爱国官兵发挥了勇敢顽强的战斗精神，在极端不利的条件下，坚守天津达1月之久。他们顽强的战斗精神和大义凛然的英雄形象，使侵略者望而生畏。天津保卫战，充分显示了中国人民力量的伟大。

092 它让世人看到了中国人民是不可征服的
——抗击八国联军的北京之战

北京是清王朝统治的心脏，也是帝国主义列强侵华势力的中枢。义和团的英雄们在这里展开了气壮山河的反帝爱国斗争，许多大街小巷留下了他们的战斗足迹，洒下了他们的泪水和鲜血。

1900年五六月间，大批义和团进入京津，同当地的群众相结合，声势更加浩大。清朝统治者感到，若不避开义和团的锋芒，就有被推翻的危险。因此，采取了剿抚兼施和先抚后剿的策略，允许义和团进京。在慈禧太后的招抚和默许下，义和团大批进入北京，仅仅几天工夫，北京城几乎成了义和团的天下。

帝国主义列强面对义和团的反帝怒火，即以出兵"平乱"胁迫清政府，限令清政府在两个月内"剿除"义和团，不然就派出水陆各军代为"剿平"。列强为了进一步扩大对中国的侵略，5月28日，英、法、德、美、日、俄、意、奥八国一致决定，以"保护使馆"的名义派兵进入北京。第一批440余人于5月31日和6月2日分乘清政府提供的火车从天津开进北京。

6月9日，列强各公使又开会决定，调遣大队联军进京。10日，由英国海军上将西摩尔率领的联军2000多人由天津乘火车向北京进犯。

消息传来，京津铁路沿线各村庄的义和团立即行动起来，拆毁路轨、桥梁，锯掉沿途电线杆，使京津间铁路和电讯完全断绝。侵略军边抢修铁路边龟缩前进。6月11日晚，八国联军刚到落垡，立即受到义和团的攻击。敌人龟缩在车站和车厢里，凭借洋枪洋炮进行顽抗。义和团拉来土炮，进行猛烈还击。从天津到北京，火车只需几小时，但西摩尔率领的联军，在义和团的顽强阻击下，穷于应战，走了4天才到了廊坊。14日清晨，联军刚到廊坊，还喘息未定，就受到几百名义和团的进攻。18日，义和团在董福祥军的协助下，再次向廊坊车站的敌军发动猛烈进攻。董军开枪射击，吸引住敌人的火力，义和团民趁势冲杀，跟敌人展开白刃战。激战两个小时，歼敌50余人。19日，西摩尔决定退回天津，但铁路已被拆毁，只能沿北运河退回。在退却途中，八国联军还不断受到义和团的拦阻和袭击。义和团廊坊阻击战，阻止了八国联军大批进入北京，对北京义和团的斗争起了重要的配合作用。

8月2日，八国联军拼凑了4万兵力，正式成立了联军司令部，经过一番争夺，最后决定由德国元帅瓦德西担任联军总司令。

8月3日，联军各统领开会，决定进攻北京。4日，八国联军近2万人自天津沿运河两岸向北京进发。5日凌晨，联军到达北仓，聂士成军余部起而抵抗，他们怀着为主将报仇的心情，打得非常顽强。大炮轰鸣，弹如雨下，使联军锋头受挫，不得不稍稍后退。附近的义和团民数千人，闻讯也赶来参战。这一仗，义和团和聂军官兵，共打死打伤联军数百名。驻扎在这里的马玉昆部，在枪声刚响的时候便仓皇逃往武清县（今天津武清区）。最后，聂军弹药用尽，只好撤退。联军攻陷北仓，并继续进犯。6日，联军进至杨村，裕禄和宋庆率军勉强应战。由于兵将全无斗志，大败。裕禄自杀。宋庆则率部进到通州。杨村被联军攻占。

8月8日，李秉衡以帮办武卫军事务的名义统率"勤王之师"张春华、陈泽霖、万本华、夏辛西各军1.5万人抵达河西务迎战八国联军。慈禧太后也把赌注押在李秉衡身上，幻想李秉衡能挽回败局。开始，八国联军先头部队毫无准备，措手不及，气势受挫。不久，联军后续部队陆续到达，向李秉衡部发起进攻。双方相持一昼夜。李秉衡军弹药粮食俱尽，最后失败。9日，李秉衡突围出来，败走马头，再退至通州张家湾，愧愤交集，于11日饮毒自杀。北京局势万分危急。

8月13日，八国联军攻占通州。

八国联军占领通州后，原来约定14日休整一天，15日会攻北京城。

但俄军为抢攻陷北京城之"首功"而背约，首先进攻北京东便门。俄军的进攻遭到守城清军和城内义和团的猛烈抵抗。经过激烈战斗，14日凌晨两点，俄军才攻占了东便门。接着，俄军又进攻建国门，遭到董福祥军的猛烈抵抗，使俄国遭到大量伤亡。这场战斗一直持续到14日下午，俄军才得以攻入内城。

日军见俄军已发起进攻，也不甘落后，于14日晨进攻齐化门（今朝阳门），守城的清军奋起抵抗。这一仗从清晨一直打到黄昏，日军才占领了齐化门。英、法、美各军也相继进攻北京。英军乘虚攻破广渠门，抄小道进入东交民巷使馆区。法、美侵略军也于14日晚攻入城区。清军大都溃逃，但仍有部分爱国官兵和义和团坚守不退。他们筑街垒，设障碍，有力地阻击了侵略军，同八国联军展开激烈的巷战达两天之久。在北京保卫战中，共毙伤联军400余人，清军和义和团也有600多人战死。

8月15日晨，八国联军进攻皇城东华门。慈禧太后闻讯惊骇至极，急忙带着光绪皇帝、皇后、太监李莲英、大阿哥等从西华门至德胜门，转经西直门逃出北京。他们经怀来、宣化、大同到太原，最后逃亡到西安。

慈禧太后在逃亡中，一面命令在上海的李鸿章迅速北上，授予他卖国全权，并加派庆亲王奕劻会同商办"议和"事项；一面下令镇压义和团，要求清军官兵对义和团要"严加查办"，公然要用义和团的头颅作为向帝国主义列强求和的见面礼。这充分表明，以慈禧太后为首的清朝统治集团，决意充当帝国主义的走狗，"量中华之物力，给与国之欢心"，完全成了"洋人的朝廷"。

八国联军攻占北京后，曾公开命令全体官兵抢劫3天。但事实上直至联军撤出北京，抢劫始终未曾停止过。从公使、各级军官、教士到普通士兵，一无例外地都参加了抢劫活动。他们不仅抢劫居民，更热衷于抢劫皇宫、官行和府第。皇宫、颐和园所藏大量珍贵的历史文物、珠宝金银，均被抢劫一空。

1901年9月7日，奕劻和李鸿章代表清政府，同英、俄、美、法、日、德、意、奥、西、比、荷11国代表，在北京签订了空前严重的丧权辱国的《辛丑条约》。帝国主义列强进一步巩固和加强了在华的侵略势力，向中国人民榨取了巨额的赔款。《辛丑条约》的签订，标志着中国完全沦为半殖民地半封建社会。

　　北京军民抗击八国联军的斗争虽然被中外反动派联合镇压了，但它沉重地打击了帝国主义，使他们看到了中国人民的力量，承认中国人民是不可征服的，"中国群众含有无限蓬勃生气""无论欧美日本各国，皆无此脑力和兵力可以统治此天下生灵四分之一"（赫德语）。"故瓜分一事，实为下策"（瓦德西语）。中国人民的英勇斗争，粉碎了帝国主义列强瓜分中国的野心，使中华民族免遭殖民地的灾难，这一功绩是不可磨灭的。

093 中国人民反抗外来侵略的光辉一页
——东北军民抗击沙俄入侵之战

东北各族人民的抗俄斗争，是中国人民反抗外来侵略斗争史上光辉的一页。

在帝国主义企图瓜分中国的狂潮中，沙皇俄国首先侵入了中国东北地区。吞并中国东北是沙俄的既定国策。八国联军侵华战争一开始，沙俄就把对华作战区划分为两个战场，即京津战场和"满洲"战场。在京津战场，沙俄参与八国联军一道行动，进攻天津和北京；在"满洲"战场，沙俄则排斥其他列强，采取单独军事行动。

沙俄打着"保护中东铁路"的旗号，出动了18万军队，从瑷珲、满洲里、珲春、三江口、旅顺等地，分六路侵入我国东北地区，妄图实现独霸东北的野心。

在沙俄侵略军武装进犯的严重形势下，东北军民斗志空前高涨。东北军民的斗争，和关内有不同点，它打击的对象是沙俄帝国主义。东北各民族、各阶层人民，包括一部分爱国官兵，组成广泛的爱国反帝阵线，团结抗俄，并肩战斗，这是东北军民斗志空前高涨的主要标志，也是抗俄斗争的力量所在。当时，北起黑龙江畔，南迄渤海湾，东自乌苏里江边，西至呼伦贝尔草原，到处燃烧着抗击沙俄入侵的熊熊烈火。

1900年7月8日，沙俄阿穆尔总督格罗德柯夫借口"护路"，要求把集结在海兰泡的数千名俄军经瑷珲（今爱辉）、齐齐哈尔开往哈尔滨，遭到黑龙江将军寿山的严词拒绝。但沙俄无视寿山的照会，7月12日和13

日，满载军队和战备物资的兵舰和驳船，从水路下航黑龙江，运往大沽、旅顺、哈尔滨等地。14 日，沙俄阿穆尔州军事长官格里布斯基派出一个纵队企图越江偷袭瑷珲。15 日，当他们行至三道沟附近时，被瑷珲守军阻截，俄军"先发难端"，向我阵地轰击。守军被迫进行自卫还击，打死打伤俄兵 7 人，俄军被迫返回。

7 月 17 至 21 日，沙俄制造了 20 世纪震惊世界的"黑龙江上的悲剧"，屠杀海兰泡和江东 64 屯的中国居民 7000 余人。沙俄的暴行，更加激发了江东人民的抗俄斗志，许多青壮年自动地武装起来进行自卫。18 日，江东人民配合清军伏击了俄军在卜尔多屯的一号哨所，杀得俄军横尸遍地。中国军民拔掉了敌人据点，焚毁了一座火药库，缴获了不少枪械弹药。

8 月 1 日深夜，俄军 5 艘火轮在江面上一字排开，先向黑河屯猛烈轰击，而后几次企图登陆，都被瑷珲军民打退。这时，背后又响起枪声。原来是另一支数千人的俄军从五道沟偷渡登陆，直插驻守黑河屯瑷珲军民的背后。尽管俄军两面夹攻，瑷珲军民毫不畏惧，坚守阵地，子弹打光了，就搬起石头砸，抡起大刀拼，打退了俄军的多次冲锋。驻守黑河屯的爱国军民，同敌军鏖战 4 小时，因寡不敌众，最后撤出阵地。

8 月 4 日晨，1 万名俄军从东、北、南三面对瑷珲古城发动疯狂地进攻，守城军民死力拒敌。在城郊，有 300 名士兵英勇不屈地坚持战斗，直至壮烈牺牲。在城内巷战中，爱国军民据守房屋，进行顽强抵抗。有的"同心守家"，矢志抗俄；有的死守着炮架、阵地工事，直至阵亡；有的炸毁据守的房屋，纵火自焚，与冲上来的敌人同归于尽。英雄的瑷珲军民为了保卫祖国的神圣领土和自己的家园，竭尽了全力。

在吉林，阿列克谢耶夫少将率领哈巴罗夫斯克纵队 3250 人，乘江轮 22 艘，带拖船 56 只，从伯力出发，沿松花江边流而上，于 7 月 17 日侵占了拉哈苏苏（今黑龙江同江）和富克锦（今黑龙江富锦）防区，直扑水陆交通重镇三姓（今黑龙江依兰县）。26 日，在倭和江口，爱国军民击退了俄军的疯狂进攻，打坏俄轮 1 艘，打沉驳船 1 只。28 日，俄军水陆并进，向倭和江右岸的倭肯哈达阵地进攻，爱国军民在山南石灰窑道口一带，又歼灭俄军数百名，打沉俄轮 1 艘。在三姓城郊，水师营的炮手向驶来的俄轮发射100余炮，击毙俄兵20余名。从9时激战到12时，城中被俄炮击中起火，守军撤出，三姓城失守。

7月18日，数千名俄军袭击宁古塔（今黑龙江牡丹江市）防营。驻守防营的官兵沉着固守，双方对峙一整天。由于中国军民的英勇抵御，使俄军不能前进一步。19日，狡猾的俄军施展了围塔打援的诡计，派出一支俄军攻打宁古塔，清军闻讯赴援，被攻塔的俄军堵住，激战半日。正在力难支持的危急时刻，宁古塔的40余名义和团健儿手持大刀、扎枪，突然而至，给予清军有力支援。义和团和爱国官兵合力攻击，打退了俄军的进攻。

7月30日，俄军从波谢特出发，攻占了珲春城南的黑顶子，然后进攻东、西两炮台。两炮台猛烈还击，给俄军以惨重杀伤。不料东炮台被俄国炮火击中震裂，英勇的炮手们依然坚守岗位，向冲近炮台的俄军发出最后一炮，当场击毙敌炮兵连长波斯特尼科夫和6名士兵。午后2时，珲春城陷落。

三姓、珲春先后失守，使宁古塔处在俄军的包围之中。义和团和清军官兵协同作战，使宁古塔城岿然屹立。俄军从海参崴调1个团的兵力增援。8月28日，俄军向宁古塔城发起猛攻，爱国军民浴血奋战，打退了俄军的多次进攻。29日，俄军发起凌厉攻势，破城而入。义和团和爱国军民在宁古塔的保卫战中，不屈不挠，英勇顽强，作出了最大的努力。他们与优于自己数十倍的俄军相持40余天，这在东北军民抗俄斗争史上是光彩绚丽的一章。

在俄军大举进犯黑龙江、吉林的同时，从旅顺派遣的一支俄军和米申科的"护路"队在佛莱舍尔少将的指挥下，北犯海城、熊岳、盖平（今辽宁营口市）、营口等地。

辽南中东路沿线的广大人民深受沙俄的欺凌、压迫，这一地区的义和团也最活跃，参加人数之多、斗争规模之大，超过东北其他地区。义和团和爱国军民高举"为祖国和真理"的大旗，联合战斗，英勇抗击了沙俄的进犯。

7月15日，俄军先夺占海城周围的唐王山和亮甲山，然后向城内开炮射击。由于军民坚守城池，俄军未能得逞。7月27日，在金山岭、老虎山一带，双方鏖战一昼夜，互有伤亡，战斗暂处相持阶段。

7月25日和8月1日，海城右翼的熊岳、盖平先后沦于敌手。8月4日，海城左翼的营口也被俄军占领。8月10日，俄军分兵三路进攻海城。爱国军民在虎庄电、邓家台等地奋力抵御，后撤至唐王山、亮甲山与守山部队会合。此时，敌军也尾随而至，向唐王山开炮。双方炮火对射不久，守军大炮被敌炮轰坏，炮兵陆续撤出阵地，转移到城东北的隅双山。俄军乘虚抢占了唐王山。就在这时，海城的义和团和红灯照手持大刀、长矛、利剑，向敌军发起猛烈反攻。他们大张旗帜，结队上山，欲与俄军决一死战。俄军连忙开枪射击，但并未吓退这些勇士。前面的人倒下了，后面的人继续往上爬，毫不畏惧地迎着敌人冲上去，勇敢地扑向敌人。英雄们虽然倒在血泊中，但他们这种前仆后继的大无畏的革命精神气壮山河，可歌可泣。

8月12日，俄军占领海城后，辽南保卫战进入第二阶段，即辽阳高地的阻击战。正在这时，沙皇尼古拉二世悍然指令俄军加强进攻。于是，沙俄增兵遣将，进犯辽阳。

9月21日，沙俄中将苏鲍季奇率领一支俄军由旅顺到达营口，使在辽南的俄军达2万人，分东、中、西三路北进。9月23日，西路俄军进袭牛庄。爱国军民埋伏在高粱地里，痛击俄军，奋战一天后退守大望台。在大望台激战两日，杀伤相当，再退刘二堡。26日，中路和东路俄军攻袭鞍山站。在鞍山站北的山地里，俄军遇到中国军民不屈不挠地抵抗，米申科率领的两个中队几乎被歼灭。27日，爱国军民会集在沙河南八卦沟，布置了一个蹄形阵地，又把米申科率领的东路俄军团团围住。俄军中路主力部队赶到，才把他们救了出来。

9月28日，另一支俄军猛扑辽阳城，辽阳失守。10月1日，俄军占领奉天（今沈阳），4日占领锦州，6日占领铁岭。辽宁全省基本上控制在沙俄手中。

东北军民的抗俄斗争坚持了3个月之久，不少战役打得很出色。虽然最后仍归于失败，那是由于缺乏纪律，特别是缺乏统一的最高指挥，造成指挥不灵,部队各行其是,在战斗中彼此接应不及。同时,清朝地方官吏忠实地秉承慈禧太后的"谕旨",执行妥协投降政策,也对东北军民的抗俄斗争起了严重的破坏作用。吉林各地的抗俄斗争,就是在沙俄侵略军和吉林将军长顺的联合镇压下失败的。

094 一次震动全球的城市起义
——黄花岗起义

甲午战争以后,帝国主义掀起了瓜分中国的狂潮,中华民族已面临着亡国灭种的现实威胁。为挽救民族危亡,以孙中山先生为杰出代表的资产阶级革命派登上了历史舞台。1905年8月,中国有史以来第一个资产阶级政党中国同盟会成立。在同盟会的领导下,资产阶级革命党人发动了一次又一次以推翻腐朽的清朝封建统治,建立资产阶级共和国为目的的武装起义,1911年4月爆发的黄花岗起义就是其中的一次。这些起义在不同程度上打击了清朝统治,为后来武昌起义一举成功准备了条件。

清政府在《辛丑条约》签订后,完全成了帝国主义的走狗,成了"洋人的朝廷"。中国近代社会两大主要矛盾——帝国主义和中华民族的矛盾、封建主义和人民大众的矛盾的焦点都集中在清政府身上,只有推翻清朝的反动统治才能拯救民族。于是,从20世纪初年开始,革命就成了不可阻挡的历史潮流。资产阶级革命党人不断利用会党和新军发动武装起义。1906年12月,同盟会推动和领导了规模巨大的萍浏醴起义。1907年、1908年,同盟会又在西南边境地区发动了6次武装起义:潮州黄冈起义、惠州七女湖起义、防城起义、镇南关起义、钦廉上思起义、河口起义。光复会也在1908年11月发动安庆新军马炮营起义。这些起义由于准备不足,结果都归于失败。1910年2月,同盟会员倪映典率广州新军3000人起义,又遭失败。连续的失败,使少数革命党人对前途失去信心,转而走上暗杀道路。只有孙中山等人在失败面前不气馁,对革命成功充满信心。他们决心在广州发动一次更大的起义,以此推动全国革命形势的发展。

1910年11月,孙中山在马来亚槟榔屿召开秘密会议,商量卷土重来的计划。参加会议的有同盟会的重要骨干黄兴、赵声、胡汉民等人。会议决定再发动一次大规模的广州起义。他们计划以广州新军为主干,另选革命党人500人(后增至800人)组成"选锋"(敢死队),首先占领广州,然后由黄兴率领一军入湖南,赵声率领一军出江西,谭人凤、焦达峰在长江流域举兵响应,然后会师南京,举行北伐,直捣北京。

同盟会接受历次起义失败的教训,在起义发动前进行了认真细致的准备,筹款购械、组织联络都有专人负责。为了更好地领导起义,1911年1月,同盟会在香港成立统筹部,以黄兴、赵声为正副部长,下设调度处、储备课、交通课、秘书课、编辑课、出纳课、总务课、调查课,具体领导这次起义,并陆续在广州设立秘密据点,作为办事和储藏军械的地点。革命党决心把这次起义组织好。

统筹部成立后,各课分别派人进入广州开始活动。4月8日,省城内外及各省革命力量大体联络就绪。统筹部决定发难日期定在4月13日,分十路进攻,赵声为总司令,黄兴为副。"选锋"之外,加设放火委员,预备临时放火,扰乱清军军心。

但是,就在统筹部开会这一天,发生了同盟会员温生才刺杀署理广州将军孚琦事件,广州戒严。加上美洲的款项和由日本购买的军械也未到,因此,发难日期不得不推迟。

4月23日,黄兴由香港潜入广州,在两广总督衙门附近的小东营5号设立起义指挥部。当时,广州革命党人已决定于26日(三月二十八日)起义。因日本、安南方面的枪械稍迟方能运到,而准备响应起义的新军第二标又有5月3日(四月初五)即将退伍的消息,这就使起义陷于既不能速发、又不能拖延的困难境地。黄兴等人临时决定起义延缓一日,定在4月27日(三月二十九日),将原定10路进军计划改为4路:黄兴率一路攻总督衙门;姚雨平率军攻小北门,占飞来庙,迎接新军和防营入城;陈炯明带队攻巡警教练所;胡毅生带队守南大门。但胡毅生、陈炯明等认为清军已有防范,提议改期。姚雨平反对改期,但要求发枪500支以上。黄兴在喻培伦、林文(时爽)等人激励下,决定无论如何也要按期发难。

1911年4月27日下午5时30分，黄兴带领"选锋"120余人，臂缠白巾，手执枪械炸弹，吹响海螺，直扑督署。督署卫兵进行顽抗，革命军枪弹齐发，击毙卫队管带，冲入督署。两广总督张鸣岐逃往水师提督衙门。黄兴等找不到张鸣岐，便放火焚烧督署衙门，然后冲杀出来，正碰上水师提督李准的亲兵大队。林文听说李部内有同志，便上前高呼："我等皆汉人，当同心戮力，共除异族，恢复汉疆，不用打！不用打！"话未讲完，被敌人一枪击中，当场牺牲。刘元栋、林尹发等5人也相继中弹。黄兴被打断右手中食二指第一节，便以断指继续射击。随后，黄兴将所部分为三路：川、闽及南洋党人往攻督练公所；徐维扬率花县党人40人攻小北门；黄兴自率方声洞、朱执信等出南大门，接应防营。

　　攻督练公所的一路途遇防勇，绕路攻龙王庙。喻培伦胸前挂着满满一筐炸弹，左手执号筒，右手拿手枪，奋勇当先，投掷炸弹。战至半夜，终因众寡不敌，全身多处受伤，率众退至高阳里盟源米店，以米袋作垒，向敌射击。后因敌放火，他们才被迫突围，喻培伦被俘遇害。

　　往小北门的一路也很快遭遇清军。经过一夜作战，打死打伤敌人多名。最后，张鸣岐放火烧街，徐维扬率部突围，被敌逮捕。

　　黄兴所率一部行至双门底后，与温带雄所率计划进攻水师行合的巡防营相遇。温部为入城方便，没有缠带白巾，方声洞见无记号，便开枪射击，温带雄应声倒下。双方立即发枪还击，方声洞牺牲。战至最后，只剩黄兴一人，才进入一家小店改装出城，4月30日回到香港。

　　起义前夕，曾通知惠州等地会党于4月28日响应。届时，顺德会党数百人竖旗响应，夺占乐同团练分局。4月30日，在李准进逼下，会党解散。

　　这次起义，除黄兴一部及顺德会党按期发难外，其余各路均未行动。新军子弹被收，没有作战能力；胡毅生、陈炯明事先逃出了广州城；姚雨平因胡毅生刁难，未能及时领到枪械，起义爆发后藏匿不出。这样，起义成为黄兴一路的孤军作战。

　　起义失败后，广州革命志士潘达微收殓牺牲的革命党人遗骸72具，葬于广州郊外的红花岗，并将红花岗改为黄花岗，史称"黄花岗72烈士"。

这次起义因而也称为黄花岗起义。

黄花岗起义集中了同盟会所有的人力、财力，做了长期的准备，但最终还是失败了。究其原因，主要有如下三个方面：一是革命党人没有建立起适合武装起义的领导机构，参与组织起义的一些重要骨干在起义即将爆发的紧急关头仍然我行我素，各行其是，致使起义日期一改再改，临到起义，各部除黄兴一路外均借故不发动，造成了孤军奋战的局面。二是计划不周密，起义尚未爆发，消息就已走漏，使清军早有准备，而革命党方面则由于种种原因，未能按原定计划完成各项准备工作（包括枪械运输），最后只得在十分不利的情况下，仓促发难，自然难保成功。三是没有取得广大人民群众的支持，起义只是少数革命党人的军事冒险。

但是，无论如何，资产阶级革命党人用生命和鲜血献身革命的伟大精神却震动了全国，也震动了世界，从而促进了全国革命高潮的更快到来。

095 敲响清王朝丧钟的划时代战争
——武昌起义

黄花岗起义失败后,广州地区的革命力量损失很大,一部分革命党人决定把注意力集中在长江流域,在以武汉为中心的两湖地区发动一次新的起义。经过两湖地区革命党人的努力,起义终于在1911年(农历辛亥年)10月10日成功地发动了,这就是具有划时代意义的辛亥武昌起义。

辛亥武昌起义前夕,中国社会各种矛盾空前激化。人民群众自发的反抗斗争此起彼伏,和资产阶级革命党人连续不断的武装起义相呼应,这表明,被统治阶级已不能照旧生活下去了。清朝统治阶级内部也发生了分化。1906年,清政府抛出"预备立宪"骗局,实际上却不断加强皇族权力,引起立宪派和部分汉族官僚的不满。1908年,光绪帝和慈禧太后相继死去,年仅3岁的溥仪即位,改年号为宣统,由其父载沣摄政。载沣掌权后,首先将北洋军阀头子袁世凯开缺回籍,以削减汉族大官僚的权力。1911年5月,清政府公布新内阁成员名单,奕劻为总理大臣,在13名内阁成员中满族9名,其中7名是皇族,汉族只有4名,因此被称为"皇族内阁"。立宪派对此大失所望。这时,革命风暴即将来临,立宪派多数对清政府产生了离心倾向,少数开始同情或参加革命。统治阶级内部的分化,说明统治阶级已不能照旧统治下去了。革命形势日趋成熟。

面临重重危机的清政府,为了换取帝国主义的支持,在"皇族内阁"成立不久即宣布实行"铁路干线国有"政策,强行接收广东、四川、湖北、湖南四省商办铁路公司,将人民多年争得的路权重新拍卖给帝国主义。这一倒行逆施,引起了各阶层人民的强烈反对,掀起了声势浩大的保路运动,其中尤以四川最为激烈。四川同盟会和哥老会组成保路同志军,进围成都，参加的人达 20 万。全省人民纷纷揭竿而起，形成大规模的群众起义。同盟会员吴玉章、王天杰还在荣县宣布独立，建立革命政权。为了扑灭四川的革命火焰，清政府派督办粤汉、川汉铁路大臣端方率领部分湖北新军入川镇压。湖北革命党人乘机在武昌首义，点燃了武装推翻清王朝的革命烈火。

武汉位于长江中游，是当时仅次于上海的全国第二大城市，也是革命和反革命斗争最激烈的地区之一。革命团体文学社、共进会在湖北新军中开展了卓有成效的宣传和组织工作，积聚了较雄厚的革命力量，积极准备起义。1911 年 9 月上旬，湖广总督瑞澂奉清政府之命调部分新军入川镇压保路运动，武汉地区的反革命力量减弱。1911 年 9 月 14 日，在同盟会中部总会推动下，文学社和共进会决定消除门户之见，联合反清，建立了统一的起义领导机关。军事方面，由蒋翊武任总指挥，孙武为参谋长。政治方面，由刘公任总理。9 月 24 日，两个革命团体召开第二次联席会议，决议在 10 月 6 日（农历八月十五日）发动起义，蒋翊武为临时总司令。对各标、营的任务也作了安排，并派人约湖南革命党人焦达峰响应。

革命党人的活动引起了湖北统治当局的注意。瑞澂在 10 月 3 日召开文武官员参加的防务会议，决定严防督署，密巡长江和汉江，实行全城戒严。随后派兵搜查革命机关，收缴士兵子弹，使枪弹分离。鉴于清军已有准备，加上同盟会重要领导人黄兴、宋教仁、谭人凤等人迟迟未到武汉，革命党人决定将起义延期。

10 月 9 日，孙武等在汉口俄租界宝善里 14 号机关配制炸弹，不慎引起爆炸。孙武受伤进了医院，其余人员仓促转移。俄国巡捕闻声赶至现场，搜去革命党人名册、起义文告、旗帜、印信等物，并转交总督署，瑞澂立即下令关闭四城，搜捕革命党人。在此风云突变之际，蒋翊武、刘复基、彭楚藩、杨宏胜等人在午后召开紧急会议，决定立即发动起义。蒋翊武以临时总司令的名义起草命令，派人送往各标、营革命党人手中，约定当晚 12 时，以南湖炮队的炮声为号，城内城外同时起义。

但是，瑞澂已于事先听到风声，派军警查抄了武昌的各个革命机关，逮捕了刘复基、彭楚藩、杨宏胜等人，蒋翊武逃离武汉。瑞澂下令杀害刘、彭、杨3人，按查获的名册搜捕革命党人。由于武昌戒严，内外交通断绝，起义的命令未及时送到南湖炮队，10月9日晚起义的计划落空。在群龙无首的紧急关头，新军中的革命党人自行联络，约定10月10日晚以枪声为号，按原计划发难。

10月10日晚，新军工程第八营的革命党人打响了起义的第一枪，他们打死了反对起义的军官，夺取中和门附近的楚望台军械库。库内储有步枪数万支，炮数十门，子弹数十万发。起义军首先占领该库，对武昌起义的胜利起了重要作用。

工程第八营占领楚望台后，陆续集合了200余人，推举左队队官吴兆麟为临时总指挥。

与此同时，驻城外的第二十一混成协辎重队的革命党人也举火为号，发动起义，炮兵营与工程队立即响应，并齐集楚望台。二十九标、三十标的蔡济民、吴醒汉也率领部分士兵冲出营门，赶往楚望台；测绘学堂的近百名学生也迅速向楚望台集中，其他各标营的革命党人也先后率众起义。这时，武昌城内除防守督署等机关的旧军仍企图顽抗外，已有近3000人参加起义，吴光麟、熊秉坤、蔡济民等认为不能单纯防守楚望台，而应立即趁夜向总督署及紧靠督署的第八镇司令部发起进攻。

晚上10点30分，起义军开始分三路进攻。第一路经紫阳桥、王府口街进攻督署后院；第二路从水陆街进攻第八镇司令部及督署翼侧；第三路从津水闸经保安门正街进攻督署前门。同时，令已入城之炮八标在中和门及蛇山占领发射阵地，向督署轰炸。进攻开始后，因事先未将敌人的部署侦察清楚，加上兵力有限，南湖炮队尚未完全进入阵地，不能给步兵以有力支援，以致初次进攻受挫。第一路进至紫阳桥附近时，遭敌军猛烈射击，伤亡较大；第三路一部进至津水闸，遭敌顽抗，前进受阻，另一部虽进抵保安门附近，也被敌击退。正在此时，又有一部分起义士兵前来参战，炮队也已进入蛇山阵地，开始射击，于是士气更加高涨。

晚12点后，起义军发动第二次进攻，战斗异常激烈。起义军突破敌人防线，进至督署附近，在督署和镇司令部后门以及前门钟楼等处放火，蛇山和中和门的炮队朝火起处猛烈发炮轰击。三路起义军在炮兵火力支援下，一举冲入督署，将大堂点燃。企图依靠围墙进行顽抗的守军，见大势已去，一部投降，大部溃散。督署及镇司令部遂被起义军占领。瑞澂和第八镇统制张彪逃走。清军失去指挥，一片混乱。

10月11日黎明，武昌城内各官署、城门均为起义军所控制。当天上午，一些处于观望状态的清军士兵也陆续向楚望台集中，听从革命党人指挥。鲜艳的十八星旗插上武昌城头，宣告了武昌起义的成功。

10月11日夜，汉阳的革命党人闻风而动，光复汉阳。10月12日，汉口也光复了。至此，武汉三镇均处在起义军控制之下。革命党人发表宣言，改国号为中华民国，号召各省起义响应，成立中华民国军政府湖北都督府，推举旧军官黎元洪为都督。两个月内，湖南等13省宣布独立，形成全国范围内的革命高潮。1912年1月1日，中华民国临时政府成立，1912年2月12日，清帝退位，清王朝终于被推翻，中国开始进入一个新的历史阶段。

武昌起义是资产阶级革命党人发动和领导的一次成功的武装起义。湖北地区的革命党人经过长期坚持不懈地努力，在新军中发展革命力量，为起义的爆发和成功准备了雄厚的物质基础。而起义之所以能如此快地取得成功，主要有四个方面的原因：一、湖北地区的两个革命团体文学社和共进会在革命大目标一致的前提下，消除门户之见，成功地实现了联合，使武汉地区的革命力量得以统一，从而奠定了起义成功的组织基础；二、资产阶级革命党人成功地选择了起义的时机和突破口。1911年9、10月间，全国革命形势趋于成熟，资产阶级革命党人利用部分湖北新军调往四川镇压保路运动之机，果断决定选择革命力量雄厚的华中重镇武昌作为突破口，坚决发动起义。事实证明，这一选择完全正确；三、起义发动后，革命党人不失时机地向督署和镇司令部等敌之关键部位发动进攻，使敌人没有喘息的机会。这一不断进攻的战术是符合起义的规律的，因而取得了成功；四、革命党人和广大参加起义的士兵的英勇奋斗精神，保证了起义的胜利。起义爆发前，武汉地区的革命党人处在群龙无首的状态，但他们仍然自行联络，发动起义。起义爆发后，他们不怕流血牺牲，顽强作战，终于将胜利的旗帜插上了武昌城头。

　　武昌起义的成功对于辛亥革命的胜利意义重大。在武昌起义的影响下，全国范围的革命高潮很快形成，清政府正是在全国人民的不断打击下才走向灭亡。

096 保卫辛亥首义成果的作战
——汉口汉阳保卫战

武昌起义的成功,极大地震惊了清政府。1911年10月12日,清政府迅速作出反应,撤销瑞澂职务,命他暂时署理湖广总督,戴罪立功;停止永平(今河北卢龙县)秋操,速调两镇北洋陆军星夜赴援;令陆军大臣荫昌迅速赶赴湖北,所有湖北各军及赴援军队均任其节制;令海军提督萨镇冰率领海军和长江水师,迅速开往武汉江面。清政府的这些措施,是企图用水陆夹攻的办法,迅速扑灭武汉地区的革命烈火。2月14日,清政府重新起用袁世凯。同日,清政府编组一、二、三军,以随荫昌赴湖北的陆军第四镇及混成第三协、十一协为第一军,荫昌为军统(也称总统),以陆军第五镇为第二军,冯国璋为军统;以禁卫军和陆军第一镇为第三军,载涛为军统。在清政府的催促下,清军陆续到达汉口附近。面对这一形势,湖北军政府于10月15日决定首先扫荡汉口敌军,然后向北推进,以阻止清军南下。从10月18日出战汉口,到11月27日汉阳失陷,前后战斗41天,史称"阳夏战争"或汉口、汉阳保卫战。

汉口、汉阳保卫战是辛亥革命中规模最大、战斗最激烈的一次战役,分汉口保卫战和汉阳保卫战两个阶段。

汉口保卫战首先是从争夺刘家庙开始的。刘家庙位于汉口以北10公里处。刘家庙车站(即江岸车站)为南下清军的必经之路,也是革命军保卫汉口的前哨阵地,当时为第八镇统制张彪率残部占据。

10月18日凌晨,革命军第二协一部在炮火支援下,经汉口刘家花园(今武汉市少年宫)、歆生路(今江汉路)西北端、洋商跑马场,掩护步兵沿租界后铁路挺进,以二协四标谢元恺所部为先锋,正面进攻刘家庙。

革命军发动多次冲锋，均被敌人打退，伤亡很大。10月19日，革命军约3000人，以骑兵为前锋，在炮兵支援下，从两翼发动进攻。战至中午，清军窜入棚户，继续顽抗。革命军组织敢死队使用火攻，清军无法立足，向三道桥退却。革命军占领刘家庙。当晚，汉口全市欢庆刘家庙大捷，商界和市民踊跃劳军，革命军士气大增。10月21日，革命军进攻三道桥，清军用机关枪猛烈扫射，革命军伤亡很大。军政府当晚召开会议。鉴于进攻受挫，决定暂取守势。此后几天，两军在三道桥南北对峙。这时，北洋军大部南下，已部署在孝感、祁家湾、滠口一线，设司令部于孝感。

10月26日晨，清军水陆协同，向革命军发动进攻。先由军舰数艘从翼侧向三道桥以南革命军阵地实施火力急袭，革命军猝不及防，牺牲500余人。滠口清军乘机在机枪和管退炮火力掩护下通过三道桥，沿铁路两侧猛攻。上午10时，革命军因减员太多，被迫后撤至大智门一带，刘家庙落入敌手。中午12时，革命军第四标标统谢元恺在前线指挥张景良不知去向的情况下，自告奋勇，指挥部队反攻刘家庙，与敌人展开肉搏，清军后退，刘家庙又被革命军夺回。

10月27日，清军一路从造纸厂沿铁路正面进攻刘家庙，一路绕戴家山、姑嫂村侧击革命军后路，战线迅速向汉口市区逼近。革命军从刘家庙逐步后撤，退守大智门一带。清军进至洋商跑马场。当晚，军政府一面派兵增援汉口，一面致电湘、赣、陕等省，请速出兵援汉口。这时，清廷已正式任命袁世凯为钦差大臣，全权指挥武汉战事，冯国璋为第一军军统，段祺瑞为第二军军统，并由冯国璋亲往汉口督战。

10月28日，清军占领大智门，革命军据守歆生路，依托坚固房屋，多次打退敌人进攻。29日，清军在优势炮火支援下，不断向前推进，相继攻占歆生路口及华商跑马场。革命军退守玉带门及歆生路以南街市。这时，代理第四协统领谢元恺等领导骨干先后牺牲，前线指挥官张景良又藏匿不出（后来发现张已通敌，便军前正法），前线指挥乏人，部队开始涣散。

在这紧急关头，同盟会重要领导人黄兴于28日到达武昌，被推为武汉革命军总司令。29日，黄兴设司令部于汉口满春茶园，并立即到前线视察部队，组织反击。但北洋军在优势火力掩护下，不断向前推进。30日，冯国璋下令纵火焚烧汉口街市，革命军战士在大火中坚持了三天三夜，于11月1日退守汉阳。11月2日，汉口完全落入敌手。此次争夺汉口之战，双方各死伤2000余人。

11月3日，湖北军政府以都督黎元洪名义拜黄兴为战时总司令。黄兴当即率领参谋长李书城、秘书长田桐等于汉阳城西昭忠祠设司令部，全面部署汉阳防务。革命军由于在汉口战斗中大量减员，加上来援湘军也不过1.3万余人。黄兴将防线布置在南岸嘴、汉水沿岸至三眼桥一线，在武昌蛇山、汉阳龟山、汤家山安设了炮阵地，但对西侧蔡甸、宽沟一线则未部署重兵。清军占领汉口后，将战线设在石乔口至龙王庙一线，准备渡汉作战。11月中旬，黄兴作出反攻汉口的决定。11月16日晚，担任主攻的湘鄂军在琴断口通过浮桥，到达汉水北岸。27日晨，在黄兴指挥下，湘鄂军分左右两翼向博学书院、既济水电厂敌阵地攻击，前锋到达玉带门。清军增援部队赶到，革命军左翼发生动摇，首先退却，牵动全线。黄兴严令停止退却，部队皆不听命，不得不率军返回汉阳，反攻失败。此次反攻作战，革命军伤亡800余人，士气大受影响。

清军在革命军反攻汉口受挫后，于11月20日按既定部署向汉阳发起进攻。清军一部从新沟渡过汉水，占领汉阳门户蔡甸，并迅速推进到汉阳以西的三眼桥附近。11月21日，两军在三眼桥展开激战。同日，另一部分清军抢渡舵落口成功，突破美娘山防线。11月23日，清军占领美娘山，革命军趁其立足未稳，实施反击，美娘山失而复得。11月24日，清军增兵美娘山方向，在炮兵支援下，很快攻占美娘山、仙女山。黄兴鉴于仙女山之敌对汉阳威胁甚大，遂令预备队投入战斗，进行反击。因有的部队不听指挥，反击未能成功。清军一部乘势进攻三眼桥。革命军被迫退守锅底山、扁担山。经反复争夺，终因力量悬殊，锅底山、扁担山及磨子山相继失守，25日，革命军再次夺回磨子山、扁担山，清军以炮火向革命军猛烈轰击，两山复被清军夺占。至此，汉阳周围制高点尽失。革命军因伤亡过大，无力再组织反攻。11月27日，汉阳终于失守。

汉阳保卫战，革命军伤亡3300余人，清军亦付出了沉重代价。袁世凯面对各省纷纷独立和起义的局势，加上没有海军支援（海军已在九江附近江面宣布站在革命军方面），同时也为了给"和谈"留些余地，因此没有马上进攻武昌，只是隔江与革命军对峙。

汉口、汉阳保卫战虽然失败了，但其意义仍十分重大。革命军在兵力、装备、训练各方面均处在劣势的情况下，为保卫汉口、汉阳，与敌人进行了40多天的浴血奋战，粉碎了清政府妄想以北洋精锐之师，一举将武昌起义扼杀在摇篮中的企图，给北洋军以沉重地打击，不但保卫了武昌的安全，而且为各省组织起义、完成独立赢得了极宝贵的时间。当然，从军事上分析，汉口、汉阳保卫战也有不少失误。如偏重了从正面与优势之敌争夺阵地和街道，未能充分利用道路分歧、街道纵横的特点，迂回侧击敌人；让内奸张景良充当前线指挥；不顾主客观条件贸然反攻汉口；将汉阳设防重点放在汉水岸边，未能以更多兵力控制翼侧和制高点；没有掌握足够的预备队；军队缺乏训练、不听指挥等等。这些都是导致汉口、汉阳失守的重要原因。

097 为中华民国建都南京举行的奠基礼
——南京之战

武昌起义的成功，促进了全国革命高潮的到来。继湖南、陕西、江西、山西、云南等省纷纷响应武昌起义之后，11月初，上海、浙江、江苏等省也先后宣布独立。但江苏省的南京尚为清朝所控制，并驻有重兵，这对东南地区已独立的各省是个很大威胁。革命党人几次策动守军起义均未成功。苏、浙、沪革命党人为了减轻首义之区武汉的压力，巩固东南地区的革命成果，决定联合攻取南京。

南京据长江天堑，扼鄂、皖、苏、沪交通，是东南重镇，历来为兵家必争之地。南京城内原驻有新军第九镇（统制徐绍桢）7000人，另有江防会办、江南提督张勋的江防军、赵会鹏统率的江宁巡防军，王有宏统率的新防军等旧军2万余人。因武昌起义是由新军发起的，所以清政府对第九镇也不放心。两江总督张人骏和江宁将军铁良认为新军靠不住，因此不予补充弹药，并派江防营进行监视。11月5日，张人骏又命第九镇限期从市内移驻距城30多公里的秣陵关，由江防营和巡防营负责城内防守，每人补充子弹500发。第九镇官兵对此愤愤不平，准备起事。第九镇移驻秣陵关后，张勋等派人监视，观察动静，并企图谋刺徐绍桢。徐绍桢下决心联络革命党人，发动起义。11月8日，第九镇誓师起义，分三路进攻南京城，但因子弹太少，守军工事坚固，进攻未能奏效。11月9日，革命军弹药用尽，只得退往镇江。

第九镇进攻南京失败后，徐绍桢赴上海与革命党洽商。上海都督陈其美与江、浙各省起义将领集会，决定组织江浙联军，攻取南京，支援汉口、汉阳保卫战，发展东南各省的革命形势。会议推徐绍桢为总司令，设司令部于镇江，设总兵站于上海。11月15日至20日，各处革命军陆续集中于镇江及其西南地区，总兵力1.4万余人。联军的作战方案是：先驱逐南京城外清军，夺取各要塞炮台，再攻取南京城。具体部署是：以淞军为右翼，攻乌龙山及幕府山炮台；浙军为中路，由麒麟门进占紫金山，向朝阳门、太平门进攻；江苏军为左翼，经淳化镇向雨花台进攻；镇江军为预备队，随中路前进，攻天堡城；沪军担任警戒；海军配合陆军进攻，掩护、运载陆军登岸；镇江军一部与扬州军进攻浦口，断敌退路。

联军夺占外围各据点的战斗于1911年11月24日打响。当日夜，右路淞军和一营浙江军，乘兵舰直趋位于城北的乌龙山麓，在守台官兵内应下，很快攻占炮台。25日晨，又攻占幕府山炮台，并从幕府山炮台发炮向清军北极阁司令部及狮子山炮台猛烈轰击。同一天，中路浙江军进至马群，击毙清军统领王有宏，攻占孝陵卫，前锋抵达紫金山一线。26日，清军反攻幕府山、孝陵卫，被联军击退。此时，左路江苏军也进展顺利，在占领上方镇、高桥门之后，进逼雨花台。至此，南京城外制高点大多为联军攻取。

11月27日，联军进行攻城准备。28日，中路浙江军向朝阳门发起攻击，左路江苏军进攻雨花台。清军在天堡城发炮轰击攻城革命军，顽强抵抗。进攻没有取得进展，第一次攻城遂告失败。为了迅速攻下南京城，联军司令部决定集中镇江军、浙军、沪军近万人，合力进攻天堡城。另以江苏军一部进攻雨花台，作为牵制。天堡城位于紫金山半山腰，地势险要，上筑要塞炮台，有炮10余门、机关枪4挺，由江防兵一营和旗兵400人防守。11月30日，联军向天堡城发起攻击，清军据险顽抗。在敌火炮和机关枪封锁下，联军伤亡较大，难以前进。联军随即组织敢死队，以一路从正面进攻，另一路从侧背进攻。第二次攻击开始后，敢死队勇猛冲锋，各军相继跟进。清军不支，遂佯作投降。联军信以为真，放松警惕。清军遂以枪炮还击，联军死伤百余人。革命军愤怒，冒死前进。经一夜激战，将天堡城守敌全部歼灭。联军控制了这一俯瞰全城的制高点后，即于次日凌晨用缴获的大炮向朝阳门、富贵山、太平门等处轰击，连连命中目标。此时，雨花台也被江苏军攻占。南京城处在联军火力威胁之下，城内清军军心动摇。张人骏、铁良当夜乘隙逃出,张勋也率部由汉西门逃出,经浦口逃往徐州,城内残存清军开城投降。12月2日,联军进入南京城。南京光复。

南京之战是清末最后一个重要战役。在此次战役中,江浙联军在数量上不占优势,但却能在短短的几天内克复防守严密的战略重镇南京,取得重大胜利,其原因有如下几个方面:一是由于来自不同地区的各支部队能够团结一致,在联军司令部的统一指挥下,协同作战,一致对敌;二是指挥得当,注意集中兵力各个攻占制高点,特别是主攻方向正确,全力攻克天堡城,迫使清军丧失守城的决心,从而比较顺利地夺取了南京城。

江浙联军攻克南京,对清政府和袁世凯是一个沉重打击,大大减弱了几天前北洋军攻陷汉口、汉阳的意义,对资产阶级革命派是个很大地鼓舞,开始扭转了革命军株守武昌的不利形势。从此,南京成为一个新的革命中心,为中华民国在南京建立临时政府奠定了基础。

098 保卫辛亥革命成果
——讨袁战争

1912年1月1日,中华民国临时政府在南京成立,孙中山就任临时大总统。但是,在帝国主义和封建势力的支持下,革命果实很快被北洋军阀头子袁世凯所窃取,资产阶级革命党人不得不将临时大总统一职让出。这说明资产阶级革命远未取得成功。而袁世凯就任临时大总统之后的所作所为,处处和中华民国的民主共和精神背道而驰。为保卫共和制度,以孙中山为代表的资产阶级革命党人决心发动讨伐袁世凯的战争。1913年7月,讨袁战争爆发,两个月后失败,史称"二次革命""癸丑之役""赣宁之役"。

1912年3月10日,袁世凯在北京宣誓"发扬共和之精神,荡涤专制之瑕秽,谨守宪法",就任临时大总统,任命唐绍仪为总理,负责组织第一届内阁。但3个月后,袁世凯就违背誓言,置临时约法关于临时大总统公布法律及命令须经国务员(包括国务总理及各部总长)副署才能生效的规定于不顾,抛开内阁私自任命官吏,破坏了责任内阁制,唐绍仪被迫辞职。这一事件表明,袁世凯拥护共和是假,行专制独裁是真。以宋教仁为代表的一部分资产阶级革命党人,决心以政党政治、议会政治来约束袁世凯,维护共和制度,于1912年8月将同盟会改组为国民党。在1912年12月至1913年2月的第一次国会选举中,国民党获得了压倒多数的议席。宋教仁大受鼓舞,到处发表竞选演说,宣传资产阶级政治思想,主张实行由多数党组阁的政党政治。宋教仁的活动,是对袁世凯独裁专制的挑战。于是,袁世凯于1913年3月20日派人将宋暗杀。

宋案的发生,使一部分革命党人认清了袁世凯的真面目。孙中山力主武力讨袁，立即发动"二次革命"，但黄兴、陈其美等人认为革命派兵力不足，不宜马上行动，主张"法律解决"。革命党人的犹豫不决，恰好为袁世凯进行战争准备提供了时间。袁世凯为镇压南方革命力量，不断扩充北洋军，大量购置军火，举借外债，于1913年4月同五国银行团签订了借款2500万英镑的借款合同，作为镇压革命力量的经费。5月下旬，袁世凯在做好各种准备后，便向国民党寻衅挑战，攻击孙中山、黄兴只会"捣乱"，威胁说"彼等若果另组政府，我即敢举兵征伐之"。6月，袁世凯下令免除革命党人李烈钧、胡汉民、柏文蔚3人都督职务。与此同时，命北洋军沿京汉、津浦铁路向南开进，实施他蓄谋已久的"武力统一"计划。国民党人再也不能犹豫，被迫应战。

1913年7月12日，反袁最坚决的原江西都督李烈钧根据孙中山的指示，从上海返回江西湖口，召集旧部，誓师起义，揭开了讨袁战争的序幕。黄兴也于7月14日赶到南京，迫使程德全宣布江苏独立，又于7月15日组织江苏讨袁军，誓师讨袁。接着，安徽、上海、广东、福建、湖南、四川等省区也相继宣布独立，组织讨袁军，准备北上。主要战场在江西、南京。

早在江西宣布独立之前，袁世凯即已派北洋军第六师师长李纯率部7000余人进驻九江外围。7月10日，李纯部全部抵达长江南岸，占据了九江外围诸要点，形成了对九江城的包围和对九江以南赣军的进攻态势。7月12日，李纯部与赣军林虎部交火。同日，李烈钧就任江西讨袁军总司令。李烈钧等拟定作战计划如下：将所有在赣北的军队分为左右两军，以林虎为左翼军司令，进攻沙河至十里铺一线之敌，得手后进取九江；以方声涛为右翼军司令，从姑塘进攻九江；以水巡总监何子奇为湖口守备司令，李烈钧亲往湖口督战。赣军的战略意图是夺取九江，消灭南犯之敌。

7月12日拂晓，林虎分兵两路向沙河、十里铺进攻。经过一昼夜战斗，林虎部夺占沙河镇，进据铜鼓岭、骆驼山等处炮台，初战告捷。但驻守九江城内的赣军行动不一，致使九江全城在开战不久即为北洋军占领。此后几天，双方在九江南部一线展开争夺，赣军伤亡很大，士气动摇。7月

22日,北洋第二师师长王占元率主力抵九江。23日,抵达九江的第一军军长段芝贵发布作战命令,定于24日进攻湖口。25日,在北洋海军和陆军联合攻击下,湖口失守,李烈钧率余部从水路退守吴城。方声涛所部也于26日放弃姑塘阵地,退守吴城。30日,北洋军攻占林虎部坚守的蓝桥,林虎部经德安退往建昌(今永修)。此后,北洋军不断向南推进,进逼南昌。8月8日,北洋军占领吴城,李烈钧率余部退往湖南。8月10日,北洋军进占建昌,林虎退往湖南。8月18日,南昌失陷,李烈钧、林虎等见败局已定,只得只身潜赴上海,亡命海外,江西的讨袁作战至此失败。

7月15日,黄兴等人迫使江苏都督程德全宣布独立,委黄兴为江苏讨袁军总司令,柏文蔚为临淮关总司令,并咨委陈其美为驻沪讨袁军总司令。黄兴发布告将士檄文,命冷遹率第三师进攻徐州以北韩庄之北洋军第五师,命第八师骑兵团长刘建藩率该师二十九团开赴徐州助战。

7月16日晨,冷遹向韩庄进攻。袁世凯急命张勋军和驻天津的第四师驰援韩庄。7月17日晨,北洋军援军赶到韩庄,冷遹寡不敌众,向利国驿、孙庄退却,7月18日又退至柳泉。此后数日,江苏讨袁军与北洋军在利国驿展开激战。江苏军兵单不支,退守徐州。北洋军又派人策动冷遹部骑兵团团长张宗昌倒戈,从内部瓦解讨袁军。7月22日,由于张宗昌的倒戈,江苏军被迫放弃徐州,退往蚌埠。23日,袁世凯任命冯国璋为第二军军长,统一指挥江苏方向的作战。25日,冯国璋将北洋军主力集中在徐州一带,整修铁路,调集粮弹,准备向南推进。

徐州作战失利,使江苏讨袁领导机构进一步分化。程德全在上海发表通电,要求江苏各师取消独立,并要求黄兴取消讨袁名义。黄兴见军队不服他调度,又缺乏足够的饷弹供应,也失去信心,于7月28日弃职跑回上海。代理江苏民政长蔡寅等人立即宣布取消独立,并电催程德全回宁。北洋军趁此机会连续占领淮阴、扬州、临淮关、滁县,进逼南京。

黄兴出走,北洋军压境,南京城内动荡不安。时在镇江运动讨袁的国民党激进分子何海鸣、韩恢、戴季陶、詹大悲等人见状,相继赶赴南京继续领导讨袁作战。8月8日,何海鸣率第一师百余人,占据江苏都督府,再次宣布独立,举陈之骥为江苏都督,自任江苏讨袁军临时总司令。陈之骥已投降袁世凯，于是设法拘捕何海鸣。10月10日，拥护讨袁的部队击溃陈之骥的部队，放出何海鸣。10月11日，江苏第三次宣布独立，何海鸣仍被推举为总司令。于是，何海鸣开始整顿南京各部队，招募城内及各郊县退伍官兵，决心固守南京。

8月8日，北洋军张勋部与徐宝珍师占领镇江。13日，进抵高资、龙潭。14日，开始向明孝陵、紫金山和太平门进攻。当日，张勋部攻占了紫金山。8月17日，又攻占天堡城。19日，江苏军夺回天堡城，南、北两军反复争夺天堡城。21日午后，敌军第四次夺占该城。

与进攻天堡城同时，张勋派主力猛攻太平门，被守军打得大败。张勋部又转攻尧化门，也被守军击退。

当张勋部清军向南京进攻时，冯国璋部也从西线向南京逼近。8月16日，冯部从滁县开始渡江，向神策门（今中央门）、钟阜门（今无此门）、太平门一带攻击前进。8月23日，冯军一部进逼南京城下，进攻太平门，被守军击退。8月27日，北洋军各部会攻南京，守军顽强抗击。9月1日上午，张勋部用炸药炸开富贵山南侧城墙，部队蜂拥而入。冯国璋部在张勋部接应下从神策门、洪武门、太平门攻入城内。守军与敌军展开巷战。下午，部分守军叛变，引敌进占总督府。何海鸣率部出聚宝门，退向雨花台，南京失陷。

江西、南京讨袁失败后，已独立的各省纷纷宣布取消独立。历时仅两个多月的讨袁战争以国民党方面的失败而结束。

讨袁战争是以孙中山为代表的资产阶级革命党人继续高举民主共和的旗帜，反对袁世凯独裁专制的正义战争，是辛亥革命的继续。但是，这次战争前后仅仅进行了两个多月就失败了，究其原因，一方面是由于袁世凯掌握着中央政权，有一支装备精良、训练有素、数量众多的反革命军队，而且事先就进行了充分的准备，总体实力超过了讨袁军。但另一方面，也有国民党方面自身的原因。这主要表现在：一、国民党方面对武力反袁这一方针认识迟迟没有取得统一，行动迟缓，丧失了战机。二、举事仓促，缺乏周密准备。江西、南京是讨袁的主要战场，但两地都是在准备不足的情况下，仓促发动，以致很快陷入被动。三、各独立省份各自为战，没有建立起统一的、强有力的指挥机构,致使被敌各个击破。四、军队素质差,战斗力不强。这一现象在江西、南京两战场都十分突出。讨袁部队中除少数部队素质较好、战斗力较强外,多数部队在强敌进攻面前非溃即降。五、少数讨袁战争的领导者信心不足,遇到困难挫折即发生动摇,影响了士气。

讨袁战争的失败,标志着辛亥革命无可挽回地失败了,中国历史开始进入北洋军阀统治的黑暗时期。

099 反对帝制复辟而进行的战争
——护国战争

护国战争是 1915 年 12 月至次年 6 月，护国军反对袁世凯复辟帝制、维护中华民国而进行的一场进步的、革命的战争。

二次革命失败后，袁世凯加快步伐向民主共和势力进攻，一步步向帝制接近，直至称帝。

1913 年 10 月，袁世凯胁迫国会选举他为正式大总统。11 月，下令解散国民党，撤销国民党议员资格，使国会不足法定人数不能开会。1914 年 1 月，又将其余议员遣散回籍，象征民主政治的国会被彻底破坏。1914 年 5 月毁弃《临时约法》，另颁袁记《中华民国约法》。年底又炮制《修正大总统选举法》，规定大总统可连选连任，并可确定继任人。1915 年 5 月 9 日，为寻找靠山，袁世凯又与日本签订了卖国的"二十一条"，以主权换取日本对他称帝的支持。1915 年 8 月，袁世凯授意其亲信杨度等 6 人成立筹安会，鼓吹恢复帝制。12 月 11 日，参政院（国会解散后成立的新机构，参政员多清朝遗老和袁世凯的亲信）上推戴书，"恭戴今大总统袁世凯为中华帝国皇帝"。12 日，袁世凯申令接受帝位。31 日，宣布改民国五年（1916 年）为"中华帝国洪宪元年"，元旦举行登基大典。

袁世凯的复辟活动引起了全国各阶层人民的强烈反对。孙中山领导的中华革命党 1915 年夏决定组建中华革命军武装讨袁。梁启超领导的进步党也在国内组织反袁。1915 年 8 月 20 日，梁启超不顾枪弹威胁，在《大中华》杂志上发表《异哉所谓国体问题者》，反对帝制。1915 年 11 月，梁启超帮助具有民主思想的爱国将领蔡锷秘密离开北京，由日本转赴云南。云南一部分军官和士兵，在原国民党将领李烈钧等人的鼓励下，酝酿武力讨袁，但由于云南将军唐继尧态度不明朗，所以迟迟没有发动。12月19日，蔡锷抵昆明，促使了各派力量的统一。12月21日，唐继尧、蔡锷、李烈钧、罗佩金、方声涛等人举行秘密会议，共商讨袁大计。25日，云南独立，护国战争拉开帷幕。起义领导人设想以云南为根本，先向川、黔、桂进军，继而会师武汉，然后北上直捣袁逆老巢。他们将云南的1.5万兵力编成3个军，军以下设梯团。蔡锷为第一军总司令，攻四川；李烈钧为第二军总司令，攻桂；唐继尧兼任第三军总司令，攻黔、湘。第一军6000余人，是护国军的主力。为适应作战需要，实行紧急扩军，使三个军的兵力都有充实。

云南宣布独立后，袁世凯命令驻岳阳的第三师师长曹锟、驻南苑的第七师师长张敬尧、驻江西的第六师师长马继增，立即率部分别向四川、湘西开进，准备对滇作战。湘西方向为第一路军，马继增为司令；四川方向为第二军，张敬尧为司令；曹锟为总司令，负责组织前方作战。

蔡锷领导的第一路军打算在北方援军到达之前，迅速攻取叙州（今四川宜宾）、泸州，然后东取重庆，但由于护国军运动太慢，主力尚未到达泸州，北洋援军已先期赶到。于是，护国军决定分兵三路（一路入贵为右翼，一路攻叙州为左翼，中路攻泸州），派左翼第一梯团攻叙州。

1916年1月17日，护国军第一军第一梯团在新场与敌接战，袁军一触即溃，护国军连占燕子坡、黄坡耳、捧印村等要点。18日晨占横江城。21日占叙州。

叙州失守，袁世凯大为震怒。四川将军陈宧集结兵力万余人反攻叙州。从1月29日到2月7日，护国军勇猛顽强，与敌激战七八昼夜，将敌各个击破。后因纳溪战场吃紧，需分兵往援，守叙州兵力单薄，在敌冯玉祥部攻击下，于3月3日放弃叙州，退守横江。冯玉祥本非真心拥袁，因而在进占叙州后，即屯兵不前。

与第一梯团进军四川的同时，1916年1月16日，蔡锷率第一军总司令部离开昆明向泸州进发。在护国军先遣队董鸿勋部的影响下，驻扎永宁的川军第二师师长刘存厚于1916年2月2日在四川纳溪宣布独立。董、刘两部会师，准备合攻泸州。2月6日，护国军进至泸州以南之蓝田坝，与泸州之敌隔江对峙。同一天,袁军援军赶至泸州,加强了防御。2月8日,董部渡过长江,9日占领罗汉场。但袁军于当天夜里偷渡成功,于2月10日袭取了蓝田坝。董部闻讯,急忙收缩兵力,于11日夜退往江南,企图恢复蓝田坝阵地,次日激战一天,未能奏效,只得退往纳溪。攻取泸州计划未能实现。

袁军占领蓝田坝之后,立即向纳溪进攻。此时,泸州袁军已达2万余人。2月14日,袁军田树勋部占领纳溪外围高泉场两侧高地,以猛烈炮火压制护国军。同一天,袁军精锐第三师第六旅吴佩孚部猛攻纳溪镇东之高地棉花坡,护国军刘存厚师之工兵营顽强防守。2月16日,护国军梯团长赵又新又调董鸿勋支队一部赴棉花坡,接替刘师工兵营。这时,正在开进途中的蔡锷闻讯,急令第三梯团之朱德支队,火速往援。18日,袁军再次发动进攻,护国军顽强作战,与敌军激战竟日,适逢天降大雨,袁军撤兵回守。护国军于19日、20日展开反击。由于袁军兵众,护国军弹药接济不上,被迫于23日转于防御。

2月23日,蔡锷赶至纳溪前线,决定从25日晨起,再次发动攻击。由于袁军兵力较厚,注意纵深设防,护国军没能攻破敌之正面阵地。这次作战,护国军虽予敌以重大杀伤,但本身伤亡和失踪也不下千人,兵力大为削弱。蔡锷认为,"此三星期之剧战,实吾国有枪炮后之第一战也"。鉴于伤亡较大,弹药不济,蔡锷决定暂时退却,于3月6日下令后撤至大洲驿一线。袁军占领纳溪。

经过休整,护国军的兵力和弹药得到补充,士气有所恢复。而袁军方面则因后援不继而士气低落。至3月中旬,前线袁军粮弹告竭。蔡锷决定趁机全线反击。3月17日,护国军各路开始进攻。经过数日作战,歼敌900余人,缴获大量枪支弹药。

经过一个多月的反复作战,袁军死伤惨重。这时,袁世凯也迫于国内外形势,于3月22日宣布取消帝制。陈宦派人到大洲驿护国军第一军司令部,要求休战。双方议定从3月31日至4月6日停战一周,后又谈判继续休战。

与泸州、纳溪之战同时,戴戡率滇军徐进先遣队进入贵阳,贵州于1

月26日宣布独立,并于2月2日出兵攻四川綦江。但因兵微力弱,没有什么结果。

湘西方面的作战,主要由护国军第一军右翼军东路司令王文华所率黔军一、二、三团进行的(原计划由第三军入黔,与黔军会师后攻湘,后情况有变)。早在贵州独立前,王文华即率所部秘密离开贵阳,进入湘境,准备分3路从晃州(今新晃)、漠滨、铜仁突破,进攻湘西。

1916年2月2日(农历除夕)夜,王文华率中路第一团乘晃州守敌虚弱(仅一连兵力),突然发起进攻,占领县城。2月4日,攻占蜈蚣关,毙敌80余人。然后乘胜直逼沅州。同时令右路吴传声第三团向中路靠拢,与第一团钳击沅州。吴团于2月3日攻克漠滨、托口,5日克黔阳(今黔城镇),6日占拱江镇,然后赴沅州。

2月13日,护国军第一团、第三团会攻沅州,战斗异常激烈,吴传声阵亡。14日,护国军占领沅州,守敌逃遁。

左路第二团在进攻开始后。由铜仁出发,连克米沙、小坡等边界据点,逼近麻阳。2月16日,在第一团援兵的配合下,攻占麻阳。这时,护国军游击队司令王华裔联络原湘西守备司令周则范起义讨袁,乘正面战场胜利之机,连克靖县、绥宁等城,敌军退守武冈。

护国军攻下麻阳后,进行补充休整。王文华将所部扩编为4个团,分驻所占各县。

湘西连失数县,袁世凯十分不满,迭令第一路军司令马继增迅速开进。袁军进入湘西后,烧杀抢掠,致使民怨沸腾。2月29日,马继增途中暴卒,由第六师第十一旅旅长周文炳代其职。至3月中旬,袁军第一路军陆续抵达湘西,随之分4路进攻护国军。3月31日,袁军卢金山混成旅攻破沅州。4月2日,王文华组织力量反攻沅州,与敌激战四昼夜,歼敌400余人,但自己也遭巨大损失,不得不于6日退守斐家店。4月7日,袁军攻占麻阳。黔阳方向,护国军也退守瓮洞一带。当夜,贵州护国军奉蔡锷电令,与敌停火休战,双方遂成对峙状态。

湘西之战中,护国军以不足4个团的兵力,牵制了两个师又4个混成旅的敌军,有力地配合了四川、广西方向的作战,战绩显著。

1916年2月21日，护国军第二军总司令李烈钧率所部方声涛梯团千余人，由昆明出滇南，趋广西，准备东征粤浙。唐继尧也将准备开往湘西的第三军一部调往桂粤方向，以增加第二军兵力，保证攻粤计划完成。正在这时，新任云南查办使的广东一师师长龙觐光（广东将军龙济光之兄）率8000余人经广西进攻云南。李烈钧闻讯，立即命令正在开进途中的张开儒、方声涛两梯团在云南之富州（今富宁）、广南一线展开，准备阻击来犯之敌。另请待出湘西的黄毓成挺进军和准备增援贵州的赵钟奇梯团，经贵州兴义折向广西西隆，从翼侧进攻龙军。

1916年2月底，龙军分兵两路进窥云南。虎门要塞司令黄恩锡率4个营为右翼，经龙潭乡向广南县城潜进，广东陆军第二旅第三团团长李文富率该团主力为左翼，进攻剥隘、皈朝。

3月2日，李文富攻占剥隘。张开儒在皈朝构筑工事，据险扼守。3月11日，李文富猛攻皈朝，护国军坚守虹山阵地，双方激战7昼夜，彼此呈僵持状态。

与此同时，方声涛部也与敌在龙潭激战，在龙潭以南之石洞与敌激战数日，将敌击退。

3月15日，广西将军陆荣廷在其老上司岑春煊和梁启超等人的鼓励下，宣布广西独立。这一变化，使护国军第二军士气大振。3月16日，方声涛部收复龙潭。赵钟奇也由贵州兴义进入广西西隆，使黄恩锡腹背受敌，失败而逃。坐镇百色的龙觐光又被桂军包围，只得投降。在皈朝与滇军激战的李文富部，见大势已去，也向护国军投降。至此，袁世凯进攻云南护国军后路的计划完全破产。滇桂边作战结束。

从1916年4月开始，双方停战，护国战争实际上已经停止。停战以后，全国政治形势继续向前发展。1916年4月6日，广东将军龙济光在桂滇军的军事压力和革命党人领导的民军胁迫下，被迫宣布独立。4月12日，浙江独立。4月16日，冯国璋致电袁世凯，劝其退位。5月8日，南方已独立各省在广东肇庆成立军务院，遥戴黎元洪为总统，推唐继尧为抚军长，岑春煊为副抚军长，逼迫袁世凯交出政权。随后，四川、湖南也宣布独立。6月6日，袁世凯在众叛亲离中病死。6月7日黎元洪继任总统。7月14日,护国军方面撤销军务院。25日,中华革命党发出通告,宣布停止一切军事行动,护国战争到此正式宣告结束。

护国战争之所以取得胜利,主要原因是全国人民拥护共和,反对帝制,护国军的兴起代表了全国人民的意愿,因而仅有2万余人的护国军能够打败优势袁军的进攻。从军事方面分析,护国军的领导者蔡锷、李烈钧、方声涛等人以及大部分中下级军官,都是忠于共和的、爱国的,有的还是革命的军人,他们首先举起义旗,武装讨袁,因而能够极大地激发和调动广大士兵的战斗热情,从而发挥出强大的力量。另外,护国军习惯于山地作战,有吃苦耐劳的精神,而北洋军则对西南的地形和气候都不适应,以致士气低落,在护国军英勇作战面前,无可奈何。

但是,护国军将领在作战指挥上也有失误之处,战略目标与主观条件不相符合。护国战争刚开始,就分向川南、湘西、桂粤三个方面进攻,兵力过于分散,因而在四川这个主要作战方向上未能达到占领叙、泸、綦并进而攻占重庆的作战目的,反而在袁军反击下后撤。其次,战前准备不足,使战争过程中兵员、饷械的补充和供应跟不上。

资产阶级旧民主主义革命的终结
——护法战争

护法战争是孙中山先生发起和领导的一场为维护《中华民国临时约法》和恢复国会反对北洋军阀反动统治的战争。护法战争从1917年8月开始,至1918年5月结束,历时9个月,因南北军阀的妥协而失败。

袁世凯死后,北洋军阀政府的实权落入国务总理段祺瑞手中。1917年初,在中国是否参加第一次世界大战的问题上,总统黎元洪和段祺瑞因各自投靠的帝国主义后台不同而发生尖锐分歧。段祺瑞力主参战,并向日本借款。与日本有矛盾的美国则唆使副总统冯国璋反对参战。国会内黎元洪一派议员也反对参战。4月,段祺瑞在京召开督军团会议,胁迫国会和黎元洪立即宣布对德作战。5月23日,黎元洪下令免去段祺瑞国务总理兼陆军总长职,这就是轰动一时的"府院之争"。

段祺瑞被免职后离京赴津,授意皖系、奉系各省督军闹独立。黎元洪于惊慌之中向"辫帅"张勋求援。张勋则借机搞复辟,黎元洪去职,7月1日拥废帝溥仪复辟。

张勋的倒行逆施,激起全国人民的愤怒。段祺瑞借机在天津组织"讨逆军",7月5日,马厂誓师,讨伐张勋。12日,"讨逆军"进入北京,复辟失败。段祺瑞以再造民国的功臣自居,重新掌握实权,黎元洪辞职,冯国璋继任大总统。

段祺瑞重新掌权后,拒绝恢复张勋复辟时期已被抛弃的国会和《临时约法》,准备另行召集由各省督军指派的"临时参议院"。段祺瑞的专制独裁和武力统一方针,使亲英、美的西南军阀感到威胁。陆荣廷、唐继尧联名谴责北洋政府解散国会、废弃约法的行径，否认段内阁的合法性，宣布暂行自主。7月24日，孙中山致电陆荣廷，敦促陆荣廷协力护法，恢复国会，举起了护法旗帜。孙中山准备借西南军阀的力量与北洋军阀的假共和作斗争。

孙中山先生的护法主张得到了广泛支持。1917年7月21日，原海军总长程璧光发表拥护约法、恢复国会的宣言，率领第一舰队，由吴淞起航赴粤。原国会议员150余人也于7至8月间陆续到达广州，西南军阀想利用孙中山的威望，借"护法"之名来对抗段祺瑞的武力统一，因而表示愿与孙中山"合作"。8月，孙中山在广州召开由南下议员组成的非常国会，议决成立军政府。9月，护法军政府选举孙中山为大元帅，陆荣廷、唐继尧为元帅。10月1日，段祺瑞下令"出师剿灭"南方军队。护法战争正式开始。

孙中山为首的军政府所辖军队主要是陆荣廷、唐继尧、陈炯明、程璧光所统各军，总兵力约15万人。北军可用于前线兵力10余万人，双方在湘、川、粤、闽等地展开争夺，尤以湖南战场最为激烈。

1917年8月，为取得南攻粤桂的前进基地，段祺瑞命其心腹傅良佐代替谭延闿出任湖南省长兼督军。谭延闿无奈，只得于9月9日交出印信。北军势力首先伸入湖南。

傅良佐到任后，立即撤销刘建藩的零陵镇守使、林修梅的第一师第二旅旅长职务。刘、林都是革命党人，在湘军中威望较高。9月18日，刘、林在衡阳宣布湘南自主。傅良佐急令第一师代师长李佑文率该师第一旅前往进攻。9月28日，第一旅大部分官兵起义，加入护法军。李佑文仅带10余人逃回长沙。10月6日，湘省护法军各路将领齐集衡阳，决定组织"湘南护法军总司令部"，程潜为总司令。

傅良佐进攻湘南护法军，表明南北军队在湘决战已不可避免。桂系军阀决定以武力援湘，驱逐傅良佐，收复湖南。北军也积极备战。

10月6日晨，南北两军在湘潭接战。10月9日，北军占领衡山北12公里处的护湘关。10日，北军又攻占衡山北面最后一个据点石桥铺。11日又轻取衡山。护法军在贺家山（位于衡山、衡阳之间）顽强阻击。从

10月15日起，南北两军各投入兵力万余人，在贺家山一带连日激战。护法军各部顽强抵抗，挫败了北军的进攻，但由于弹药不继，未能发起新的攻势。双方呈胶着状态。

为打破僵局，程潜等决定留部分兵力守衡山，主力转攻宝庆，时北军在宝庆方向取守势，仅派湘军第二师之朱泽黄旅进驻永丰，并控扼永丰宝庆间险要山地界岭（永丰西南7.5公里）。10月31日，护法军与朱泽黄旅在洪罗庙激战，朱旅退界岭，旋又退至永丰。11月4日，护法军林修梅部光复宝庆。11月8日，护法军克复界岭，11日占领永丰，北军弃城而逃。

11月14日，北军第八师师长王汝贤和第二十师师长范国璋（属直系）因对皖系段祺瑞派其亲信傅良佐督湘不满，在进攻受挫的情况下，不愿再为皖系卖命，乃通电停战议和。通电发出后，王、范二部自行停战，并从衡山撤退。段祺瑞无可奈何，只得加委王汝贤以总司令代行督军职务。护法军乘机进攻，11月17日连克湘潭、株洲，20日进占长沙。王汝贤、范国璋率残部逃往岳阳。11月22日，段祺瑞因受到直系停战议和的干涉，无法继续实行武力统一，只得辞职。冯国璋装出准备同南军议和的姿态，这一情况，使桂系陆荣廷为之心动。

但是，段祺瑞不甘心对西南用兵的失败，下野后，策动各省皖系军阀一致主战。冯国璋只得于12月15日任命曹锟为第一路军总司令，张怀芝为第二路军总司令，各率所部南下攻湘。18日，又任命段祺瑞为参战督办，把军事指挥大权交还段祺瑞。1918年1月8日，冯国璋通电北洋各督，同意继续对护法军作战。

陆荣廷和护法军将领见求和无望，乃决定乘北军主力抵湘之前，先发制人，收复岳阳。

1918年1月23日，由粤、湘、桂联军组成的护法军向岳阳发起进攻。经过数日激战，于27日上午占领岳阳，俘敌1300余人，缴获飞机两架，火炮40余门，以及大批枪支弹药。

攻占岳阳后，桂系军阀以夺取湖南为满足，不想夺占直系王占元的湖北地盘。桂系谭浩明更声称如"北不攻岳"，则"南不攻鄂"，这样，护法军就丧失了乘胜北进之机。

护法军占领长沙、岳阳后,护法军内部矛盾日趋激化。先是桂系军阀对军政府故意刁难和破坏,后是夺占湖南地盘,在湖南胡作非为,引起湖南人民和许多湘军官兵的极大反感。在此情况下,北洋军阀发动了第二次攻湘作战,企图攻下岳阳、长沙,进而占领全湘。

1918年2月5日,冯国璋任命吴佩孚署理陆军第三师师长,令其率部向蒲圻、嘉鱼一带开进。23日,吴部到达蒲圻。在此之前,张敬尧部已进入通城。28日,北军发起进攻,当日击败守卫新店、滩头的湘军,向纵深推进。3月2日,北军攻占万峰山湘军阵地。护法联军退守羊楼司。羊楼司是由武昌入岳阳的咽喉要道。联军在此构筑了由堑壕、石垒和铁丝网组成的多道防御阵地,准备坚守。3月10日,吴佩孚挥军猛攻羊楼司,联军防线被敌突破,只得向岳阳方向后撤。11日上午,北军占领羊楼司。此战,北军死伤300余人,南军伤亡更为惨重。15日,北军攻占通往岳阳的最后一个要地云溪。16日,北军总攻岳阳。17日夜,守城联军弃城撤往长沙。18日上午,北军进占岳阳。此战,联军内湘桂军之间矛盾重重,互相掣肘,加之兵力分散,消极防御,装备落后,士气不振,因而一遇吴佩孚精锐之师,便难以招架。吴佩孚则因岳阳之战而名声大振。

与岳阳之战同时,北军张敬尧部对平江也发起了攻击。3月22日占领平江。

岳阳和平江失守,使坐镇长沙的湘桂粤联军总司令谭浩明束手无策,于3月25日率所属桂军慌忙撤离长沙。26日,吴佩孚第三师不费一枪一弹开进长沙,张敬尧部也随后赶到。这时,段祺瑞已重新出任国务总理。3月27日,段任命皖系军阀张敬尧为湖南督军兼省长,同时电令吴佩孚部立即率部向湘南进军。

1918年4月初,段祺瑞决定将在湘北军分三路向南推进。以吴佩孚部为中路,出长沙攻衡阳;以张敬尧为右路,由湘乡、永丰攻宝庆;原第二路军之施从滨师、张宗昌第二混成旅等为左路,经醴陵南下,攻攸县、茶陵。此时,桂军已退到祁阳、宝庆地区,将湘军甩在湘潭、衡山一带。湘军将领决定依靠自己的力量,力保湘南。他们决定以较弱的北军左路为打击对象,对敌实施反攻。

4月20日,湘军以赵恒惕为湘东前线总指挥,在部分粤军协助下,分5路向进入攸县的北军发起突然攻击。4月21日,湘军一部与粤军一道将北军施从滨师包围,经两昼夜激战,歼施师大半。4月23日,湘军攻克攸县,毙敌千余人,俘敌数百名,夺获飞机两架。25日,湘粤军与扼守黄土岭之敌展开激战。27日,湘粤军发起总攻,据守黄土岭之张宗昌第三旅等部拼死抵抗。赵恒惕亲临督战,指挥湘军从下面连续突击。北军终于不支,弃黄土岭而逃。湘军乘势猛追,连克醴陵、株洲,前锋距长沙仅数十里。经此一战,北军左路军几乎全军覆没。湘东反击战取得重大胜利。后来,已攻占衡阳的吴佩孚部向湘东卷击,湘军遂放弃株洲、醴陵,吴部连陷安仁、攸县、耒阳。至此,湖南大部又为北军所占,护法联军全部退守湘桂边界地区。

与湖南主战场激烈鏖战的同时,护法军(有的省称靖国军)在四川、广东、福建等地区也同北军进行激战,但越到后来,军阀争夺地盘的色彩愈浓,已脱离了护法的轨道。

护法战争的大旗是孙中山先生首先高举起来的,但孙中山先生有"政府"(护法军政府)而无军队,因而战争的领导权实际上操纵在西南军阀陆荣廷、唐继尧等人手中。这些军阀一面利用孙中山的名望与北洋军阀争地盘,一面排挤打击孙中山。1918年4月,唐继尧密电西南各省,逼孙中山去职。5月20日,西南军阀与反动政客操纵非常国会,改组军政府,废大元帅首领制为总裁合议制,推唐继尧、孙中山、陆荣廷、岑春煊等7人为总裁,后又以岑春煊为主席总裁,而由陆荣廷把持实权。孙中山只得于5月4日向非常国会辞去大元帅职。5月21日,孙中山孑然一身,愤然离粤转沪,标志着护法战争的失败。此后,护法军政府成了与北洋政府妥协议和的机构。1918年8月,北军主将吴佩孚在湘南前线公开通电主张"和平",反对段祺瑞的武力统一政策,护法军政府复电赞成和平。此后,各地区的战争基本停止。

孙中山发动和领导的护法战争虽因西南军阀的破坏而失败,但仍然有一定的进步意义,在一定程度上打击了北洋军阀的黑暗统治,并使军阀制度的黑暗腐朽受到进一步揭露。事后，孙中山得出结论："吾国之大患，莫大于武人之争雄，南与北如一丘之貉。"

护法战争失败的原因主要是：一、没有坚强的革命政党的领导，没有提出有号召力的政治口号，没有触及民主革命的根本任务；二、没有建立起强大的革命武装，孙中山依靠的是靠不住的西南军阀，因而只能使战争性质逐渐演化为军阀纷争；三、缺乏集中统一的指挥和协调一致的军事行动，各省军阀大多各行其是，各怀私图。当然，北洋军也未能在战争中实现其武力统一的图谋。所以，如果单纯从军事角度讲，南北双方实际上都不是胜利者。

护法战争的失败，宣告了资产阶级共和国方案在中国彻底破产，标志着民族资产阶级领导的旧民主主义革命彻底失败。中国人民应该寻求新的救国道路。